Schweizer Armee

Schweizer Armee

Informationsstand 1. April 2009

Aktuellere Informationen:
www.armee.ch

Redaktionelle Bearbeitung:
- Chef Publikationen Verteidigung,
- Kommunikation Verteidigung,
- Stab Chef der Armee,
- Planungsstab der Armee,
- Führungsstab der Armee,
- Heer,
- Luftwaffe,
- Höhere Kaderausbildung,
- Logistikbasis der Armee,
- Führungsunterstützungsbasis,
- Generalsekretariat VBS,
- Direktion für Sicherheitspolitik,
- Bundesamt für Bevölkerungsschutz,
- Bundesamt für Sport,
- armasuisse,
- Vollzugsstelle für den Zivildienst.

Herausgeber: Kommunikation Verteidigung, Departement VBS

Projektleitung: Chef Publikationen Verteidigung, CH-3003 Bern

Layout: Druckerei Flawil AG, Nina Rüetschi

Druckvorstufe: Verlag Huber Frauenfeld, CH-8501 Frauenfeld

Druck: via Bundesamt für Bauten und Logistik (BBL)

Bildnachweis: Eidgenössisches Departement für Verteidigung, Bevölkerungsschutz und Sport VBS (Generalsekretariat; Kommunikation Verteidigung, Zentrum elektronische Medien; Luftwaffe; armasuisse; Bundesamt für Bevölkerungsschutz), Eidgenössisches Volkswirtschaftsdepartement EVD (Vollzugsstelle für den Zivildienst)

Printed in Switzerland

ISSN 1420-3650
ISBN 978-3-7193-1515-3

Inhaltsverzeichnis

Block 4 Mittel

Block 7 Anhänge

Vorwort

Hintergründe und Argumente zum Thema Schweizer Armee bietet die jüngste Ausgabe des klassischen Nachschlagewerks «Schweizer Armee». Noch immer unabhängig von Strom- und Datennetzen.

Alle Informationen gelten für das Stichdatum 1. April 2009.

Neuerungen:
- Die Systematik ist gestrafft worden.
- Die Erschliessung der Inhalte ist erneut verbessert worden.
- Auf aktuelle Informationen verweisen die rot markierten Internet-Adressen.
- Die Illustrationen sind farbig.

Als Ergebnis der Umfrage zur Ausgabe 2007/08 haben wir die Kapitel zu Organisation und Ausrüstung aufgewertet und wenig Gefragtes abgebaut.
Auf die Herausgabe einer Version auf digitalem Datenträger haben wir verzichtet: Das Internet-Angebot unter **www.armee.ch** ist mittlerweile sehr breit und bietet laufend aufdatierte Informationen.

Die Kommunikation Verteidigung dankt allen Personen herzlich, welche mit ihrem Fachwissen dazu beigetragen haben, dass die Inhalte bis zur Drucklegung wieder auf neuestem Stand sind.

Block 1 Die Schweizer Armee

1-0 Vision und Strategie der Schweizer Armee

Die Vision

Die Schweizer Armee garantiert Sicherheit und Freiheit, heute und in Zukunft.

- Wir leisten einen entscheidenden und sinnvollen Beitrag zur Sicherheit und Souveränität unseres Landes.
- Wir erfüllen als Ganzes die von Verfassung und Militärgesetz erteilten Aufträge effizient und richten die Armee auf die wahrscheinlichen Einsätze aus.
- Wir sind glaubwürdig, anerkannt und werden von Bevölkerung, Politik und Wirtschaft getragen.
- Wir werden als zuverlässiger sicherheitspolitischer Partner wahrgenommen.

Strategische Stossrichtungen

1. Die Schweizer Armee schafft Glaubwürdigkeit durch Leistung und Transparenz.
2. Die Schweizer Armee fördert den Gemeinschaftssinn.
3. Die Schweizer Armee verbindet und vernetzt.
4. Die Schweizer Armee ist ein attraktiver Arbeitgeber.
5. Die Schweizer Armee verbessert sich kontinuierlich.
6. Die Schweizer Armee handelt kostenbewusst.
7. Die Schweizer Armee arbeitet eng mit Wirtschaft und Wissenschaft zusammen.
8. Die Schweizer Armee ist ein anerkannter Kooperationspartner.
9. Die Schweizer Armee nutzt für sich und ihre Partner kompatible Führungsprozesse.

1-1 Eckwerte: Die Schweizer Armee

Stand 1.4.2009, wenn nicht anders angegeben.

Grundlagen

- Bundesverfassung
- Armeeleitbild
- Militärgesetz

Die Bundesverfassung hält in Art. 58 fest:

1 Die Schweiz hat eine Armee. Diese ist grundsätzlich nach dem Milizprinzip organisiert.
2 Die Armee dient der Kriegsverhinderung und trägt bei zur Erhaltung des Friedens; sie verteidigt das Land und seine Bevölkerung. Sie unterstützt die zivilen Behörden bei der Abwehr schwerwiegender Bedrohungen der inneren Sicherheit und bei der Bewältigung anderer ausserordentlicher Lagen. Das Gesetz kann weitere Aufgaben vorsehen.

Aufträge

Raumsicherung und Verteidigung
Einsätze zur Raumsicherung dienen dem Schutz wichtiger Einrichtungen und Achsen sowie des Luftraums. Bei der Verteidigung geht es um die Abwehr eines militärischen Angriffs auf die Schweiz.

Unterstützung der zivilen Behörden
Unterstützende Einsätze der Armee zu Gunsten der Bevölkerung. Sie erfolgen auf Ersuchen der zivilen Behörden, wenn die Mittel von Bund, Kantonen und Gemeinden nicht mehr ausreichen.

Friedensförderung
Diese Einsätze haben das Ziel, im Ausland den Frieden zu festigen und einen erneuten Ausbruch bewaffneter Konflikte zu verhindern. Sie erfolgen auf Grund eines internationalen Mandats (UNO oder OSZE), in der Regel zusammen mit anderen Staaten.

Finanzierung

Verteidigungsausgaben **2007**	3 789 Mio. Franken (8%)
– davon für Betriebsrechnung	2 420 Mio. Franken
– davon für Rüstungsausgaben	1 369 Mio. Franken
Anteil der Verteidigungsausgaben 2007 am Bruttoinlandprodukt	0,9%
Anteil der Verteidigungsausgaben 2007 an den Bundesausgaben	8%

Bestände (per 1.1.2008)

Aktive		**120 000**
Davon	Offiziere	16 000
	Unteroffiziere	20 000
	Frauen (alle Grade)	1 050
	Berufs-, Zeitmilitär und Militärische Sicherheit (alle Grade, 15.12.2008)	3 810
Rekruten		**20 000**
Reserve		**80 000**

im Vergleich:

Dienstverweigerer 2007:	51 (2006: 52)

Zivildienst

Einteilung in den Zivildienst 2007	1 463 (2006: 1 441)
Bestand Zivildienstpflichtige 2007	12 051 (2006: 11 211)

Aktive Angehörige der Armee (AdA) in den Truppengattungen und Dienstzweigen

Kommandostäbe	1,9%	Übermittlungstruppen	6,2%
Infanterie	21,7%	Rettungstruppen	4,0%
Panzertruppen	9,6%	Logistiktruppen	5,0%
Artillerie	6,6%	Sanitätstruppen	3,0%
Fliegertruppen	6,6%	Militärische Sicherheit	0,8%
Fliegerabwehrtruppen	5,7%	ABC-Abwehrtruppen	0,6%
Genietruppen	5,6%	Militärjustiz	0,3%
Führungsunterstützungstruppen	6,1%	Ausbildung und Support	16,3%

Dienstleistungspflicht

Gemäss Art. 13 des Militärgesetzes MG beginnt die Militärdienstpflicht am Anfang des Jahres, in dem der Pflichtige das 20. Altersjahr vollendet.

Grundausbildung (RS):
18 oder 21 Wochen je nach Truppengattung

Dienstleistungs-Modelle
- **WK:** 6 WK für Truppen mit 21 Wochen RS; 7 WK für Truppen mit 18 Wochen RS.
- **Durchdiener:** Dienstpflicht freiwillig an einem Stück; nicht bei allen Truppen möglich.

Gesamtdienstleistungspflicht (Beispiele):

Soldat	260 Tage
Fourier	500 Tage
Leutnant, Oberleutnant	600 Tage

Leistungen

Total geleistete Diensttage 2008		**6 366 937**
Total Diensttage in **Armee-Einsätzen**		548 317
davon	subsidiäre Sicherungseinsätze	429 988
	Katastrophenhilfe	0
	Unterstützungseinsätze	18 371
	Militärische Friedensförderung	99 958

Kosten pro Diensttag/AdA, ohne Erwerbsersatz Fr. 34.90

Schweizer Militärpersonen in friedensunterstützenden Auslandeinsätzen:
265 Personen, davon 232 Personen im Balkan.
Daneben weitere Einsätze in Asien, Afrika und Amerika.

Struktur

– **Teilstreitkräfte**	Heer Luftwaffe
– **Grosse Verbände**	4 Infanteriebrigaden (2, 4, 5, 7) 3 Gebirgsinfanteriebrigaden (9, 10, 12) 2 Panzerbrigaden (1, 11) 1 Logistikbrigade (1) 1 Führungsunterstützungsbrigade (41) 4 Territorialregionen (1, 2, 3, 4)

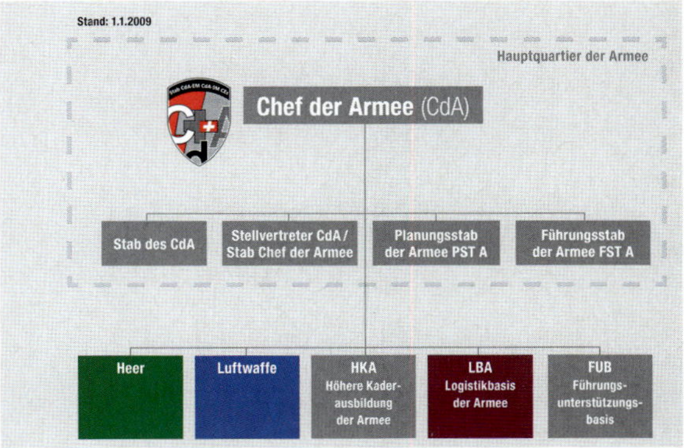

Struktur des Departementsbereichs Verteidigung

Ausrüstung der Armee

224	Panzer 87 Leopard
186	Schützenpanzer 2000
515	Radschützenpanzer
580	Schützenpanzer M 113
326	Aufklärungsfahrzeuge 93, 93/97
224	Panzerhaubitzen M 109
120	Panzerjäger Piranha TOW
45	Feuereinheiten Fliegerabwehr 35 mm
288	Feuereinheiten Fliegerabwehrlenkwaffen *«Stinger»*
54	Feuereinheiten Fliegerabwehrlenkwaffen *«Rapier»*
33	F/A-18 C/D
54	Tiger F-5E / F-5F
35	Alouette III
27	Transporthelikopter Super Puma, Cougar
16	Pilatus Turbo Porter PC-6

Info

Vertiefende Informationen: Sachwortregister ab *Seite 542* in diesem Buch.
Aktuellste Informationen: **www.armee.ch**

Flexible Tieffliegerabwehr mit Stinger

Infanterie

1-2 Die Schweizer Armee: Funktion und Positionierung

Eine Zusammenfassung von Einbettung, Auftrag, Leistungen und Ressourcen der Schweizer Armee.

1-2-1 Rahmen

1-2-11 Sicherheits- und militärpolitische Lage

Die sicherheits- und militärpolitische Lage der Schweiz ist im Sicherheitspolitischen Bericht 2000 eingehend dargelegt worden. Dieser Bericht ist immer noch Grundlage für die Sicherheitspolitik der Schweiz. Er wird bei Redaktionsschluss überarbeitet und der Bundesrat beabsichtigt, im Herbst 2009 den Eidgenössischen Räten eine neue Version vorzulegen. Viele Aussagen des Berichts 2000, insbesondere jene zu den sicherheitspolitischen Interessen und Zielen und der sicherheitspolitischen Grundstrategie sowie auch ein Grossteil der Analyse der Bedrohungen und Gefahren, werden voraussichtlich weiter gültig bleiben.

1-2-12 Militärische Entwicklungen in Europa

In vielen europäischen Staaten sind seit Jahren Militärreformen im Gange, die zu einem wesentlichen Teil auf das veränderte militärische Aufgabenspektrum zurückzuführen sind. ***Verteidigungsdispositive*** für das eigene Staatsgebiet haben ***an Bedeutung eingebüsst,*** für Mitgliedstaaten der Nordatlantischen Vertragsorganisation (NATO) ebenso wie für bündnisfreie Länder. ***Zugenommen hat*** hingegen ***die Bedeutung der Fähigkeit zur Teilnahme an friedensfördernden*** oder allenfalls friedenserzwingenden ***Operationen.*** Die Verteidigung als militärische Kernkompetenz wird nicht grundsätzlich infrage gestellt, doch gehen neuste Ansätze in Richtung einer ***erweiterten Betrachtungsweise,*** welche die Verteidigung als umfassenden Schutz des Bürgers versteht. Verteidigung wird explizit als Gestaltungsmittel der Aussen- und Sicherheitspolitik gesehen und ent-

hält auch Komponenten der Prävention und des Krisenmanagements zur Abwehr von Bedrohungen bis in deren Herkunftsländer. Siehe auch *Kapitel 2-1-2 Bedrohungen und Gefahren.*
Ein allgemeiner Trend in Europa ist die ***Verkleinerung der Streitkräfte,*** unter Beibehaltung einer Reserve sowie der Fähigkeit zum Aufwuchs. Die Einsparungen, die sich so betriebs- und personalkostenseitig ergeben, sollen primär zur Modernisierung der Streitkräfte eingesetzt werden. Diesen Einsparungen sind aber enge Grenzen gesetzt.
Ein ***modularer Aufbau*** der Streitkräfte erlaubt es, Verbände im Hinblick auf einen bevorstehenden Einsatz flexibel zusammenzustellen. Daneben ist die Modularität ein wesentliches Element in der internationalen Zusammenarbeit: Für Friedensförderungseinsätze werden in der Regel nationale Module zu einem multinationalen Verband zusammengefügt.

1-2-13 Sicherheit durch Kooperation

Der Sicherheitspolitische Bericht 2000 steht unter dem Titel ***«Sicherheit durch Kooperation».*** Kooperation bezieht sich vor allem auf die Zusammenarbeit der Armee mit den anderen sicherheitspolitischen Instrumenten der Schweiz, aber auch auf die ***Zusammenarbeit*** der Schweizer Armee mit Streitkräften anderer Staaten und mit internationalen Organisationen. Der Grund für verstärkte internationale Zusammenarbeit liegt darin, dass die Entwicklung von Bedrohungen und Gefahren sowie der Militärtechnik es für einen einzelnen Staat immer schwieriger macht, den Bedrohungen und Gefahren mit guten Erfolgschancen allein entgegenzutreten. Diese internationale Zusammenarbeit betrifft vor allem die Ausbildung, die Rüstungsbeschaffung und Beiträge zur Friedensförderung im internationalen Rahmen. Die Vorbereitungen betreffen die Fähigkeit der Schweizer Armee zur Zusammenarbeit mit anderen Streitkräften. Konkrete Absprachen oder Konzeptionen und Planungen für eine gemeinsame Verteidigung werden nicht getroffen oder erarbeitet.

1-2-2 Auftrag der Schweizer Armee

Gemäss Sicherheitspolitischem Bericht 2000 und Militärgesetz umfasst der ***Auftrag der Armee***:
- **Raumsicherung und Verteidigung;**
- **Unterstützung der zivilen Behörden;**
- **Beiträge zur Friedensförderung im internationalen Rahmen.**

Dabei handelt es sich um grob umrissene Grundaufgaben, für die sich die Schweizer Armee vorbereiten und lagegerecht bereithalten muss. Diese generellen Grundaufträge sind unabhängig von der konkreten Lage. Ihre Reihenfolge entspricht dem gestützt auf die Bundesverfassung erarbeiteten und vom Parlament genehmigten Militärgesetz. Die generellen Grundaufträge sind zu unterscheiden von den konkreten Aufträgen der politischen Führung an die Schweizer Armee; solche Aufträge werden einsatzbezogen erteilt und können gewichtet werden. Eine allgemein gültige Gewichtung, unabhängig von bestimmten Lagen, lässt sich nicht vornehmen. Es lassen sich aber folgende Aussagen machen:

Will man nach dem Kriterium der ***Eintretenswahrscheinlichkeit*** gewichten, so stehen in der derzeitigen Lage die subsidiären Einsätze im Vordergrund, die klassische Verteidigung am Schluss. Nimmt man die ***finanziellen Investitionen*** in die Technologie als Kriterium, so steht eher die Verteidigungsfähigkeit vorne, die subsidiären Einsätze hinten. Nimmt man als Kriterium die ***Grösse der Schweizer Armee, ihren Ausbildungsstand und den Grad der Bereitschaft,*** so ist der Auftrag zur Raumsicherung von besonderer Bedeutung.

In allen Fällen ist die ***Fähigkeit zum Kampf*** eine wichtige Voraussetzung zur Auftragserfüllung. In dieser Kampffähigkeit unterscheiden sich mili-

Bedrohungen – Eintretenswahrscheinlichkeit und Auswirkungen (Stand 2009)

tärische von zivilen Mitteln. Dazu gehört der Kampf im Rahmen kleiner Module ebenso wie derjenige im kombinierten Einsatz Grosser Verbände. Eine Armee, die für den Verteidigungskampf befähigt ist, kann auch subsidiäre Einsätze und Beiträge zur Friedensförderung im internationalen Rahmen leisten.

1-2-3 Leistungen der Schweizer Armee für die Auftragserfüllung

1-2-31 Raumsicherung und Verteidigung

Raumsicherung

Bei der Raumsicherung geht es darum, eine ***akute Krisenlage*** für Land und Volk autonom zu ***meistern*** und die Gefahr einer Eskalation einzudämmen. Mit den bereitgestellten Kräften soll Gewalt strategischen Ausmasses verhindert, eingedämmt oder neutralisiert werden. Armee-Einsätze zur Raumsicherung sollen eine stabilisierende Wirkung erzeugen. Im Innern geht es um die Gewährleistung der Sicherheit der Bevölkerung, um die Wahrung der Funktionsfähigkeit von Staat, Gesellschaft und Wirtschaft sowie um die Sicherung der politischen Handlungsfähigkeit. Mit Blick ins Ausland gilt es zu signalisieren, dass in der Schweiz kein Machtvakuum besteht und dass unser Land willens und fähig ist, auf seinem eigenen Territorium Stabilität zu bewahren. Raumsicherungseinsätze können, auf Anordnung des Bundesrats, mit Streitkräften von Nachbarstaaten koordiniert werden, wenn diese Länder ähnliche Massnahmen vornehmen.

Für die Raumsicherung erbringt die Schweizer Armee folgende ***Leistungen:***

- Wahrung der Lufthoheit;
- Schutz grösserer Grenzabschnitte zur Verhinderung von Grenzübertritten;
- Schutz von Schlüsselräumen, die eine zentrale Bedeutung für die Sicherheit des Landes haben;
- Schutz von Transversalen (Strasse, Schiene, Energieträger, Kommunikation);
- Schutz wichtiger Objekte (zivile Objekte zur Sicherstellung existenzieller Bedürfnisse bzw. militärische Objekte);
- Gegenkonzentration zur Demonstration der eigenen Fähigkeiten zur Verteidigung.

Die Schweizer Armee ist in der Lage, im Rahmen der Raumsicherung mehrere Einsätze gleichzeitig innert Monaten und während längerer Zeit auf dem ganzen Territorium der Schweiz mit einer Brigade und den Mitteln der Luftwaffe durchzuführen. Raumsicherungseinsätze sind eine flexible Antwort auf ein breites Spektrum häufig asymmetrischer Bedrohungen. Der ***Übergang*** von subsidiären Sicherungseinsätzen zur Raumsicherung und von dieser zur Verteidigung ***ist fliessend.***

Verteidigung

Bei der Verteidigung geht es darum, einen militärischen **Angriff auf die Schweiz** abzuwehren. Die Schweizer Armee erbringt dafür folgende ***Leistungen:***

- Wahrung der Lufthoheit, minimal Verhinderung einer gegnerischen Luftüberlegenheit über der Schweiz, allenfalls (bei Hinfall der Neutralität und nach einem Entscheid der politischen Behörden) Beteiligung an Luftverteidigungseinsätzen in Zusammenarbeit mit den Luftwaffen anderer Staaten;
- autonome Verteidigung des Territoriums, wenn der Angriff die Widerstandskraft der Schweizer Armee nicht offenkundig übersteigt, und (bei Hinfall der Neutralität und nach einem Entscheid der politischen Behörden in der Folge eines militärischen Angriffs auf die Schweiz) gemeinsame Verteidigung in Kooperation mit ausländischen Streitkräften;
- Schutz von Räumen und Objekten innerhalb der Schweiz.

1-2-32 Unterstützung der zivilen Behörden

Wenn die Mittel der zivilen Behörden von Bund und Kantonen in personeller, materieller oder zeitlicher Hinsicht nicht ausreichen, kann die Schweizer Armee die zivilen Behörden auf deren Gesuch an den Bund unterstützen. Diese Einsätze erfolgen ***subsidiär,*** das heisst, die Einsatzverantwortung liegt bei den zivilen Behörden, die Führungsverantwortung bei der Armee. Subsidiäre Einsätze helfen mit, Belastungsspitzen der zivilen Behörden zu brechen. Die zivilen Behörden definieren die Leistung, und die Armee entscheidet über Mittel und Kräfteansatz. Die ***Einsatzgrundsätze,*** die sogenannten *Rules of Engagement,* werden von den zivilen und militärischen Verantwortungsträgern im Dialog erarbeitet. Für subsidiäre Einsätze zur Prävention und Bewältigung existenzieller Gefahren werden in erster Priorität ***professionelle Kräfte*** (Militärische Sicherheit) und Durchdiener eingesetzt. Zur Durchhaltefähigkeit werden auch Milizformationen, das heisst WK-Truppen gemäss Dienstleistungsplan, eingesetzt.

1-2-321 Militärische Katastrophenhilfe

Die Schweizer Armee unterstützt die zivilen Behörden bei der Bewältigung natur- oder zivilisationsbedingter Katastrophen im Inland. Katas-

trophenhilfe erfolgt ***aus dem Stand*** und wird im Assistenzdienst geleistet. Dabei stehen Angehörige der Militärischen Sicherheit, von Katastrophenhilfe Bereitschaftsverband und Luftwaffe ***innert Stunden*** zur Verfügung. Die eigentliche militärische Katastrophenhilfe wird in der Regel durch ***Genie- und Rettungstruppen*** geleistet. Wenn diese Kräfte nicht ausreichen, können Truppen im Ausbildungsdienst oder WK-Truppen gemäss Dienstleistungsplan herangezogen werden.
Die Schweizer Armee ist in der Lage, gleichzeitig bei der Bewältigung mehrerer Schadenereignisse Unterstützung zu leisten sowie Personen und Güter in ausgedehnten Schadenlagen zu retten und zu schützen. Sie erbringt folgende mögliche ***Leistungen:***

- Beratung der zivilen Behörden;
- Zurverfügungstellung von Material und Einrichtungen (z.B.Wechselladebehälter);
- Einsatz von Berufspersonal und Truppen des VBS;
- Rettung und Schutz von Menschen und Tieren;
- Hilfeleistung an die Bevölkerung, die von der Umwelt abgeschnitten ist;
- Verhütung der Ausdehnung des Katastrophengebietes und der Folgeschäden;
- Mithilfe bei der provisorischen Wiederherstellung der lebenswichtigen Infrastruktur;
- Mithilfe bei Evakuationen;
- Verstärkung oder Ablösung bereits eingesetzter Mittel.

Nach einem Schadenereignis kann sie mit allen in der Nähe befindlichen Truppen Spontanhilfe leisten. Diese dauert in der Regel nicht länger als 48 Stunden. Mit einem Bereitschaftssystem der WK-leistenden Truppenkörper der Genie- und Rettungstruppen sowie weiterer Truppen stellt die Schweizer Armee die ***Durchhaltefähigkeit*** während einiger Wochen sicher. Die Schweizer Armee ***konkurrenziert*** die zivile Wirtschaft ***nicht*** und leistet keine Wiederaufbauhilfe.

1-2-322 Unterstützung humanitärer Hilfeleistungen

Die Schweizer Armee ist fähig, humanitäre Hilfeleistungen – eine erweiterte Form der Katastrophenhilfe – ***aus dem Stand*** während einiger Monate zu unterstützen. Solche Unterstützung erfolgt auf Ersuchen eines Staates oder einer internationalen Organisation an den Bundesrat. Die Unterstützung humanitärer Hilfeleistungen durch die Schweizer Armee erfolgt subsidiär zum Einsatz der zivilen Mittel. Die ***Einsatzverantwortung*** liegt demnach beim Eidg. Departement für auswärtige Angelegenheiten (EDA), die ***Führungsverantwortung*** für die der zivilen Organisation (z.B. Direktion für Entwicklung und Zusammenarbeit (DEZA) oder

einer internationalen Organisation) zur Zusammenarbeit zugewiesenen militärischen Mittel beim Eidg. Departement für Verteidigung, Bevölkerungsschutz und Sport (VBS). Der Einsatz der militärischen Mittel beschränkt sich grundsätzlich auf die Bereiche Schutz, Logistik (inkl. Transport), Kommunikation und Rettung. In diesem Sinne ist auch die ***Katastrophenhilfe im Ausland*** unter der Unterstützung humanitärer Hilfeleistungen zu subsumieren. Das Schweizerische Korps für Humanitäre Hilfe (SKH) kann wie bisher insbesondere im Rahmen von Einsätzen der ***Rettungskette Schweiz*** auf Basis der Freiwilligkeit auf Angehörige der Armee und auf Armeematerial zurückgreifen.
Der Einsatz der Mittel im Rahmen einer humanitären Hilfeleistung richtet sich nach den allgemein gültigen humanitären Prinzipien (Unparteilichkeit, keine politischen Bedingungen) und nach dem Grundsatz der Verhältnismässigkeit. ***Grundsätzlich*** erfolgen solche Einsätze ***unbewaffnet.***

1-2-323 Subsidiäre Sicherungseinsätze

Folgende subsidiäre Sicherungseinsätze kann die Schweizer Armee ***innert Tagen*** leisten:

- ***Unterstützung der zivilen Behörden beim Personenschutz:*** Diese Aufgabe kann durch professionelle Kräfte während mehrerer Wochen wahrgenommen werden.
- ***Rettung und Rückführung von Schweizer Bürgern aus Krisengebieten bzw. Schutz eigener Personen und Sachen im Ausland:*** Die Schweizer Armee ist in der Lage, entsprechende Operationen mit den Aufklärungs- und Grenadierformationen der Armee und mit Unterstützung der Luftwaffe (Lufttransport) bei gravierenden Bedrohungen durchzuführen. Rückführungsoperationen erfolgen unter Verantwortung des EDA in Zusammenarbeit mit anderen Bundesstellen (namentlich dem EJPD) und in der Regel in Kooperation mit ausländischen Streitkräften.

Zu den subsidiären Sicherungseinsätzen, welche die Schweizer Armee ***innert Wochen*** leisten kann, zählen:

- ***Sicherstellung des Schutzes kritischer Infrastruktur oder Unterstützung des Grenzwachtkorps beim Schutz der Landesgrenzen:*** Dazu stehen Berufs- und Milizformationen der Militärischen Sicherheit und zwei Infanteriekompanien (Durchdiener) zur Verfügung. Mit dem gleichen Kräfteansatz können ***während Tagen*** mehrere Einsätze zum Objektschutz (z.B. für internationale Konferenzen und kritische Infrastruktur) geleistet werden.

– Mit mehreren Militärpolizeidetachementen (Berufsmilitär) können gleichzeitig mehrere Einsätze zum Personenschutz und Objektschutz durchgeführt werden (Schutz völkerrechtlich geschützter Personen und diplomatischer Vertretungen der Schweiz im Ausland bei niedriger Bedrohung).

Die Einsätze werden bei Bedarf durch die Luftwaffe unterstützt. Wenn nötig, kann die Durchhaltefähigkeit mit WK- und/oder Reserveverbänden sichergestellt werden.

Die Entwicklung im sicherheitspolitischen Umfeld der vergangenen Jahre lässt Bund und Kantone weiterhin ein permanent erhöhtes Sicherheitsdispositiv aufrechterhalten, das nur dank der subsidiären Armeeunterstützung durchhaltefähig ist.

1-2-324 Luftpolizeidienst

Die Luftwaffe ist für die Wahrung der Lufthoheit verantwortlich. Sie kontrolliert in Zusammenarbeit mit dem Bundesamt für Zivilluftfahrt BAZL und skyguide die Einhaltung des international definierten Luftrechts und überwacht die Beachtung der Luftverkehrsregeln. Die Luftwaffe ist zudem für die permanente Luftraumüberwachung (PLÜ – 24 Stunden/7 Tage) mit elektronischen Mitteln verantwortlich. Sie kann ***aus dem Stand*** mit einzelnen Kampfflugzeugen oder bei länger dauernden Einsätzen ***während Monaten*** mit allen Mitteln die durch den Bundesrat und das Parlament definierten Bedürfnisse erfüllen. Die Identifikation von Luftfahrzeugen erfolgt primär mit elektronischen Mitteln. Die Fähigkeit zur visuellen Identifikation von Luftfahrzeugen und zur allfälligen Intervention (inkl. Gewaltandrohung und Waffeneinsatz) ist sichergestellt.

1-2-33 Beiträge zur Friedensförderung im internationalen Rahmen

Die Schweizer Armee leistet Beiträge zur Friedensförderung im internationalen Rahmen, indem sie Einzelpersonen und Verbände nach erfolgter Vorbereitung über ***längere Zeit*** in mandatierten Operationen einsetzt.

Beiträge zu friedensfördernden Einsätzen finden ausschliesslich im Rahmen von internationalen Operationen, gestützt auf ein ***Mandat der UNO oder OSZE,*** statt.

Jeder Einsatz wird vom Bundesrat angeordnet. Er bestimmt, ob eine Bewaffnung für den Schutz der durch die Schweiz eingesetzten Personen und Truppen sowie für die Erfüllung ihres Auftrages erforderlich ist; er legt gegebenenfalls Art und Umfang der Bewaffnung fest. Die Truppen müssen in der Lage sein, ihren Auftrag zu erfüllen, auch wenn die Konfliktparteien vom vereinbarten Verhalten (Waffenstillstands- oder Friedensabkommen) temporär abweichen.

Soll der Einsatz bewaffnet erfolgen, konsultiert der Bundesrat vorgängig die Aussenpolitischen und die Sicherheitspolitischen Kommissionen beider Räte. Sind für einen bewaffneten Einsatz ***mehr als 100*** Angehörige der Armee vorgesehen oder dauert dieser ***länger als drei Wochen,*** so ist eine Genehmigung durch die Bundesversammlung erforderlich. In dringenden Fällen kann der Bundesrat diese Genehmigung nachträglich einholen. Im Regelfall sollte sie aber vor Beginn des Einsatzes vorliegen.

Einsätze zur Friedensförderung im internationalen Rahmen erfordern Berufsmilitärs und Milizpersonal, das sich für einen bestimmten Zeitraum zur Verfügung stellt. Milizangehörige der Schweizer Armee werden auf Grundlage der Freiwilligkeit für solche Einsätze rekrutiert, während sich die Berufsmilitärs im Rahmen des Anstellungsvertrags verpflichten, bei Bedarf solche Auslandeinsätze zu leisten.
Truppen im Auslandeinsatz sind auf logistische Unterstützung aus der Schweiz angewiesen. In der Regel ist dazu eine ausreichende eigene Lufttransportkapazität notwendig. Auch die notwendigen Führungsunterstützungsmittel müssen bereitgestellt werden.

Die Schweizer Armee ist gegenwärtig in der Lage, binnen Monaten an friedensfördernden Einsätzen, vor allem im strategischen Umfeld der Schweiz, mit maximal einer verstärkten Einheit im Rahmen eines internationalen Grossverbandes während Jahren teilzunehmen. Sie kann ausserdem innert Wochen Beiträge zur Implementierung internationaler Abkommen (z.B. Verifikation, Entsendung von Militärbeobachtern, Missionen) mit Personal und Fachkenntnissen leisten.

▶

1-2-34 Das Leistungsprofil der Schweizer Armee 2011

Die Schweizer Armee kann (ohne Einsatz der Reserve) ***gleichzeitig*** folgende Leistungen erbringen:

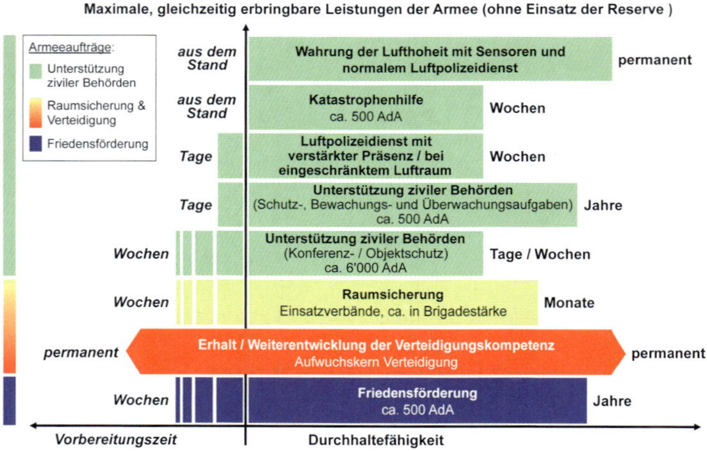

1-2-4 Konsequenzen aus Rahmenbedingungen und Auftrag

1-2-41 Multifunktionalität

Die Schweizer Armee muss multifunktional sein, weil sie mehrere Aufträge hat und verschiedene Leistungen erbringen muss.
Die ***Kompetenz zur Abwehr eines militärischen Angriffs*** (Verteidigung) ist zu bewahren, auch wenn deren ***Bereitschaft*** niedrig gehalten werden kann, solange sich keine fundamentale Veränderung der sicherheitspolitischen Lage abzeichnet. Die Schweizer Armee muss zur Erhaltung der Kompetenz zur Abwehr eines militärischen Angriffs ***gut ausgebildet*** und ***modern ausgerüstet und bewaffnet*** sein; gleichzeitig kann aber ihre ***Grösse verringert*** werden.
Das Leistungsprofil für ***subsidiäre Einsätze zur Unterstützung der zivilen Behörden*** bleibt unverändert. Die ***Qualität*** der Leistungen soll aber, insbesondere durch rasch einsetzbare und teilweise spezialisierte Verbände, ***erhöht*** werden.

Die Fähigkeit, ***Beiträge zur Friedensförderung im internationalen Rahmen*** zu leisten, soll ***erhöht*** werden. Dieser Auftrag konkurrenziert die anderen beiden Armee-Aufträge nicht; die dafür eingesetzten personellen und finanziellen Ressourcen sind sowohl im internationalen Vergleich wie auch im Verhältnis zu den Mitteln, die für die Erfüllung der beiden anderen Aufträgen eingesetzt werden, bescheiden.

1-2-42 Modularität

Ein modularer Aufbau entspricht dem Umstand, dass die Schweizer Armee verschiedene Aufträge hat und flexibel einsetzbar sein muss, sowie dem Bedürfnis, für jeden konkreten Einsatz ***massgeschneiderte Verbände*** zu verwenden. Ein solcher Aufbau ist auch in Bezug auf Veränderungen in Doktrin und Technologie ***anpassungsfähig.*** Zudem ermöglicht er sowohl eine Erhöhung als auch eine Herabsetzung der Bestände ohne grundsätzliche Umstrukturierung.

Grundmodule der Armee sind Bataillone, Abteilungen und Geschwader. Aus Gründen der regionalen Verankerung werden die Bataillone und Abteilungen im Sinne einer Grundorganisation in ***Brigaden*** eingeteilt, die bei Bedarf ***auftragsbezogen angepasst*** werden. Die Bataillone und Abteilungen sind in der Lage, nach erstellter Grundbereitschaft und abgeschlossener Überführung in die Einsatzbereitschaft eine taktische Leistung zu erbringen.

1-2-43 Bereitschaft

Die Analyse der Bedrohungen und Gefahren zeigt, dass die Armee nicht alle Leistungen innerhalb derselben Fristen erbringen muss. Das frühere System der Mobilmachung wurde wegen der unterschiedlichen Reaktionszeiten im Interesse grösserer Effizienz durch ein ***flexibleres System einer abgestuften Bereitschaft*** abgelöst. Dabei ist zu beachten, dass die ***Fähigkeit*** zur Leistungserbringung von der ***Bereitschaft*** zur Leistungserbringung zu unterscheiden ist. Während für Einsätze mit einer längeren Vorbereitungszeit die Fähigkeit zur Leistungserbringung auszubilden ist, ist für Einsätze aus dem Stand zusätzlich eine hohe Bereitschaft mit einem angemessenen Kräfteansatz notwendig. ***Subsidiäre Einsätze*** zur Prävention und Bewältigung existenzieller Gefahren sind grundsätzlich ***aus dem Stand*** zu leisten; grössere bzw. mehrere gleichzeitige Einsätze erfordern eine längere Vorbereitungszeit. Dasselbe gilt für die ***Unterstützung humanitärer Hilfeleistungen.*** Es sind deshalb die Voraussetzungen zu schaffen, die dazu notwendigen Teile der Schweizer Armee (Berufsmilitärs, Zeitmilitärs, Durchdiener) in hoher Bereitschaft zu halten.

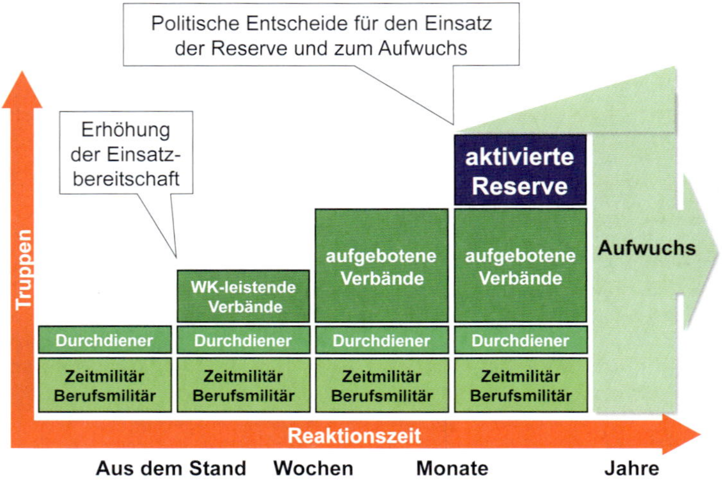

Das System der abgestuften Bereitschaft

Raumsicherungseinsätze müssen nach ***mittlerer Vorbereitungszeit*** möglich sein. Dazu werden bei Bedarf Verbände, die ihren Wiederholungskurs (WK) leisten, aufgeboten. Bei länger dauernden Einsätzen können auch Verbände eingesetzt werden, die eine längere Vorbereitungszeit benötigen (Reserven).

Für die ***Verteidigung*** kann mit einer ***langen Vorbereitungszeit*** gerechnet werden. Es muss eine Grundkompetenz und -bereitschaft sichergestellt werden, aus der innert nützlicher Frist die Einsatzbereitschaft erstellt werden kann. Falls sich eine Entwicklung abzeichnet, die für die Verteidigung wesentlich grössere Kräfte erfordert, muss es möglich sein, die Schweizer Armee auch über die Reserve hinaus zu vergrössern. Voraussetzung für einen solchen ***Aufwuchs,*** der mehrere Jahre erfordert, ist ein Entscheid von Bundesrat und Parlament.

Beiträge zur Friedensförderung im internationalen Rahmen sind ***binnen weniger Monate*** zu leisten. Einzelpersonen (z.B. Militärbeobachter) können auch innert einer oder mehrerer Wochen eingesetzt werden. Für längere Engagements werden Angehörige der Miliz (auf freiwilliger Basis), Berufs- und Zeitmilitärs benötigt.

Aus dem Stand verfügbar sind Militärdienstpflichtige, die ihren Dienst am

Stück absolvieren und nach ihrer Grundausbildung in spezielle Bereitschaftsverbände eingeteilt werden (Durchdiener). Dazu kommen Berufs- und Zeitmilitärs sowie ziviles Personal. Aus dem Stand einsetzbare Verbände leisten ***subsidiäre Einsätze zur Prävention und Bewältigung existenzieller Gefahren.*** Durchdiener, Berufs- und Zeitmilitärs – zwar zahlenmässig beschränkt – sind in der ganzen Schweiz einsetzbar. Mit einem Bereitschaftssystem wird zudem sichergestellt, dass auch Truppen im Ausbildungsdienst eingesetzt werden können. Es handelt sich dabei um Truppen in der letzten Phase der Grundausbildung (Verbandsausbildung, VBA) oder um WK-leistende Verbände. Diese Verbände können ***umfangreichere subsidiäre Einsätze*** übernehmen als die aus dem Stand verfügbaren Truppen und zudem deren Durchhaltefähigkeit erhöhen.

Nach mittlerer Vorbereitungszeit können ***zusätzliche Verbände*** aufgeboten werden. Diese können neben den bereits erwähnten Aufgaben auch Raumsicherungseinsätze übernehmen. Eine mittlere Vorbereitungszeit gilt auch für Verbände zur Friedensförderung, die durch Berufsmilitärs, Milizpersonal, das sich für einen bestimmten Zeitraum zur Verfügung stellt (und damit temporär zu Zeitmilitär wird), sowie Durchdiener (auf freiwilliger Basis) alimentiert werden.

Nach längerer Vorbereitungszeit ist zusätzlich die ***Reserve*** verfügbar. Diese Verbände müssen rechtzeitig aktiviert werden, da sie für die Erreichung der Einsatzfähigkeit eine ***mehrmonatige Vorbereitungszeit*** benötigen. Mit ihnen kann die Durchhaltefähigkeit für Raumsicherungseinsätze über längere Zeit gewährleistet werden.

1-2-44 Reserve

Angehörige der Schweizer Armee, die ihre Dienstpflicht erfüllt haben, werden in ***Reserveformationen*** eingeteilt. Mannschaften, Unteroffiziere und Subalternoffiziere dieser Formationen leisten in der ***normalen Lage*** keinen Dienst. Kommandanten und Stabsoffiziere der Reserveformationen leisten pro Jahr ***maximal 5 Diensttage*** (Dienstrapporte, Einführung wichtiger Neuerungen usw.). Die Reserveformationen verfügen – neben der persönlichen Ausrüstung ihrer Angehörigen – über ***eigenes Korpsmaterial*** (Waffensysteme und Fahrzeuge, die aus Beständen der Armee 95 noch vorhanden sind). Über eine ***Erneuerung dieses Materials*** wird erst nach Ablauf der militärischen Nutzungsdauer entschieden. ***Komponenten,*** die für die Zusammenarbeit mit den aktiven Formationen der Armee ausschlaggebend sind (z.B. Übermittlungs- und Führungssysteme), müssen dagegen im Gleichschritt mit den aktiven Formationen ***erneuert*** werden.

Für ***spezielle Formationen*** (z.B. im Bereich Führungsunterstützung), deren volle Kapazität im Normalfall nicht ausgeschöpft werden muss, sowie bei ***verschiedenen Verbänden der Luftwaffe*** besteht eine Mischung von dienstpflichtigen Angehörigen der Armee und Reserveangehörigen der Armee.

1-2-45 Aufwuchs

Falls sich die sicherheitspolitische Lage in Zukunft so fundamental verschlechtern sollte, dass für die Schweiz eine konkrete militärische Bedrohung akut würde, kann die Schweizer Armee angepasst werden. Dieser Prozess wird als ***Aufwuchs*** bezeichnet und bezieht sich auf folgende ***Bereiche:***

Konkretisierung der Doktrin (operative und taktische Verfahren), einsatzspezifische Ausbildungsvorbereitungen, Anpassung der Ausrüstung und Bewaffnung, Erhöhung des Armeebestandes durch Ausschöpfen der gesetzlich festgelegten Diensttage und (nach Vorliegen der notwendigen Änderungen des Rechts) Erhöhung der Dienstleistungsdauer, Aktivieren von Reserveverbänden sowie Einberufen von zusätzlichen Jahrgängen. Der Aufwuchs kann aber nicht im Detail zum Voraus geplant werden. Entscheidend ist, dass für einen Aufwuchs parlamentarische Beschlüsse vorliegen müssen (Anpassung von Rechtsgrundlagen, Änderung finanzieller Rahmenbedingungen usw.).

Zwingende Voraussetzung für einen Aufwuchs ist die ***Erhaltung und Weiterentwicklung aller Kernkompetenzen der Schweizer Armee zur Verteidigung,*** weil im Ernstfall kaum genügend Zeit zur Verfügung stehen wird, um nicht mehr vorhandene Kompetenzen wieder zu erwerben.

1-2-46 Kooperation und Kooperationsfähigkeit

Die Schweizer Armee muss zur Erfüllung aller Teilaufträge mit anderen Institutionen im Inland oder im Ausland zusammenarbeiten.

Bei der ***Kooperation im Inland*** ist die Schweizer Armee Teil der nationalen Sicherheitskooperation, des Zusammenspiels aller sicherheitspolitischen Instrumente. Subsidiäre Einsätze zur Unterstützung der zivilen Behörden werden auf Begehren und unter der Einsatzverantwortung der zivilen Behörden erbracht, während die Schweizer Armee für Raumsicherung und Verteidigung unter eigener Verantwortung, aber in Kooperation mit zivilen Instanzen handelt. Aber auch bei subsidiären Einsätzen entscheidet die Armeeführung, mit welchen Mitteln sie die anstehende Aufgabe erfüllen kann, sofern der Bundesrat aus übergeordneten Gründen nichts anderes bestimmt.

Internationale Kooperation hat in der Schweizer Armee eine gewisse Tradition, insbesondere in der Ausbildung, aber auch bei Einsätzen zur Friedensförderung. Mit der Strategie der Sicherheit durch Kooperation erhält diese Zusammenarbeit, unter voller Wahrung der Neutralitätspflichten, einen höheren Stellenwert.
Bei der bilateralen oder multilateralen ***Ausbildungskooperation*** geht es vor allem darum, Ausbildungsinhalte, die in der Schweiz nicht optimal geübt werden können, im Ausland zu trainieren (z.B. Luftkampftraining, Verbandsausbildung ab Stufe Bataillon/Abteilung, Mitarbeit in internationalen Stäben) und periodisch das Ausbildungsniveau mit demjenigen ausländischer Partner zu vergleichen und damit im Wettbewerb die eigene Leistungsfähigkeit zu messen. Im Gegenzug werden ausländischen Streitkräften Ausbildungsmöglichkeiten in der Schweiz angeboten, vor allem die ***Benützung von Simulatoren*** und die ***Teilnahme an Kaderlehrgängen.***
Die Kooperation mit ausländischen Streitkräften erfordert einerseits eine gewisse ***Fähigkeit zu internationaler Zusammenarbeit (Interoperabilität),*** dient anderseits aber auch dazu, diese zu entwickeln. Interoperabilität bezieht sich vor allem auf Sprachkenntnisse, Stabstätigkeit, Einsatzverfahren und Ausrüstung (primär Führungs- und Informationssysteme). In erster Linie ist Interoperabilität bei der Beteiligung an internationalen Operationen zur Friedensförderung und bei der Unterstützung humanitärer Hilfeleistungen erforderlich.
Die Schweizer Armee muss in jede Kooperation eine ***hohe Leistung*** einbringen, sonst wird Kooperation zur Abhängigkeit. Damit die Schweizer Armee ein vollwertiger Kooperationspartner ist, muss sie gut ausgebildet sowie modern ausgerüstet und bewaffnet sein.

1-2-5 Doktrin

Die Militärdoktrin leitet sich aus den sicherheitspolitischen Zielen und dem politisch-strategischen, wirtschaftlichen, sozialen und technologischen Umfeld ab. Sie ***definiert eine gemeinsame Sicht der Prinzipien, nach denen die Schweizer Armee eingesetzt wird,*** und ermöglicht dadurch auf allen Stufen eine einheitliche und trotzdem situative Führung. Sie muss ausreichend flexibel und internationalen Standards angepasst sein, damit sie künftigen Entwicklungen Platz bietet und die Zusammenarbeit mit Partnern ermöglicht, wo autonome Ansätze nicht genügen.

Grundsätze zur Verwendung von Streitkräften
Wenn es früher im Krieg darum ging, einen Staat mit der Vernichtung seiner Streitkräfte zur bedingungslosen Kapitulation zu zwingen, stehen heute ***begrenzte, rasche militärische Erfolge im Vordergrund,*** die günstige Voraussetzungen für nachfolgende politische Verhandlungen schaffen sollen. Gepaart mit den Entwicklungen im Bereich der Streitkräfte und der Rüstungstechnologie führt dies dazu, dass die ***Kriegführung*** zu Beginn des 21. Jahrhunderts von ***fünf Faktoren*** bestimmt wird:

- ***Der Mensch steht im Vordergrund:*** Die Rüstungstechnologie sowie neue Kommunikationssysteme erhöhen den Stellenwert des einzelnen Angehörigen der Armee und erlauben flachere Hierarchien. Die Minimierung menschlicher Verluste bestimmt Abläufe und häufig auch Ziele einer Operation.
- ***Antizipation:*** Risiken sind zu erkennen und zu beurteilen, bevor sie zur Bedrohung eskalieren. Dies setzt einen leistungs- und anpassungsfähigen, im ganzen Spektrum der Gefahren einsetzbaren ***Nachrichtendienst*** voraus.
- ***Angemessenheit des Kräfteeinsatzes:*** Das Instrumentarium muss dem Gewaltpotenzial angemessen sein und der Lageentwicklung laufend angepasst werden können. Es gilt auch, die schädlichen Auswirkungen militärischer Operationen auf Dritte möglichst gering zu halten.
- ***Fokussierung:*** Räumlich und zeitlich begrenzt muss jene Überlegenheit erlangt werden, die es erlaubt, operative und taktische Erfolge strategisch zu nutzen. Dies setzt die Integration der Informationsmittel und die Verfügbarkeit moderner Technologien voraus.
- ***Einsatzbezogene Integration:*** Die Komponenten eines Kräfteansatzes (Systeme und Truppengattungen sowie Teilstreitkräfte und nationale Kontingente) müssen an die jeweilige Operation bedarfsgerecht und flexibel zusammengestellt werden (Modularität). In der Regel sind an jeder Operation Komponenten der Teilstreitkräfte Heer und Luftwaffe beteiligt (teilstreitkräfteübergreifende Operationen).

1-2-6 Ressourcen

1-2-61 Personal

1-2-611 Bestände
Der gesetzlich festgelegte ***Bestand der aktiven Schweizer Armee*** beträgt 120 000; dazu kommt ein Rekrutenjahrgang von rund 20 000, sodass der Bestand der Schweizer Armee ***ohne Reserve 140 000 beträgt.***

Das Militärische Personal wird, zusammen mit dem zivilen Personal, durch den Bereich Personal Verteidigung geführt. Dieser gehört zum Stab Chef der Armee.

Das ***Militärische Personal*** setzt sich wie folgt zusammen: (Stand 15.12.2008)

Berufsmilitär		***Total 2033***
– Berufsoffiziere	BO	830
– Berufsunteroffiziere	BU	979
– Berufsoffiziere Piloten & Operateure	BOP/BOO	224
Angehörige Militärische Sicherheit		***Total 784***
– Fachberufsoffiziere	FBO	105
– Fachberufsunteroffiziere	FBU	613
– Berufssoldaten	BS	66
Zeitmilitär	ZM	***Total 995***
Militärisches Personal		***Total 3812***

Die gesetzlich festgelegte ***Reserve*** umfasst höchstens ***80 000*** Angehörige der Schweizer Armee (4 Jahrgänge ehemaliger WK-Pflichtiger und 10 Jahrgänge ehemaliger Durchdiener). Jede Dienstverschiebung von WK-Pflichtigen bis zum 34. Altersjahr hat als unmittelbare Konsequenz eine Verkleinerung dieser Reserve zu Gunsten der aktiven Schweizer Armee zur Folge.

Frauen und Männer

Frauen und Männer können sämtlichen Personalkategorien zugeteilt werden. Ebenso können alle Funktionen sowohl durch Frauen als auch durch Männer besetzt werden. Damit wird dem gesellschaftlichen Wandel Rechnung getragen und den Frauen die gleichen Möglichkeiten wie den Männern auch im militärischen Bereich der Sicherheitspolitik eröffnet. Zudem ergibt sich durch den dreiteiligen Armee-Auftrag und durch das generelle Erfordernis der Multifunktionalität der Schweizer Armee eine breite Palette von Einsatzmöglichkeiten, insbesondere auch für Frauen. Das differenziertere Rekrutierungssystem für die Schweizer Armee gestattet, dieses Potenzial gezielter zu erfassen.

1-2-612 Miliz

WK-Pflichtige: Zum Bestand gehören Angehörige der Armee, die nach absolvierter Rekrutenschule (RS) eingeteilt werden und jährliche WK leisten, bis sie ihre Ausbildungsdienstpflicht erfüllt haben. Sie können bei be-

sonderer oder ausserordentlicher Lage innert weniger Monate einsatzbereit sein.
Die ***Gesamtzahl der Diensttage*** (Ausbildungsdienstpflicht) wird durch die Länge der Grundausbildung sowie die Länge und Anzahl der WK bestimmt. Eine 21-wöchige Grundausbildung entspricht 145 Tagen, 6 WK zu 19 Tagen entsprechen 114 Tagen. Zusammen mit den 3 Tagen Rekrutierung resultieren insgesamt 262 zu leistende Diensttage. Die 18-wöchige Grundausbildung entspricht 124 Tagen. Dazu kommen 7 anstelle von 6 WK zu 19 Tagen, also 133 Tage. Mit den 3 Tagen Rekrutierung ergeben sich somit insgesamt 260 Diensttage. Während der Einteilung in der aktiven Armee können die Angehörigen der Armee für verschiedene militärische Aktivitäten (z.B. Repetitorium für Fahrer, Panzertrainingskurse, Dienstpersonal für Kadervorkurse oder gewisse truppengattungsspezifische Kurse) zu zusätzlichen Diensttagen aufgeboten werden; diese werden an die Ausbildungsdienstpflicht angerechnet.
Aus Ausbildungsgründen kann von dieser Regel abgewichen werden, vor allem für Spezialisten. Die im MG festgelegte ***Obergrenze von 330 Tagen*** darf aber nicht überschritten werden.
Die Mannschaft und die Unteroffiziere (mit Ausnahme der höheren Unteroffiziere) werden in der Regel am Ende des Jahres, in welchem sie das 30. Altersjahr vollenden, aus der Militärdienstpflicht entlassen. Die Verlegung der zu leistenden Diensttage auf die jüngeren Jahre (21 Wochen RS, 6 WK bis zum Alter von 26 Jahren) erlaubt es, Militärdienst und berufliche Verpflichtungen besser miteinander zu vereinbaren. Bei verspätetem Beginn der RS und Verschiebung von WK erfolgt die Entlassung bis spätestens am Ende des Jahres, in dem das 34. Altersjahr vollendet wird. Dies hat den Vorteil einer besseren Durchmischung der Altersstruktur ohne zusätzlichen Verwaltungsaufwand.
Höhere Unteroffiziere in Einheiten und Subalternoffiziere werden mit 36 Jahren aus der Militärdienstpflicht entlassen, Hauptleute und höhere Unteroffiziere in Stäben am Ende des Jahres, in dem sie das 42. Altersjahr vollenden. Für Subalternoffiziere kann bei Bedarf die Militärdienstpflicht längstens bis zum Ende des Jahres, in welchem sie das 40. Altersjahr vollenden, verlängert werden. Stabsoffiziere und höhere Stabsoffiziere werden am Ende des Jahres, in dem sie das 50. Altersjahr vollenden, entlassen. Die Altersgrenze für die Militärdienstpflicht kann für Spezialisten, höhere Unteroffiziere und Offiziere bei Bedarf und *mit ihrem Einverständnis* zusätzlich verlängert werden.

Durchdiener (Erfüllung der Ausbildungsdienstpflicht ohne Unterbrechung)
Durchdiener sind Milizsoldaten, die ihre gesamte Ausbildungsdienstpflicht (300 Tage für die Mannschaft) an einem Stück absolvieren *(siehe das Kapitel «Durchdiener»)*.

Reserve
Zur Reserve gehören Angehörige der Armee, die ihre Ausbildungsdienste geleistet haben (WK-Pflichtige nach Ableistung aller WK, Durchdiener nach Ableistung von Grundausbildung und Einsatz). Sie sind in ***Reserveverbände*** oder ***gemischte Formationen*** eingeteilt, verfügen weiterhin über ihre persönliche Ausrüstung und sind schiesspflichtig. Ihr Ausbildungsstand nimmt zwar ohne Dienstleistungen ab, bleibt aber einige Jahre noch so hoch, dass bei einer Aktivierung der Reserve nicht erneut mit der Grundausbildung begonnen werden muss. Die Reserve ist ***innert Jahresfrist*** einsatzbereit. Kommandanten und Stabsangehörige der Reserve leisten pro Jahr maximal 5 Diensttage.

Ausnahmen
Ein Vorteil des Milizsystems ist die ***Nutzung ziviler Ausbildung und Fähigkeiten*** für militärische Zwecke. Für bestimmte Funktionen kann die Schweizer Armee von der zivilen Ausbildung einiger Angehörigen der Armee speziell profitieren. Eine solche Ausbildung dauert in der Regel länger und wird kaum vor dem 30. Altersjahr abgeschlossen.

Damit die Schweizer Armee trotz der Reduktion des Militärdienstpflichtalters von den speziellen zivilen Kompetenzen (z.B. von Ärzten, Juristen, EDV-Spezialisten, AC-Spezialisten, Piloten, Kommunikationsspezialisten, Bauingenieuren, Pfarrern usw.) profitieren kann, wird diesen Angehörigen der Armee eine besondere Art der Dienstleistung ermöglicht. Sie werden nach Möglichkeit zu Beginn ihrer zivilen Ausbildung erfasst und durchlaufen eine fachspezifische militärische Ausbildung oder werden nach Abschluss der zivilen Ausbildung umgeteilt. Dabei besteht für die Mannschaft und die Unteroffiziere die Möglichkeit, entweder den militärischen Grad zu behalten oder bei Bedarf mit einer Offiziersfunktion betraut zu werden; sie werden dann zum *Fachoffizier* ernannt und haben die gleichen Rechte und Pflichten wie die Offiziere in gleicher Funktion.
Für alle Spezialisten, inklusive Fachoffiziere, dauert die Militärdienstpflicht bis zum Ende des Jahres, in dem sie das 50. Altersjahr vollenden. Sie haben aber in der verlängerten Dauer nur die ihrem Grad entsprechende Ausbildungsdienstpflicht zu erfüllen.

1-2-62 Finanzen Verteidigung

Die Schweizer Armee hat die von ihr geforderten Leistungen möglichst ***kostengünstig*** zu erbringen. Modernisierung, Ausrüstung und Betrieb einer Armee, die dem Auftrag, der Lage und der Doktrin entspricht sowie mit der technologischen Entwicklung Schritt hält, sind aber mit erheblichen Kosten verbunden.

Der Bundesrat hat, gestützt auf die in der Bundesverfassung, im Sicherheitspolitischen Bericht 2000, im Armeeleitbild XXI und im Entwicklungsschritt 2008/11 (AO-Revision) der Schweizer Armee zugewiesenen Aufgaben/Leistungen definiert und einen ***Finanzrahmen*** abgesteckt. Die finanziellen Mittel sind jeweils in Voranschlag und Finanzplan abzubilden. Angesichts der Bestrebungen, den Bundeshaushalt zu sanieren (Schuldenbremse als Verfassungsauftrag), sind die Finanzmittel vor allem in den jüngeren Jahren stetig gekürzt worden *(siehe auch Kapitel 2-2: Ausgaben für die Landesverteidigung)*.
Diese namhaften Kürzungen mussten schwergewichtig beim Rüstungsaufwand (Rüstungsmaterial) umgesetzt werden, da nur hier kurzfristig Abstriche möglich sind. Die Reduktion anderer Positionen, namentlich beim Betriebsaufwand, erfordert eine grössere Vorlaufzeit. Zudem muss ein umfangreicher Personalabbau vollzogen werden.

VBS: Personalumbau und -abbau 2002–2010

Die Reformen Armee und Bevölkerungsschutz XXI und die finanziellen Vorgaben des Parlaments zwangen das VBS zu einem massiven Stellenabbau. Bis Ende 2010 sind im ganzen VBS rund 210 Millionen Franken an Personalkrediten und netto rund 2100 Stellen abzubauen. Dies entspricht einem Abbaupotenzial von rund 20 Prozent. Der grösste Abbau erfolgt im Bereich Verteidigung. Zudem erfolgt ein Umbau von rund 1100 zivilen Stellen in militärische Stellen, da die Armee in der Ausbildung mehr militärisches Personal benötigt. Total werden im VBS bis Ende 2010 rund 3 200 zivile Stellen abgebaut.

www.vbs.admin.ch > Das VBS > **Arbeitgeber VBS**

1-2-621 Aufwand für Betrieb und Rüstung

Die ***Betriebsaufwände*** setzen sich aus den Personal- und Sachaufwänden zusammen. Die Sachaufwände enthalten insbesondere die Aufwendungen für Munition (Kredit ***AMB***), für Ersatzmaterial und Instandhaltung der Armee (Kredit ***EIB***), für die Truppe (z.B. Sold, Verpflegung; Unterkunft), für die Friedensförderung (SWISSCOY) sowie für die Instandsetzung von Immobilien.

Die ***Rüstungsaufwände*** umfassen das Rüstungsmaterial, die Kredite für Ausrüstung und Erneuerung der Armee ***(AEB)*** sowie Projektierung, Erprobung und Beschaffungsvorbereitung ***(PEB)*** wie auch die Ausgaben für die Immobilien.

Finanzierungswirksame Aufwände und Investitionen für die Verteidigung 2007:

- Betriebsaufwand (64%) 2420 Mio. (ohne Arbeitgeberbeiträge)
- Rüstungsaufwand (36%) 1369 Mio. (inkl. Immobilien)

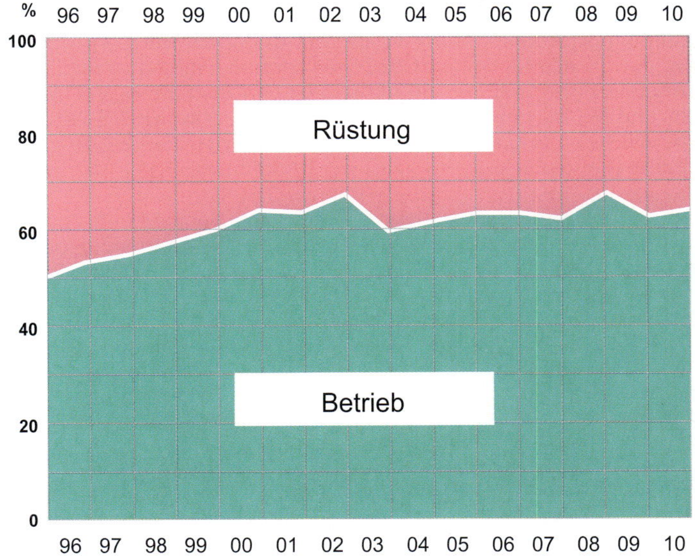

Das Verhältnis zu den Betriebsaufwänden hat sich in den letzten Jahren verschlechtert (1996: 50,4% : 49,6%; 2006: 64%: 36%). Künftig möchte man dieses strukturelle Ungleichgewicht zwischen Rüstungs- und Betriebsaufwand wieder beheben und den ***Anteil des Rüstungsaufwands am Gesamtaufwand*** deutlich ***steigern*** – auch, damit ein mittleres Technologieniveau gemäss Armeeleitbild XXI erreicht werden kann.

1-2-622 Optimierungsmassnahmen

Im Rahmen der im Oktober 2007 durch die Departementsleitung VBS beauftragten Optimierungsmassnahmen soll kurz-, mittel- und langfristig das ***Gleichgewicht zwischen Aufgaben und Ressourcen*** der Armee wiederhergestellt werden.

Kurzfristig wurden im Bereich der Infrastrukturleistungen (Reinigung, Umgebungspflege, Entsorgung, usw.) bereits die Standards gesenkt und seither für die Betreiberaufgaben auch Armeeangehörige eingesetzt. Ferner wurden Instandhaltungsarbeiten für handelsübliche Fahrzeuge ausgelagert. Dadurch konnten Stellenkontingente für die Instandhaltung von Radschützenpanzern und Aufklärungsfahrzeugen freigespielt werden.

Weiter hat die Armeeführung die Logistik Basis der Armee (LBA) beauftragt, die Planung für den ***mittelfristigen*** Leistungseinkauf im Bereich der Warentransporte und der Instandhaltung von Radfahrzeugen, Anhängern und Wechselaufbauten weiterzuführen. Zusätzlich wurde analysiert, welche nicht sicherheitsrelevanten Betreiberleistungen mittelfristig aus dem privaten Sektor zugekauft werden könnten.

Es wurde auch eine erste Analyse für ***langfristige*** Kooperationen mit dem privaten Sektor erstellt. Diese umfasste die Bereiche Informatik, Immobilien sowie Material und Systeme. Die Potenzialanalyse kommt zum Schluss, dass das Kooperationspotenzial im Verteidigungsbereich gross ist. Der grösste Teil der Instandhaltung, des Betriebs der Infrastruktur und des Betriebs der Informatikmittel sind für Auslagerungen in den privaten Sektor geeignet.

www.armee.ch > Themen > **Streitkräfteentwicklung**

1-2-63 Ausrüstung und Bewaffnung

Die Ausrüstung und Bewaffnung ist Gegenstand der Rüstungsplanung und umfasst Beschaffungsvorbereitung, Beschaffung, Nutzung, Instandhaltung, Ausbildung und Entsorgung. Eine optimale materielle Sicherstellung der Schweizer Armee ergibt sich aus einem ausgewogenen Verhältnis von technischen Systemen, technologischem Wissen (inkl. Forschung und Entwicklung) und technischem Können (Ausbildung, Einsatz, Betrieb usw.). Es muss ein Niveau angestrebt werden, das mit anderen europäischen Staaten vergleichbar ist. Der technologische Fortschritt und die knappen finanziellen Ressourcen haben allerdings zur Folge, dass Beschaffungen nicht mehr flächendeckend erfolgen werden, was zu einem ***unterschiedlichen Technologiestand*** zwischen verschiedenen Verbänden führen kann.

Bis vor ein paar Jahren erfolgte die Rüstungsplanung grösstenteils nach den Bedürfnissen der verschiedenen Leistungserbringer (z.B. Truppengattungen). Im Vordergrund stand das technische Einzelsystem. Mittlerweile geht es darum – ausgehend von den zu erbringenden Leistungen der Armee –, die Rüstung ***gesamtheitlich*** zu planen. Das tut der ***Planungsstab*** der Armee im jährlich überprüften ***MASTERPLAN***.

1-2-7 Mitverantwortung der Kantone

Die kantonale Mitverantwortung und Mitarbeit sind wesentliche Elemente des Milizsystems und aus staatspolitischen und wehrpsychologischen Gründen von zentraler Bedeutung. Die Kantone stärken die Verankerung der Schweizer Armee in der Bevölkerung, indem sie Bindeglied zwischen der Bevölkerung und der Armee sowie zwischen den Angehörigen der Armee und dem Bund bzw. der Armee sind.
Die kantonale Mitverantwortung kommt vor allem in der ***Militärverwaltung*** zum Tragen. Die kantonalen Militärbehörden übernehmen bzw. behalten im Rahmen von Leistungsvereinbarungen folgende Funktionen und Aufgaben nach dem Wohnortsprinzip: militärische Auskunfts- und Kontaktstelle für alle Angehörigen der Armee ihres Kantons; Erfassen der Stellungspflichtigen und Führen der Kontrolldaten über die Stellungs- und Wehrpflichtigen; Durchführung des Orientierungstages zur Rekrutierung sowie Aufgebot der Stellungspflichtigen zur Rekrutierung; Mitwirkung bei der Rekrutierung, insbesondere im Hinblick auf die Einteilung in den Bevölkerungsschutz; Entscheiden über Dienstverschiebungsgesuche von Angehörigen der Mannschaft und Unteroffizieren (ohne höhere Unteroffiziere) für Ausbildungsdienste der Formationen, Veranlagung und Einzug der Wehrpflichtersatzabgabe; Erfüllen von Aufgaben im Bereich des ausserdienstlichen Schiesswesens; Erfüllen von Aufgaben im ausserdienstlichen Vollzug des Disziplinarstrafwesens; Entlassung der Angehörigen der Armee aus der Wehrpflicht.

Die ***Formationen und Stäbe der Brigaden und Territorialregionen*** werden, soweit die Armeeorganisation dies zulässt, nach kantonalen und regionalen Kriterien gebildet. Die Führung der Grunddaten der Korpskontrolle erfolgt durch den Bund. Die Kantone übernehmen für Stäbe und Formationen, die zu ihnen in engerer Beziehung stehen, besondere

Aufgaben und Kompetenzen: Sie werden bei Kommandobesetzungen konsultiert; das Besuchsrecht in den Ausbildungsdiensten bleibt bestehen.

Mit den ***4 Territorialregionkommandos*** hat jeder Kanton einen Ansprechpartner für militärische Fragen. Im Stab der Territorialregion ist ausserdem für jeden Kanton ein Partnerstab enthalten. Im Bereich der subsidiären Einsätze arbeitet dieser eng mit der kantonalen zivilen Führungsorganisation für Notlagen zusammen.

1-2-8 Entwicklungsschritt 2008/2011

Mit dem Entwicklungsschritt 2008/2011 hatte der Bundesrat am 11. Mai 2005 eine Verlagerung der Prioritäten für den Einsatz der Armee beschlossen. Die Sicherungseinsätze sollen verstärkt und die Mittel für die Verteidigung im engeren, «klassischen» Sinn verringert werden. Zudem sollen die Kapazitäten für die Friedensförderung verdoppelt werden. Notwendig wurden die Massnahmen mit Blick auf die Bedrohungslage und den engen Finanzrahmen. Die beantragten Massnahmen verlangen keine Änderung des Militärgesetzes und stehen im Einklang mit dem Sicherheitspolitischen Bericht und dem Armeeleitbild. Sie erfordern eine Anpassung der Armeeorganisation. Das Milizsystem wird dabei nicht berührt, ebenso wenig der Gesamtbestand und die Aufträge der Armee.

Heer: eine Brigade weniger
Im Heer bleiben die vier Stäbe der Territorialregionen bestehen. Die Stäbe der Brigaden wurden per 1. Januar 2009 schrittweise von neun auf acht reduziert. Zwei Panzerbrigaden, zwei Infanteriebrigaden, zwei Gebirgsinfanteriebrigaden sowie eine Infanteriebrigade der Reserve und eine Gebirgsinfanteriebrigade der Reserve bleiben bestehen. Eine Infanteriebrigade wird aufgelöst. Das Gros der Bataillone des Heeres soll den sechs aktiven Brigaden im Sinne einer Grundgliederung unterstellt werden.
Die Reservebrigaden sind gegliedert, verfügen aber bezüglich materieller Ausstattung nur über das persönliche Material. Die Stäbe der Reservebrigaden sind primär für die Ausbildung der Offiziere der unterstellten Truppenkörper verantwortlich und können besondere Aufgaben, wie zum Beispiel die Planung und Führung von Grossanlässen der Armee, übernehmen oder sie können bei Bedarf andere Brigadestäbe verstärken. Daneben können sie als beübter Stab an Stabsübungen im nationalen oder internationalen Umfeld teilnehmen.

Luftwaffe: weniger Fliegerabwehrabteilungen

Die Luftwaffe reduziert die Anzahl der Fliegerabwehrabteilungen von heute 15 gemischten auf 9 aktive Abteilungen. Dies entspricht dem absehbaren Bedarf der Einsatzbrigaden und des Objektschutzes bei Existenz- und Raumsicherungsoperationen sowie der Schulung der Verteidigungsfähigkeit mit Verbänden des Heeres. Mit diesen neun Verbänden können zwei sogenannte Fliegerabwehr-Cluster gebildet werden, die den Flab-Schutz über zwei Räume oder auch den grossräumigen Schutz zweier national wichtiger Infrastrukturobjekte, wie zum Beispiel Kernkraftwerke oder Flugplätze, sicherstellen können.

Logistik: Reduktion und Vereinheitlichung

Die Logistikbataillone und die mobilen Logistikbataillone werden vereinheitlicht und von insgesamt sechs auf vier reduziert. Die vier aktiven Spitalbataillone bleiben bestehen und werden neu zu einheitlichen mobilen Spitalbataillonen formiert.

Aktive Bataillone/Abteilungen	2007	2011
Infanterie	19	23
Panzer/Artillerie	23	17
Genie/Rettung	10	11
Logistik/Sanität	13	11
Mil Sich	1	2
ABC	2	2
Flieger	22	23
Flab	15	9
Uem/Führungsunterstützung	29	30
total	**134**	**128**

Neu 128 Bataillone bzw. Abteilungen

Die Armee wird mit dem Entwicklungsschritt 2008/2011 von 134 auf 128 Bataillone bzw. Abteilungen reduziert. Die Zahl der Panzer-, Artillerie- und Fliegerabwehrverbände sinkt, dagegen steigt die Anzahl der Infanteriebataillone und der Bataillone bzw. Abteilungen der Führungsunterstützung. ***Aufgelöst*** werden neben einem Infanteriebrigadestab und einem Stab Flugplatzkommando vier aktive, drei gemischte und elf Reserve-Bataillone/-Abteilungen. Dies betrifft primär die Panzer-, Fliegerabwehr- und Logistiktruppen sowie die Artillerie.

Neun überzählige aktive Bataillone/Abteilungen werden in Reserveverbände ***umgewandelt.*** Davon sind insbesondere die Panzertruppen und die Artillerie betroffen.
Neu gebildet werden vier Infanterie-, zwei Katastrophenhilfe-, ein Genie-, ein Militärpolizei- und drei Richtstrahlbataillone sowie drei Lufttransportabteilungen.

Die insgesamt sechs Katastrophenhilfebataillone werden neu den Territorialregionen statt wie heute dem Lehrverband Genie/Rettung unterstellt, denn die Territorialregionen sind in der Regel für den Einsatz der Katastrophenhilfebataillone verantwortlich. Diese Änderung ist unter anderem eine Folge der Erkenntnisse aus dem Hochwassereinsatz der Armee vom August 2005.

Gestaffelte Umsetzung

Die Umsetzung erfolgt gestaffelt. Diese Staffelung hat folgende Gründe:

- Während der Umsetzung des Entwicklungsschrittes 2008/2011 muss die Armee die von ihr geforderten Leistungen weiterhin erbringen;
- Der Entwicklungsschritt soll milizverträglich umgesetzt werden;
- Schliesslich gilt es, die Einführung neuer Systeme durch Stäbe und Truppen zu verkraften.

www.armee.ch > Themen > Streitkräfteentwicklung > **Weiterentwicklung der Armee**

Sicherheit auch für zivile Infrastruktur

Verteidigungskompetenz erfordert die Beherrschung modernster Systeme

Beweglichkeit – eine zwingende Forderung für jede Armee

Sicherheit für Botschaften

1-3 Einsatz der Schweizer Armee – Einsatzarten[1]

Die Schweizer Armee wird für Friedensförderungsdienst, Assistenzdienst und Aktivdienst eingesetzt. Eine Übersicht über die aktuellen Einsätze der Schweizer Armee gibt

www.armee.ch > Themen > **Einsätze und Operationen**

1-3-1 Friedensförderungsdienst

Einsätze zur Friedensförderung können auf der Grundlage eines Mandates der Vereinten Nationen (UNO) oder der Organisation für Sicherheit und Zusammenarbeit in Europa (OSZE) angeordnet werden. Sie müssen den Grundsätzen der schweizerischen Aussen- und Sicherheitspolitik entsprechen. Die Anmeldung für die Teilnahme an einem Einsatz zur Friedensförderung ist ***freiwillig.*** Die eingesetzten Personen und Truppen können zum Selbstschutz und zur Erfüllung ihres Auftrages ***bewaffnet*** werden. Die Teilnahme an Kampfhandlungen zur Friedenserzwingung ist ausgeschlossen. Einsätze, die im Rahmen eines vertraglichen Arbeitsverhältnisses geleistet werden, werden nicht besoldet und nicht an die Ausbildungsdienstpflicht angerechnet. Der Bundesrat ordnet den Einsatz an. Erfolgt der Einsatz bewaffnet, so konsultiert der Bundesrat vorgängig die aussenpolitischen und die sicherheitspolitischen Kommissionen beider Räte. Werden für einen bewaffneten Einsatz ***mehr als 100*** Angehörige der Armee eingesetzt oder dauert dieser ***länger als drei Wochen,*** so muss die Bundesversammlung den Einsatz in der nächsten Session genehmigen. Ist der Einsatz vor der Session beendet, so erstattet der Bundesrat Bericht.

[1] Das Kapitel basiert auf dem Militärgesetz (MG) vom 3. Februar 1995 (SR **510.10**).

1-3-2 Assistenzdienst[2]

Assistenzdienst zu Gunsten ziviler Behörden
Truppen können zivilen Behörden auf deren Verlangen Hilfe leisten: zur Wahrung der Lufthoheit, zum Schutz von Personen und besonders schutzwürdigen Sachen (z.B. internationale Konferenzen, kritische Infrastruktur), zum Einsatz im Rahmen der koordinierten Dienste, zur Bewältigung von Katastrophen und zur Erfüllung anderer Aufgaben von nationaler Bedeutung (z.B. Unterstützung des Grenzwachtkorps, Schutz ausländischer Vertretungen, Sicherheit im Luftverkehr).
Die Hilfe wird nur so weit geleistet, als die Aufgabe im öffentlichen Interesse liegt und es den zivilen Behörden nicht mehr möglich ist, ihre Aufgaben in personeller, materieller oder zeitlicher Hinsicht zu bewältigen (Subsidiaritätsprinzip).

Dialog zwischen Polizei und Armee: Die Leitlinien der Zusammenarbeit

Das Eidgenössische Departement VBS und die Konferenz der kantonalen Justiz- und Polizeidirektorinnen und -direktoren (KKJPD) riefen im Sommer 2005 die paritätisch zusammengesetzte Plattform KKJPD-VBS ins Leben. Diese formulierte die sieben Kernaussagen als Grundlage für die subsidiären Sicherungseinsätze der Armee:

1. Die Armee unterstützt die zivilen Behörden aufgrund von Gesuchen, in denen die erwarteten Leistungen konkret definiert sind. Der Einsatz der Armee und die Einsatzart bedürfen der politischen Genehmigung.
2. Die Einsatzverantwortung liegt bei den zivilen Behörden, die Führungsverantwortung bei der militärischen Führung.
3. Für Einsätze im Rahmen der inneren Sicherheit im Aktivdienst (Ordnungsdienst) wird das Subsidiaritätsprinzip eingehalten.
4. Leistungen werden entsprechend den vorhandenen Ressourcen ausgehandelt und festgelegt. Die entsprechenden Leistungen werden in inhaltlicher, zeitlicher und räumlicher Hinsicht definiert.
5. Einsatz- und Verhaltensregeln werden im Dialog erarbeitet. Im Konfliktfall entscheiden die zivilen Behörden.

[2] Siehe auch die Verordnungen vom 3. September 1997 über den Truppeneinsatz zum Schutz von Personen und Sachen (VSPS, SR 513.73) und über den Truppeneinsatz für den Grenzpolizeidienst (VGD, SR 513.72).

6. Die Wahrung der Lufthoheit ist Aufgabe des Bundes. Aus Sicherheitsgründen kann der Bundesrat den Luftraum einschränken und den Luftpolizeidienst anordnen. Die zivilen Behörden können beim Bund Massnahmen zum Schutz des Luftraumes beantragen.
7. In gemeinsamen Übungen sind Prozesse und Aufgaben zu schulen und die Zusammenarbeit zwischen zivilen und militärischen Stellen über alle Stufen zu vertiefen.

www.armee.ch > Themen > **Subsidiäre Sicherungseinsätze**

Assistenzdienst zur Erhöhung der Bereitschaft der Schweizer Armee
Zur Erhöhung der Bereitschaft der Armee können militärische Führungsstäbe oder Truppen aufgeboten werden. Dabei handelt es sich vorwiegend um Situationen, in welchen keine schwer wiegende Bedrohung der inneren oder äusseren Sicherheit der Schweiz vorliegt; andernfalls ist die Anordnung von Aktivdienst zu prüfen.

Assistenzdienst im Ausland
Zur Unterstützung humanitärer Hilfeleistungen können auf Ersuchen einzelner Staaten oder internationaler Organisationen Truppen entsandt sowie Material und Versorgungsgüter der Schweizer Armee zur Verfügung gestellt werden. Soweit schweizerische Interessen zu wahren sind, können Truppen zum Schutz von Personen und besonders schutzwürdigen Sachen im Ausland[3] eingesetzt werden. Die Truppen können ***bewaffnet*** werden. Der Einsatz ist grundsätzlich ***freiwillig.*** Zur Unterstützung humanitärer Hilfeleistungen im ***grenznahen Raum*** kann er obligatorisch erklärt werden.

Aufgebot und Zuweisung
Zuständig für das Aufgebot und die Zuweisung an die zivilen Behörden sind: der Bundesrat; das Eidg. Departement für Verteidigung, Bevölkerungsschutz und Sport (VBS) bei Katastrophen im Inland.
Werden ***mehr als 2000*** Angehörige der Armee aufgeboten oder dauert der Einsatz ***länger als drei Wochen,*** so muss der Einsatz der Bundesversammlung in der nächsten Session zur Genehmigung unterbreitet werden. Ist der Einsatz vor der Session beendet, so erstattet der Bundesrat Bericht.

---

[3] Verordnung vom 3. Mai 2006 über den Truppeneinsatz zum Schutz von Personen und Sachen im Ausland (VSPA, SR **519.4**).

Auftrag und Führung
Die zivile Behörde hält die Einsatzverantwortung inne. Sie bestimmt den Auftrag für den Einsatz im Inland nach Rücksprache mit dem VBS. Einsatz- und Verhaltensregeln werden im Dialog erarbeitet. Im Konfliktfall entscheiden die zivilen Behörden. Der Bundesrat oder das VBS legen die Kommandostruktur fest. Der Truppenkommandant führt die Truppe im Einsatz (Führungsverantwortung).

Spontanhilfe
Im Ausbildungsdienst kann die in der Nähe befindliche Truppe Spontanhilfe leisten. Sie dauert in der Regel nicht länger als 48 Stunden.

Stellung der Angehörigen der Armee und des erforderlichen Personals
Die Angehörigen der Armee haben im Assistenzdienst grundsätzlich die gleichen Rechte und Pflichten wie im Ausbildungsdienst. Die Einsätze im Assistenzdienst werden grundsätzlich ***besoldet*** und an die Ausbildungsdienstpflicht ***angerechnet.***

Bereitschaft
Assistenzdienst-Einsätze zur Prävention und Bewältigung existenzieller Gefahren und zur Unterstützung humanitärer Hilfeleistungen sind grundsätzlich ***aus dem Stand zu leisten. Die Bereitschaft wird mit Berufsmilitärs, Zeitmilitärs, Durchdienern und WK-Verbänden sichergestellt.*** Angehörige der Armee können zu Vorbereitungs- und Entlassungsarbeiten aufgeboten werden. Der Bundesrat legt die zur Sicherstellung der Bereitschaft notwendigen Massnahmen fest. Er kann für einen Assistenzdienst: Formationen bilden; freiwillige Ausbildungsdienste vorsehen, die nicht an die Ausbildungsdienstpflicht angerechnet werden; Ausrüstungen und Material beschaffen.

1-3-3 Aktivdienst

1-3-31 Allgemeine Bestimmungen

Begriff
Aktivdienst wird geleistet, um die Schweiz und ihre Bevölkerung zu verteidigen ***(Landesverteidigungsdienst)***, die zivilen Behörden bei der Abwehr von schwer wiegenden Bedrohungen der inneren Sicherheit zu unterstützen ***(Ordnungsdienst)***, bei steigender Bedrohung den Ausbildungsstand der Armee zu erhöhen. Während des Aktivdienstes können Truppen auch Aufgaben des Assistenzdienstes und des Friedensförderungsdienstes wahrnehmen.

Zuständigkeit

Die Bundesversammlung ordnet den Aktivdienst an und bietet die Schweizer Armee oder Teile davon auf. Sind die eidg. Räte nicht versammelt, so kann der Bundesrat in dringlichen Fällen den Aktivdienst anordnen. Bietet er ***mehr als 4000*** Angehörige der Armee auf oder dauert der Einsatz voraussichtlich ***länger als drei Wochen,*** so verlangt er die unverzügliche Einberufung der Bundesversammlung; diese entscheidet über die Aufrechterhaltung der Massnahme.
Der Bundesrat kann die ***Pikettstellung von Truppen*** anordnen. Bei angeordneter Pikettstellung haben sich die betroffenen Angehörigen der Armee für die Erfüllung der Aufgaben bereitzuhalten, die ihnen zugewiesen sind. Der Bundesrat entscheidet über die Entlassung von Truppen.

Vereidigung

Die zum Aktivdienst aufgebotenen Truppen werden vereidigt. Die Angehörigen der Armee leisten den Eid oder das Gelübde.

Pflichten der Kantone, Gemeinden und Privatpersonen

Der Bundesrat regelt die Pflichten der Kantone, Gemeinden und Privatpersonen bei Pikettstellung und Mobilmachung. Er kann in einer schwer wiegenden Notlage als letztes Mittel alle Schweizer verpflichten, sich dem Land zur Verfügung zu stellen und, soweit es in ihren Kräften steht, zur Verteidigung des Landes beizutragen.

Requisition[4]

Bietet der Bund Truppen zum Aktivdienst auf, ist ***jedermann verpflichtet,*** für die Erfüllung der militärischen Aufträge sein bewegliches und unbewegliches Eigentum den Militärbehörden und der Truppe zur Verfügung zu stellen. Diese Pflicht gilt bereits für die notwendigen Vorbereitungen in Friedenszeiten. Militärbehörden und Truppe dürfen von der Requisition nur so weit Gebrauch machen, als es ihre Aufträge unbedingt erfordern und sie diese nicht mit eigenen Mitteln erfüllen können. Der Bund leistet für den Gebrauch, die Wertverminderung und den Verlust des Eigentums angemessene ***Entschädigung.*** Alle Verfügungen und Befehle, welche die zuständigen Organe im Zusammenhang mit der Requisition erlassen, sind endgültig und sofort vollstreckbar. Ausgenommen sind Verfügungen im Zusammenhang mit Schadenersatzansprüchen.

---

[4] Verordnung vom 9. Dezember 1996 über die Requisition (SR **519.7**).

Militärischer Betrieb

Der Bundesrat kann im Aktivdienst den militärischen Betrieb anordnen für:

- die ***mit öffentlichen Aufgaben betrauten privaten Unternehmen,*** mit Ausnahme der vom Bund konzessionierten Transportunternehmen;
- die ***militärischen Anstalten und Betriebe.***

Nicht mehr erfasst werden die staatlichen und die vom Bund konzessionierten ***Transportunternehmen***, da diese Betriebe derart komplexe Systeme darstellen, dass auch in ausserordentlichen Lagen eine kontinuierliche Führung erforderlich ist, in die nicht ohne Not eingegriffen werden sollte. Den Bedürfnissen der nationalen Sicherheitskooperation wird aber durch eine Änderung des Transportgesetzes Rechnung getragen, wo dem Bundesrat die Kompetenz gegeben wird, in ausserordentlichen Lagen die Betriebs-, Transport-, Tarif- und Fahrplanpflicht aufzuheben.

Im militärischen Betrieb verfügen die Militärbehörden über das Personal und das Material der Unternehmen; sie tragen den Bedürfnissen der nationalen Sicherheitskooperation Rechnung. Die Militärbehörden können anordnen, dass neue Einrichtungen erstellt oder bestehende zerstört werden. Das militärdienstpflichtige Personal leistet seine Arbeit als Militärdienst. Das Personal, das nicht militärdienstpflichtig ist, darf seinen Dienst nicht verlassen. Der Bundesrat kann Bestimmungen über das Dienstverhältnis dieses Personals erlassen. In diesen Bereich fallen auch Frauen und Ausländer.

Der Bund leistet den Unternehmen für den Schaden, der ihnen aus dem militärischen Betrieb entsteht, angemessene ***Entschädigung***.

Dauer der Militärdienstpflicht

Im Landesverteidigungsdienst kann der Bundesrat das Alter für die Entlassung aus der Militärdienstpflicht verschieben. Er trägt dabei den Bedürfnissen der nationalen Sicherheitskooperation Rechnung.

1-3-32 Ordnungsdienst[5]

Truppen können für den Ordnungsdienst eingesetzt werden, wenn die Mittel der zivilen Behörden zur Abwehr schwer wiegender Bedrohungen der inneren Sicherheit nicht mehr ausreichen.[6] Damit ist der – unbestrittene – subsidiäre Charakter des Ordnungsdienstes gesetzlich verankert. Dabei wird die Schweizer Armee so lange als möglich die Polizei von Nebenaufgaben wie Transporten oder Verkehrsregelungen entlasten. Erst wenn keine Polizeikräfte (auch interkantonal) mehr verfügbar sind, hilft

[5] Verordnung vom 3. September 1997 über den Truppeneinsatz für den Ordnungsdienst (VOD, SR **513.71**).

[6] Artikel 58, Absatz 2 der Bundesverfassung.

die Schweizer Armee, den direkten Schutz der öffentlichen Sicherheit zu gewährleisten. Für den Ordnungsdienst werden derzeit nur Formationen der Militärischen Sicherheit ausgebildet und eingesetzt. Im Hinblick auf eine konkrete, schwer wiegende Notlage können – aber nur mit Zustimmung des Bundesrates – weitere Truppen für den Ordnungsdienst ausgebildet werden. Rekrutenformationen dürfen nicht für den Ordnungsdienst ausgebildet und eingesetzt werden. Der Ordnungsdienst ***wird angeordnet:*** von der ***Bundesversammlung*** oder in dringlichen Fällen vom ***Bundesrat*** nach Artikel 77 Absatz 3 MG.
Die zivile Behörde bestimmt den Auftrag für den Einsatz nach Rücksprache mit dem VBS oder dem Oberbefehlshaber der Armee.
Die Kantone können beantragen, dass der Bund Truppen zum Ordnungsdienst aufbietet. Im ***Landesverteidigungsdienst*** sorgt der Bund für die Wahrung der inneren Sicherheit, soweit dafür Truppen eingesetzt werden müssen. Der Bundesrat erteilt dem Oberbefehlshaber der Armee die erforderlichen Weisungen.

1-3-33 Oberbefehl

Der ***General*** ist der Oberbefehlshaber der Schweizer Armee.
Die ***Bundesversammlung*** wählt den General, sobald ein grösseres Truppenaufgebot vorgesehen oder erlassen ist. Sie entscheidet über seine Verabschiedung. Bis zur Wahl des Generals regelt der Bundesrat den Oberbefehl. Der Bundesrat bestimmt auf Antrag des Generals dessen Stellvertreter.
Der ***Bundesrat*** bleibt auch nach der Wahl des Generals die oberste vollziehende und leitende Behörde. Er erteilt dem General den Auftrag. Der Bundesrat hört den General zu Entscheiden an, welche die Landesverteidigung betreffen; dieser kann dem Bundesrat Antrag stellen.
Der General kann die ***Gliederung der Schweizer Armee*** nach den Erfordernissen der Lage ändern. Die ***Bildung und Auflösung von Grossen Verbänden*** bedürfen der Genehmigung des Bundesrates.
Der General kann Kommandos übertragen und entziehen. Der Bundesrat regelt die personalrechtliche Stellung der Betroffenen. Er ist dabei, unter Vorbehalt der vermögensrechtlichen Ansprüche, nicht an die personalrechtlichen Bestimmungen gebunden. Der Bundesrat bestimmt die Verwaltungseinheiten, die nach der Wahl des Generals diesem unterstellt werden.

Swiss Peace Support Operations worldwide
1.1.2009

www.armee.ch/peace-support

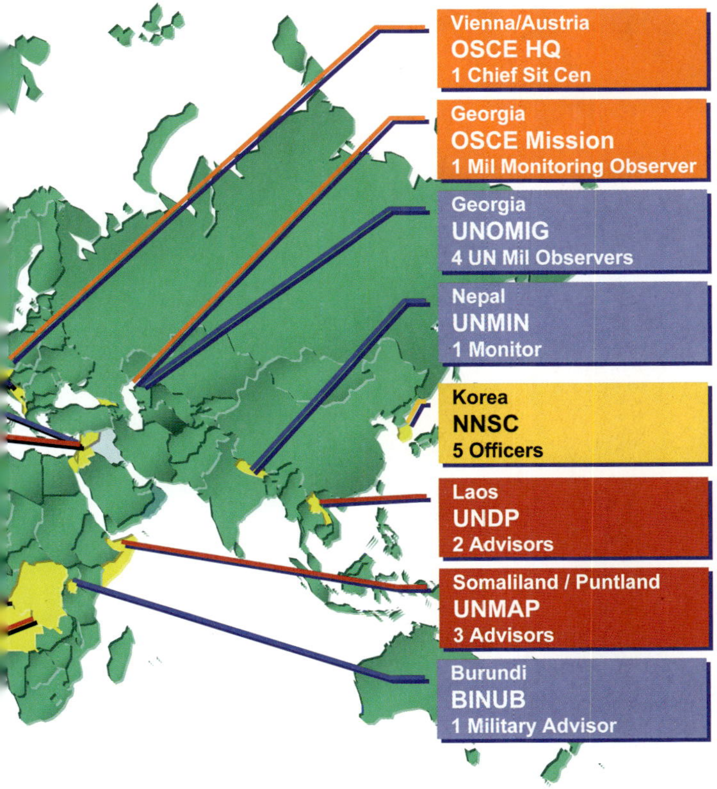

Harte Arbeit zur Unterstützung ziviler Behörden

Schweizer Luftwaffe beim Löschen von Waldbränden auf dem Peloponnes (Griechenland)

Block 2 Grundlagen

Sicherheitspolitik umfasst häufige internationale Kontakte

Stabilität: Das Ziel der Sicherheitspolitik

2-1 Unsere Sicherheitspolitik – Sicherheit durch Kooperation

Die Aufgaben der Schweizer Armee sind in der Bundesverfassung und im Militärgesetz verankert: Landesverteidigung, Unterstützung der zivilen Behörden und Friedensförderung.

2-1-1 Sicherheitspolitischer Bericht 2000[1]

Am 7. Juni 1999 verabschiedete der Bundesrat den Sicherheitspolitischen Bericht 2000 unter dem Titel «Sicherheit durch Kooperation». Dieser Bericht ist immer noch Grundlage für die Sicherheitspolitik der Schweiz. Er wird aber überarbeitet, und der Bundesrat beabsichtigt, im Herbst 2009 den Eidgenössischen Räten eine neue Version vorzulegen. Viele Aussagen des Berichts 2000, insbesondere jene zu den sicherheitspolitischen Interessen und Zielen und der sicherheitspolitischen Grundstrategie, und auch ein Grossteil der Analyse der Bedrohungen und Gefahren werden voraussichtlich weiter gültig bleiben.

2-1-2 Bedrohungen und Gefahren

Natur- und zivilisationsbedingte Katastrophen	gehört zum Kernbereich Sicherheitspolitik
Terrorismus (politisch motivierte Anschläge nichtstaatlicher Akteure)	gehört zum Kernbereich Sicherheitspolitik
Militärischer Angriff (mit physischen Mitteln durch staatliche Streitkräfte)	gehört zum Kernbereich Sicherheitspolitik
Weiterverbreitung von Massenvernichtungswaffen und Trägersystemen	gehört zum Kernbereich Sicherheitspolitik
Angriffe auf die Informatik-Infrastruktur	gehört zum Kernbereich Sicherheitspolitik

[1] Bericht (99.056) des Bundesrats an die Bundesversammlung vom 7. Juni 1999 über die Sicherheitspolitik der Schweiz «Sicherheit durch Kooperation».

Gewalttätiger Extremismus	gehört zum Kernbereich Sicherheitspolitik
Verbotener Nachrichtendienst	gehört zum Kernbereich Sicherheitspolitik
Organisiertes Verbrechen	fällt ab gewissem Ausmass unter Sicherheitspolitik
Nichtmilitärische Rückwirkungen bewaffneter Konflikte (z.B. Versorgungsstörungen)	fällt zum Teil unter Sicherheitspolitik (vor allem Landesversorgung)
Manipulation des Wirtschaftsverkehrs (z.B. der Energieversorgung)	betrifft Sicherheitspolitik, soweit Manipulation aus machtpolitischen Motiven erfolgt
Klimawandel	gehört primär zu separatem Politikbereich, betrifft Sicherheitspolitik, soweit der Klimawandel Gewalt fördert
Pandemien	gehört primär zu separatem Politikbereich, kann aber Einsätze von Armee und/oder Zivilschutz nötig machen
Migrationen	gehört primär zu separatem Politikbereich, kann aber Einsätze von Armee und/oder Zivilschutz nötig machen

2-1-3 Strategie: Sicherheit durch Kooperation

2-1-31 Interessen und Ziele der schweizerischen Sicherheitspolitik

Gemäss der Bundesverfassung schützt die Schweizerische Eidgenossenschaft die Freiheit und die Rechte des Volkes und wahrt die Unabhängigkeit und Sicherheit des Landes. Sie setzt sich ein für die dauerhafte Erhaltung der natürlichen Lebensgrundlagen sowie für eine friedliche und gerechte internationale Ordnung. Aus diesen Verfassungsaufträgen und unseren Interessen leiten sich die ***sicherheitspolitischen Ziele*** ab:

- Wir wollen über unsere eigenen Angelegenheiten, im Innern wie nach aussen, frei entscheiden, ohne darin durch die Androhung oder Anwendung direkter oder indirekter Gewalt beeinträchtigt zu werden.
- Wir wollen unsere Bevölkerung und ihre Lebensgrundlagen vor existenziellen Gefahren bewahren und schützen.

– Wir wollen zu Stabilität und Frieden jenseits unserer Grenzen und zum Aufbau einer internationalen demokratischen Wertegemeinschaft beitragen, um das Risiko zu vermindern, dass die Schweiz und ihre Bevölkerung von den Folgen von Instabilität und Krieg im Ausland selbst berührt werden, und weil wir damit gleichzeitig unsere internationale Solidarität zum Ausdruck bringen.

2-1-32 Grundstrategie

Die sicherheitspolitische Strategie der Schweiz besteht aus zwei Teilen: der Kooperation zwischen den eigenen sicherheitspolitischen Instrumenten, der ***nationalen Sicherheitskooperation,*** und der Zusammenarbeit mit anderen Staaten und internationalen Organisationen wie UNO, OSZE, EU und NATO, der ***internationalen Sicherheitskooperation.***
Die Kooperation im Innern – zwischen den verschiedenen Instrumenten der Sicherheitspolitik, den Departementen, dem Bund, den Kantonen und den Gemeinden – ist lang geübte Praxis. Sie soll flexibel gestaltet werden und auf die wahrscheinlicheren Fälle ausgerichtet sein.
Die internationale Kooperation ist ebenfalls nicht neu, vor allem in der militärischen Ausbildung und in der Rüstungsbeschaffung, aber auch in der Friedensförderung und der Unterstützung humanitärer Operationen. Diese internationale Kooperation ist darum angezeigt, weil fast alle Bedrohungen und Gefahren nationale Grenzen ignorieren und in internationaler Kooperation mit besseren Erfolgsaussichten abgewehrt werden können als im Alleingang.

2-1-33 Nationale Sicherheitskooperation

Der Begriff nationale Sicherheitskooperation umschreibt das Kooperationssystem im Inland. Im Rahmen dieses Systems haben alle sicherheitspolitisch relevanten Instrumente, Stellen, Behörden und Partnerorganisationen auf Stufe Bund, Kantone und Gemeinden in ihrem Bereich die nötigen Massnahmen für die Prävention und Bekämpfung von Gewalt inklusive der Bewältigung von Katastrophen und Notlagen zu treffen. Die nationale Sicherheitskooperation muss ***umfassend*** sein, weil sie den Einsatz und das Zusammenwirken verschiedener, in mehreren Departementen des Bundes und auf verschiedenen Ebenen (Bund, Kantone, Gemeinden, private Organisationen) angesiedelter Organe, Bereiche und Elemente zur Prävention und Bekämpfung von Gewalt strategischen Ausmasses, namentlich auch zur Meisterung von natur- oder zivilisationsbedingten Katastrophen und anderen Notlagen, heranzieht. Sie muss auch ***flexibel*** sein, weil – gestützt auf das aktuelle Bedürfnis – nur die jeweils optimale Kombination der Massnahmen und Mittel zum Einsatz gebracht werden soll.

Voraussetzungen für das Funktionieren dieses Systems sind eine laufende und ***umfassende Analyse*** der Risiken und Verwundbarkeiten, eine klare ***Kompetenzaufteilung*** zwischen Bund, Kantonen und Gemeinden, klar formulierte ***Aufträge*** an die Partnerorganisationen, eine ***koordinierte Ausbildung*** der Einsatzkräfte sowie für die Zusammenarbeit geeignetes Material. Kooperation erfordert zudem von allen Beteiligten Eigenverantwortung, Fähigkeit zur Gesamtsicht und Bereitschaft zum ständigen politischen und fachlichen Dialog. Dadurch entsteht die für die Optimierung des gesamten Systems notwendige Kooperationskultur.

Die Kantone und Gemeinden spielen im System der nationalen Sicherheitskooperation eine zentrale Rolle. Sie tragen die operative Verantwortung für die Mittel des Bevölkerungsschutzes und sind zuständig für die Bewältigung von Katastrophen und Notlagen. Der Bund sorgt lediglich für die ***Koordination*** im Bereich Bevölkerungsschutz und trifft Anordnungen für den Fall von erhöhter Radioaktivität, Notfällen bei Stauanlagen, Epidemien und Tierseuchen sowie für den Fall eines bewaffneten Konflikts. Der Bevölkerungsschutz und damit auch die Kantone arbeiten im Rahmen der nationalen Sicherheitskooperation auch mit anderen sicherheitspolitischen Instrumenten wie zum Beispiel mit der Armee und dem Staatsschutz zusammen.

2-1-34 Internationale Sicherheitskooperation

Die gegenwärtigen und absehbaren Bedrohungen und Gefahren sind grenzüberschreitend und in ihrer Mehrzahl nur in ***internationalem Zusammenwirken*** erfolgreich zu bekämpfen. Daraus ergibt sich die Notwendigkeit bilateraler und multilateraler Sicherheitskooperation der Schweiz mit dem Ausland. Diese betrifft für die Armee die militärische Ausbildung, die Rüstungsbeschaffung, die Teilnahme an friedensfördernden Einsätzen und die Unterstützung humanitärer Hilfeleistungen.

Die ***Grenzen dieser Kooperation*** werden im Wesentlichen durch ***zwei Faktoren*** bestimmt: Einerseits müssen Einsätze zur Friedensförderung, an denen sich die Schweiz beteiligt, durch ein Mandat des Sicherheitsrates der Vereinten Nationen (UNO) bzw. der OSZE ***völkerrechtlich legitimiert*** sein. Anderseits sind die ***neutralitätsrechtlichen Einschränkungen*** zu beachten. Der dauernd Neutrale darf in Friedenszeiten keine Bindungen eingehen, die ihm im Konfliktfall die Einhaltung seiner Neutralitätspflichten verunmöglichen würden. Die Entwicklung der Fähigkeit, mit anderen Armeen zu kooperieren, ist mit der Neutralität vereinbar, sofern dabei keine unwiderruflichen Bindungen und Abhängigkeiten für den Verteidigungsfall präjudiziert werden.

2-1-41 Aussenpolitik[2]

Die Aussenpolitik trägt zur Förderung und Sicherung des Friedens, zur Prävention von Konflikten und zur Bewältigung von Krisen bei; sie stärkt die Respektierung der Menschenrechte und Grundfreiheiten und setzt sich für die Beachtung des humanitären Völkerrechts ein. In Rüstungskontroll- und Abrüstungsverhandlungen fördert sie Massnahmen zur Erhöhung der militärischen Transparenz, engagiert sich für die Verhinderung bzw. Kontrolle der Weiterverbreitung von Massenvernichtungswaffen, weitreichenden Trägermitteln und kritischen Technologien und wirkt bei der Verifizierung abgeschlossener Vereinbarungen mit. Weiter unterstützt die Aussenpolitik namentlich Entwicklungsländer und Länder Osteuropas im Bestreben, die Lebensbedingungen ihrer Bevölkerungen zu verbessern, und leistet bei Katastrophen oder bewaffneten Konflikten humanitäre Hilfe.

2-1-42 Armee

Die Armee ist das grösste Instrument der Sicherheitspolitik und das einzige, um notfalls eigentliche Macht zum Einsatz zu bringen.
Die Aufgaben der Armee umfassen Landesverteidigung (Raumsicherung und Abwehr eines militärischen Angriffs), Unterstützung der zivilen Behörden (bei der Abwehr von schwer wiegenden Bedrohungen der inneren Sicherheit und bei der Bewältigung von Katastrophen) sowie Friedensförderung im internationalen Rahmen.
Mehr zu den Armeeaufträgen: Kapitel 1-2-2

2-1-43 Bevölkerungsschutz

Der Bevölkerungsschutz ist eine zivile Struktur für Führung, Schutz und Hilfe in besonderen und ausserordentlichen Lagen. Er schützt die Bevölkerung, ihre Lebensgrundlagen und Kulturgüter bei natur- und zivilisa-

[2] Siehe dazu auch den Aussenpolitischen Bericht 2000 (00.091) des Bundesrats an die Bundesversammlung vom 15. November 2000 – Präsenz und Kooperation: Interessenwahrung in einer zusammenwachsenden Welt, den Aussenpolitischen Bericht vom 15. Juni 2007 (07.058), den Bericht des Bundesrats vom 10. September 2008 über die Rüstungskontroll- und Abrüstungspolitik der Schweiz (08.065) und die Botschaft (07.051) des Bundesrats an die Bundesversammlung vom 15. Juni 2007 über die Weiterführung von Massnahmen zur zivilen Konfliktbearbeitung und Stärkung der Menschenrechte (07.051)

tionsbedingten Katastrophen und in anderen Notlagen sowie bei machtpolitischen Bedrohungen und bewältigt Ereignisse vor allem mit modulartig aufgebauten Mitteln der Kantone, der Gemeinden und privater Institutionen.
Mehr zum Bevölkerungsschutz: Kapitel 3-9-1

2-1-44 Wirtschaftspolitik

Die Wirtschaftspolitik stärkt die internationale Wettbewerbsfähigkeit der schweizerischen Volkswirtschaft und trägt dadurch zu ***Wohlstand*** und ***politischer Stabilität*** bei. Dabei soll ein nachhaltiges Wirtschaftswachstum gefördert werden, das namentlich die Erhaltung und Schaffung von Arbeitsplätzen, die Berücksichtigung der Umwelt und die Sicherstellung des sozialen Ausgleichs einschliesst. Die ***Aussenwirtschaftspolitik*** sorgt über die Öffnung der Märkte für eine Diversifikation bei der Herkunft und Destination der Exporte und Importe. Sie schafft damit ***günstige Voraussetzungen*** für die Versorgung der Schweiz in ausserordentlichen Lagen. Indem sich Handel in aller Regel zum wechselseitigen Vorteil der beteiligten Staaten auswirkt, verringert die Aussenwirtschaft zudem das wirtschaftliche Gefälle als eine wesentliche Quelle sicherheitspolitischer Probleme.

2-1-45 Wirtschaftliche Landesversorgung

Die wirtschaftliche Landesversorgung ist ***Teil der Wirtschaftspolitik.*** Angesichts der hohen Auslandabhängigkeit der Schweiz bei Rohstoffen und Energieträgern, der unzureichenden eigenen Ernährungsbasis und des fehlenden Zuganges zu den Weltmeeren ist es Aufgabe der wirtschaftlichen Landesversorgung, die Versorgung mit lebenswichtigen Gütern und Dienstleistungen für den Fall sicherzustellen, dass die Wirtschaft auf Grund äusserer Umstände dazu nicht mehr selber in der Lage ist. Dabei wird die Versorgungssicherung nicht mehr auf eine lang anhaltende, umfassende Krise ausgerichtet, sondern schwergewichtig auf kurz- und mittelfristige Mangellagen in Einzelbereichen. Der Auftrag wurde zweigeteilt in die Bereiche ***Grundversorgung*** (Ernährung, Energie, Heilmittel) und ***Infrastrukturversorgung*** (Transporte/Logistik, industrielle Produktion, Informations- und Kommunikationstechnologie, Arbeit).
www.bwl.admin.ch

2-1-46 Staatsschutz und Polizei

Staatsschutz und Polizei sind Instrumente der inneren Sicherheit. Sie sind insoweit Gegenstand der Sicherheitspolitik, als sie der Bekämpfung von

Gewalt dienen, die erhebliche Teile von Land und Bevölkerung beeinträchtigt.
Der ***Staatsschutz*** trifft Massnahmen, um frühzeitig Bedrohungen und Gefahren durch Terrorismus, gewalttätigen Extremismus und verbotenen Nachrichtendienst sowie verbotenen Handel mit Waffen, radioaktiven Materialien und illegalen Technologietransfer zu erkennen. Er unterstützt Polizei- und Strafverfolgungsbehörden mit Erkenntnissen über die organisierte Kriminalität.
Die hauptsächlich kantonaler Hoheit unterstehende ***Polizei*** gewährleistet die öffentliche Sicherheit, Ruhe und Ordnung sowie die Verbrechensbekämpfung. Der Bund ***koordiniert*** die Bekämpfung von Gewalt strategischen Ausmasses; erfordert es die Lage, so übernimmt er die Führung.

2-1-5 Sicherheitspolitische Führung und strategisches Krisenmanagement

2-1-51 Grundsatz

Die Wahrung unserer Sicherheit erfordert das ***Zusammenwirken verschiedener Instrumente,*** die in mehreren Departementen und auf verschiedenen Ebenen angesiedelt sind. Die Instrumente werden durch eine strategische Führung koordiniert, die sie in ihrem Zusammenwirken laufend überprüft, nötigenfalls anpasst und bei Bedarf lagegerecht einsetzt. Diese strategische Führung wird auf nationaler Ebene vom Bundesrat, auf kantonaler Ebene von den Kantonsregierungen wahrgenommen.

2-1-52 Strategische Lagen und Krisenmanagement

Seit dem Sicherheitspolitischen Bericht 2000 werden zur Einordnung von Bedrohungen und Gefahren sowie der geeigneten Mittel und Vorgabehinweise die Begriffe ***«normale Lage»***, ***«besondere Lage»*** und ***«ausserordentliche Lage»*** verwendet. Die neu ***besondere Lage*** bezieht sich auf Situationen, in denen die Regierungstätigkeit nur sektoriell betroffen ist und in denen ein Bedarf nach Straffung der Verfahren und rascher Konzentration der Mittel besteht. Die ***ausserordentliche Lage*** bezieht sich nach wie vor auf eine Situation, die von zahlreichen Einwohnern eines Gebietes als bedrohlich erlebt wird und den normalen Lebensgang massiv stört oder verunmöglicht und daher Notrecht legitimieren kann.
Das ***Krisenmanagement*** im Bereich der Sicherheitspolitik befasst sich mit jenen Ereignissen, die Auswirkungen strategischen Ausmasses auf die

Sicherheit der Schweiz, ihre Bevölkerung und deren Lebensgrundlagen haben können.

2-1-53 Organisation der sicherheitspolitischen Führung

Für die sicherheitspolitische Führung verfügt der Bundesrat über einen ***Sicherheitsausschuss*** (SiA), der die Beratungen und Entscheide des Bundesrats in sicherheitspolitischen Fragen vorbereitet. Die ***Lenkungsgruppe Sicherheit*** (LGSi) ist ein vorbereitendes Gremium für den SiA. Dem SiA und der LGSi steht ein ***permanenter Stab*** (Stab Sicherheitsausschuss Bundesrat, Stab SiA) zur Verfügung.

Der Sicherheitsausschuss des Bundesrats (SiA)
Der SiA ist ein vorberatendes Gremium des Bundesrats zur Stärkung der sicherheitspolitischen Führung und setzt sich aus den Vorstehern des Eidg. Departementes für auswärtige Angelegenheiten (EDA), des Eidg. Justiz- und Polizeidepartementes (EJPD) und des Eidg. Departementes für Verteidigung, Bevölkerungsschutz und Sport (VBS) zusammen. Der Bundesrat regelt den Vorsitz; seit 2005 wird er bis auf Weiteres durch den Chef VBS ausgeübt. Der SiA befasst sich mit Fragen der Früherkennung, Prävention, Krisenbewältigung sowie Planung und Bewältigung[3] von voraussehbaren Ereignissen, die die Sicherheit der Schweiz betreffen.

Die Lenkungsgruppe Sicherheit (LGSi)
Die LGSi besteht aus den Linienchefs sicherheitsrelevanter Dienststellen der Verwaltung und ist dem SiA unterstellt. Die permanenten Mitglieder sind der Bundesratssprecher, der Staatssekretär des EDA, der Chef des Zentrums für internationale Sicherheitspolitik, der Direktor fedpol, der Direktor des Bundesamts für Migration, der Chef des Dienstes für Analyse und Prävention, der Chef der Direktion für Sicherheitspolitik, der Direktor des Strategischen Nachrichtendienstes, der Chef der Armee, der Direktor des Bundesamts für Bevölkerungsschutz, der Oberzolldirektor, der Staatssekretär des EVD, der Chef Stab SiA und eine Vertretung der Kantone. Die LGSi bereitet die Beratungen des SiA vor und hat insbesondere folgende Aufgaben: Laufende Verfolgung der Lage in den sicherheitsrelevanten Bereichen, Analyse und Beurteilung des Gewaltspektrums sowie dessen möglicher Entwicklungen im Innern und im strategischen Umfeld der Schweiz, Sicherstellung der Früherkennung von mög-

[3] Unter «Bewältigung» wird hier primär die Bereitstellung und Koordination von Leistungen des Bundes zugunsten der Kantone oder Dritter verstanden. Der Bund führt nur auf nationaler Ebene.

lichen neuen Bedrohungsformen, Risiken und Gefahren sowie die Frühwarnung, Erarbeitung von Szenarien und Optionen zuhanden des SiA.

Stab Sicherheitsausschuss des Bundesrats (Stab SiA)
Der Stab SiA aktualisiert die Nachrichtenbedürfnisse, verfolgt die Lageentwicklung und erarbeitet ein integrales Lagebild und Beurteilungen zu sicherheitspolitischen Entwicklungen. Er stellt die Warnung und Alarmierung sicher. Er erstellt Vorsorgeplanungen, erarbeitet Handlungsoptionen und leistet Beiträge zur Schulung der sicherheitspolitischen Führung. In besonderen Lagen koordiniert, vernetzt und integriert er bundesinternes und externes Fachwissen zur Krisenbewältigung und unterstützt bei Bedarf die Bundeskanzlei sowie andere Krisenführungsorgane des Bundes. Er dient als Auskunfts- und Ansprechstelle des Bundes für das Krisenmanagement und steht in Verbindung mit Partnern der sicherheitspolitischen Führung. Der Stab SiA besteht aus einem Chef, aus den Bereichen Integrale Lage und Analyse, Operationen, Koordination und Liaison sowie einer Kanzlei. Er kann bei Bedarf mit Personen aus den Departementen, den Kantonen und von Seiten Dritter vorübergehend verstärkt werden. Er ist dem Vorsteher jenes Departements unterstellt, das den Vorsitz des SiA innehat, und in der Regel dem gleichen Departement administrativ zugeordnet.

2-1-6 Internationale Sicherheitsstrukturen

2-1-61 Vereinte Nationen (UNO)

Zielsetzungen und Strukturen: Die am 26. Juni 1945 gegründete Organisation der Vereinten Nationen (UNO) ist die einzige universelle Organisation zur Wahrung der internationalen Sicherheit und des Weltfriedens sowie zur Förderung der gewaltlosen Beilegung von Konflikten. Die UNO widmet sich den Themen Sicherheit und Frieden, Menschenrechte, wirtschaftliche Wohlfahrt, Abbau sozialer Gegensätze, Entwicklungsaktivitäten und humanitäre Hilfe sowie Schutz der natürlichen Lebensgrundlagen. In der Friedensförderung kommt der UNO eine wichtige Rolle zu. Sie bietet ein Forum für Gespräche zwischen Konfliktparteien an, betreibt Präventivdiplomatie und fördert vertrauensbildende Massnahmen. In angespannten Situationen können UNO-Truppen eingesetzt werden, welche die UNO-Mitglieder freiwillig zur Verfügung stellen, um die Eskalation der Krise zu verhindern. Wenn der Frieden durch einen Mitgliedstaat bedroht ist oder gebrochen wird, kann der Sicherheitsrat wirtschaftliche Sanktionen gegen den Rechtsbrecher beschliessen und die Mitglied-

staaten ermächtigen, mit militärischen Mitteln einzugreifen. Auch die UNO-Gerichtshöfe und die Programme zur Förderung von Menschenrechten und Demokratie tragen zur Sicherung des Weltfriedens bei.
Das UNO-System setzt sich zusammen aus Hauptorganen (Generalversammlung, Sicherheitsrat, Wirtschafts- und Sozialrat, Internationaler Gerichtshof, Sekretariat), Kommissionen, Instituten und Nebenorganen, Spezialorganisationen sowie Welt- und regionalen Entwicklungsbanken.

Beteiligung der Schweiz: Unser Land ist am 10. September 2002 als 190. Mitglied der UNO beigetreten.
Die ***thematischen Schwerpunkte*** der Schweizer UNO-Politik folgen den Vorgaben des Aussenpolitischen Berichts 2000 des Bundesrates. Eine davon ist die Förderung des Friedens (Prävention, Stabilisierung) und der menschlichen Sicherheit (Minen, Kleine und Leichte Waffen). Die Schweiz setzt sich u.a. für Sanktionen ein, die gezielt nur gewisse Personen oder Gruppen des Landes treffen (smart sanctions). Ein anderer Schwerpunkt ist die Förderung von Menschenrechten, Demokratie und Rechtsstaatlichkeit. Weiter setzt sich die Schweiz für die verbesserte Koordination der internationalen Entwicklungspolitik, die Umwelt und nachhaltige Entwicklung ein. Neben der Förderung von übergreifenden Reformen im UNO-System bleibt schliesslich auch die Festigung des «internationalen Genf» ein wichtiges Anliegen der Schweiz.

2-1-62 Organisation für Sicherheit und Zusammenarbeit in Europa (OSZE)

Zielsetzungen und Strukturen: Die Organisation für Sicherheit und Zusammenarbeit in Europa (OSZE) ist mit 55 Mitgliedstaaten die umfassendste regionale Organisation für kooperative Sicherheit. Sie hat zum Ziel, auf der Grundlage gemeinsamer Werte wie Menschenrechte, Demokratie und Rechtsstaatlichkeit einen Sicherheitsraum zu schaffen. Ihre Vorgängerin, die Konferenz über Sicherheit und Zusammenarbeit in Europa (KSZE), wurde 1975 als Forum für den Dialog zwischen Ost und West gegründet und bestand bis 1990 vor allem aus Treffen und Konferenzen. Nach der Gründung ständiger Institutionen und der Verbesserung operativer Fähigkeiten erfolgte 1994 die Umbenennung und Neuausrichtung.
Die OSZE verfolgt einen umfassenden Sicherheitsansatz, indem sie ***drei Dimensionen der Sicherheit*** berücksichtigt: die menschliche, die politisch-militärische und die ökonomisch-ökologische. Daher befasst sie sich mit einer ganzen Bandbreite von Sicherheitsfragen wie zum Beispiel Rüstungskontrolle, präventiver Diplomatie, vertrauens- und sicherheitsbil-

denden Massnahmen, Menschenrechten, Demokratisierung, Wirtschaft und Umwelt.
Die OSZE verfolgt auch einen ***kooperativen Ansatz:*** Alle beteiligten Staaten handeln gleichberechtigt, jedoch ohne vertraglich gebunden zu sein. Somit sind die Beschlüsse, die nach dem Konsensprinzip gefasst werden, politisch bindend, rechtlich jedoch nicht. Die zentralen Charakteristika der OSZE sind der breite Teilnehmerkreis, der umfassende Sicherheitsbegriff, die Instrumente zur Konfliktverhütung, die Tradition des Dialogs und der Konsensfindung sowie die zahlreichen Feldmissionen.
Auf Grund der Entstehungsgeschichte hat die OSZE heute einen eher komplizierten institutionellen Aufbau mit folgenden ***politischen Gremien:*** Gipfeltreffen der Staats- und Regierungschefs, im jährlichen Turnus mit dem Treffen des Ministerrates (Aussenminister); Hoher Rat in Prag (jährliches Wirtschaftsforum: Teilnahme durch Chefbeamte); Ständiger Rat in Wien (Ständige Vertreter bzw. Botschafter).

Beteiligung der Schweiz: Die Schweiz ist ein Gründungsmitglied der OSZE und engagierte sich zuerst vor allem bei der Normensetzung und -umsetzung, später besonders bei der Vertrauensbildung, der Präventivdiplomatie und dem Minderheitenschutz. 1996 hatte die Schweiz die Präsidentschaft der OSZE inne. Während mehrerer Jahre wurde das Büro für demokratische Institutionen und Menschenrechte in Warschau von einem Schweizer geleitet. Die Entwicklung einer Strategie der OSZE für die Bekämpfung der Weiterverbreitung und des Missbrauchs von Kleinen und Leichten Waffen wurde von der Schweiz, zusammen mit anderen Staaten, angestossen.
Zum Engagement der Schweiz gehört auch die Mitwirkung in verschiedenen Missionen in Südosteuropa, im Kaukasus und in Zentralasien. Bis Ende 2000 unterstützte die Schweiz die Mission der OSZE in Bosnien und Herzegowina mit einer logistischen Einheit («Gelbmützen»).

2-1-63 Europarat

Zielsetzungen und Strukturen: Der am 5. Mai 1949 gegründete Europarat (mit Sitz in Strassburg) zählt heute 46 Mitgliedstaaten, nachdem er als Folge des Mauerfalles seinen Mitgliederkreis um fast alle zentral- und osteuropäischen Staaten erweitert hat. Der Europarat widmet sich den europäischen Grundwerten pluralistischer Demokratie, Menschenrechte und Rechtsstaatlichkeit. Er fördert das Bewusstsein für eine gemeinsame kulturelle Identität der Europäer, sucht nach Lösungen für die grossen gesellschaftlichen Probleme und leistet Hilfe bei Reformen in den Ländern Mittel- und Osteuropas.

Die Arbeit der Organe des Europarats (Ministerkomitee, bestehend aus den Aussenministern der Mitgliedstaaten; Parlamentarische Versammlung, deren Mitglieder von den nationalen Parlamenten gewählt werden; Kongress der Gemeinden und Regionen Europas) führt zu europäischen Konventionen und Übereinkommen, welche die Grundlage für die Änderung und Harmonisierung von Gesetzen in den verschiedenen Mitgliedstaaten bilden. Die wichtigste Errungenschaft des Europarates ist die Europäische Menschenrechtskonvention (EMRK), die dem Europäischen Gerichtshof für Menschenrechte in Strassburg zu Grunde liegt.

Beteiligung der Schweiz: Die Schweiz ist dem Europarat am 6. Mai 1963 beigetreten. Der Akzent des schweizerischen Wirkens liegt auf der konsequenten Anwendung und Durchsetzung der bestehenden Menschenrechtsnormen. Die Schweizer Delegationen bei der Parlamentarischen Versammlung bzw. beim Kongress der Gemeinden und Regionen Europas bestehen aus 6 Mitgliedern des Parlamentes, aus 6 Gemeinde- bzw. Stadtpräsidenten und aus 6 Vertretern von Kantonsregierungen.

2-1-64 Nordatlantische Vertragsorganisation (NATO)

Zielsetzungen und Strukturen: Als Reaktion auf die kommunistische Bedrohung unterzeichneten am 4. April 1949 die Beneluxstaaten, Dänemark, Frankreich, Grossbritannien, Island, Italien, Kanada, Norwegen, Portugal und die Vereinigten Staaten in Washington D.C. den Nordatlantikvertrag. Die 12 Vertragsstaaten verpflichteten sich in allgemeiner Form, wirtschaftlich und politisch enger zusammenzuarbeiten sowie einander im Falle einer Aggression von aussen ***auch militärisch*** beizustehen (kollektive Verteidigung). Nach und nach traten der Nordatlantischen Vertragsorganisation (NATO) weitere 14 Staaten bei: 1952 Griechenland und die Türkei, 1955 die Bundesrepublik Deutschland, 1982 Spanien, 1999 Polen, Tschechien und Ungarn sowie 2004 Bulgarien, Estland, Lettland, Litauen, Rumänien, die Slowakei und Slowenien. Nach dem Ende des Kalten Krieges hat die NATO neben ihrer geografischen Erweiterung auch andere wichtige Anpassungen erfahren. Zur Kernfunktion der ***kollektiven Verteidigung*** kam die Aufgabe der ***Krisenbewältigung*** hinzu mit dem Ziel, über das Vertragsgebiet hinaus zu Stabilität und Sicherheit beizutragen. So übernahm die NATO die Führung mehrerer UNO-mandatierter friedensfördernder Operationen auf dem Balkan und lancierte mit der Übernahme der International Security and Assistance Force (ISAF) in Afghanistan im August 2003 ihren ersten Einsatz ausserhalb Europas. Als Folge der Anschläge vom 11. September 2001 wurde die Allianz weiter restrukturiert, um auf neue Bedrohungen wie den internationalen Terrorismus besser reagieren zu können, so zum Beispiel durch die Etablierung einer schlankeren und flexibleren Kommandostruktur und den Aufbau einer schnellen multinationalen Eingreiftruppe (NATO Response Force). Die ***zentralen politischen Konsultations- und Entscheidungsgremien*** sind: der Nordatlantikrat, der Verteidigungsplanungs-Ausschuss und die Nukleare Planungsgruppe. Der ***Nordatlantikrat*** ist das oberste Gremium und fasst seine Beschlüsse im Konsens.

Partnerschaft für den Frieden (PfP): Die PfP wurde am Gipfeltreffen der NATO-Mitgliedstaaten im Januar 1994 lanciert. Damit sollte Staaten im OSZE-Raum die Möglichkeit gegeben werden, ihre Beziehungen und praktische Zusammenarbeit mit der NATO gemäss eigenen Interessen zu entwickeln und dadurch Sicherheit und Stabilität im Euro-Atlantischen Raum zu fördern. Die Mitgliedschaft in PfP verpflichtet die teilnehmenden Staaten dazu, freie und demokratische Gesellschaften zu bewahren, die Charta der Vereinten Nationen und die Grundsätze der Menschenrechte einzuhalten sowie die im Rahmen der OSZE und im Bereich von Abrüstung und Rüstungskontrolle eingegangenen Verpflichtungen zu erfüllen. Daneben enthält die Teilnahme an der PfP keine völkerrechtlichen Verpflichtungen, insbesondere keine Verpflichtungen zur gemeinsamen Verteidigung. Das politische Beratungsorgan ist der Euro-Atlantische Partnerschaftsrat (EAPC)[4]. Im EAPC-Rahmen finden regelmässig Treffen auf höchster politischer und militärischer Ebene statt.

Schweiz und NATO/Teilnahme der Schweiz an der PfP: Am 30. Oktober 1996 überreichte die Schweiz der NATO ihr Präsentationsdokument, in welchem sie ihre Beteiligung an der PfP erklärte. Darin hielt sie fest, dass sie zwar daran interessiert sei, mit der NATO in bestimmten Sicherheitsbereichen zusammenzuarbeiten, jedoch an der Neutralität festhalte und nicht die Absicht habe, der NATO beizutreten. Im PfP-Rahmen ist die Schweiz vor allem in der Verbesserung der militärischen Zusammenarbeitsfähigkeit (für friedensunterstützende Einsätze und Einsätze zur Unterstützung der humanitären Hilfe), sicherheitspolitische Ausbildung; demokratische Kontrolle der Streitkräfte und Stärkung des humanitären Völkerrechts aktiv. Im Mai 1997 trat die Schweiz dem EAPC bei, seit 1999 nimmt die Schweizer Armee auch am PfP-Planungs- und Überprüfungs-

[4] Der Euro-Atlantische Partnerschaftsrat (EAPC) wurde 1997 gegründet. Alle Teilnehmerstaaten der Partnerschaft für den Frieden (PfP) sowie alle Mitgliedstaaten des 1991 gegründeten Nordatlantischen Kooperationsrates (der die früheren Mitglieder des Warschauer Paktes umfasste und nach der Gründung des EAPC aufgelöst wurde) wurden automatisch Mitglieder des EAPC.

prozess (PARP) teil, der dazu dient, die Fähigkeit zur praktischen Zusammenarbeit mit den Allianzmitgliedern vor allem in der Friedensförderung zu verbessern.

2-1-65 Europäische Sicherheits- und Verteidigungspolitik

Zielsetzung und Entwicklung: Der Vertrag von Maastricht über die Europäische Union (EU) vom Februar 1992 umriss erstmals eine Gemeinsame Aussen- und Sicherheitspolitik (GASP) der EU. Diese sollte den bis dahin vor allem wirtschaftlichen Integrationsprozess ergänzen. Der EU-Vertrag von Amsterdam 1997 sah die Stärkung der GASP durch erhöhte Handlungsfähigkeit vor und übertrug der EU Kompetenzen für humanitäre Aufgaben und Rettungseinsätze sowie friedenserhaltende Aufgaben inkl. Kampfeinsätze zur Krisenbewältigung. Im Juni 1999 schuf der Europäische Rat (in Köln) die Europäische Sicherheits- und Verteidigungspolitik (ESVP). Die Mitglieder der EU verpflichteten sich, ihre militärischen Fähigkeiten zu verbessern, um in Krisenfällen auch autonom handeln zu können. Ende 1999 beschloss der Europäische Rat (in Helsinki) als militärisches Planziel, bis 2003 eine Eingreiftruppe von 60 000 Mann aufzustellen. Dieses Planziel wurde mit Ausnahme strategischer Fähigkeitslücken erreicht und durch ein neues Fähigkeitsziel mit Horizont 2010 ergänzt. 2003 verabschiedete die EU eine Europäische Sicherheitsstrategie. Um rasche Handlungsfähigkeit zu erreichen, sollen zudem ab 2007 4 und bis 2010 13 multinationale Kriseneinsatzverbände (Battle Groups) von je rund 1500 Soldaten zur Verfügung stehen, die bereits nach 5 Tagen einsetzbar sind. Die kollektive Verteidigung bleibt indessen eine Aufgabe der NATO.

Zivile Krisenbewältigung: Die EU beschloss 2004 auch, ihre Fähigkeiten in der zivilen Krisenbewältigung auszubauen, so durch den Aufbau von Zivilpolizei-Einheiten, von Katastrophenschutzeinheiten und von Mitteln zur Stärkung des Rechtsstaates und der Zivilverwaltung. Die Planziele wurden mittlerweile weitgehend erreicht, so steht zum Beispiel für Kriseneinsätze eine multinationale Gendarmerietruppe zur Verfügung.

EU-Missionen: Die EU hat im Rahmen der ESVP die Führung mehrerer (militärischer und ziviler) Einsätze zur Friedensförderung übernommen. Ihr bisher grösster militärischer Einsatz ist die Operation EUFOR/Althea in Bosnien-Herzegowina, dessen Führung sie Ende 2004 von der NATO übernahm. Weitere militärische Einsätze leistete sie in Mazedonien und im Kongo. Daneben führt die EU diverse Einsätze zur Unterstützung ziviler Sicherheitsbehörden, vor allem der Polizei, und zur Reform des Sicherheitssektors (laufende Einsätze in Bosnien-Herzegowina, Mazedonien, Georgien/Moldawien, Kongo, Palästina, Irak).

Organe: Die ESVP verfügt über ständige politische und militärische Organe, die der EU Empfehlungen zur Funktionsweise der ESVP unterbreiten: Politisches und Sicherheitspolitisches Komitee, Militärausschuss, Militärstab, zivil-militärische Planungszelle, Institut der EU für Sicherheitsstudien, EU-Satellitenzentrum. Die EU verfügt zudem seit 2004 über eine europäische Verteidigungsagentur mit der Aufgabe, europäische Verteidigungskapazitäten zu verbessern und europäische Rüstungszusammenarbeit und Forschung zu fördern.

Schweiz und ESVP: Die EU ist grundsätzlich offen für eine Mitwirkung von Nichtmitgliedern in ESVP-Operationen, hält aber an ihrer Entscheidungsautonomie fest. Nebst den Kooperationsmechanismen mit den europäischen Staaten, die der NATO, nicht aber der EU angehören, führt die EU regelmässig Konsultationen mit Kanada, der Ukraine und Russland. Im Gegensatz zu diesen Kategorien von Staaten ist die Schweiz nicht institutionell mit der EU verbunden. Daher kommt für sie eine Beteiligung mit zivilen oder militärischen Mitteln nur von Fall zu Fall in Frage, wenn sich eine konkrete Aktion abzeichnet und diese den Rahmenbedingungen des Militärgesetzes (MG) vom 3. Februar 1995 entspricht (sicherheitspolitische Interessen, Mandat von UNO oder OSZE, keine Teilnahme an Kampfhandlungen zur Friedenserzwingung). Die Schweiz beteiligt sich an der Polizeimission in Bosnien-Herzegowina, an der zivilen Beobachtermission in Aceh (Indonesien) und an der EUFOR in Bosnien-Herzegowina.

2-1-7 Internationale Sicherheitskooperation

2-1-71 Militärische Friedensförderung

Für die militärische Friedensförderung setzt die Schweiz Kontingente und Einzelpersonen oder kleine Gruppen ein.

Der erste Einsatz eines Kontingents erfolgte bereits 1953: rund 90 Mann für die Neutrale Überwachungskommission für den Waffenstillstand in Korea, an der sich auch Schweden, Polen und die Tschechoslowakei beteiligten. Mittlerweile haben sich Polen, die Tschechische und die Slowakische Republik zurückgezogen. Heute sind noch vier Schweizer Militärpersonen im Einsatz, und der Delegationschef der Mission im Range eines Divisionärs wird vom EDA gestellt.

In den folgenden 36 Jahren beteiligte sich die Schweiz an keinen weiteren Einsätzen. Dann entsandte sie 1989 einen Sanitätsverband von 150 Personen zur Unterstützung der UNO-Mission in Namibia, die zur Unab-

hängigkeit dieses Staates führte. In der Folge wurde auch die UNO-Mission in der Westsahara von 1991 bis 1994 mit einem Sanitätsverband unterstützt, der allerdings nur 50 Personen umfasste.
Von Februar 1996 bis Ende 2000 leisteten rund 55 Angehörige der Armee logistische Unterstützung für die OSZE-Mission in Bosnien und Herzegowina.
Von 2003 bis Februar 2008 waren bis zu 4 Schweizer Offiziere in der International Security Assistance Force (ISAF) in Afghanistan im Einsatz.
Seit 1999 beteiligt sich die Schweiz an der multinationalen Kosovo Force (KFOR) in Kosovo. Die Schweizer Kompanie, SWISSCOY, erbringt logistische Unterstützung primär zugunsten des österreichischen Bataillons (AUCON) im Sektor der Multinationalen Brigade Südwest (MNB-SW). Ursprünglich umfasste das Kontingent 160 unbewaffnete Freiwillige. Seit Oktober 2002 sind maximal 220 zum Selbstschutz bewaffnete Freiwillige im Einsatz. Gleichzeitig wurde die SWISSCOY um einen Sicherungszug mit fünf Radschützenpanzern aufgestockt. Seither beteiligt sich die SWISSCOY auch an Patrouillen und an der Campwache. Der gemischten Heeresflieger-Abteilung der Bundeswehr steht zudem ein Schweizer Super Puma-Helikopter zur Verfügung.
In Bosnien-Herzegowina nehmen seit Dezember 2004 bis zu 26 Angehörige der Armee (einschliesslich eines Lufttransportteams mit zwei Cougar-Helikoptern) an der EUFOR teil (Operation Althea, von der EU geführt). Das schweizerische Kontingent setzt sich aus zwei so genannten «Liaison and Observation Teams» (bestehend aus je zwei Stabsoffizieren und acht Armeeangehörigen) sowie einem Team von zwei Super-Puma-Helikoptern (bestehend aus drei Piloten, drei Mechanikern und einem Einsatzleiter) zusammen.
Die Schweiz begann 1990, Militärbeobachter für UNO-Friedenseinsätze zu stellen. Zurzeit sind rund 20 Schweizer Offiziere ab Rang eines Hauptmannes in UNO-Missionen im Einsatz. Die Schweiz stellt auch Spezialpersonal, u.a. für die humanitäre Minenräumung, zur Verfügung.

Die Entsendung von Angehörigen der Armee – als Kontingente oder als Einzelpersonen oder kleine Gruppen – zur militärischen Friedensförderung ist gemäss Militärgesetz an folgende Bedingungen geknüpft:
- Die Einsätze müssen den Grundsätzen der schweizerischen Aussen- und Sicherheitspolitik entsprechen.
- Die Einsätze müssen auf einem Mandat der UNO oder OSZE beruhen; die Zustimmung der Konfliktparteien allein genügt nicht.
- Die Teilnahme an Kampfhandlungen zur Friedenserzwingung ist ausgeschlossen.
- Die Teilnahme ist freiwillig.

- Für bewaffnete Einsätze muss der Bundesrat vorgängig die Aussenpolitischen und die Sicherheitspolitischen Kommissionen beider Räte konsultieren.
- Werden für einen bewaffneten Einsatz mehr als 100 Angehörige der Armee eingesetzt oder dauert dieser länger als drei Wochen, so muss die Bundesversammlung den Einsatz genehmigen.

2-1-72 Zivile Friedensförderung

Zu den Mitteln, welche die Eidgenossenschaft für die Friedensförderung einsetzt, gehören verschiedene Beiträge des EDA und des Eidg. Volkswirtschaftsdepartements (EVD); aber auch das VBS setzt neben militärischen Mitteln zivile Mittel zur Friedensförderung ein. Die zivilen friedensfördernden Massnahmen des VBS konzentrieren sich auf ***drei Genfer Zentren*** und ein Programm zur Förderung des freien Flusses sicherheitspolitisch relevanter Informationen.

- ***Genfer Zentrum für Sicherheitspolitik (GCSP):*** Das Zentrum ist eine internationale Stiftung, die namentlich sicherheitspolitische Kurse für Offiziere, Diplomaten und weitere zivile Beamte anbietet. Neben der Schweiz und dem Kanton Genf sind 33 weitere Staaten Mitglieder der Stiftung. Mehrere dieser Mitglieder unterstützen das GCSP durch die Entsendung von Lehrpersonal und/oder leisten darüber hinaus finanzielle Beiträge für Teile des GCSP-Ausbildungsprogramms.

- ***Genfer Internationales Zentrum für Humanitäre Minenräumung (GICHD):*** Es unterstützt die weltweiten Anstrengungen zur Lösung des Minen- und Blindgängerproblems und erfüllt die Aufgabe eines Sekretariats für die Ottawa-Konvention (Verbot von Antipersonenminen). Das GICHD ist eine unparteiische und unabhängige Stiftung, der neben der Schweiz und dem Kanton Genf weitere 14 Staaten angehören. Rund 30 Personen arbeiten am Sitz in Genf oder als regionale Vertreter vor Ort.

- ***Genfer Zentrum für die Demokratische Kontrolle der Streitkräfte (DCAF):*** Das DCAF wurde auf Initiative des VBS und des EDA ebenfalls als internationale Stiftung ins Leben gerufen. Ihr gehören heute neben der Schweiz und dem Kanton Genf 44 weitere Staaten an. Der ***Auftrag*** von DCAF ist es, junge Demokratien beim Aufbau effizienter und demokratisch kontrollierter Sicherheitsstrukturen (Armee, Polizei, Grenzschutz, Nachrichtendienste und paramilitärische Verbände) zu beraten und zu unterstützen.

- ***International Relations and Security Network (ISN) an der ETH Zürich:*** Information, Kommunikation und Wissen sind in den modernen Informationsgesellschaften Faktoren von strategischer Bedeutung. Ausgehend von dieser Feststellung wurde das «International Relations and Security Network» (ISN) gegründet, das von der Forschungsstelle für Sicherheitspolitik an der ETH Zürich entwickelt und betrieben wird. Als ***weltweit führendes*** integriertes Wissensnetzwerk für internationale Beziehungen und Sicherheitspolitik trägt das ISN zu Stabilität, Sicherheit und Frieden auf internationaler Ebene bei. Das ISN stellt ***Expertenwissen und Information*** für sicherheitspolitisch interessierte Kreise zur Verfügung und fördert den internationalen Dialog und die Zusammenarbeit mit Hilfe moderner Informations- und Kommunikationstechnologien.

2-1-73 Rüstungskontrolle und Abrüstung[5]

Die Schweiz verfolgt als Ziel Sicherheit und Stabilität auf möglichst tiefem Rüstungsniveau. Dabei sollen die Transparenz und Berechenbarkeit militärischer Aktivitäten, Strukturen und Potenziale sowie die Verdichtung der Sicherheitskooperation das gegenseitige Vertrauen stärken. In diesem Sinne strebt die Schweiz nicht diskriminierende und verifizierbare Rüstungskontroll- und Abrüstungsregimes an. Dabei haben völkerrechtlich bindende und universelle Abkommen Vorrang vor bloss politisch bindenden Absprachen und einseitigen Massnahmen. Bei den Massenvernichtungswaffen hat die Schweiz ihre vollständige Beseitigung zum Ziel. Im Bereich der Nuklearwaffen ist dies ein langfristiges Ziel: Im Vordergrund steht die Verhinderung der Proliferation. Im Bereich der konventionellen Waffen liegt das Schwergewicht der schweizerischen Rüstungskontrolle und Abrüstung auf den Vertrauens- und Sicherheitsbildenden Massnahmen vor allem im Rahmen der OSZE. Die Schweiz engagiert sich aber auch in neuen Bereichen der Rüstungskontroll- und Abrüstungspolitik, wobei die sogenannte «Menschliche Sicherheit» in den Vordergrund gerückt ist. Dabei werden auch neue Waffenkategorien wie Personenminen sowie kleine und leichte Waffen erfasst.

---

[5] Für eine detaillierte Darstellung sei auf den Bericht des Bundesrates vom 10. September 2008 über die Rüstungskontroll- und Abrüstungspolitik der Schweiz (08.065) verwiesen.

2-1-74 Verifikationskooperation

Durch Verifikationsmechanismen wie den Austausch militärischer Informationen, die Ankündigung und Beobachtung militärischer Aktivitäten sowieVerifikationsaktivitäten kann überprüft werden, ob die Bestimmungen internationaler Rüstungskontroll- und Abrüstungsvereinbarungen eingehalten werden. Ein derartiger Austausch ist überdies ein Beitrag zu Transparenz und Vertrauensbildung und dient der Verhinderung von Missverständnissen. Dies bedeutet, dass einerseits die Schweiz auf ihrem Territorium Kontrollmassnahmen akzeptieren muss und andererseits, dass auch sie im Ausland Verifikationsaktivitäten (z.B. Überprüfungen, Inspektionen, Beobachtung) vornehmen kann.

Neben den Verpflichtungen aus Abrüstungsabkommen stellt die Schweiz freiwillig Experten für Abklärungs- und Abrüstungsmissionen von UNO und OSZE. Das schweizerische Engagement beinhaltet überdies die Durchführung verschiedener Kurse, so zum Beispiel eine Zusatzausbildung für Inspektoren der Organisation für das Verbot von chemischen Waffen (OPCW), einen Kurs für UN-Beobachter (SUNMOC) oder die Ausbildung von Spezialisten für die demokratische Kontrolle der Streitkräfte.

Schliesslich können die auf den Abrüstungsverträgen basierenden Pflichten auch zusätzliche unterstützende Massnahmen oder Hilfeleistungen enthalten. So stellt das VBS im Falle eines Chemiewaffeneinsatzes der internationalen Staatengemeinschaft Schutzausrüstungen sowie Detektions- und Dekontaminationsmaterial zur Verfügung und bildet entsprechend Chefinstruktoren aus.

2-1-75 Förderung des Kriegsvölkerrechts

Als Vertrags- und Depositarstaat der Genfer Konventionen wirkt die Schweiz seit mehr als 130 Jahren aktiv an der Entwicklung des Kriegsvölkerrechts mit. Unser Land trug 1999 wesentlich zur Schaffung des Internationalen Strafgerichtshofes bei, der seine Arbeit in Den Haag mittlerweile aufgenommen hat. Für die verbesserte Durchsetzung des Kriegsvölkerrechts ist damit ein wichtiger Schritt getan.

Im Rahmen der PfP werden von der Schweiz Kurse und Seminare sowohl für Kommandanten und Stabsoffiziere als auch höhere Unteroffiziere angeboten. Nebst Schweizer Experten umfasst der Lehrkörper ausländische Offiziere mit Einsatzerfahrung sowie Experten aus internationalen Organisationen wie dem Internationalen Komitee vom Roten Kreuz (IKRK), UNO usw.

2-1-8 Humanitäre Hilfe[6]

Die Humanitäre Hilfe ist ein Direktionsbereich der Direktion für Entwicklung und Zusammenarbeit (DEZA) im EDA. Die Humanitäre Hilfe des Bundes umfasst ***vier strategische Aufgabenfelder: Prävention, Nothilfe, Wiederaufbau und Anwaltschaft zu Gunsten der Opfer.*** Die Hilfeleistung richtet sich nach den Grundwerten der Menschlichkeit und den humanitären Prinzipien (Neutralität, Unabhängigkeit und Unparteilichkeit). Sie wird bedürfnisgerecht (opferbezogen) und nur so lange wie nötig erbracht. Die Humanitäre Hilfe erfüllt ihren Auftrag oft ***gemeinsam mit Partnern*** (internationale humanitäre Partnerorganisationen, schweizerische Hilfswerke oder Hilfswerke in Einsatzländern). Humanitäre Aktionen werden in erster Linie durch zivile Institutionen geleistet. ***Militärische Mittel*** werden dann unterstützend eingesetzt, wenn die zivilen Ressourcen nicht ausreichen (Prinzip der Subsidiarität). Der Delegierte für humanitäre Hilfe und Chef SKH trägt die Gesamtverantwortung, und er leitet und koordiniert alle vom Bund eingesetzten Mittel (Einsatzverantwortung). Ihm wird ein militärischer Verband zur Zusammenarbeit zugewiesen.

2-1-81 Das Schweizerische Korps für humanitäre Hilfe (SKH)

Das SKH ist ein Instrument der Humanitären Hilfe des Bundes. Es ist ein ***Milizkorps,*** dem rund 700 einsatzbereite Mitglieder angehören. Ihrer beruflichen Tätigkeit entsprechend sind alle Korpsangehörigen in eine der neun ***SKH-Fachgruppen*** eingeteilt: Bau, Information, Special Tasks (Logistik & Koordination), Medizin, Rettung, WATSAN, Telcom, Umwelt/ABC, Prevention & Preparedness (bezüglich Naturkatastrophen. In einigen Fachgruppen ist die ***Armee*** durch Berufsmilitär der Rettungstruppen und durch Mitarbeitende des Labors Spiez ***aktiv vertreten.***
Dem SKH beitreten können Frauen und Männer nach einem mehrstufigen ***Aufnahmeverfahren.*** Stellenausschreibungen für Funktionen in den einzelnen SKH-Fachgruppen werden unter **www.skh.ch** publiziert.

Im Einsatz werden die Korpsangehörigen entschädigt. Vor jeder Mission schliesst die «Zentrale» mit ihnen einen Vertrag ab. Einsatzdauer und Entlöhnung werden individuell abgesprochen. Die Einsätze erstrecken sich zumeist über mehrere Monate, teilweise dauern sie bis zu einem

---

[6] Nach Texten und Informationen der Direktion für Entwicklung und Zusammenarbeit (DEZA), Direktionsbereich Humanitäre Hilfe und SKH, sowie der Soforthilfe der Armee (SHA).

Jahr. Vor und nach jedem Einsatz findet ein aufgabenspezifisches Briefing bzw. ein Debriefing zur Auswertung statt.

2-1-82 Weitere Instrumente der humanitären Hilfe des Bundes

Weitere Instrumente sind: Soforteinsatzteams (SET), die in enger Zusammenarbeit mit der UNO und den Regierungen der betroffenen Länder Abklärungen im Krisen- und Katastrophengebiet vornehmen und erste Unterstützungsmassnahmen einleiten können, sowie die ***Rettungskette Schweiz*** als unmittelbares Einsatzelement bei Erdbeben im Ausland zur Rettung von Verschütteten.

Die ***Rettungskette Schweiz*** setzt sich aus privat- und öffentlich-rechtlichen, zivilen und militärischen Partnerorganisationen zusammen, die unter der Leitung der humanitären Hilfe des Bundes stehen. Sie ist auf die Ortung, Rettung und medizinische Erstversorgung von verschütteten Personen nach ***Erdbeben*** spezialisiert und umfasst im Vollbestand 100 Personen, 18 Katastrophenhunde und 16 Tonnen Spezialausrüstung. Als Milizorganisation ist die Rettungskette Schweiz innerhalb von acht bis zwölf Stunden nach dem Einsatzentscheid abflugbereit und kann bis zu sieben Tage autonom operieren. Ihr gehören folgende ***acht Partnerorganisationen*** an:

- ***SKH:*** Der Delegierte für humanitäre Hilfe und Chef SKH entscheidet über den Einsatz. Führung des Einsatzes der Rettungskette Schweiz und Finanzierung erfolgten durch den Direktionsbereich Humanitäre Hilfe der DEZA.
- ***Schweizerischer Erdbebendienst:*** alarmiert die Pikettperson Humanitäre Hilfe + SKH.
- ***Schweizerische Rettungsflugwacht (REGA):*** unterstützt die Informationsbeschaffung unmittelbar nach dem Alarm und stellt gegebenenfalls ein Flugzeug für das Rekognoszierungs-Team zur Verfügung.
- ***Armee/Rettungstruppen:*** stellen die Rettungsspezialisten und gegebenenfalls militärische Lufttransportmittel.
- ***Schweizerischer Verein für Katastrophenhunde (REDOG):*** stellt Suchhundeteams zur Verfügung.
- ***Schweizerisches Rotes Kreuz:*** liefert und verteilt Hilfsgüter (Medikamente, Kleider, Wolldecken).
- ***Swiss International Air Lines:*** stellt ein Grossraumflugzeug zur Verfügung.
- ***Unique Zurich Airport:*** übernimmt logistische Dienste am Flughafen in Zürich.

Die DEZA ist von der Schweizer Regierung ermächtigt, den Behörden eines – von einem Erdbeben betroffenen – Landes jederzeit direkte Hilfe anzubieten. Weil die DEZA eine Regierungsorganisation ist, ist die ***Einwilligung des betroffenen Landes*** immer nötig, damit die Rettungskette Schweiz eingesetzt werden kann. Seit ihrer Gründung im Jahr 1981 wurde die Rettungskette Schweiz in den ersten 20 Jahren ihrer Geschichte nach 17 Erdbeben eingesetzt. Ausserdem kam sie 1985 nach einem Staudammbruch in Italien zum Einsatz.

Rund ein Drittel der rund 100 Personen zählenden Rettungskette Schweiz sind ***Angehörige der Armee.*** Es handelt sich um Angehörige des Katastrophenhilfe-Bereitschaftsverbands, um Berufsmilitärs der Rettungstruppen und um Mitarbeitende des VBS. Sie leisten ihren Dienst im Ausland auf freiwilliger Basis. Ein grosser Teil des Rettungsmaterials der Rettungskette Schweiz stammt aus den Armeebeständen. Für Transporte in einem Umkreis von 1000 km ab Zürich können zudem Helikopter der Armee eingesetzt werden.

2-1-83 Unterstützung der Humanitären Hilfe des Bundes durch die Armee

Die Unterstützung der Humanitären Hilfe des Bundes durch die Armee erfolgt schwergewichtig in der ***Nothilfe.*** Die Armee hilft mit, Leben zu retten und Grundbedürfnisse der Opfer zu decken, einschliesslich der Wiederherstellung vitaler Infrastruktur ***(Early Recovery).*** Der Delegierte für humanitäre Hilfe und Chef SKH kann bei der Direktion für Sicherheitspolitik (DSP) den Einsatz von Armeemitteln beantragen. Kommen Verbände zum Einsatz (Art. 69 MG; Assistenzdienst) entscheidet der Bundesrat auf einen gemeinsamen Antrag des VBS und des EDA. Werden mehr als 2000 Angehörige der Armee eingesetzt oder dauert der Einsatz mehr als drei Wochen, genehmigt das Parlament den Einsatz.

Aber auch ausserhalb spezifischer Unterstützungsleistungen im Rahmen der Nothilfe ist die ***Kooperation*** zwischen der DEZA und der Armee sehr ausgeprägt: Die ***armasuisse*** unterstützt das SKH bei Neubeschaffungen. Sanitätsmaterial und Medikamente für die verschiedenen Einsätze liefert die ***Armeeapotheke.*** Das ***Labor Spiez*** kann bei der Bereitstellung von Trinkwasser sein Know-how einbringen. Schwere Geräte der ***Rettungstruppen*** für Einsätze der Rettungskette Schweiz sind zur Zeit im Waffenplatz Kloten gelagert. Weiter reicht die Palette von Trinkwassertanks über Feldtelefone bis hin zu AC-Schutzmaterial. Solches Material wird nicht nur abgegeben, sondern die Bezüger werden vorgängig durch Berufsmilitärs daran ausgebildet.

Umgekehrt bringt das SKH Erfahrungen und Wissen aus Ernstfalleinsätzen im Ausland in die Armee ein, welche diese wiederum für die ***Katastrophenbewältigung im Inland*** umsetzen kann.

Im ***Führungsstab der Armee*** (FST A) werden die Unterstützungsleistungen der Armee zu Gunsten der Humanitären Hilfe durch das Führungsgrundgebiet (FGG) 3, ***Soforthilfe der Armee (SHA)***, koordiniert.
Immer öfter beantragt die DEZA den Einsatz von Berufsmilitärs zu Gunsten von Projekten im Bereich «Vorbeugung und Vorsorge». So konnten in erdbebengefährdeten Staaten (z.B. Türkei) Projekte in den Bereichen «Rettung/Ortung/medizinische Erstversorgung» umgesetzt werden.
Weiter können auch Teile des ***Katastrophenhilfe-Bereitschaftsverbandes*** als zusätzliche Staffel zu Gunsten der Rettungskette Schweiz eingesetzt werden. Angehörige der Armee leisten Einsätze im Ausland grundsätzlich ***freiwillig,*** mit Ausnahme der Grenzregionen. Dort kann die Hilfeleistung obligatorisch erklärt werden (siehe dazu auch «Katastrophenhilfe-Bereitschaftsverband» des Kapitels «Berufsformationen»).

2-1-84 Humanitäre Hilfe und Partnerschaft für den Frieden sowie Euroatlantischer Partnerschaftsrat

Im Rahmen des NATO-Zusammenarbeitsinstruments Partnerschaft für den Frieden (PfP) sowie des NATO-Konsultationsforums Euroatlantischer Partnerschaftsrat (EAPC) koordiniert die Humanitäre Hilfe des Bundes die Zusammenarbeit in der Planung und der Bewältigung internationaler humanitärer Notlagen. Zu diesem Zweck kann der Bund Übungen organisieren oder ausländische Übungen mit Teilnehmern oder Experten beschicken. Im Gegenzug können Vertreter des Bereichs humanitäre Hilfe des Bundes an Veranstaltungen anderer Staaten oder von PfP teilnehmen.

www.dsp.admin.ch

Unterscheidung zwischen Friedensförderung und Unterstützung humanitärer Hilfeleistungen

Der ***Friedensförderungsdienst*** ist eine Dienstart. Er hat eine eigene rechtliche Grundlage (Artikel 66, 66a und 66b MG). In Friedensförderungseinsätzen kommen ***militärische Mittel*** für ***militärische Aufgaben*** unter ***militärischer Einsatzverantwortung*** zum Einsatz. Diese Aufgaben beziehen sich auf die Einhaltung, Kontrolle und Konsolidierung einer beschlossenen internationalen Regelung für eine Konfliktsituation. Es kann dabei z.B. um die Überwachung einer Waffenstillstandszone oder eines entmilitarisierten Gebietes gehen oder um die Begleitung und Überwachung von Lieferungen humanitärer Hilfsgüter. Diese militärischen Aufgaben setzen auch oftmals eine minimale Bewaffnung voraus. Der ***SWISSCOY-Einsatz*** ist ein Beispiel eines solchen Einsatzes.
Die ***Unterstützung humanitärer Hilfeleistungen*** (Artikel 69 Absatz 1 MG; Änderung vom 4. Oktober 2002) hingegen ist eine Form von ***Assistenzdienst.*** Dieser wird von den Artikeln 67 ff. MG geregelt. Die Unterstützung humanitärer Hilfeleistungen ist eine erweiterte Form der bisherigen Katastrophenhilfe im Ausland; wie alle Assistenzdiensteinsätze erfolgt sie nur ***subsidiär*** zum Einsatz der zivilen Mittel, wenn diese nicht mehr ausreichen. Bei der Unterstützung humanitärer Hilfeleistungen kommen ***militärische Mittel*** für ***zivile Aufgaben*** unter ***ziviler Einsatzverantwortung*** zum Einsatz. Entsprechend gelangen hier auch die allgemein gültigen Prinzipien der humanitären Hilfe zur Anwendung: Verhältnismässigkeit, Unparteilichkeit, Bedingungslosigkeit und Hilfe zur Selbsthilfe. In der Regel erfolgen solche Einsätze unbewaffnet. Der Einsatz von drei Super-Puma zu Gunsten des UNHCR nach der Tsunami-Katastrophe auf der Insel Sumatra (Januar bis Ende Februar 2005) ist ein Beispiel eines solchen Einsatzes.

www.skh.ch

Kooperation im Inland

Friedensförderung im Ausland

Geld …

… und was daraus wird

2-2 Ausgaben für die Landesverteidigung

Der Anteil der Bundesausgaben für die Landesverteidigung hat seit 1990 als einziger Bereich abgenommen. Dies erklärt sich einerseits aus sicherheitspolitischen Veränderungen und andererseits aus Sparmassnahmen des Bundes (Schuldenbremse als Verfassungsauftrag).

2-2-1 Die Entwicklung der Bundesaufgaben 1990–2007

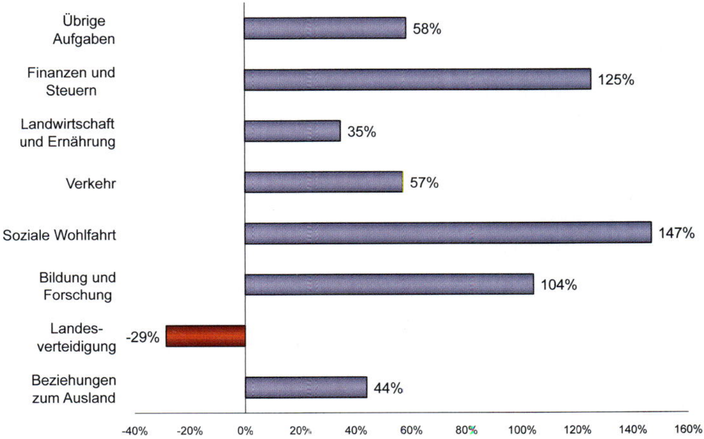

2-2-2 Aufwände für die Landesverteidigung

Die Gesamtaufwände für die Landesverteidigung setzen sich aus den Aufwänden für die militärische und zivile Landesverteidigung zusammen und umfassen somit grösstenteils die Aufwendungen für die Armee und für den Bevölkerungsschutz..

Was kostet der Diensttag eines Schweizer Soldaten?

	2007
Diensttage Total	*6 565 579*
davon – Lehrverband	*1 257 663*
– Territorialregionen/Brigaden	*2 307 916*
Ausgaben Truppe	*210,5 Mio.*
Ausgaben pro Diensttag	*Fr. 33.–*

2-2-3 Volkswirtschaftliche Aspekte

Der Einbezug der schweizerischen Industriebasis ist in den Grundsätzen des Bundesrates für die Rüstungspolitik des VBS verankert. Bei der Industriebeteiligungspolitik gilt der Grundsatz, dass die Schweizer Industrie soweit zum Zuge kommen soll, als sie konkurrenz- und wettbewerbsfähig ist. Direkte Beteiligungsmöglichkeiten für die Schweizer Industrie werden bei Beschaffungen im Ausland abgeklärt. Die Bau- und Instandhaltungsaufträge verbleiben fast ausnahmslos in der Schweiz.

Auch die mit der Einquartierung von Truppen verbundenen Aufwände sind für die ortsansässige Bevölkerung sowie für Handel und Gewerbe von Bedeutung. Erhebungen ergaben, dass ein Bataillon im Verlaufe eines Wiederholungskurses für Güter und Dienstleistungen einen Betrag von rund 0,4 Mio. Franken ausgibt. Allein die Konsumation in Restaurants wird pro Mann und Tag auf über 20 Franken geschätzt. Zusammen mit den Aufwänden der Truppe für Verpflegung und Unterkunft fliessen dem Gewerbe am Standort der Truppe rund 40 Franken pro Mann und Tag zu. Da es sich hier häufig um wirtschaftlich benachteiligte Regionen handelt, kommt diesen Ausgaben eine nicht zu unterschätzende Bedeutung zu.

Die Militärausgaben in Prozenten des Bruttoinlandprodukts (BIP) zeigen die relative Belastung der Wirtschaft eines Landes durch die Armee. Noch in den sechziger Jahren galt für die Verteidigungsausgaben ein Anteil von 2,5% am BIP als tragbar. Dieser Prozentsatz war im internationalen Vergleich nie ein Spitzenwert. Gemessen am gesamten Sozialprodukt wurde für die Armee im Jahr 2007 mit 0,9% des BIP noch rund ein Drittel soviel aufgewendet wie vor 30 Jahren.

Damit bewegt sich die Schweiz mit ihren finanziellen Aufwendunmgen für die Gesamtverteidigung im untern Rahmen vergleichbarer europäischer Staaten. **Das Milizsystem zeigt sich in Bezug auf die staatlichen Ausgaben als kostengünstige Lösung.**

Anteil der Verteidigungsausgaben 2007 an den Bundesausgaben	8%
Anteil der Verteidigungsausgaben am Bruttoinlandprodukt	0,9%

Die Militärausgaben in Prozenten des Bruttoinlandprodukts im Vergleich

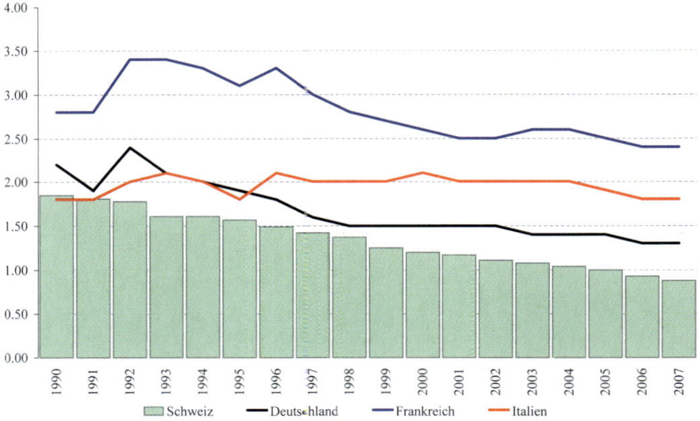

Mobilität: Super Puma

Schutz: geschütztes Mannschaftstransportfahrzeug GMTF

2-3 Der MASTERPLAN Streitkräfte- und Unternehmens-Entwicklung

Der MASTERPLAN Streitkräfte- und Unternehmensentwicklung überträgt die langfristigen Vorgaben aus dem Strategieplanungsprozess Verteidigung in kürzerfristige, integral abgestimmte Massnahmen in den Bereichen Doktrin, Unternehmen, Organisation, Ausbildung, Material/Infrastruktur/Informatik V, Personal (Lohn- und Soldempfänger).

2-3-1 Ein durchgängiger, integraler Planungsprozess

Der Prozess der Streitkräfte- und Unternehmensentwicklung basiert auf einem **fähigkeitsorientierten Ansatz.** Durch den kontinuierlichen Abgleich zwischen zu erreichenden Zielen (SOLL-Fähigkeiten) und dem aktuellen Zustand (IST-Fähigkeiten) können **Fähigkeitslücken** abgeleitet werden, zu deren Deckung Massnahmen festgelegt werden. Bei der Deckung von Fähigkeitslücken und der Festlegung von Massnahmen bilden Ressourcenvorgaben und Leistungsanforderungen massgebliche Rahmenbedingungen. Dabei können Fähigkeitslücken nach Massgabe der vorgenannten Rahmenbedingungen bewusst in Kauf genommen und über ein Risikomanagement gehandhabt werden.

In einem jährlich von der Armeeführung durchgeführten Strategie-Check werden **Veränderungen der Rahmenbedingungen** erfasst und deren Auswirkungen auf die Strategischen Vorgaben für den MASTERPLAN beurteilt.

Der **MASTERPLAN** Streitkräfte- und Unternehmensentwicklung[1] überträgt die langfristigen Vorgaben aus dem Strategieplanungsprozess Verteidigung in kürzerfristige, **integral abgestimmte Massnahmen** in

[1] In der Folge nur noch als MASTERPLAN bezeichnet.

den Bereichen Doktrin, Unternehmen, Organisation, Ausbildung, Material/Infrastruktur/Informatik V, Personal (Lohn- und Soldempfänger)[2]. Damit ist ein durchgängiger, integraler Prozess vorhanden. Der MASTERPLAN deckt einen Zeitraum von acht Jahren ab. Er wird **jährlich überarbeitet** und gewährleistet mit der rollenden Abstimmung zwischen Planungsvorgaben und -ergebnissen kohärente Umsetzungsergebnisse und schafft Transparenz sowie Planungssicherheit. Der MASTERPLAN berücksichtigt alle für die Streitkräfte- und Unternehmensentwicklung relevanten investiven und betrieblichen Budgets. Dadurch werden die Sach- und Finanzplanungen für den gesamten Departementsbereich Verteidigung mittelfristig aufeinander abgestimmt. Damit ist der MASTERPLAN auch ein wichtiges Instrument für die Harmonisierung strategischer Vorgaben (Ziele), dazu erforderlicher Fähigkeiten bzw. dafür verfügbarer Ressourcen sowie der Wahrung des Gleichgewichts zwischen diesen Faktoren.

Der MASTERPLAN-Prozess sowie der MASTERPLAN als Produkt desselben haben in den letzten Jahren zunehmend an Format und Bedeutung gewonnen. Im komplexen und durch stete Veränderungen der Rahmenbedingungen gekennzeichneten Planungsumfeld ist der MASTERPLAN ein unverzichtbares Mittel, um den Überblick zu wahren und nötige Korrekturen in der Streitkräfte- und Unternehmensentwicklung integral abgestützt und im Bewusstsein des damit verbundenen Risikos vornehmen zu können.

2-3-2 Der MASTERPLAN 08: Zeithorizont 2008–2015

2-3-21 Strategische Vorgaben der Armeeführung

Die Strategischen Vorgaben für den MASTERPLAN 08 sind für die Bereiche Fähigkeitsentwicklung, Risiken, Finanzen, Streitkräfteentwicklung und Unternehmensentwicklung formuliert. Wesentliche Aspekte sind:

- Die Armee richtet ihre Fähigkeiten in erster Linie auf die Führung und Durchführung von Existenz- und Raumsicherungsoperationen (ohne Gegenkonzentration) als wahrscheinlichste Einsatzformen in naher Zukunft aus.
- Für Leistungen, welche aus dem Stand bzw. nach kurzer Vorbereitungszeit erbracht werden müssen, soll die Risikobereitschaft bezüg-

[2] Im Folgenden als Massnahmenbereiche DUOAMP bezeichnet.

lich Risiken, die aus der Nichtschliessung von Fähigkeitslücken resultieren, gering sein. Sie kann mittelgross sein für Leistungen, welche nach mehrmonatiger Vorbereitungszeit und für längere Durchhaltedauer erbracht werden müssen, und höher für die Abwehr eines militärischen Angriffs.
- Im Finanzbereich ist die Investitionsquote zwischen 30 und 40% mittel- und langfristig zu stabilisieren. Die durch neue Investitionen verursachten betrieblichen Aufwände sind zu kompensieren, allenfalls auch durch Reduktion von Fähigkeiten.
- Aufgaben, welche nicht zum Kernbereich der Armee gehören, können ausgelagert werden. Massnahmen zur Unternehmensentwicklung sollen günstige Voraussetzungen zur Streitkräfte- und Fähigkeitsentwicklung schaffen.

2-3-22 Massnahmen aus dem MASTERPLAN 08

Insbesondere die finanziellen Rahmenbedingungen haben sich für den MASTERPLAN 08 noch einmal deutlich verschlechtert. Zum einen werden zur Deckung der Kapazitätsengpässe bei der logistischen Leistungserbringung ab 2009 jährlich investive Mittel im Umfang von 160–180 Mio. Fr. in den Betrieb umgelagert.

Zum anderen wurde berücksichtigt, dass die Aufgabenüberprüfung des Bundes ab 2009 zu weiteren Budgetkürzungen führen wird. Diese können im Departementsbereich Verteidigung zumindest im Betrachtungszeitraum des MASTERPLANS 08 wiederum nur über eine weitere Kürzung des Investitionsanteils im Budget aufgefangen werden.

Durch diese Entwicklung werden sowohl der Erhalt als auch die Weiterentwicklung und der Neuaufbau von Fähigkeiten beeinträchtigt. Konsequenz ist, dass die Fähigkeitsentwicklung zeitlich gestreckt oder reduziert werden muss. Beim Budget Rüstungsmaterial (RP) wurde im MASTERPLAN 08 auf geplante Investitionen in der Grössenordnung von 900 Mio. Fr. verzichtet bzw. deren Umfang reduziert.

2-3-23 Auswirkungen des MASTERPLANS 08

Bei der Fähigkeitsentwicklung geht es darum, den Ressourceneinsatz so zu fokussieren, dass die wichtigen Fähigkeiten erhalten, weiterentwickelt oder neu aufgebaut und die weniger wichtigen Fähigkeiten reduziert oder gar abgebaut werden können. Die durch Priorisierung der Fähigkeitsentwicklung entstehenden oder verbleibenden Lücken sind

Risiken, welche durch die Armeeführung über ein Risikomanagement zu handhaben sind.
Dies erfordert Kriterien zur Priorisierung von Fähigkeitsentwicklung und Ressourceneinsatz und eine Methodik zur Erfassung von Risiken und möglichen Massnahmen. Im MASTERPLAN 08 wurden Fähigkeitslücken nach drei Kriterien priorisiert:

- Der Nutzen der Fähigkeit über das ganze Einsatzspektrum der Armee;
- das Risiko, welches bei Nichtschliessung einer Fähigkeitslücke entsteht;
- den Strategiebeitrag, welcher eine geschlossene Fähigkeitslücke erzeugt.

Im MASTERPLAN 08 wurden von 99 Fähigkeitslücken hinsichtlich Risiko und Nutzen 40 als hoch, 27 als mittel und 32 als tief beurteilt. Im Vergleich mit dem Vorjahr hat die diesjährige Neubeurteilung und die verringerte Anzahl an Fähigkeitslücken (minus 8 Fähigkeitslücken) eine geringfügige Korrektur nach unten ergeben. Die Stabilität der Methodik ist daher als gut zu beurteilen. Erstmals wurde mit dem MASTERPLAN 08 auch der Strategiebeitrag, welcher eine geschlossene Fähigkeitslücke erzeugt, beurteilt und berücksichtigt.

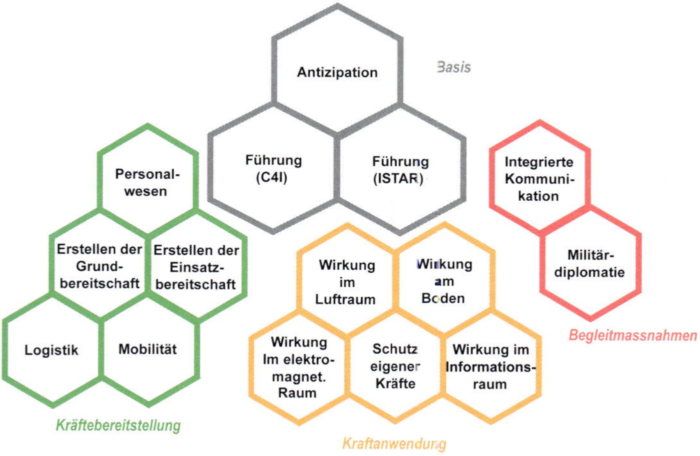

Architektur der Operationellen Fähigkeiten

Fähigkeitsentwicklung
Die Fähigkeitsentwicklung erfolgt in den in der Abbildung dargestellten 15 Operationellen Fähigkeiten, die in die vier Fähigkeitsbereiche Basis, Kräftebereitstellung, Kraftanwendung und Begleitmassnahmen zusammengefasst sind. Jede Operationelle Fähigkeit gliedert sich in weitere Fähigkeitskomponenten.
Der MASTERPLAN 08 erzeugt wesentliche Massnahmen in folgenden Operationellen Fähigkeiten:

– *Führung C4I und Führung ISTAR*[3]
  Der zügige Aufbau des Führungsverbundes wird mit dem MASTERPLAN 08 gebremst. Weitere Tranchen an Führungsinformationssystemen und Kommunikationsmitteln wurden gekürzt und/oder um zwei Jahre verzögert.
  Bei der Führung ISTAR wird der Weg weiterverfolgt, zuerst die bestehenden Sensoren und Quellen in den Nachrichtenverbund zu integrieren und dessen Auswerte- und Analysefähigkeit markant zu verbessern. Das anschliessende Ergänzen der Sensoren und die Erweiterung an die Anforderungen der Armee werden um zwei bis drei Jahre verzögert.

– *Logistik*
  Die seit dem MASTERPLAN 06 verfolgten Ziele gelten weiterhin:
  - Senkung der Logistikkosten durch Aufhebung nicht mehr benötigter Betriebsstandorte sowie durch Prozessoptimierung;
  - Erhöhung der Produktivität und Steigerung der Reaktionsgeschwindigkeit durch weitgehende Automatisierung und Optimierung der gesamten «Supply Chain»-Prozesse;
  - Zusammenführen des Logistik-Managements für Ausbildung und Einsätze (gleiche Prozesse über alle Lagen).

– *Erstellen der Grundbereitschaft, Erstellen der Einsatzbereitschaft*
  Die Nutzung der Möglichkeiten moderner Simulatoren zur Ausbildung bei Heer und Luftwaffe sowie bei einer realitätsnahen Gefechtsausbildung in hierzu speziell instrumentierten Ausbildungszentren wird prio-

---

[3] **C4ISTAR** beschreibt die Gesamtheit der Instrumente und Massnahmen, die als Plattform für die Führung angewendet werden. C4ISTAR teilt sich in die zwei Hauptbereiche C4I und ISTAR:
C4I beschreibt die notwendigen Grundlagen für die Aufbereitung von Informationen im Hinblick auf eine situationsgerechte Entschlussfassung und auf die Führung.
ISTAR deckt alle Bereiche ab, die zur Beschaffung entschlussrelevanter Informationen dienen.

ritär verfolgt. Massnahmen zur Erstellung der Einsatzbereitschaft finden nur noch für die aktuellen friedenserhaltenden Einsätze statt.

- *Mobilität*
  Namhafte Mittel werden zum Erhalt der Fähigkeiten Lufttransport und zur Erneuerung der Fahrzeugflotten eingesetzt. Auf die Beschaffung eines militärischen Transportflugzeuges zur angestrebten strategischen Verlegefähigkeit muss vorläufig verzichtet werden. Heutige Brückensysteme werden nicht ersetzt.

- *Wirkung im Luftraum*
  Mit dem Tiger-Teilersatz (TTE) – vorgesehen für das Rüstungsprogramm 2010 (RP 10) – sollen für die Luftkriegsführung vorhandene Fähigkeiten ausgebaut werden (Durchhaltefähigkeit für Luftpolizeidienst bei allen Wetterlagen). Eine permanente Luftraumüberwachung kann in der normalen Lage wegen mangelnder Ressourcen vorläufig nicht aufgebaut werden.

- *Wirkung am Boden*
  Mit dem geplanten Verpflichtungskredit (VK) im Rüstungsprogramm 2010 für den TTE wird es wahrscheinlich nicht möglich sein, den vollständigen Wiederaufbau der Kompetenz für Aufklärung und Luft–Boden zu bewerkstelligen. Eine zweite Tranche Geschützter Mannschaftstransportfahrzeuge für die Ausrüstung der Infanteriebataillone ist nur noch als Optionsvorhaben vorgesehen.

- *Wirkung im Informationsraum*
  Während im Bereich des Schutzes des eigenen Führungs- und Entscheidfindungsprozesses mit dem personellen Aufbau des Mil CERT[4] in der Führungsunterstützungsbasis der Armee ein Teilschritt vollzogen wird, wird der Fähigkeitsaufbau zur Beeinflussung des Gegners ab 2012 erst in den Stäben vorhanden sein.

- *Schutz eigener Kräfte*
  Verbesserungen werden in folgenden Bereichen angestrebt:
  - Einsatz der Luftfahrzeuge der Armee im zivilen Luftraum im In- und Ausland (elektronische Identifikation, IFF[5]);
  - Einsatz bei nuklearer, biologischer oder chemischer Verseuchung;
  - Schutz des einzelnen Angehörigen der Armee.

[4] Mil CERT = Militärisches Computer Emergency Response Team
[5] IFF = Identification Friend or Foe

2-3-24 Finanzen

Der MASTERPLAN 08 sieht im Zeitraum von 2008 bis 2015 Gesamtinvestitionen von 8,5 Mrd. Fr. vor. Dabei galt es, die aus der Fähigkeitsentwicklung resultierenden Budgetbedürfnisse zu harmonisieren und dabei die finanziellen Umlagerungen zur Verbesserung der logistischen Leistungserbringung und Kürzungen im Rahmen der Aufgabenüberprüfung des Bundes (AÜP) zu berücksichtigen. Dazu war es erforderlich, vor allem über den Massnahmenbereich Material auf Vorhaben zu verzichten, ihren Umfang zu reduzieren oder ihre Realisierung zeitlich zu verschieben.

Trotz dieser Massnahmen zeigt die Verteilung der Investitionen, dass die Realisierung der Investitionsschwergewichte den Prioritäten der strategischen Vorgaben entspricht. Allerdings ist zu beachten, dass neben der Veränderung der Investitionsplanung der mögliche Verpflichtungskredit für das Rüstungsmaterial (RP) gegenüber dem MASTERPLAN 07 um 1,2 Mrd. Fr. reduziert werden musste.

Investitionen

Das Rüstungsprogramm (RP) als grösstes Budget wird, wie bereits dargelegt wurde, erheblich gekürzt. Zur Deckung der Kapazitätslücke bei der Logistik werden aus diesem Budget ab 2009 jährlich 100–120 Mio. Fr. finanzwirksame Voranschlagskredite in den Betrieb umgelagert. Zusätzlich wird eine wahrscheinliche, durch die Aufgabenüberprüfung des Bundes bedingte Kürzung der Investitionen bereits berücksichtigt.

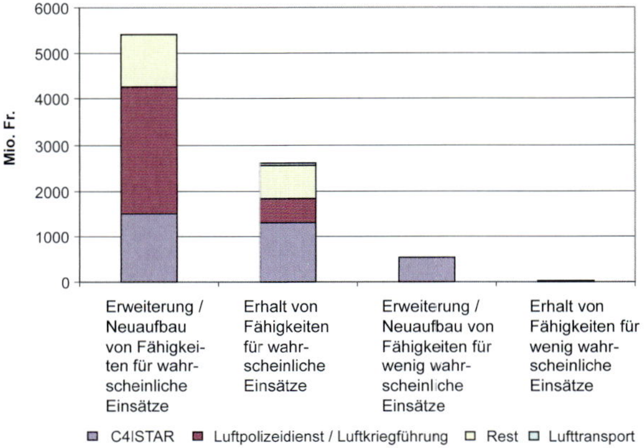

Aufteilung der Gesamtinvestitionen auf die Investitionsschwerpunkte

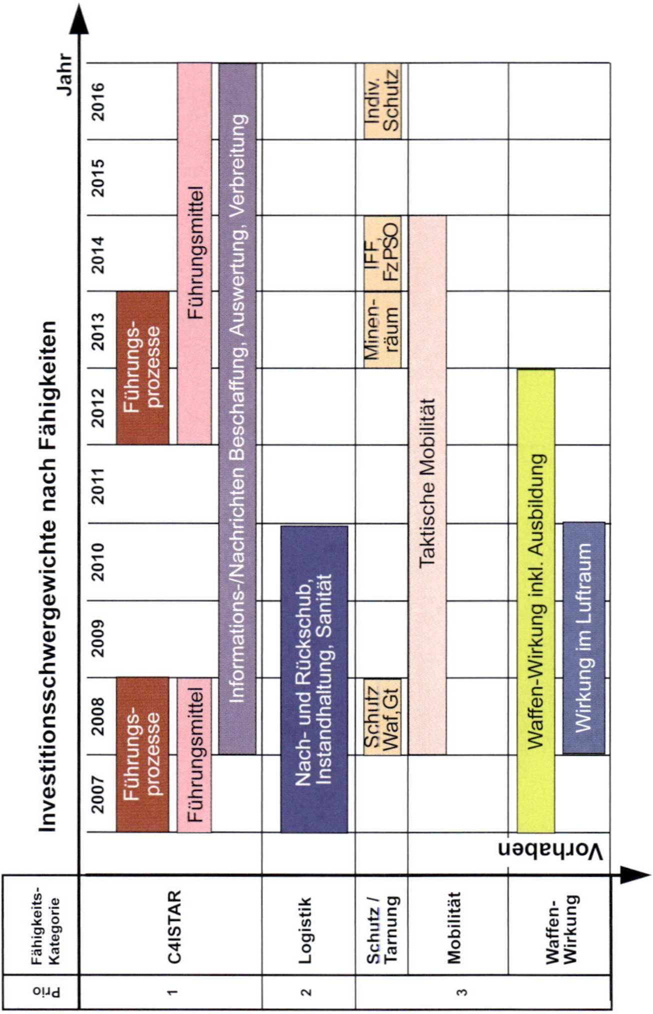

Investitionsschwergewichte nach Fähigkeiten
Jahr
Vorhaben
Prio
Fähigkeits-Kategorie
1
C4ISTAR
2
Logistik
Schutz / Tarnung
3
Mobilität
Waffen-Wirkung
2007
2008
2009
2010
2011
2012
2013
2014
2015
2016
Führungs-prozesse
Führungs-prozesse
Führungsmittel
Führungsmittel
Informations-/Nachrichten Beschaffung, Auswertung, Verbreitung
Nach- und Rückschub, Instandhaltung, Sanität
Schutz Waf,Gt
Minen-räum
IFF, FzPSO
Indiv. Schutz
Taktische Mobilität
Waffen-Wirkung inkl. Ausbildung
Wirkung im Luftraum

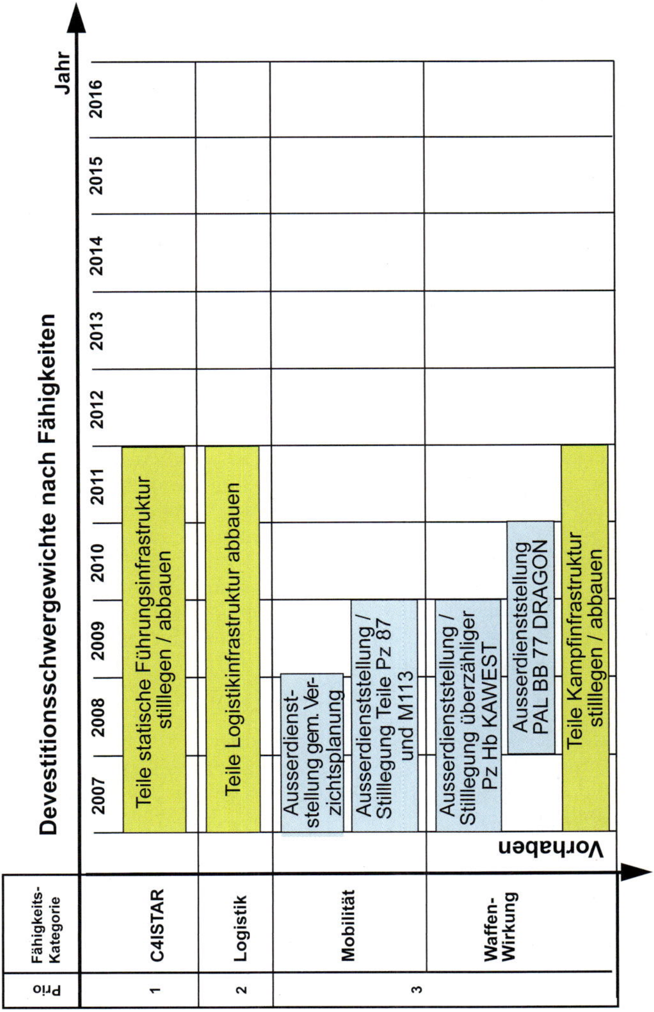
Devestitionsschwergewichte nach Fähigkeiten
Jahr
2007
2008
2009
2010
2011
2012
2013
2014
2015
2016
Prio
Fähigkeits-Kategorie
Vorhaben
1
C4ISTAR
Teile statische Führungsinfrastruktur stilllegen / abbauen
2
Logistik
Teile Logistikinfrastruktur abbauen
3
Mobilität
Ausserdienststellung gem. Verzichtsplanung
Ausserdienststellung / Stilllegung Teile Pz 87 und M113
Waffen-Wirkung
Ausserdienststellung / Stilllegung überzähliger Pz Hb KAWEST
Ausserdienststellung PAL BB 77 DRAGON
Teile Kampfinfrastruktur stilllegen / abbauen

Die **Aufteilung der Gesamtinvestitionen** – Projektierung, Erprobung und Beschaffungsvorbereitung (PEB), Ausrüstungs- und Erneuerungsbedarf (AEB), Rüstungsmaterial (RP) – zeigt, dass der überwiegende Anteil zur **Fähigkeitserweiterung** oder zum **Neuaufbau von Fähigkeiten für wahrscheinliche Einsätze** verwendet wird (gut 60%). Dabei macht das Investitionsschwergewicht Luftpolizeidienst und Luftkriegführung den Hauptanteil aus.
Die Massnahmen im **Immobilienbereich** weisen in den nächsten vier bis fünf Jahren einen massiv ansteigenden Investitionsbedarf aus:
- Zum einen wegen der Anpassungs- und Umnutzungsmassnahmen von Immobilien für die Schliessung von Fähigkeitslücken und für den Fähigkeitserhalt mit Schwergewichten für die Logistikbasis der Armee, für die Luftwaffe und die Führung/Führungsunterstützung.
- Zum anderen, weil der bis zum Vorliegen des Stationierungskonzeptes aufgeschobene und aufgestaute Instandsetzungsbedarf sowie der Zusatzaufwand zur Umsetzung von Sicherheitsvorgaben und Massnahmen zur Erreichung der Rechtskonformität erheblich sind.

Ab dem Jahre 2011 muss infolge fehlender finanzieller Mittel auf über 60% der angemeldeten Immobilienvorhaben verzichtet oder sie müssen teilweise auf die Jahre nach 2015 verschoben werden. Die zeitgerechte Bereitstellung bzw. Anpassung von Immobilien wird nicht mehr sichergestellt. Auch kann dadurch die erforderliche Instandsetzung nicht zeitgerecht erfolgen, was höheren Wertzerfall und erhöhte Sicherheitsrisiken und Risiken betreffend Verfügbarkeit genutzter Immobilien verursachen wird. Dies kann faktisch zu einem Verzicht von ganzen Standorten (z.B. Waffenplätzen) führen und damit das Stationierungskonzept der Armee signifikant beeinträchtigen.

Betriebskosten

Das Ersatzmaterial- und Instandhaltungsbudget (EIB) steigt über die Jahre kontinuierlich an. Bei einer Begrenzung der finanzwirksamen Voranschlagskredite auf jährlich 500 Mio. Fr. besteht ab 2011 eine **Finanzierungslücke** von über 100 Mio. Fr.

Für vorhandene Systeme und Projekte (Grundlast) fällt der grösste EIB-Bedarf an. Über den Zeitraum des MASTERPLANS 08 beträgt er durchschnittlich 90%. 2015 wird der vorgegebene maximale EIB-Betrag von 540 Mio. Fr. Verpflichtungskredit fast vollständig durch die Grundlast verbraucht.

2-3-25 Personal

Lohnempfänger

Auch im MASTERPLAN 08 resultiert aus der Fähigkeitsentwicklung ein Personalbedarf von rund 700 Personaleinheiten (PE) für die Projekt- und Betriebsphase (davon rund 180 PE aus internen Ressourcen des Departementsbereiches Verteidigung). Der ausgewiesene Bedarf fällt über die Zeit verteilt an. 2009 und 2010 ergeben sich Bedarfsspitzen, welche in den Folgejahren abflachen. Wird dieser Bedarf auf die einzelnen Fähigkeiten umgelegt, fällt auf, dass die aus strategischer Sicht prioritären Vorhaben hohe Personalbedürfnisse erzeugen.
Der Personalbestand ist **weder quantitativ noch qualitativ ausreichend für die anvisierte Fähigkeitsentwicklung.** Die angestrebte Schwergewichtsbildung zugunsten von Vorhaben mit hoher strategischer Bedeutung ist bis heute nicht gelungen. Die Reduktion des Personalbedarfs durch Verzicht auf die Entwicklung in diesen Bereichen würde der von der Armeeführung festgelegten Strategie zuwiderlaufen.

Soldempfänger

Der aus dem MASTERPLAN 08 resultierende Sollbestand der Truppenkörper entspricht den Vorgaben. Gesamthaft können aber zu wenig Zugführer, Führungsgehilfen und Spezialisten rekrutiert bzw. ausgebildet werden. Die Zahl der neuen Leutnants deckt die ordentlichen Bedürfnisse nicht. Somit entstehen immer mehr Vakanzen, und der notwendige Nachwuchs, der zu einer Beförderung in eine Kommando- oder Stabsfunktion bereit ist, schwindet. Dies führt zu einer **ungenügenden Alimentierung der** Formationen bei **Schlüsselfunktionen.**
Ebenfalls rückläufig sind die Geburtenzahlen. Sie decken den jährlich notwendigen Nachwuchsbedarf der heutigen Truppenkörper und Formationen der aktiven Armee bei gleichbleibendem Wehrmodell und gleichbleibendem Verhalten der Wehrdienstpflichtigen nicht mehr. Eine Anpassung der heutigen Anzahl an Truppenkörpern und Formationen wird deshalb ab 2013 notwendig sein.

2-3-26 Technologie

Der Wirkbereich militärischer Aktionen ist nicht mehr nur auf den Boden oder die Luft beschränkt. Auch das elektromagnetische Spektrum und der Informationsraum müssen mit einbezogen werden. Daraus ergeben sich **vier Sphären der Einwirkungen – Informationsraum, Elektromagnetisches Spektrum, Luft und Boden.** Jeder Sphäre werden

Technologie-Bereiche zugeteilt, welche notwendig sind, um Führung, Bewegung, Wirkung und Schutz zu gewährleisten.
Als Gesamtergebnis über alle Bereiche wird mit dem MASTERPLAN 08 im Durchschnitt gerade noch ein mittlerer Technologiegrad realisiert. Im Einzelnen resultiert jedoch gegenüber den Vorgaben SOLL 2015 sowie gegenüber den Vergleichsnationen Schweden und Deutschland ein erheblicher Rückstand, so z.B. im Bereich der Führung und Führungsunterstützung. Hier ist der technologische Rückstand trotz erheblicher Anstrengungen nicht wettzumachen und wird sich in Zukunft tendenziell noch vergrössern. Die Werte für SOLL 2015 für den Luftraum gehen von einer Umsetzung des Vorhabens Tiger-Teilersatz TTE aus. Ohne TTE kann der technologische Anschluss an den mittleren europäischen Stand auch hier nicht erreicht werden. Bei Bewegung, Wirkung, Schutz (Boden) werden die relativ höchsten Werte überhaupt erreicht, d.h. es ist immer noch ein erheblicher technologischer Standard vorhanden. Insgesamt ist der **Technologiegrad** der Schweizer Armee aber in allen Bereichen **rückläufig.**

2-3-27 Beurteilung der Strategiekonformität des MASTERPLANS 08

Im Bereich der Fähigkeitsentwicklung werden die Strategischen Vorgaben mit dem MASTERPLAN 08 umgesetzt. Auf die in den Strategischen Vorgaben bezeichneten Investitionsschwergewichte – Führungs- und Nachrichten-/Aufklärungsverbund (C4ISTAR), Luftpolizeidienst, Luftkriegführung sowie Lufttransport – entfallen rund 80% des Rüstungsvolumens. Diese Fokussierung konnte mit dem MASTERPLAN 08 nur über schmerzliche Verzichts- und Reduktionsmassnahmen erreicht werden.

Der Grossteil der Investitionen wird für den Erhalt und die Weiterentwicklung bereits vorhandener Fähigkeiten verwendet.
Neue Fähigkeiten werden vor allem für wahrscheinliche Einsätze aufgebaut. Der Anteil für den Neuaufbau von Fähigkeiten beträgt 17%. Dies ist teilweise mit dem im vergangenen Jahr deutlich reduzierten Budgetanteil für Investitionen begründet (Umlagerungen zum Betrieb). Eine der Konsequenzen daraus ist ein bis 2015 rückläufiger Technologiegrad der Armee und ein sich vergrössernder technologischer Abstand zu den Benchmark-Ländern Schweden und Deutschland.
Hinsichtlich der Ressourcen sind die Strategischen Vorgaben indessen nur teilweise umsetzbar. Die Investitionsquote wird bis 2015 zwischen 30 und

35% betragen. Gleichzeitig steigt das EIB deutlich über die Vorgabe der Armeeführung von jährlich maximal 550 Mio. Fr. finanzwirksame Voranschlagskredite. Auch die Personalvorgabe wird deutlich überschritten. Der MASTERPLAN 08 belegt in aller Deutlichkeit, dass die aus der Fähigkeitsentwicklung resultierenden Betriebsaufwände finanziell und personell nicht umsetzbar sind. Der Betriebsaufwand der aktuellen Armee muss zugunsten der künftigen Fähigkeitsentwicklung optimiert werden. Dabei ist auch die bereits absehbare Reduktion bei Armeebestand und Kadernachwuchs gebührend zu berücksichtigen. Es gilt daher, heutige Rahmenbedingungen so zu verändern, dass **Handlungsspielraum** zurückgewonnen werden kann.

www.armee.ch > Themen > **Streitkräfteentwicklung**

Im Rüstungsprogramm 2009 beantragt: Militärisches Anflugleitsystem MALS …

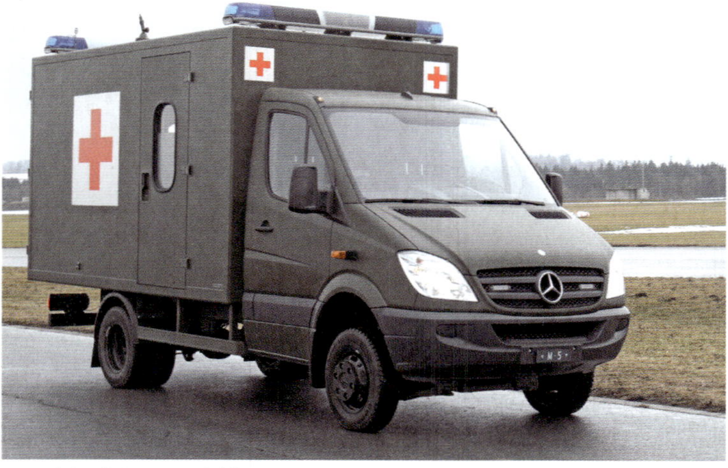

… und Sanitätswagen leicht

2-4 Der Rüstungsablauf

Der Rüstungsablauf ist ein Prozess mit sechs definierten Phasen und klaren Rollen. Er beginnt mit den militärischen Anforderungen und endet mit der sachgerechten Ausserdienststellung.

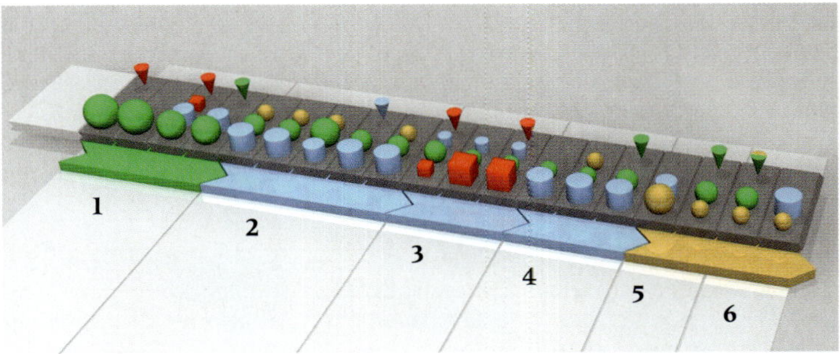

▼ Entscheidungsträger

Integrierte Projektteams
(Grösse entsprechend Projektanteil)

- ● Planungsstab der Armee
- ● Logistikbasis der Armee
- ● armasuisse
- ■ Politische Entscheidungsträger

1 Vorhabensplanung
2 Evaluation
3 Beratung im Parlament
4 Beschaffung und Einführung
5 Nutzung
6 Ausserdienststellung

Illustration: armasuisse

2-4-1 Vorhabensplanung

Der Planungsstab der Armee (PST A) erarbeitet den MASTERPLAN *(vgl. Kapitel 2–3)*.

Auf dieser Grundlage entwickelt der PST A die konzeptionellen Grundlagen, erstellt die Bedürfnisanalyse, plant Investitions- und Betriebskosten und legt die militärischen Anforderungen fest. Die armasuisse bringt erste Kosten-Nutzen-Überlegungen ein.

Um die Rüstungsvorhaben zur Beschaffungsreife zu bringen, bewilligt das Parlament jährlich Verpflichtungs- und finanzierungswirksame Voranschlagskredite (Zahlungskredite) für Projektierung, Erprobung und Beschaffungsvorbereitung (PEB). Verpflichtungskredite ermächtigen das VBS, über mehrere Jahre erstreckende Engagements bis zu einer bestimmten Höhe einzugehen. Sie werden von den Finanzkommissionen des National- und Ständerats bewilligt. Mit den Zahlungskrediten werden die Engagements in Teilbeträgen jährlich abgegolten. Die Sicherheitspolitischen Kommissionen des National- und Ständerats werden über die getroffenen Entscheide periodisch informiert.

Aus der Vorhabensplanung resultieren schliesslich die **Projektaufträge** des PST A an die armasuisse.

Damit sich die industriellen Partner von armasuisse auf die zukünftigen Bedürfnisse der Schweizer Armee frühzeitig einstellen können, organisiert armasuisse jährlich eine Informationsveranstaltung, die Industrieorientierung, zur kurz- und mittelfristigen Planung.

2-4-2 Evaluation

Mit dem Projektauftrag des Planungsstabs der Armee PST A an armasuisse beginnt das zweiteilige Evaluationsverfahren. Armasuisse setzt die vom PST A definierten militärischen Anforderungen in technische Spezifikationen um und bereitet die Abwicklung einer Ausschreibung vor. Armasuisse hat sich dabei strikt an die Auflagen des öffentlichen Beschaffungswesens zu halten. Anbieter von infrage kommenden Systemen haben das Recht, bei armasuisse Informationen zur Offertstellung und zu den Ausschreibungen einzuholen. Von der Vorevaluation bis zur Typenwahl sind die Anbieter in der Regel dem Wettbewerb ausgesetzt. Es gilt grundsätzlich das Generalunternehmerprinzip.

Während der **Vorevaluation** erstellt armasuisse nach sorgfältiger Marktanalyse eine Longlist von Systemen, die für eine Evaluation infrage kommen. Auf Systemebene bilden Eigenentwicklungen die Ausnahme. In den überwiegenden Fällen wird eine Anpassung bzw. Weiterentwicklung bestehender Systeme verfolgt. Nach ersten technischen und kommerziellen Abklärungen werden die möglichen Anbieter auf eine Shortlist reduziert. Diese umfasst in der Regel drei Anbieter.

Die eigentliche **Evaluation** basiert auf den Systemen der Shortlist. Während des Evaluationsverfahrens werden diese technisch, einsatzbezogen und logistisch vertieft getestet sowie kommerziell analysiert. Basierend auf diesen Ergebnissen werden die **Truppentauglichkeit** erklärt und die Beschaffungsreife vorangetrieben.

Der Rüstungschef (RC) entscheidet in Absprache mit dem Chef der Armee (CdA) anschliessend über die **Typenwahl.** Ausschlaggebend sind militärische, technische und wirtschaftliche Aspekte über den gesamten Lebensweg. Nach erfolgreichem Abschluss der technischen Erprobung, nach Erreichung der **militärischen Truppentauglichkeit** und nach Vorliegen gesicherter kommerzieller Grundlagen kann die **Beschaffungsreife** für ein System erklärt werden.

Das Evaluationsverfahren mündet schliesslich in Optionsverträge mit den industriellen Partnern, die nach Bewilligung durch das Parlament in Kraft gesetzt werden. Bei Vergabe eines Rüstungsauftrags ins Ausland sorgt armasuisse nach Möglichkeit für eine geeignete Beteiligung der Schweizer Industrie. Bei einfachem, marktgängigem Material wird der beschriebene Ablauf gekürzt, ohne dass unverantwortbare Risiken eingegangen werden.
Die Sicherheitspolitischen Kommissionen und die Finanzkommissionen sind ins Evaluationsverfahren einbezogen.

2-4-3 Beratung Parlament

Für die Erstellung der **Botschaft des Bundesrats** über die Beschaffung von Armeematerial, das **Rüstungsprogramm (RP),** ist der Departementsbereich Verteidigung verantwortlich. Die zur Erstellung der Botschaft nötigen Grundlagen werden durch den Planungsstab der Armee PST A und armasuisse erarbeitet.

Das jährliche Rüstungsprogramm wird durch den Bundesrat verabschiedet und anschliessend dem Parlament zur Genehmigung (Parlamentsdebatten) unterbreitet. Die Vorberatungen führen die Sicherheitspolitischen Kommissionen von National- und Ständerat durch. Sie stellen Anträge zuhanden der jeweiligen Kammer. In den Kommissionen können die Parlamentarier auch externe Experten anhören.

Das Rüstungsprogramm ist öffentlich. Für die Sicherheitspolitischen Kommissionen sowie für Medienschaffende werden die für eine Beschaffung vorgesehenen Systeme an einer Veranstaltung, der Materialausstellung, präsentiert.

Während der parlamentarischen Beratung führt armasuisse die Beschaffungsvorbereitungen weiter und bereitet die Einführung der Systeme bei den Nutzern vor.

Erst wenn das Rüstungsprogramm von beiden Räten verabschiedet wurde **(Genehmigung Rüstungsprogramm),** sind die Beschaffungen bewilligt. Der Bundesrat gibt im Rahmen der bewilligten Kredite die Projekte zur Beschaffung frei.

2-4-4 Beschaffung, Einführung, Nutzung, Ausserdienststellung

Während der **Beschaffung** und der **Einführungsphase** liegt die Projektverantwortung bei armasuisse. Mit dem Erreichen des Projektziels **«Fit for Mission»** (Bereit zum Einsatz) wechselt die Projektverantwortung zur Logistikbasis der Armee (LBA) für die **Nutzung.**

Die LBA ist für das Lebenswegmanagement verantwortlich. Die im Truppeneinsatz genutzten Systeme werden von der Truppe, der LBA oder durch die Industrie gewartet und instand gehalten. Die Lieferanten werden zur langfristigen Ersatzteillieferung und Instandhaltung verpflichtet. Kosten-Nutzen sowie die Möglichkeiten für eine Weiterentwicklung/Modernisierung werden stetig geprüft und beurteilt. Gleichzeitig wird der Einsatz der Systeme den sich ständig ändernden Bedingungen angepasst. Daraus ergibt sich die Grundlage für **Entscheide über die Weiterverwendung** der Systeme. Neben der normalen Nutzung stehen Kampfwerterhaltungs-, Kampfwertsteigerungs- oder Ausserdienststellungsentscheide zur Diskussion. Für Werterhaltungs- und Wertsteigerungsprogramme werden armasuisse und die industriellen Partner einbezogen.

Hat der Chef der Armee (CdA) den **Entscheid zur Ausserdienststellung** eines Systems gefällt, so beauftragt die LBA armasuisse mit den entsprechenden Arbeiten.

Die obsoleten Systeme werden durch armasuisse entweder verkauft, verwertet oder umweltgerecht entsorgt. Schon in der Evaluation werden die Fragen der Entsorgung und der möglichen Rücknahme der Systeme durch deren Lieferanten erörtert.

www.armasuisse.ch

Im Rüstungsprogramm 2009 beantragt:
Laserschuss-Simulator Richtladung LASSIM ...

... und Werterhalt der Fahrausbildungs- und Trainingsanlage
FATRAN für Motorfahrer

Block 3 Gliederung

INTAFF (Artillerie)

Genietruppen

3-1 Gliederung der Schweizer Armee

Die Struktur der Schweizer Armee entspricht einer *Grundgliederung*. Sobald ein spezifischer Auftrag vorliegt, werden die nötigen Mittel zur Auftragserfüllung in geeigneter Weise disponiert: Aus der Grundgliederung entsteht eine *Einsatzgliederung*.

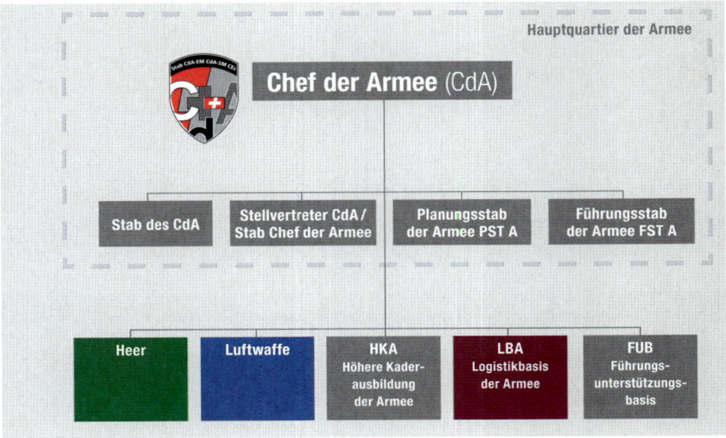

(Stand 1.1.2009)

3-1-1 Armeeführung

Der ***Chef der Armee*** ist für die militärstrategische Führung und die Weiterentwicklung der Schweizer Armee verantwortlich und dem Chef VBS direkt unterstellt. Er hat den Grad eines Korpskommandanten und ist nicht mit dem erst in Kriegszeiten vom Parlament zu wählenden Oberbefehlshaber (General) zu verwechseln.

Dem Chef der Armee unterstehen Heer und Luftwaffe, die Höhere Kaderausbildung der Armee, die Logistikbasis der Armee sowie die Führungsunterstützungsbasis.
Er verfügt im ***Hauptquartier*** über die folgenden Stäbe: Stab Chef der Armee, Planungsstab der Armee und Führungsstab der Armee.
Das Hauptquartier wird im Laufe des Jahres 2009 umgestaltet. Bei Redaktionsschluss war die neue Struktur noch nicht rechtskräftig. Wir verweisen für die Aktualität auf www.armee.ch.

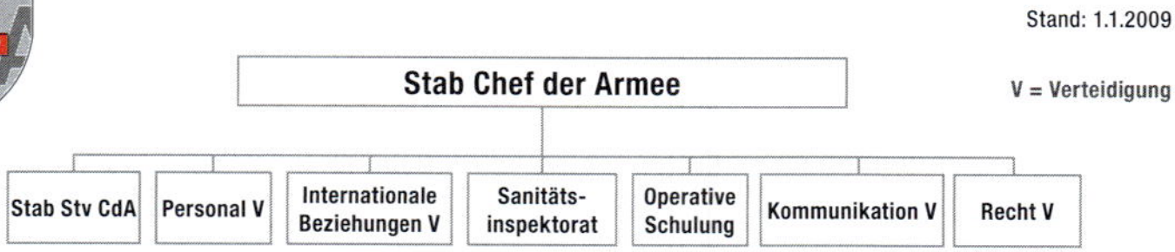

3-1-2 Stab Chef der Armee

Per 1.1.2009 umfasst der ***Stab Chef der Armee*** folgende ***Bereiche:***

3-1-21 Persönliche Stabsgruppe des Chefs der Armee

Sie ist zuständig für die Managementunterstützung und die Stabsdienste für den Chef der Armee.

3-1-22 Stab Stellvertreter Chef der Armee

Er ist zuständig für die Managementunterstützung und die Stabsdienste für den Chef der Armee und den Stellvertreter Chef der Armee.

3-1-23 Bereich Personal Verteidigung

Er ist zuständig für das Human Resources Management (HRM), für die fachtechnische Führung der Personalchefs, für die Personal- und Organisationsentwicklung, das Management Development sowie die Einsatz- und Laufbahnsteuerung für das militärische Personal.

3-1-24 Internationale Beziehungen Verteidigung (IB V)

Sie sind zuständig für die Wahrnehmung der internationalen Beziehungen des Verteidigungsbereiches; Auswahl, Ausbildung und Einsatz der Verteidigungsattachés; Einsatz des Militärprotokolls.

3-1-25 Sanitätsinspektorat

Der Oberfeldarzt ist für die medizinischen Gesamtbelange der Gruppe Verteidigung verantwortlich. Er ist Beauftragter des Bundesrates für den Koordinierten Sanitätsdienst (KSD). Der KSD gewährleistet jederzeit die bestmögliche sanitätsdienstliche Versorgung aller Patienten. Das Sanitätsinspektorat ist für die fachtechnischen Vorgaben für die sanitätsdienstliche Versorgung der Armee sowie für den Rotkreuzdienst verantwortlich. Das Sanitätsinspektorat ist ebenso verantwortlich für die Entwicklung der Sanitätsdoktrin/-teilstrategie und definiert die Ausbildungskonzeption.

3-1-26 Operative Schulung

Sie ist zuständig für die Schulung auf militärstrategischer und operativer Stufe sowie für die Weiterausbildung der Höheren Stabsoffiziere und liefert Beiträge zur Doktrinentwicklung.

3-1-27 Kommunikation Verteidigung (Komm V)

Sie ist verantwortlich für die interne und externe Kommunikation des Departementsbereichs Verteidigung.

3-1-28 Recht Verteidigung (Recht V)

Dieser Bereich ist zuständig für die Rechtsberatung, Rechtsanwendung und Rechtssetzung (Weisungen und Verordnungen) im Departementsbereich Verteidigung.

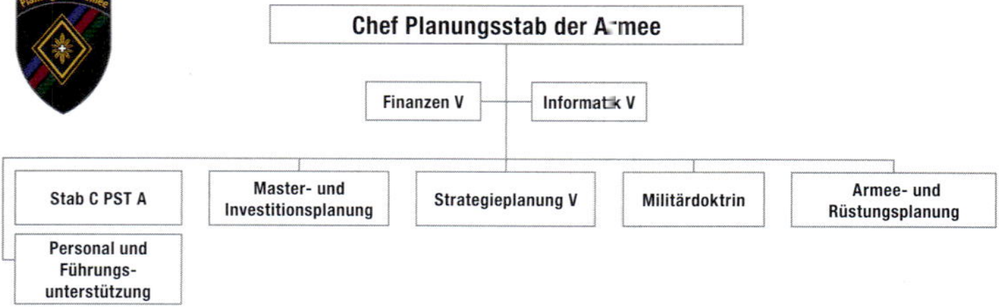

3-1-3 Der Planungsstab der Armee

Der Planungsstab der Armee ***(PST A)*** ist verantwortlich für die Sicherstellung der Weiterentwicklung des Departementsbereichs Verteidigung und der Streitkräfte im Hinblick auf künftige Anforderungen im Rahmen der militärischen Gesamtplanung; trägt die Durchführungsverantwortung für die strategische Weiterentwicklung der Armee sowie für die Steuerung der Umsetzungsplanung in der Rolle des Auftraggebers; leitet die Erarbeitung des konsolidierten Verteidigungshaushalts und steuert diesen.
Der Planungsstab setzt sich zusammen aus:

3-1-31 Finanzen V

Gesamtverantwortung für den Geschäftsprozess Finanzen V; Vorgehensverantwortung für den Verteidigungshaushalt; Umsetzungsverantwortung für Finanzcontrolling, Finanzplanung, Finanzsysteme, -verfahren, -prozesse (Financial Engineering).

3-1-32 Informatik V

Verantwortlich für die einheitliche, strategische Führung der Informatik im Departementsbereich V. Erstes Ziel ist die Zusammenführung der bisherigen Verwaltungsinformatik mit der Armeeinformatik zur einheitlichen Informatik des Departementsbereichs V.

3-1-33 Die Master- und Investitionsplanung (MIP)

Die MIP koordiniert und steuert die Arbeitsprozesse innerhalb des Planungsstabes der Armee und gewährleistet dadurch eine optimale Zielerreichung. Innerhalb des PST A nimmt sie die Funktion einer Drehscheibe für die Steuerungsprozesse wahr.

3-1-34 Strategieplanung V

Sie ist für den Hauptprozess der Strategieentwicklung im Bereich Verteidigung zuständig. Die vorgegebenen strategischen Stossrichtungen sind: Implementierung und Optimierung der strategischen Führungselemente des Bereichs Verteidigung (Strategie, Balanced Scorecard, Strategy Check, Frühwarnsystem), Einheitlichkeit und Gleichmässigkeit.

3-1-35 Die Militärdoktrin

Sie entwickelt die teilstreitkräfteübergreifende Doktrin und erlässt die darauf basierenden Führungsreglemente (operative und taktische Führung, Führungs- und Stabsorganisation, Begriffsdefinitionen) für die Stufe Armee.

3-1-36 Armee- und Rüstungsplanung

Sie ist für die Erstellung von Studien und Einsatzverfahren sowie für die Rüstungsplanung zuständig.
Mit Konzeptions- und Kurzstudien werden Themenbereiche aufgearbeitet, damit konzeptionell abgestimmte Umsetzungsmassnahmen (z.B. Rüstungsprojekte) oder Einsatzverfahren (z.B. Einsatzkonzepte für Systeme oder Verbände) durch die Entscheidinstanzen festgelegt werden können. Die aus den Studien resultierenden Ausbau- und Erneuerungsbedürfnisse der Armee werden auf ihre militärische Relevanz überprüft und, sofern gerechtfertigt, als eigenständige Rüstungsvorhaben aufbereitet. Für diese Rüstungsvorhaben erfolgt die Auftragserteilung zur Evaluation und nach Abschluss der Evaluationsarbeiten die Beauftragung zur Beschaffung.

3-1-37 Immobilienplanung

Die IMP steuert das Immobilienmanagement des Verteidigungsbereichs, abgestimmt auf die Streitkräfte- und Unternehmensplanung.

www.armee.ch/psta

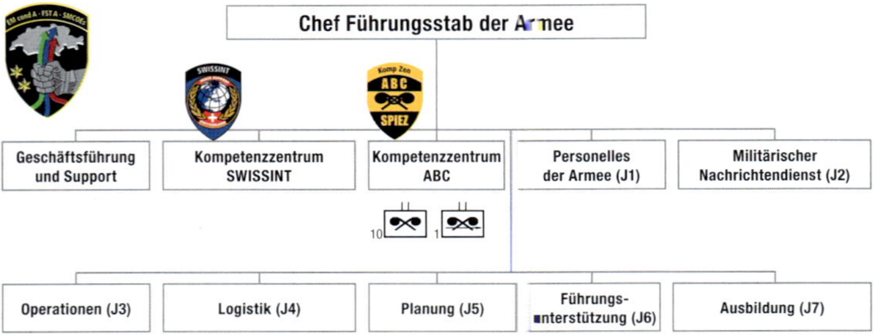

3-1-4 Der Führungsstab der Armee

Das Kerngeschäft des Führungsstabes der Armee (FST A) umfasst die **Planung und Führung aller Operationen und Einsätze der Schweizer Armee im In- und Ausland**, welche teilstreitkräfteübergreifend (JOINT) sind und nicht an die Teilstreitkräfte Heer und Luftwaffe oder an die Kompetenzzentren delegiert wurden. Neben der laufenden Lagebeurteilung und der permanenten Lagekontrolle ist der FST A auch zuständig für die Betreuung und Unterstützung der Milizangehörigen der Armee, die Rekrutierung für die Armee und für die Auslandeinsätze sowie für die Sicherstellung der ABC-Abwehr der Armee und die Vorgaben für die integrale Ausbildungsführung.

Im Auftrag des Chefs der Armee (CdA) erlässt der Führungsstab der Armee die **Vorgaben für die Grundbereitschaft der Armee,** die jährlich wiederkehrenden konkreten Bereitschaftsvorgaben sowie den Dienstleistungsplan und die Mehrjahresplanung der Armee. Er **definiert** damit, welche **Leistungen** von der Armee kurz- und mittelfristig erbracht werden müssen. In Form von Befehlen und Weisungen legt der Führungsstab der Armee fest, was in den Bereichen Ausbildung, Logistik, Führung und Personelles erreicht werden muss, welche Bereitschaft zu erreichen ist, und schliesslich misst er die Zielerreichung mittels eines Bereitschaftscontrollings. Zur ständigen Verbesserung der Produkte und Prozesse der Armee und des Departementsbereichs Verteidigung führt der FST A zudem den «Lessons Learned Prozess Verteidigung».

Der Führungsstab der Armee (FST A) umfasst:

3-1-41 Geschäftsführung und Support

Sie ist im FST A verantwortlich für die Managementunterstützung, das Personelle, die Stabsdienste, die Finanzen und den Führungsdienst.

3-1-42 Kompetenzzentrum SWISSINT

Es leitet die Vorbereitung und Durchführung friedensfördernder Einsätze, an denen Ressourcen der Schweizer Armee beteiligt sind.

3-1-43 Kompetenzzentrum ABC

Es leitet die ABC-Abwehr der Schweizer Armee; erarbeitet die Vorgaben für die Grund- und Einsatzbereitschaft aller ABC-Mittel; legt die Vorgaben für die ABC-Ausbildung aller Truppengattungen und der Teilstreitkräfte fest.

3-1-44 Personelles der Armee (J1)

Diese Verwaltungseinheit ist zuständig für die ganzheitliche Bewirtschaftung der personellen Ressourcen der Schweizer Armee und für die personelle Einsatzbereitschaft der Armee; koordiniert die Massnahmen zur Förderung des Kadernachwuchses.

3-1-45 Militärischer Nachrichtendienst (J2)

Er stellt die nachrichtendienstliche Unterstützung der Armeeführung, der Truppe und der jeweils relevanten zivilen Stellen sicher; ist zuständig für die nachrichtendienstliche Auswertung von Armee-Einsätzen im In- und Ausland; stellt die Verfügbarkeit von nachrichtendienstlichen Grundlagen über ausländische Streitkräfte sicher. Zum J2 gehört auch die Militärgeografie/Kartografie.

3-1-46 Operationen (J3)

Dieser Verwaltungsbereich führt auf der operativen Stufe teilstreitkräfteübergreifend alle nicht an die Teilstreitkräfte und Kompetenzzentren delegierten Armee-Einsätze im In- und Ausland; stellt die Abwehrmassnahmen in der Informationsdimension sicher (Informationsoperationen) sowie den zeit- und fachgerechten Einsatz der Aufklärungs- und Grenadierformationen der Armee (Sonderoperationen); ist die Fachstelle für Katastrophenhilfe und humanitäre Hilfe im Ausland.

3-1-47 Logistik (J4)

Sie koordiniert die logistische Unterstützung von teilstreitkräfteübergreifenden Aktionen; koordiniert zusammen mit der Logistikbasis der Armee (LBA) die logistische Bedarfserhebung auf operativer Stufe; plant und koordiniert Logistikaktionen im In- und Ausland; stellt die logistische Führungspermanenz sicher.

3-1-48 Planung (J5)

Sie stellt im operativen Bereich teilstreitkräfteübergreifend die Vorbereitungen für die Operationen der Schweizer Armee sicher; ist zuständig für die Bereiche Bereitschaftssteuerung sowie operative Planung und Befehlsgebung; erstellt die Mehrjahresplanung und Dienstleistungspläne und führt die Belegungsplanung für die Ausbildungsinfrastruktur.

3-1-49 Führungsunterstützung (J6)

Sie schafft in ihrem Zuständigkeitsbereich auf operativer Stufe teilstreitkräfteübergreifend die Voraussetzungen für Operationen der Schweizer Armee; ist zuständig für die Einsatzplanung und Einsatzführung der Führungsunterstützungsmittel zu Gunsten der Armee-Einsätze im In- und Ausland über alle Lagen; erarbeitet Vorgaben und Zielsetzungen für die Verbandsausbildung der Hauptquartier-Formationen sowie der Übermittlungstruppen/Führungsunterstützungstruppen.

3-1-50 Ausbildung (J7)

Sie ist zuständig für die Schulung und das Training des FST A; leistet Beiträge zur Weiterentwicklung der Schweizer Armee (Lessons learned); erarbeitet die teilstreitkräfteübergreifenden Ausbildungsvorgaben; ist zuständig für die Konzeption der Führungsausbildung der unteren Milizkader.

www.armee.ch/fsta

Dekontamination durch Spezialisten des Kompetenzzentrums ABC

Kurs für Militärbeobachter beim Kompetenzzentrum SWISSINT

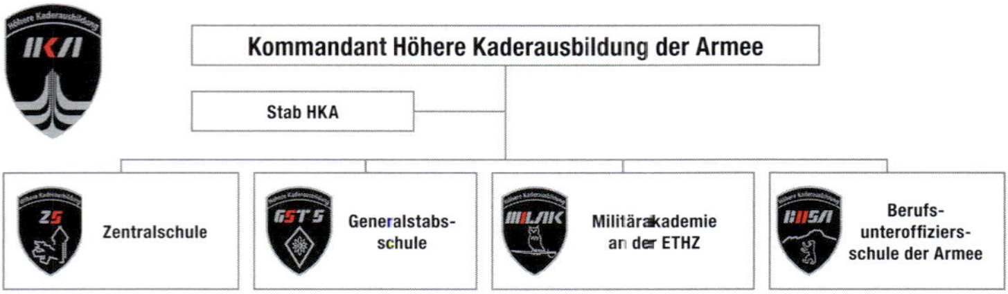

3-1-5 Höhere Kaderausbildung der Armee

Die ***Höhere Kaderausbildung der Armee (HKA)*** vermittelt den höheren Milizkadern der Armee und den Berufsmilitärs die Grundlagen zur erfolgreichen Aufgabenbewältigung; begleitet die höheren Milizkader und die Berufsmilitärs während deren Laufbahn; stellt mit aufeinander abgestimmten Lehrgängen die Weiterentwicklung der Kader der Armee sicher. Sie bearbeitet zudem Stellungnahmen zu Themen der Allgemeinen Sicherheitspolitik und leistet konzeptionelle Grundlagenarbeit für die Weiterentwicklung der Doktrin.

Die HKA umfasst folgende Schulen:

3-1-51 Zentralschule (ZS)

Sie vermittelt die allgemein gültigen Grundlagen für angehende Zugführer (Zentraler Offizierslehrgang), Kompaniekommandanten (Führungslehrgang I), Bataillonskommandanten (Führungslehrgang II) und Offiziere des Stabes der unteren taktischen Stufe (Stabslehrgang I und Technische Lehrgänge für Adjutanten, Nachrichtenoffiziere, Bereitschaftsoffiziere, Offiziere des Territorialdiensts und Logistikoffiziere).
Siehe 5-1-41

3-1-52 Generalstabsschule (Gst S):

Sie plant die Generalstabslehrgänge I–V, den Stabslehrgang II und den GLG Refresher und führt diese Lehrgänge durch. Sie bearbeitet zudem Stellungnahmen zu Themen der Allgemeinen Sicherheitspolitik sowie zu

relevanten Entwicklungen und Vorschriften im operativ-taktischen Bereich. Sie leistet systematisch konzeptionelle Grundlagenarbeit für die Doktrin-Weiterentwicklung.
Siehe 5-1-42

3-1-53 Militärakademie an der ETH Zürich (MILAK/ETH Zürich)

Sie führt die Bachelor-Studiengänge, die Diplomlehrgänge und die Militärschulen für angehende Berufsoffiziere, die Weiterausbildungskurse und Zusatzausbildungslehrgänge für Berufsoffiziere durch; ist Kompetenzzentrum für die Militärwissenschaften; betreibt die entsprechende Forschung.
Siehe 3-4-4

3-1-54 Berufsunteroffiziersschule der Armee (BUSA)

Sie ist die Ausbildungsstätte für Berufsunteroffiziere aller Truppengattungen der Schweizer Armee. Im 2-jährigen Grundausbildungslehrgang (GAL) erhalten Hauptfeldweibel, Feldweibel und Fouriere sowie Unteroffiziere (Oberwachtmeister, Wachtmeister, Korporal) das nötige Rüstzeug, um in Rekruten- und Kaderschulen erfolgreich zu führen und auszubilden. In den Zusatzausbildungslehrgängen (ZAL) werden erfahrene Berufsunteroffiziere auf neue Funktionen vorbereitet. Mehr als 1000 Berufsunteroffiziere, Berufsoffiziere und Fachlehrer besuchen jährlich die Weiterausbildungskurse (WAK) an der BUSA.
Siehe 3-4-5

www.hka.ch

Heer

Stand: 1.1.2009

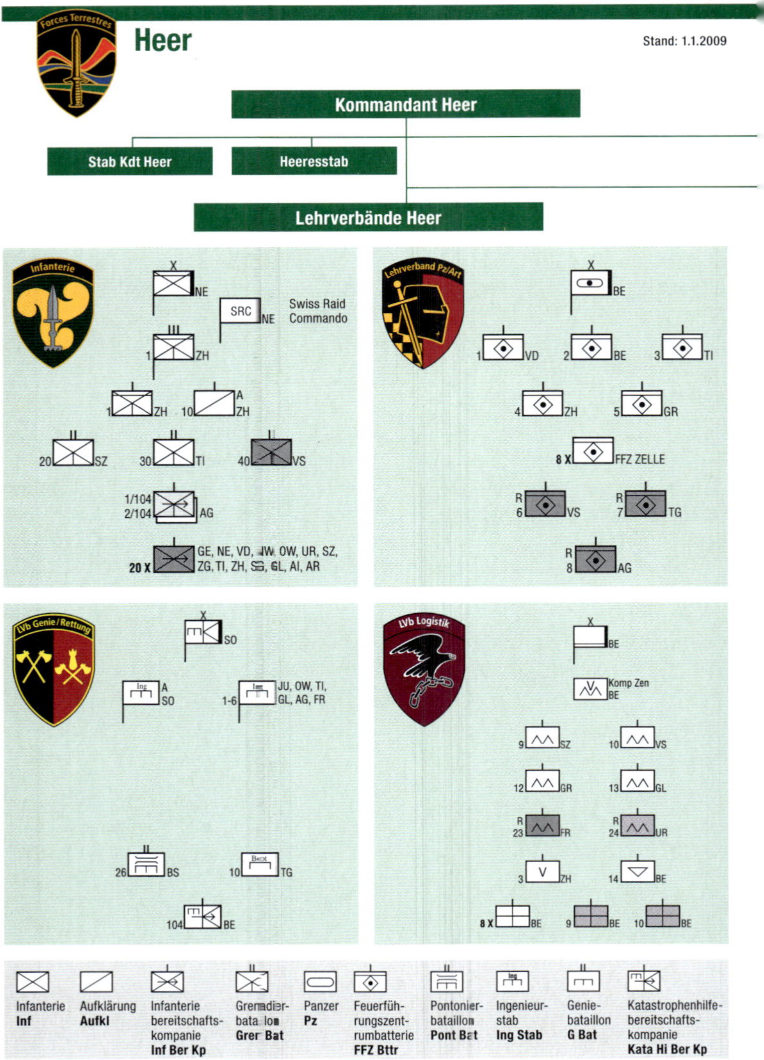

Stand: 1.1.2009

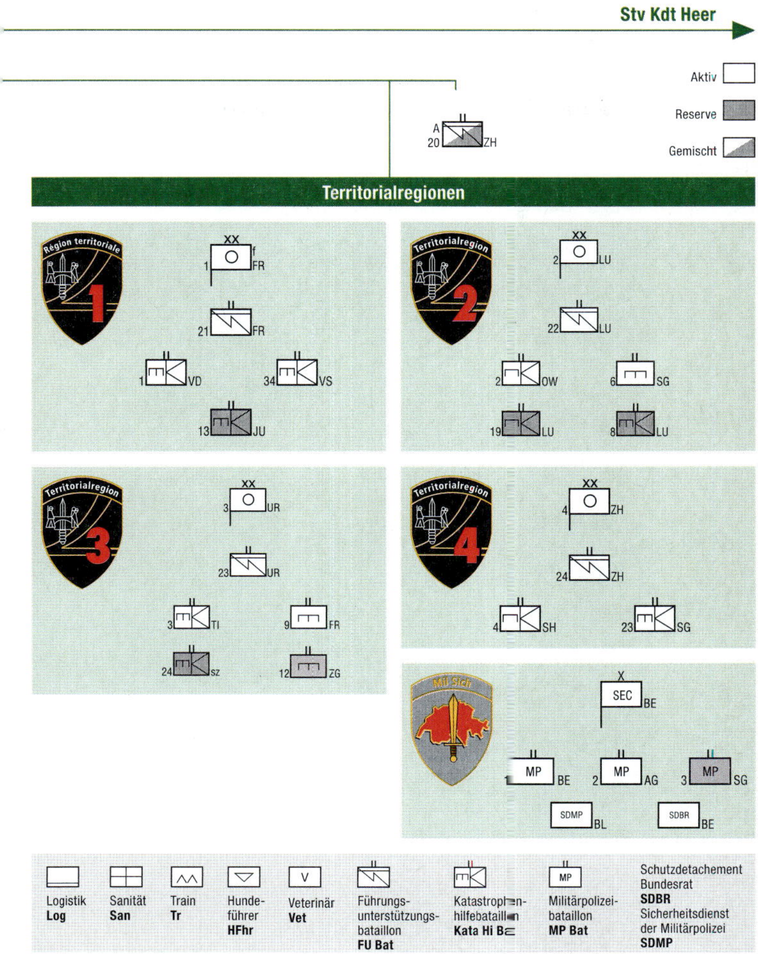

Heer

Stand: 1.1.2009

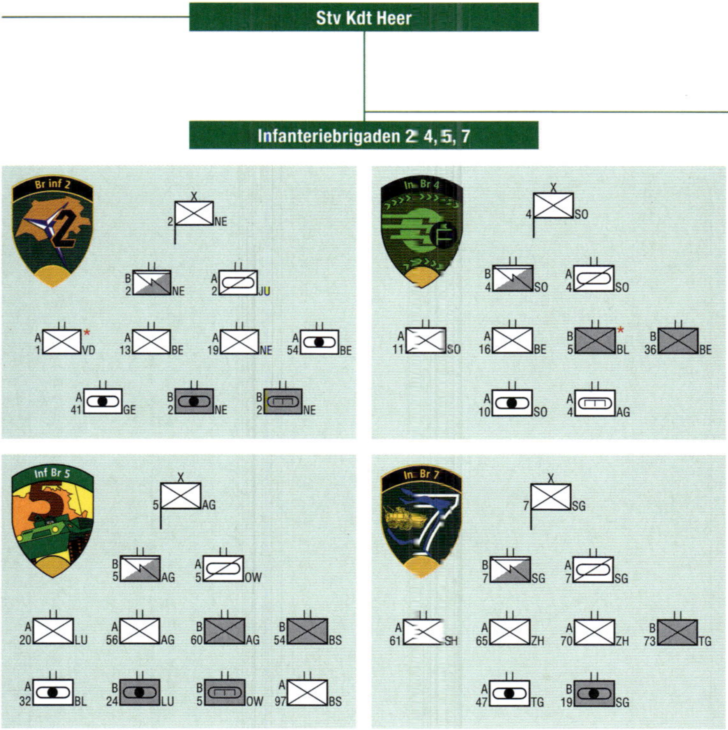

Führungsunterstützungsbataillon **FU Bat**

Infanteriebataillon **Inf Bat**

Aufklärungsbataillon **Aufkl Bat**

Artillerieabteilung **Art Abt**

Panzersappeurbataillon **Pz Sap Bat**

* Schützenbataillon **S Bat**

Stand: 1.1.2009

Aktiv
Reserve
Gemischt

Gebirgsinfanteriebrigaden 9, 10, 12

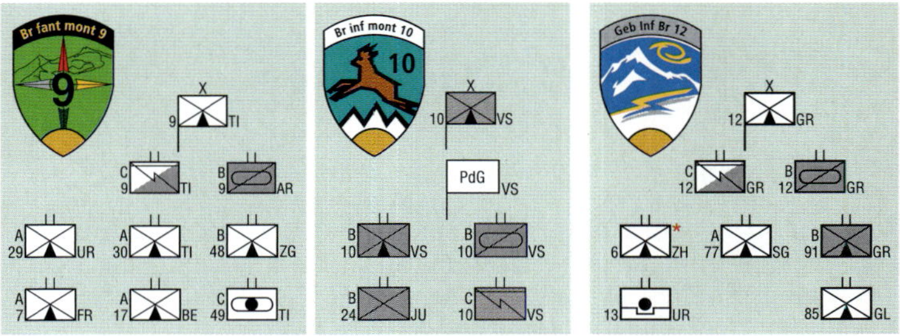

Panzerbrigaden 1 und 11

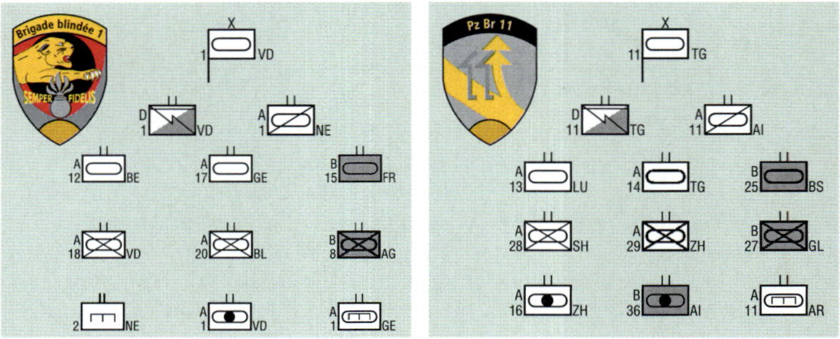

Panzerbataillon **Pz Bat**

Panzergrenadierbataillon **Pz Gren Bat**

Gebirgsinfanteriebataillon **Geb Inf Bat**

Festungsartillerieabteilung **Fest Art Abt**

* Gebirgsschützenbataillon **Geb S Bat**

3-1-61 Der Kommandant Heer

trägt die Gesamtverantwortung für das Heer. Es geht darum, die Grundbereitschaft der Stäbe und Module sicherzustellen, die vorgegebene Bereitschaft zu gewährleisten, die Führungsfähigkeit sicherzustellen, die delegierten Einsätze zu planen und zu führen sowie den Milzkadernachwuchs sicherzustellen.

Dem ***Kommandanten Heer*** unterstehen
- der Heeresstab
- die vier Lehrverbände Infanterie, Panzer/Artillerie, Genie/Rettung und Logistik
- die Militärische Sicherheit
- die vier Territorialregionen
- sowie sein Stellvertreter.

Dem ***Stellvertreter Kommandant Heer*** unterstehen
- die Brigaden des Heeres
- das Ausbildungszentrum Heer mit den Gefechtsausbildungszentren
- das Kompetenzzentrum Gebirgsdienst der Armee (mit unterstellter Gebirgsspezialistenabteilung)
- das Kompetenzzentrum Militärmusik
- und das Kompetenzzentrum Sport und Prävention.

3-1-62 Der Heeresstab

unterstützt den Kommandanten Heer bei der Entscheidfindung; plant und koordiniert bereichsübergreifende Heeresgeschäfte; ist zuständig für die Weiterentwicklung des Heeres; nimmt die Informations- und Kommunikationsführung im Heer wahr; steuert die internationalen Beziehungen der Teilstreitkraft Heer; stellt gemäss Vorgaben des Kommandanten Heer die operationelle Führung und die Einsatzbereitschaft der Stäbe und Verbände des Heeres sicher; führt die befohlenen Einsätze des Heeres; ist bereichsübergreifend federführend für die Unternehmensentwicklung, für das Personal-, Rechts- und Finanzwesen sowie für die betriebliche Unterstützung. Der Heeresstab ist nach den Führungsgrundgebieten gegliedert und verfügt über verschiedene spezialisierte Zellen.

3-1-63 Die vier Lehrverbände

sind für die Grundausbildung vom Rekruten bis zur verstärkten Einheit zuständig. Ebenso werden die Einsatzverfahren bis Stufe Truppenkörper erarbeitet und wesentliche Beiträge zur Ausbildung und Umschulung der Truppenkörper geleistet.

Lehrverbände des Heeres

3-1-631 Lehrverband Infanterie:
führt die AGA, die FGA sowie die VBA der Infanterie durch. Ihm unterstellt sind die Durchdiener der Infanterie. Das Kommando Grenadiere bildet die Grenadiere aus.

3-1-632 Lehrverband Panzer und Artillerie:
führt die AGA, die FGA und die VBA der Panzertruppen mitsamt Aufklärung sowie der Artillerie durch.

3-1-633 Lehrverband Genie/Rettung:
führt die AGA/FGA und VBA 1 für die Genie- und Rettungstruppen sowie die VBA 2 für die Angehörigen des Pontonierbataillons, der Motorbootkompanie sowie der Ingenieurstäbe durch. Er verfügt über den aus Durchdienern, Zeitsoldaten und Berufsmilitärs zusammengesetzten Katastrophenhilfebereitschaftsverband,.

3-1-634 Lehrverband Logistik:
führt die AGA, die FGA sowie die VBA der Bereiche Sanitätstruppen, Nachschub/Rückschub, Verkehr und Transport, Instandhaltung sowie Veterinärdienst der Armee und Kompetenzzentrum Veterinärdienst und Armeetiere für die gesamte Schweizer Armee durch.

3-1-64 Die Militärische Sicherheit

ist eine teilprofessionelle militärische Organisation, welche einerseits die Kriminal-, Sicherheits- und Schutzaufgaben zu Gunsten der Schweizer Armee und andererseits subsidiäre Sicherungseinsätze (z.B. Botschaftsschutz) zur Unterstützung der zivilen Behörden erfüllt. Die Elemente der Militärischen Sicherheit können nach kurzer Vorbereitung selbstständig zu Gunsten der Armee oder auf Anfrage der zivilen Behörden (auch im Ausland) subsidiär eingesetzt werden. Die Militärische Sicherheit bildet ihre eigenen Elemente selber aus und verfügt über Profi- und Milizformationen, ab Beginn VBA 1 über die Durchdiener der Infanterie für Einsätze.

3-1-65 Die Territorialregionen

Die ***Territorialregionen 1 bis 4*** sind das Bindeglied zu den zivilen Behörden und gewährleisten eine erfolgreiche Zusammenarbeit zwischen der Schweizer Armee und den Kantonen; führen und koordinieren die territorialen Aufgaben in ihren Räumen; sind zuständig für die Führung der Unterstützungs- und der subsidiären Sicherungseinsätze innerhalb ihrer Räume und auf Bundesratsbeschluss im grenznahen Ausland; können für Einsätze auf operativer Stufe eingesetzt werden und führen die unterstellten Verbände im Einsatz; stellen die Ausbildung und Führungsbereitschaft der kantonalen Territorialverbindungsstäbe sicher.

3-1-66 Die Brigaden des Heeres

Die Brigaden sind bereit, Einsätze unterstellter und zugewiesener Verbände zu führen; stellen in Zusammenarbeit mit den LVb die Personalplanung und den Personaleinsatz – insbesondere der Offiziere – sowie die Einführung von und Ausbildung an neuem Material in den unterstellten und zugewiesenen Verbänden sicher; sind verantwortlich für die Aus- und Fortbildung im WK, die Bereitschaft und den Einsatz der unterstellten Stäbe und Verbände; arbeiten in der Planung und der Erarbeitung der Einsatzdoktrin sowie bei der Entwicklung von Kampf- und Einsatzverfahren bis Stufe Truppenkörper mit.

Im Sinne einer Grundgliederung wurden aus den Bataillonen/Abteilungen des Heeres (inkl. der Reserve) folgende Brigaden gebildet: Infanteriebrigaden 2, 4, 5 und 7; Gebirgsinfanteriebrigaden 9, 12 und 10 (Reserve); Panzerbrigaden 1 und 11.
Den Brigaden des Heeres sind in der Grundstruktur nach regionalen Kriterien Bataillone/Abteilungen unterstellt, um das Gefecht der verbundenen Waffen zu schulen. Im Hinblick auf einen Einsatz kann die Brigadestruktur angepasst werden (Modularitätsprinzip).

www.armee.ch/Heer

Ausbildung im Kompetenzzentrum Gebirgsdienst der Armee

Ein Experte des Kompetenzzentrums Kampfmittelbeseitigung und Minenräumung (Komp Zen KAMIR)

Luftwaffe

Stand: 1.1.2009

Kommandant Luftwaffe

- Luftwaffenstab
- Bereich Kdt Luftwaffe
- Fliegerärztliches Institut (FAI)

Lehrverbände Luftwaffe

Führungsunterstützung 30

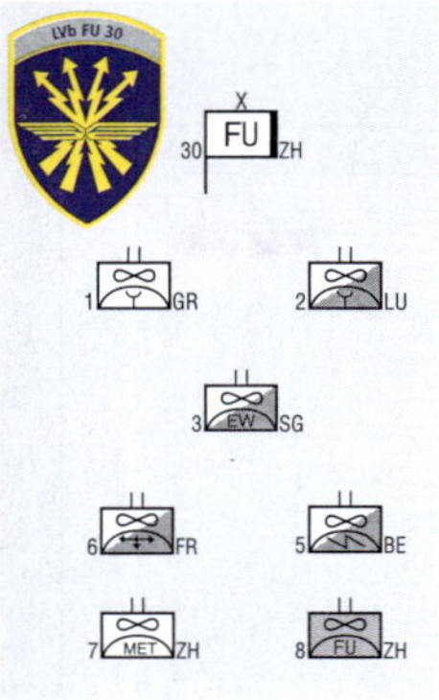

Flieger 31

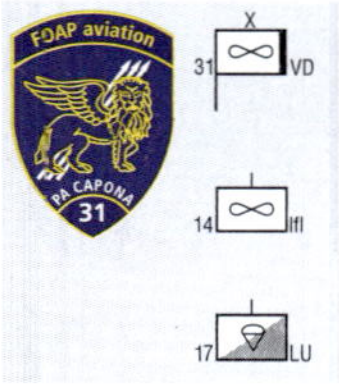

Fliegerabwehr 33

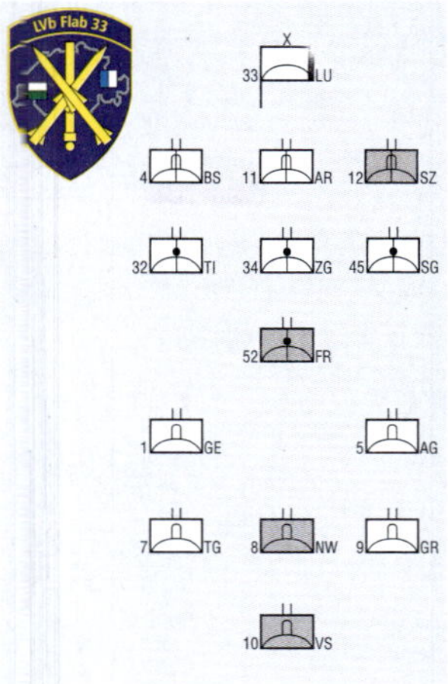

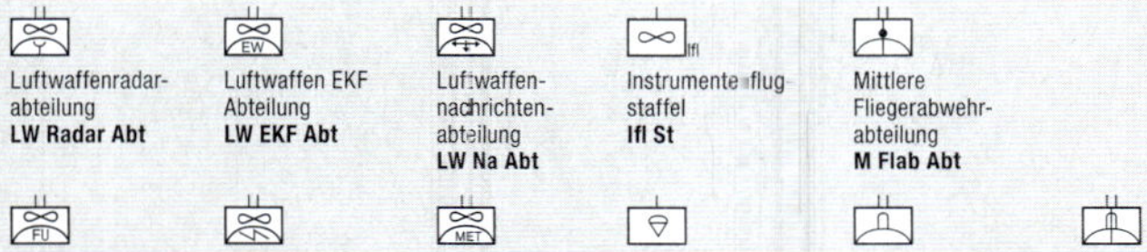

Luftwaffenradar-abteilung
LW Radar Abt

Luftwaffen EKF Abteilung
LW EKF Abt

Luftwaffen-nachrichten-abteilung
LW Na Abt

Instrumentenflug-staffel
Ifl St

Mittlere Fliegerabwehr-abteilung
M Flab Abt

Führungsunter-stützungs-abteilung
FU Abt

Luftwaffen Übermittlungs-abteilung
LW Ristl Abt

Wetter-abteilung
Wet Abt

Fallschirm-aufklärungs-kompanie
Fsch Aufkl Kp

Leichte Fliegerabwehr-lenkwaffenabteilung
L Flab Lwf Abt

Mobile Fliegerabwehr-lenkwaffenabteilung
Mob Flab Lwf Abt

Stand: 1.1.2009

3-1-7 Die Luftwaffe

3-1-71 Der Kommandant Luftwaffe

trägt die Gesamtverantwortung für die Teilstreitkraft Luftwaffe. Für die Erfüllung seiner Aufgabe verfügt er über den Luftwaffenstab mit den Führungsgrundgebieten A1 bis A9 und weiteren Bereichen. Ihm direkt unterstellt sind: der Einsatz Luftwaffe, die drei Lehrverbände der Luftwaffe sowie das Fliegerärztliche Institut (FAI). Weiter sind dem Kommandanten Luftwaffe in seinem Bereich direkt unterstellt: die Kommunikation, der Personaldienst, die Einsatz- und Laufbahnsteuerung der Berufsmilitärs, das Controlling sowie die Flugsicherheit.

3-1-72 Der Luftwaffenstab

besteht aus allen notwendigen Führungsgrundgebieten und Bereichen, um den Kommandanten der Luftwaffe in der Generierung der Vorgaben für die Führung, den Einsatz und die Ausbildung, namentlich für die Organisationseinheiten Einsatz und Lehrverbände, zu unterstützen; ebenso wirkt er als Instrument für die teilstreitkräfteübergreifenden Belange auf der Joint-Ebene und der Interoperabilität.

3-1-73 Der Chef Einsatz Luftwaffe

und zugleich Stellvertreter des Kommandanten stellt gemäss den Vorgaben der Luftwaffe die Führung von Einsätzen im nationalen sowie internationalen Umfeld und die Einsatzbereitschaft der Luftwaffe sicher. Er führt in allen Lagen die befohlenen Einsätze der Luftwaffe; koordiniert die operative Luftraumbewirtschaftung in Zusammenarbeit mit dem Bundesamt für Zivilluftfahrt (BAZL) und skyguide. Er ist weiter verantwortlich für die Führung und Ausbildung der Direktunterstellten im Verbund. Er legt die operationellen Anforderungen an Personal, Anlagen und Systeme (Flugplätze, militärische Radarstationen) fest und erstellt die entsprechenden Einsatzkonzepte. Er verfügt dazu über folgende Organisationseinheiten:

- ein ***Stabselement***
- die ***Operationszentrale der Luftwaffe,*** welche die täglichen Operationen (Ausbildung, Training und Live-Einsätze) der fliegenden Elemente der Luftwaffe plant, befiehlt und mittels der Einsatzzentralen der Luftwaffe führt
- den ***Lufttransportdienst des Bundes***
- die ***Führungsunterstützungselemente*** und

– die ***Flugplatzkommandos*** mit den unterstellten fliegenden Elementen und den notwendigen Support- und Logistikelementen.

3-1-74 Lehrverbände der Luftwaffe

3-1-741 Lehrverband Führungsunterstützung 30:
Er führt die Allgemeine Grundausbildung (AGA), die Funktionsgrundausbildung (FGA) sowie die Verbandsausbildung (VBA) der Übermittlungstruppen/Führungsunterstützungstruppen (Hauptquartier-, Führungsunterstützungs- und Richtstrahlbataillone sowie Bataillone der Elektronischen Kriegführung) und der Führungsunterstützung Luftwaffe durch.

3-1-742 Lehrverband Flieger 31:
Er bildet die Truppen zur Bildung von Geschwadern mit Kampfflugzeugen, Helikoptern und Transportflugzeugen sowie entsprechender Einheiten für die Instandhaltung aus. Zusätzlich trägt er die Ausbildungsverantwortung für das Drohnengeschwader und für die Fallschirm-Aufklärerkompanie.

3-1-743 Lehrverband Fliegerabwehr 33:
Er führt die AGA, die FGA sowie die VBA der Allwetter- und Sichtwetterflab; bildet die mobilen und leichten Fliegerabwehrlenkwaffenabteilungen, die mittleren Fliegerabwehrabteilungen sowie die Kampfgruppenstäbe aus und führt deren FDT.

3-1-75 Das Fliegerärztliche Institut (FAI):
Die Kernaufgabe des FAI ist die Durchführung von flugpsychologischen und flugmedizinischen Eignungs- und Tauglichkeitsuntersuchungen der Angehörigen des militärischen Flugdienstes und weiterer Kundengruppen. Das FAI übernimmt Beratungen im Bereich menschliches Leistungsvermögen in komplexen Systemen. Im Weiteren bearbeitet das FAI wissenschaftliche Fragestellungen, leitet flugmedizinische und flugpsychologische Forschungsprojekte und bietet Aus- und Weiterbildungen in diesen Fachgebieten an. Als Aeromedical Center ist das FAI im Auftrag des Bundesamtes für Zivilluftfahrt zuständig für die Durchführung fliegerärztlicher Tauglichkeitsuntersuchungen von zivilen Piloten und Flugverkehrsleitern nach JAR-FCL.

www.luftwaffe.ch

Logistikbasis der Armee (LBA)

Stand: 1.1.2009

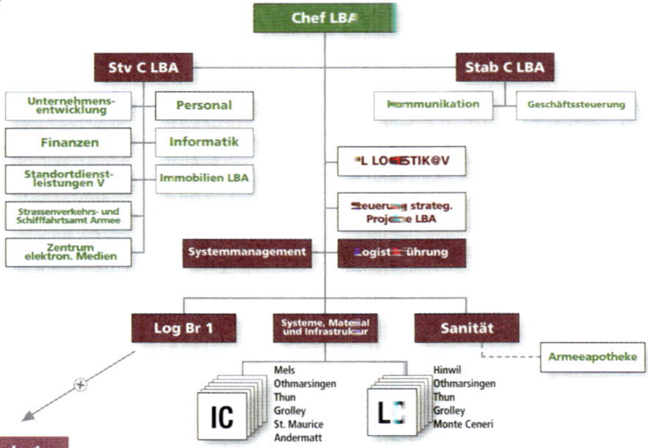

Logistikbrigade 1

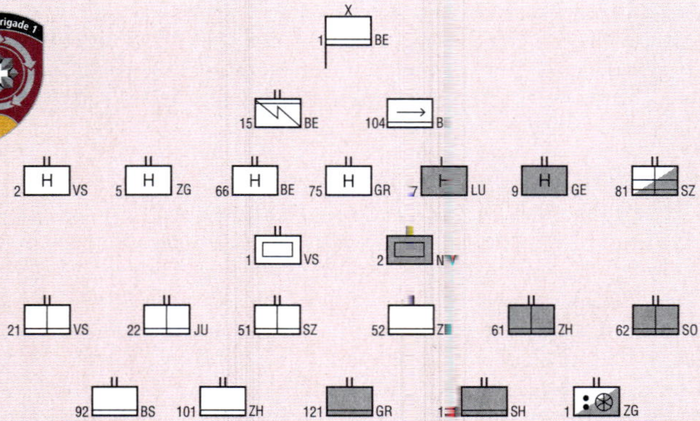

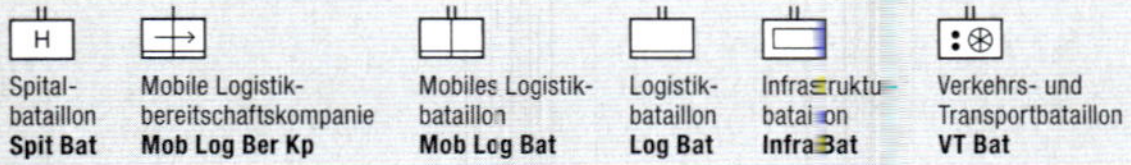

3-1-8 Die Logistikbasis der Armee

Die ***Logistikbasis der Armee (LBA)*** unterstützt die Armee und die Verwaltung – Truppen der Teilstreitkräfte Heer und Luftwaffe sowie das Hauptquartier – mit Logistik und Supportleistungen.

3-1-81 Der Chef LBA

- stellt in partnerschaftlicher Kooperation mit der zivilen Industrie die Einsatzbereitschaft, die Verfügbarkeit und die Durchhaltefähigkeit des Armeematerials[1] sicher;
- schafft in Zusammenarbeit mit dem zivilen Gesundheitswesen die Voraussetzungen für die Gesunderhaltung und medizinische Betreuung aller Truppen;
- stellt den Betrieb der Infrastrukturen der Gruppe Verteidigung sicher;
- erbringt Querschnittsdienstleistungen zu Gunsten der Gruppe Verteidigung;
- ist Kompetenzzentrum[2] für die logistischen Daten der Gruppe Verteidigung;
- entwickelt die Logistik[3] in militärischer sowie betriebswirtschaftlicher Hinsicht dauernd weiter;
- ist für die Erarbeitung von Grundlagen für die Logistikausbildung in der Armee verantwortlich;
- plant und führt den Einsatz der Logistik- und Sanitätsmittel der Armee (exkl. Einsatzlogistik) sowie die Zusammenarbeit mit zivilen Partnerorganisationen;
- ist für die Grund- und Einsatzbereitschaft der Log Br 1 verantwortlich;
- trägt die Gesamtverantwortung für die Betriebskosten der Logistik sowie die Investitionen in die Logistikmittel innerhalb der Gruppe Verteidigung.

---

[1] Armeematerial: Übergeordneter Begriff für Material und Systeme der Armee inkl. Vorräte.

[2] Verantwortung über logistische Daten. Aufbau Datenmodell und Pflege aller Logistikdaten.

[3] Im weitesten Sinn geht es um alle Aspekte militärischer Operationen und Dienstleistungen in folgenden Bereichen:
- Beschaffung, Lagerung, Transport, Distribution, Instandhaltung, Evakuation und Disposition von Material;
- Unterstützung in den Bereichen Medizin und Gesundheit;
- Transport bzw. Evakuation von Personen;
- Betrieb und Disposition sowie Instandhaltung von Infrastruktur für die Ausbildung und für den Einsatz;
- Beschaffung und Zurverfügungstellung von Dienstleistungen.

Dem Chef LBA unterstehen

3-1-82 Stab C LBA mit Kommunikation und Geschäftssteuerung.

3-1-83 Stellvertreter Chef LBA

Er führt die Bereiche Unternehmensentwicklung, Personal, Finanzen, Informatik, Standortdienstleistungen Verteidigung, Immobilien LBA, Strassenverkehrs- und Schiffahrtsamt Armee sowie das Zentrum Elektronische Medien.

3-1-84 Systemmanagement

Dieses Geschäftsfeld steuert die Systeme der Schweizer Armee nach betriebswirtschaftlichen Grundsätzen und sorgt bereits ab der Vorhabensplanung für die Optimierung der Lebenswegkosten.

3-1-85 Die Logistikführung

Sie führt den Logistikprozess.

3-1-86 Logistikbrigade 1

Sie ist zuständig für die Aus- und Fortbildung im WK, die Grund- und Einsatzbereitschaft sowie für den Einsatz der unterstellten Stäbe und Logistik-, Sanitäts- und Infrastrukturverbände. Sie erbringt gemeinsam mit den Betrieben und der Armeeapotheke die logistischen Dienstleistungen.

3-1-87 Systeme, Material und Infrastruktur

Dieses Geschäftsfeld führt aufgrund der zugewiesenen Leistungsprozesse die Logistik- und Infrastruktur-Center; ist verantwortlich für eine effiziente, kundenorientierte Leistungserstellung; stellt die materielle Grund- und Einsatzbereitschaft sowie den Betrieb sämtlicher Infrastrukturen der Gruppe Verteidigung sicher.

3-1-88 Sanität

Das Geschäftsfeld Sanität in der LBA ist für die Sanitätsdienstliche Versorgung der Truppe zuständig. Es ist verantwortlich für die Durchführung des medizinischen Teils der Rekrutierung und für die Überprüfung der Tauglichkeits- bzw. Untauglichkeitsentscheide. Der Rotkreuzdienst ist dem Geschäftsfeld Sanität verwaltungstechnisch angegliedert.

3-1-89 Sechs Logistik- und fünf Infrastruktur-Center (Logistikbetriebe)

Sie sorgen dafür, dass die Truppen des Heeres und der Luftwaffe sowohl in der Ausbildung als auch im Einsatz eine kompetente Unterstützung in allen Belangen der Logistik haben, damit die Leistungen zur richtigen Zeit, in der richtigen Art, Menge und Qualität am vereinbarten Standort zur Verfügung stehen.

www.lba.admin.ch

Führungsunterstützungsbasis (FUB)

Stand: 1.1.2009

Chef FUB

- Stab
- Personal
- Finanzen

- Kunden/Einsatz/Doktrin
- Informations- und Kommunikationstechnologie
- Zentrum elektronische Operationen
- Kommando FU Br 41
- Kommando FUB Systeme-Kaderausbildung-Support

Führungsunterstützungsbrigade 41

Aktiv

Reserve

Gemischt

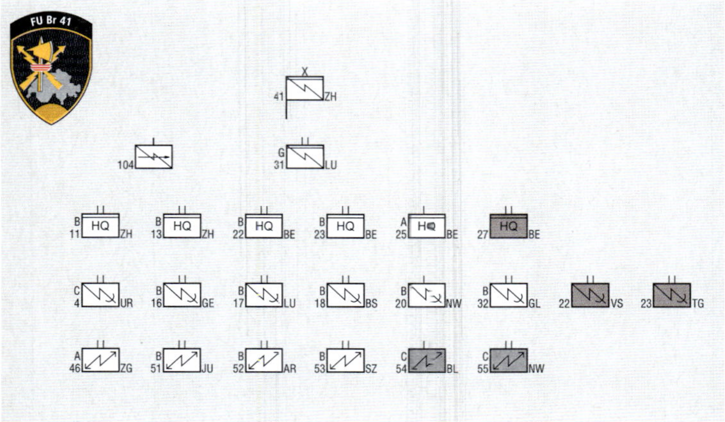

HQ

Hauptquartier-bataillon
HQ Bat

Führungsunterstützungs-bataillon
FU Bat

Richtstrahl-bataillon
Ristl Bat

EKF Abteilung
EKF Abt

3-1-9 Die Führungsunterstützungsbasis

Die Führungsunterstützungsbasis (FUB) ist der Kern des Führungsverbunds und stellt unter Einbezug weiterer Leistungserbringer innerhalb und ausserhalb der Gruppe Verteidigung die Führungsunterstützung für die ***Führungsfähigkeit der Armee*** und des nationalen Krisenmanagements über alle Lagen sicher. Gleichzeitig ist sie zuständig für die nationale und internationale Zusammenarbeitsfähigkeit (Interoperabilität) im Bereich der Führungsunterstützung auf operativer Stufe. Dazu bringt sie die Produktionsmittel Informatik, Telekommunikation, ortsfeste und mobile Infrastruktur, Methoden und Fachpersonal zum Einsatz.
Die Führungsunterstützungsbasis erbringt zudem die Informatik- und Telekommunikations-Grundleistungen zur Sicherstellung der Verwaltungsführung im VBS; entwickelt, betreibt und unterstützt kundenorientierte Informatik- und Telekommunikations-Lösungen.

3-1-91 Kunden, Einsatz und Doktrin

Kunden, Einsatz und Doktrin **(KED)** ist für sämtliche Querschnittsaufgaben in der FUB zuständig. Sie besteht aus folgenden Bereichen:
- Kunden & Auftrag Management **(KAM)** als zentrale Kunden-Kontaktstelle für alle IKT-Belange;
- Führungszentrum (Fhr Zen), das militärische Einsätze im Bereich Kommunikation plant und führt;
- Doktrin & Planung **(DOKPL)**,
- Unternehmensentwicklung, Organisation und Steuerung **(UEOS)**, welche für die Vision, die Strategie, das Prozessmanagement, das Unternehmenscontrolling und die Sicherheitspolicy verantwortlich zeichnet.

3-1-92 Informations- und Kommunikationstechnologie

Die Informations- und Kommunikationstechnologie (IKT) steht für Leistungen in Engineering, Support und Betrieb von hoch verfügbaren Informatik- und Telekommunikations-Systemen. Sie plant, betreibt und unterhält rund 14 000 Informatikarbeitsplätze des VBS mitsamt Server- und LAN/WAN-Bereich. Die IKT ist ebenfalls zuständig für Sprachkommunikation (GSM, SAT), mobile Datenkommunikation, Flug- und Bodenfunk, Alarmsysteme, Führungsinformationssysteme und das Luftraumüberwachungssystem FLORAKO.

3-1-93 Zentrum elektronische Operationen

Das Zentrum elektronische Operationen (ZEO) ist das Kompetenzzentrum des VBS bzw. des Bundes für Funkaufklärung (Communications Intelligence, COMINT), Elektronischen Kampf (Electronic Warfare EW), Informationssicherheit, Kryptologie und Computer Netzwerk Operationen. Der Rahmen für die Informationsbeschaffung ist in einschlägigen Gesetzen, Verordnungen und Weisungen geregelt.

3-1-94 Die Führungsunterstützungsbrigade 41

Die ***FU Br 41*** führt Einsätze unterstellter und zugewiesener Verbände; stellt die Durchhaltefähigkeit der Führungsunterstützungsbasis mit Truppen sicher; führt neues Material in den unterstellten und zugewiesenen Verbänden ein und bildet die Benutzer aus; führt die Aus- und Fortbildung in Wiederholungskursen durch und stellt die Grund- und Einsatzbereitschaft der unterstellten Stäbe und Verbände sicher.

3-1-95 Kommando Systeme, Kaderausbildung und Support (Kdo FUB SKS)

Dem ***Kommando Systeme, Kaderausbildung und Support (Kdo FUB SKS)*** obliegt die Durchführung von Truppenversuchen und -verifikationen sowie verschiedener Instruktoren-, Einführungs-, Umschulungs- und Fachdienstkurse. Es hilft mit bei der Entwicklung und Umsetzung der Fachdoktrin und leistet Beträge an die Erstellung von militärischen Pflichtenheften und Einsatzkonzepten.

www.fub.admin.ch

Mobile Telekommunikationssysteme der Armee erschliessen jeden Einsatzort

Antenne für die Elektronische Aufklärung

Panzertruppen

Infanterie

3-2 Truppengattungen

Die Schweizer Armee besteht aus den drei Elementen Truppengattungen, Berufsformationen* und Dienstzweige*.

*(*siehe eigene Kapitel)*

3-2-1 Prozentuale Anteile (Aktive AdA)

Der prozentuale Anteil der aktiven Armeeangehörigen in den einzelnen Truppengattungen und Dienstzweigen (inkl. militärisches Personal, Durchdiener und Angehörige des Bereichs Ausbildung und Support) sieht in der Schweizer Armee wie folgt aus:

– Kommandostäbe	1,9%
– Infanterie	21,7%
– Panzertruppen	9,6%
– Artillerie	6,6%
– Fliegertruppen	6,6%
– Fliegerabwehrtruppen	5,7%
– Genietruppen	5,6%
– Führungsunterstützungstruppen	6,1%
– Übermittlungstruppen	6,2%
– Rettungstruppen	4,0%
– Logistiktruppen	5,0%
– Sanitätstruppen	3,0%
– Truppen für Militärische Sicherheit	0,8%
– ABC-Abwehrtruppen	0,6%
– Militärjustiz	0,3%
– Ausbildung und Support	16,3%

Die Rekruten werden gemäss diesen Bedürfnissen den Truppengattungen bzw. in einem späteren Zeitpunkt den Dienstzweigen zugewiesen.
Bei vielen Funktionen gibt es noch eine zusätzliche Doppelfunktion, insbesondere für die Fahrer.

Funktionen, welche das **Durchdiener-Modell** zulassen, sind mit dem Logo DD gekennzeichnet.

3-2-2 Infanterie

Lehrverband Infanterie

Die Infanterie ist das Rückgrat der Armee. Sie kämpft in überbautem und bewaldetem Gelände sowie im Gebirge und sucht die Entscheidung auf kurze Distanz. Die Infanterie, die mit ihren mechanisierten Mitteln flexibler und dynamischer geworden ist, ist unsere Haupttruppengattung und verfügt deshalb über einen grossen Mannschaftsbestand. Durch die Vielfalt der Spezialisierung kann beinahe jeder seinen Fähigkeiten entsprechend ausgebildet und eingesetzt werden. Die Anforderungen sind jedoch hoch und können häufig nur durch gegenseitige kameradschaftliche Hilfe in der Gruppe erreicht werden.

Füsilier, Füsilier Besatzer/Radschützenpanzerfahrer DD

Mit dem Radschützenpanzer ausgerüstet, ist die Infanterie in der Lage, sich rasch und splittergeschützt an den Brennpunkt des Kampfes zu verschieben. Der Füsilier erhält eine umfassende Gefechtsausbildung. Neben dem Schiessen mit dem Sturmgewehr und dem Werfen von Handgranaten werden Füsiliere in der Panzerabwehr (Panzerfaust, weitgehend an Simulatoren), in der Einzelgefechtstechnik oder als Fahrer ausgebildet. Dazu kommt die Ausbildung in den Bereichen Minenkampf, Ortskampf, Wacht- und Schutztechnik, als Führungsgehilfe oder als Zugsanitäter. Die Radschützenpanzerbesatzungen (Fahrer und Maschinengewehrschütze) erhalten eine Ausbildung am Radschützenpanzer (Fahrzeug, Funkgeräte, 12.7-mm-Maschinengewehr).
Voraussetzung für Radschützenpanzerfahrer: Führerausweis Kategorie B.

Minenwerferkanonier

Die Minenwerferkanoniere bedienen den 8,1-cm-Minenwerfer. Um diese Waffe voll zur Wirkung zu bringen, ist genaue Arbeit in verschiedenen Chargen wie Richter, Lader oder Geschützchef und als Spezialist (Feuerleitrechner, Richtkreis, Laserentfernungsmesser, Motorfahrzeugführer) nötig.

Aufklärer
Sehen und nicht gesehen werden! Mit dem Aufklärungsfahrzeug 93/97 ausgerüstet, bewegt sich die Aufklärungspatrouille an und hinter den gegnerischen Linien. Der Aufklärer beschafft Informationen über Standort, Beschaffenheit und Absichten des Gegners. Er erkundet die Geländebeschaffenheit für die eigene Truppe.

Infanterieeinheitssanitäter/Sanitätspanzerfahrer
Der Infanterieeinheitssanitäter/Sanitätspanzerfahrer begleitet die kämpfende Truppe im Einsatz und leistet Erste Hilfe. Er lernt, lebensbedrohliche Situationen zu erkennen und geeignete Massnahmen vorzunehmen (z.B. Blutstillung, Anlegen von Verbänden und Infusionen, Verabreichung von Injektionen, Fixationen).
Zu seinen Aufgaben gehört auch das Führen eines Fahrzeugs der Kategorie C1 (3,5 t bis 7,5 t, DURO).

Standorte:
Rekrutenschulen: Bière, St.Gallen, Liestal, Aarau, Isone
Verbandsausbildung: Chamblon/Yverdon-les-Bains, Chur

Grenadier
Die Grenadiere sind innerhalb des Heeres auf offensive Operationen und die Aufklärung in Städten und im Gebirge spezialisiert – sowohl bei Tag als auch bei Nacht. Mit reduzierten Beständen führen sie komplexe Aufträge in von einem Gegner kontrollierten Räumen aus. Sie müssen ausdauernd, vielseitig, leistungsfähig und selbstständig sein.
Neben den zwei Tagen der normalen Rekrutierung leisten die Grenadiere zwei zusätzliche Tage ab, die eine gründlichere Eignungsprüfung umfassen: Auf dem Programm stehen vorab anspruchsvolle physische Tests, aber auch detaillierte Informationen über die Vorbereitungen für die RS und deren Ablauf.
Die Grenadiere absolvieren eine 25-wöchige Grundausbildung in Isone TI. In den ersten elf Wochen erfolgt eine auf 24 physischen, psychischen und technischen Prüfungen beruhende Auswahl, die die individuelle Qualität der Grenadiere garantiert. Am Ende der RS werden sie in Grenadierbataillone eingeteilt.
Die Grenadiere absolvieren zahlreiche Spezialistenausbildungen: Scharfschütze, Aufklärer, Mitrailleur, Minenwerfer, Mitarbeiter Kommando, Sprenger oder Panzerabwehrspezialist. Diese Ausbildungen werden einzeln erteilt und gegen Ende der RS in Übungen angewendet, die auf die Vorbereitung und Ausführung einer bestimmten terrestrischen und/oder luftbeweglichen Operation ausgerichtet sind.

Grenadiereinheitssanitäter
Der Grenadiereinheitssanitäter ist Spezialist für anspruchsvolle Angriffsaktionen vorwiegend in Ortschaften und im Gebirge, sowohl bei Tag als auch bei Nacht. Teamfähigkeit und eine hohe physische und psychische Belastbarkeit sind unumgänglich.
Der Grenadiereinheitssanitäter leistet Erste Hilfe: Er lernt, lebensbedrohliche Situationen zu erkennen und geeignete Massnahmen vorzunehmen (z.B. Blutstillung, Anlegen von Verbänden und Infusionen, Verabreichung von Injektionen, Fixationen).

Standort: Isone

Trompeter, Schlagzeuger und Tambour
Die Militärmusik umrahmt militärische Anlässe und besondere Veranstaltungen von Bund und Öffentlichkeit. Sie übernimmt eine Brückenfunktion zwischen Armee und Bevölkerung und leistet einen Beitrag zur kulturellen Identität unseres Landes. Wer in die Militärmusik eintreten will, muss im Rahmen der Rekrutierung eine Aufnahmeprüfung bestehen. Für Trompeter, Schlagzeuger und Tambouren bestehen unterschiedliche Prüfungsanforderungen. Die Aufnahmeprüfung wird in der Regel vor der Rekrutierung absolviert.

Standorte: Aarau, Bern

Gebirgsspezialist
Neben einer minimalen Infanterieausbildung absolvieren Gebirgsspezialisten schwergewichtig folgende Ausbildungen: Lawinendienst, Bergrettungstechnik, Überleben im Gebirge, Planung und Durchführung von Verschiebungen im Gebirge, Ausbildung zum Berater und Ausbilder. Vor der Rekrutierung müssen Gruppenleiterkurse in den Sportfächern Bergsteigen und/oder Skitouren bei Jugend und Sport (J+S) absolviert werden.
Voraussetzung: eine sehr gute körperliche Verfassung.

Standort: Andermatt

3-2-3 Panzertruppen

Lehrverband Pz/Art

In schnellen und präzisen Vorstössen setzen die Panzertruppen ihre geballte Schlagkraft gegen den mechanisierten Gegner ein. Zur Ausrüstung gehören modernste Waffensysteme. Die Ausbildung erfolgt mit neuesten Ausbildungstechnologien. Nach der Ausbildung an Schiess- und Fahrsimulatoren wird das Gelernte in Gefechtsübungen und -schiessen angewendet.

Führungsstaffelsoldat

Zuverlässigkeit, eine rasche Auffassungsgabe sowie ein gutes Vorstellungsvermögen sind wichtige Eigenschaften für einen Führungsstaffelsoldaten. Im Nachrichtenbereich gehört das Erstellen von Führungsgrundlagen wie Karten, Berichten und Skizzen zu seinen Aufgaben. Im Funkbereich stellt der Führungsstaffelsoldat die Funkverbindungen her und übermittelt, wenn notwendig, selber. Er unterstützt zudem seinen Kommandanten im Führungsfahrzeug.

Aufklärer

Sehen und nicht gesehen werden! Mit dem Aufklärungsfahrzeug 93/97 ausgerüstet, bewegt sich die Aufklärungspatrouille an und hinter den gegnerischen Linien. Der Aufklärer beschafft Informationen über Standort, Beschaffenheit und Absichten des Gegners. Er erkundet die Geländebeschaffenheit für die eigene Truppe.

Panzersoldat

Die Panzerbesatzung besteht aus Kommandant, Richter, Lader und Fahrer. Darum steht für Panzersoldaten Teamarbeit im Zentrum. Sehr wichtig sind auch Reaktionsfähigkeit und die Beherrschung des Kampfpanzers 87 Leo. Die Ausbildung gliedert sich in die technische Ausbildung am Panzer, in Ausbildung mit Schiess- und Fahrsimulatoren und in die Gefechts- und Schiessausbildung im Verband.

Panzergrenadier

Die Panzergrenadiere begleiten die Panzer und bilden auf dem Gefechtsfeld eine Gemeinschaft. Sie sind mit dem Schützenpanzer 2000 ausgerüstet. Die Panzergefechtsgrenadiere kämpfen gegen Infanterie und Kampfpanzer. Dabei werden sie von den Maschinengewehren und 30-mm-Bordkanonen ihrer Schützenpanzer unterstützt. Die Panzergrenadierbesatzung besteht aus Kommandant, Richter und Fahrer und bekämpft Schützenpanzer und Helikopter mit der 30-mm-Bordkanone. Die Ausbildung wird mit Schiess- und Fahrsimulatoren unterstützt.

Panzerjägersoldat, Panzerjägersoldat/Radschützenpanzerfahrer
Der Panzerjäger ist schnell, beweglich und kann gegnerische Panzer und Schützenpanzer auf Distanzen von bis zu 3700 Metern bekämpfen. Die TOW-Hohlladungslenkwaffen durchschlagen alle heute bekannten Panzerungen. Die Panzerjägersoldaten müssen im kleinen Team auf engstem Raum ihre Funktion erfüllen. Die als Panzerjäger ausgehobenen Soldaten werden bei RS-Beginn als Gefechtsordonnanzen, Schützen oder Fahrzeugführer (Kleinfahrzeuge) ausgebildet.

Panzereinheitssanitäter/Sanitätspanzerfahrer
Der Panzereinheitssanitäter/Sanitätspanzerfahrer begleitet die kämpfende Truppe im Einsatz und leistet Erste Hilfe. Er lernt, lebensbedrohliche Situationen zu erkennen und geeignete Massnahmen vorzunehmen (z.B. Blutstillung, Anlegen von Verbänden und Infusionen, Verabreichung von Injektionen, Fixationen). Zu seinen Aufgaben gehört auch das Führen eines Fahrzeugs der Kategorie C1 (3,5 t bis 7,5 t, DURO).

Panzernachschubsoldat
Damit die Panzertruppen ihre Aufgaben permanent sicherstellen können, ist eine ausgeklügelte Logistik notwendig. Entscheidend ist, dass der Nachschubsoldat, der Feldumschlaggeräte-Fahrer und der Fahrer C1 (3,5 t bis 7,5 t, DURO) ihr Metier verstehen, selbstständig und zuverlässig Aufträge erfüllen, aber auch zupacken können. Ausbildung in den Rekrutenschulen ab 2010.

Standorte
Rekrutenschule: Thun
Verbandsausbildung: Bure, Schiessplatz Wichlenalp, Schiessplatz Hinterrhein sowie Raum Ostschweiz

3-2-4 Artillerie

Lehrverband Pz/Art

Die Artillerie ist die wichtigste Unterstützungswaffe der mechanisierten Kampfverbände und der Infanterie. Sie führt mit ihrem Feuer den Kampf selbststän-

dig und über grosse Entfernungen. Die Verbände der Artillerie verfügen als Geschütze über Panzerhaubitzen, über 12-cm-Festungsminenwerfer und über die 15,5-cm-Festungskanone 93 «Bison». Die Artillerie benutzt ein eigenes Funknetz und verfügt über eine vielfältige Sonderausrüstung an optischen und technischen Geräten.

Artilleriekanonier
Der Haubitzkanonier gehört zur Besatzung der Panzerhaubitze M-109. Er ist mit drei anderen Kanonieren und dem Panzerhaubitzenfahrer für die Bedienung des 15,5-cm-Geschützes zuständig. Der Festungskanonier ist mit sechs weiteren Kanonieren für die Bedienung des Festungsgeschützes zuständig. Zu den Aufgaben des Kanoniers gehört auch das fachgerechte Kommunizieren mit Telefon und Sprechfunk.
Bei der Panzerhaubitze und bei den Festungsgeschützen trägt ein Geschützführer die Gesamtverantwortung.

Artillerievermesser
Der Vermesser (Beobachter) ist für die Bedienung der optronischen Geräte im Schiesskommandanten-Trupp verantwortlich.
Der Vermesser (Feuerleitstelle) berechnet die Elemente, die am Geschütz eingestellt werden, damit die Geschosse ihr Ziel erreichen.

Artillerienachschubsoldat
Damit die Artillerie ihre Aufgaben permanent sicherstellen kann, ist eine ausgeklügelte Logistik notwendig. Entscheidend ist, dass der Nachschubsoldat, der Feldumschlaggeräte-Fahrer und der Raupentransportwagen-Fahrer ihr Metier verstehen. selbstständig und zuverlässig Aufträge erfüllen, aber auch zupacken können.

Artillerieübermittlungssoldat
Um die Übermittlung auf grosse Distanzen mit Sprechfunk und mit dem Integrierten Artillerie Führungs- und Feuerleitsystem (INTAFF) sicherzustellen, bedarf es Leute mit technischem Verständnis, die mit der filigranen Technik umzugehen wissen. Übermittlungssoldat-Fahrer werden als Doppelfunktionäre zusätzlich an einem der anspruchsvollen Fahrzeuge ausgebildet.

Artilleriewettersoldat
Der Artilleriewettersoldat ermittelt die meteorologischen Daten, die zum präzisen Berechnen der Flugbahn benötigt werden.

Artillerieeinheitssanitäter/Sanitätspanzerfahrer
Der Artillerieeinheitssanitäter/Sanitätspanzerfahrer begleitet die kämpfende Truppe im Einsatz und leistet Erste Hilfe. Er lernt, lebensbedrohliche Situationen zu erkennen und geeignete Massnahmen vorzunehmen (z.B. Blutstillung, Anlegen von Verbänden und Infusionen, Verabreichung von Injektionen, Fixationen).
Zu seinen Aufgaben gehört auch das Führen eines Fahrzeugs der Kategorie C1 (3,5 t bis 7,5 t, DURO).

Infrastruktursoldat
Der Infrastruktursoldat stellt mithilfe der Anlagedokumentation die Bereitstellung und den Betrieb des Festungsminenwerfers beziehungsweise des Festungsbunkers «Bison» sicher. Ebenso führt er unter Anleitung Wartungs-, Diagnose- und Instandsetzungsarbeiten durch, betreibt die ABC Installation der Anlage und setzt Löschgeräte sowie Rettungsmaterial ein.

Standorte
Rekrutenschulen: Bière, Dailly
Verbandsausbildung: Bure, Raum Simplon

3-2-5 Übermittlungstruppen / Führungsunterstützungstruppen

Lehrverband Führungsunterstützung 30

Die Übermittlungs- und Führungsunterstützungstruppen sind für den Aufbau, den Betrieb und die Sicherheit der Kommunikationssysteme der Armee verantwortlich. Sie gewährleisten die lückenlose, klassifizierte und integrierte Telekommunikation in digitaler Technik und stellen eine hohe technische Verfügbarkeit sowie eine grosse Flexibilität der Kommunikationssysteme sicher. Das Integrierte Militärische Fernmeldesystem (IMFS) und die Funknetze der Truppe sind computergestützt und ermöglichen die Anpassung an jedes Bedürfnis.

Funkaufklärer DD
Die modernen Mittel der Elektronischen Kriegführung (EKF) werden von Spezialisten der Führungsunterstützungstruppen, den Funkaufklärern, betrieben. Die Elektronische Kriegführung beinhaltet im Wesentlichen die Funkaufklärung – das ist die Nachrichtenbeschaffung zugunsten

der oberen Führung – und die Funkstörung. Zusätzlich kann der Funkaufklärer als Fahrer ausgebildet werden. Ideale Voraussetzungen sind fundierte Kenntnisse in der Elektrotechnik, Wellenausbreitung oder Informatik.

Informatikpionier
Der Informatikpionier erstellt und betreibt Informatikeinrichtungen und stellt die Benutzerunterstützung sicher. Er betreut Router und Vermittler zu den verschiedensten Telekommunikationssystemen.

Sekretär
Sekretäre arbeiten in einer Kanzlei der Armee. Ein kaufmännischer Berufshintergrund, Freude an Büroarbeiten und sichere Anwendung von handelsüblicher Software und Büroautomation sind günstige Voraussetzungen.

Richtstrahlpionier
Der Richtstrahlpionier baut Richtstrahl- und Kabelsysteme auf, betreibt Endgeräte und ist für den Unterhalt seiner Technik verantwortlich. Zusätzlich kann er als Fahrer sowie Radschützenpanzerfahrer ausgebildet werden.

Übermittlungspionier
Der Übermittlungspionier baut Funksysteme auf, betreibt Endgeräte und ist für den Unterhalt seiner technischen Einrichtungen verantwortlich. Er kann als Fahrer und Schützenpanzerfahrer ausgebildet werden.

Infrastruktursoldat
Der Infrastruktursoldat stellt mithilfe der Anlagedokumentation die Bereitstellung und den Betrieb der unterirdischen Kommandoposten sicher. Er führt unter Anleitung Wartungs-, Diagnose- und Instandsetzungsarbeiten durch, betreibt die ABC Installationen der Anlage und wartet die Atemschutzgeräte sowie das Rettungsmaterial. Ebenso stellt er – zum Teil unter Atemschutz – die Brandbekämpfung und den Rettungsdienst innerhalb unterirdischer Anlagen sicher und setzt Löschgeräte sowie Rettungsmaterial ein. Er kontrolliert – zum Teil mit technischen Hilfsmitteln – den Zutritt von Personen und Material zu den Anlagen und setzt die polizeilichen Massnahmen innerhalb der Anlage durch.

Standorte
Rekrutenschulen: Frauenfeld, Jassbach b. Thun, Kloten
Verbandsausbildung: Frauenfeld, Jassbach b. Thun

3-2-6 Führungsunterstützung Luftwaffe

Lehrverband Führungsunterstützung 30

Die Führungsunterstützung Luftwaffe (FULW) betreibt Nachrichtenbeschaffungs-, Kommunikations- und Führungsinformations-Systeme der Luftwaffe. In den Lehrverband Führungsunterstützung 30 sind zudem die Einsatzformationen integriert.

Die Ausbildung von Soldaten und Kadern sowie das Einsatzspektrum umfassen folgende Bereiche:
- Luftraumüberwachung mit ortsfesten und mobilen Radaranlagen;
- Elektronische Aufklärung;
- Datenübermittlung (Funk, Richtstrahl und Netzwerke);
- Beschaffung und Verbreitung von Wetterinformationen;
- Beschaffung und Verbreitung von Echtzeitnachrichten; und
- Sicherung und Bewachung von Anlagen

Professionelle Ausbilder und eine Vielzahl von technischen Hilfsmitteln gewährleisten in Dübendorf die Ausbildung von 24 verschiedenen Fach-Spezialisten. Die Ausbildung erfolgt jeweils auf einem System.

FULW Gerätemechaniker DD

Der FULW Gerätemechaniker ist verantwortlich für die Instandhaltung und den Betrieb von Radar-, Übermittlungs- Funk- und Wettersystemen. In der Fachausbildung werden Systemkenntnisse, Diagnostik, Störungsbehebung sowie Betriebs- und Bedienerausbildung vermittelt.
Voraussetzung: Berufsausbildung als Elektroniker, Informatiker oder Student ETH/FHS (Informatik/Elektronik, mindestens drei Semester abgeschlossen).

FULW Soldat DD

Der FULW Soldat baut diverse Übermittlungssysteme im Gelände auf und betreibt diese. Dazu gehören Nachrichtenposten, Radar-, Übermittlungs- und Wettersysteme. Ebenso ist er für Zutrittskontrollen, Brandschutz, Rettungswesen sowie den Betrieb von Anlagen im Gebirge und im Flachland verantwortlich.
In diese Rekrutierungskategorie gehört auch der Detachements-Koch. Dieser kauft ein und kocht selbstständig für sechs Personen im Gelände. Die Ausbildung und der Einsatz finden zu einem grossen Teil im Gelände und in Anlagen statt.

Weitere Aufgaben sind die Bedienung und der Betrieb von EDV-Systemen, Systemen für die elektronische Aufklärung und der Wetterzentralen sowie Aufbereitung von Daten zugunsten der gesamten Armee. Die Ausbildung und der Einsatz finden zum grössten Teil in Anlagen statt. Voraussetzung für die elektronische Aufklärung: gute Englischkenntnisse.

FULW Sicherungssoldat
Der FULW Sicherungssoldat ist zuständig für die Bewachung und Sicherung von militärischen Einrichtungen im Gebirge und im Flachland. Der erste Teil der Rekrutenschule findet bei der Infanterie statt. Im zweiten Teil im Rahmen des Lehrverbandes FULW ist die Ausbildung speziell auf die Anforderungen für die Bewachung und Sicherung der entsprechenden Anlagen ausgerichtet.

Standort: Dübendorf

3-2-7 Fliegertruppen

Lehrverband Flieger 31

Die Mehrheit der Spezialisten, die auf einem Flugplatz zum Einsatz kommen, werden in den Schulen des Lehrverbandes Flieger ausgebildet. Hier ist auch die Ausbildung der Flugzeugbesatzung angesiedelt.

Fliegersoldat DD
Der Fliegersoldat arbeitet direkt an den Luftfahrzeugen und erfüllt seine Aufträge in verschiedenen Funktionen im Betrieb eines Flugplatzes. Zu seinen Aufgaben gehören Ein?satz- und Führungsunterstützung, Sicherstellung des Werkschutzes der Anlagen, das Flugunfallpikett sowie als Betriebssoldat die Sicherstellung rückwärtiger Dienste. Er unterstützt die Erstellung der Einsatzbereitschaft sowie den Unterhalt und die Reparaturen. Im Lufttransport kann er zusätzlich als Spezialist an der Rettungswinde eingesetzt werden.

Flugplatzsicherungssoldat DD
Der Flugplatzsicherungssoldat überwacht das Flugplatzgelände, sichert die wichtigen Objekte des Flugplatzes und gewährleistet so – unterstützt durch moderne technische Mittel – die militärische Sicherung.

Militärpilot

Der Einsatz von Luftfahrzeugen bei Tag und Nacht, im In- und Ausland und unter allen Witterungsverhältnissen ist eine attraktive, jedoch sehr anspruchsvolle Aufgabe. Während der fünf Jahre dauernden Ausbildung werden ausschliesslich Berufsmilitärpiloten ausgebildet. Voraussetzung dazu ist das Bestehen eines SPHAIR-Kurses oder der Besitz einer zivilen Fluglizenz. Eine bestandene Matura oder Berufsmatura, das Bestehen einer Berufseignungsabklärung und eine abgeschlossene Offiziersausbildung sind die weiteren Bedingungen, um zur Ausbildung zugelassen zu werden. Der brevetierte Militärpilot wird für den Einsatz auf Super Puma/Cougar oder F/A-18 ausgebildet.

Fallschirmaufklärer

Der Fallschirmaufklärer ist Angehöriger einer Spezialeinheit der Luftwaffe und beschafft in kleinen Teams Nachrichten im gegnerischen Gebiet. Als Voraussetzung für den autonomen Einsatz beherrscht er ein breites Spektrum soldatischer Tätigkeiten und ist absolut zuverlässig. Es werden nur Offiziere und Unteroffiziere ausgebildet.

Interessierte haben folgende Voraussetzungen zu erfüllen:

- Fallschirmspringerausbildung (absolvierte SPHAIR-Fallschirmkurse oder ziviles Brevet);
- sehr gute körperliche Verfassung; und
- überdurchschnittlicher Wille und Leistungsvermögen.

Drohnenoperateur

Die Funktion des Drohnenoperateurs wird nicht rekrutiert, sondern erst später mittels Weiterausbildung erreicht. Als Drohnenoperateur arbeiten Sie in einem kleinen, hochspezialisierten Team der Luftwaffe und beschaffen mit dem Aufklärungsdrohnensystem ADS-95 entweder als Pilot oder Nutzlastoperateur Nachrichten aus der Luft. Sie bewegen sich im komplexen Luftraum und arbeiten deshalb eng mit den dazu notwendigen militärischen und zivilen Instanzen zusammen. Es werden sowohl Miliz- als auch Berufsdrohnenoperateure ausgebildet.

Voraussetzungen, welche der Milizdrohnenoperateur erfüllen muss, um zur Eignungsprüfung zugelassen zu werden:

- abgeschlossene Berufsausbildung oder Mittelschule;
- einwandfreier Leumund;
- gute militärische Qualifikationen;
- bestandene Offiziersschule;
- jünger als 35 Jahre; und
- gültige zivile Pilotenlizenz (Pilot min. JAR-CPL oder JAR-ATPL, Nutzlastoperateur min. JAR-PPL, Voice).

Standorte
Rekrutenschulen: Payerne, Locarno
Verbandsausbildung: Alpnach, Dübendorf, Emmen, Locarno, Meiringen, Sion

3-2-8 Fliegerabwehrtruppen

Lehrverband Flab 33

Die Fliegerabwehr schützt wichtige Objekte, Achsen und Räume – und dadurch auch Zivilbevölkerung sowie militärische Truppen – vor Angriffen aus der Luft. Ihre Sensoren kommen zudem im Rahmen der Existenzsicherung zum Einsatz: für die Informationsgewinnung zur Darstellung der Luftlage. Bei subsidiären Sicherungseinsätzen, zum Beispiel für den Schutz von Konferenzen, können die Sensoren durch Waffensysteme zur Durchsetzung eines Flugverbots ergänzt werden.

Kanonier 35-mm-Flabkanone DD
Die Kanoniere der mittleren Fliegerabwehr erstellen im Team die Feuerbereitschaft der 35-mm-Fliegerabwehrkanone 63/90 und setzen diese als Richtschützen auch im scharfen Schuss gegen Luftziele ein. Zusätzlich bedienen sie die Übermittlungsgeräte der Feuereinheit und erfüllen in einer Doppelfunktion die Aufgaben eines Fahrers (PUCH/DURO) oder einer Gefechtsordonnanz.

Radarsoldat Feuerleitgerät SKYGUARD DD
Die Radarsoldaten betreiben das Feuerleitgerät 75/95, erstellen die Feuerbereitschaft der Feuereinheit im Team und unterstützen den Feuerleitenden bei der Überwachung der Luftlage, der Zielverfolgung und der Zielbekämpfung, unter anderem auch im scharfen Schuss. Zusätzlich bedienen sie die Übermittlungsgeräte der Feuereinheit und erfüllen in einer Doppelfunktion die Aufgaben eines Fahrers (PUCH/DURO) oder einer Gefechtsordonnanz.

Lenkwaffensoldat STINGER DD
Der Lenkwaffensoldat der leichten Fliegerabwehr setzt das Fliegerabwehrlenkwaffensystem STINGER ein. Ein Teil der Lenkwaffensoldaten

wird bereits in der Grundausbildung am Alarmierungssystem STINGER zu Beobachtersoldaten ausgebildet. Die Beobachter stellen die Alarmierung der Lenkwaffensoldaten sicher. Zusätzlich bedienen sowohl die Lenkwaffensoldaten als auch die Beobachtersoldaten die Übermittlungsgeräte der Feuereinheit/Gruppe und übernehmen in einer Doppelfunktion die Aufgaben eines Fahrers von leichten Fahrzeugen, einer Gefechtsordonnanz oder eines Versorgers.

Lenkwaffensoldat RAPIER DD

Der Lenkwaffensoldat der mobilen Fliegerabwehr setzt das Fliegerabwehrlenkwaffensystem RAPIER ein. In einer Doppelfunktion übernimmt er zudem die Aufgaben eines Fahrers von leichten Fahrzeugen, eines Detachementskochs, eines Zugsanitäters oder eines Feuereinheitsübermittlers.

Übermittlungssoldat DD

Der Übermittlungssoldat bedient die Fernmeldeeinrichtungen der Fliegerabwehr. Dazu gehören der Einsatz von Funkstationen, das Erstellen von Anschlüssen an das Telefonnetz, der Zentralendienst und der Leitungsbau, motorisiert und zu Fuss. In einer Doppelfunktion übernimmt er zudem die Aufgaben eines Fahrers von leichten Fahrzeugen oder eines Nachrichtensoldats.

Standorte

Rekrutenschulen: Emmen, Payerne

Verbandsausbildung: Emmen, Payerne, S-chanf, Gluringen, Brigels, Grandvillard, Eriswil, Torny

3-2-9 Genie- und Rettungstruppen

Lehrverband Genie/Rettung

Die Genietruppen stellen die Mobilität aller Truppen durch den Bau von Verkehrswegen (Strassen, Brücken, Fähren) sicher. Die Hauptaufgabe der Rettungstruppen liegt in der Hilfeleistung zugunsten der zivilen Behörden und der Zivilbevölkerung sowie in der Unterstützung der Feuerwehren und des Zivilschutzes.

3-2-91 Genietruppen

Die Genietruppen werden für Aufgaben eingesetzt, die besondere technische Kenntnisse und Ausrüstungen erfordern: Sicherstellen der eigenen Beweglichkeit, Einschränken der gegnerischen Beweglichkeit, Sicherstellen von Schutz und Überleben, allgemeine Genieaufgaben und Katastrophenhilfe. Rasche Verfügbarkeit sowie ein hoher Spezialisierungsgrad zeichnen die Genietruppen aus. Dementsprechend vielfältig ist auch das Angebot der verschiedenen Funktionen:
Bei den Genietruppen werden ausgebildet:

Sappeure DD

Flugplatzsappeure

Pontoniere

Rammpontoniere DD

Bootsschützen

Baupioniere

Baumaschinenführer DD

Übermittlungs-/Nachrichtensoldaten

Panzersappeure und

Genie-Nachschubsoldaten

Weitere Funktionen bei den Genietruppen sind: Büroordonnanz, Truppenbuchhalter, Truppenkoch und Betriebssoldat.

Erwünschte Berufskategorien für die Genietruppen finden sich im Baugewerbe und in der Holzbearbeitung: Maurer, Forstwarte, Zimmerleute, Schreiner, Schmiede, Mechaniker, Maschinenschlosser, Bauzeichner, Studenten (Bau-Ing.), Sanitär- und Heizungszeichner sowie -installateure.
Voraussetzung für Fahrer: Führerausweis Kategorie B.

3-2-92 Rettungstruppen

Mit ihren spezialisierten Verbänden sind die Rettungstruppen die Hauptträger der militärischen Katastrophenhilfe. Sie leisten als Hauptauftrag Rettungseinsätze in schweren und ausgedehnten Schadenlagen und bei Grossbränden. Im Bedarfsfall können sie durch Elemente anderer Truppengattungen ergänzt werden. Zusätzlich erbringen sie Beiträge zur Unterstützung humanitärer Hilfeleistungen.
Verletzten Personen helfen, Brände bekämpfen, Rettungsgeräte bedienen: Der Job der Rettungssoldaten ist sehr vielfältig und anspruchsvoll. Es werden ausgebildet:

Rettungssoldaten DD

Rettungsgerätewarte DD

Baumaschinenführer und

Übermittlungs-/Nachrichtensoldaten DD

Weitere Funktionen bei den Rettungstruppen sind: Büroordonnanz, Truppenbuchhalter, Truppenkoch und Betriebssoldat.
Erwünschte Berufskategorien für die Rettungstruppen finden sich im Baugewerbe und in der Holzbearbeitung: Maurer, Forstwarte, Zimmerleute, Schreiner, Schmiede, Mechaniker, Maschinenschlosser, Bauzeichner, Studenten (Bau-Ing.), Sanitär- und Heizungszeichner sowie -installateure.
Voraussetzungen für Fahrer: Führerausweis Kategorie B, Feuerwehr-Grundausbildung erwünscht.

Standorte
Rekrutenschulen: Brugg, Wangen an der Aare
Verbandsausbildung: Bremgarten, Genf

3-2-10 Sanitätstruppen

Lehrverband Logistik

Die Aufgaben der Sanitätstruppen reichen von der Aufnahme von Verwundeten und Kranken in der Sanitätshilfsstelle über die Behandlung und Pflege im Spital bis hin zur Hilfeleistung zu Gunsten der Zivilbevölkerung.

Erste Hilfe entscheidet über das Schicksal eines verletzten Menschen. Die Truppensanität betreibt Sanitätshilfsstellen, in denen die Erste Hilfe von Ärzten und Sanitätspersonal ergänzt wird. Mit sanitätseigenen Fahrzeugen werden Patienten in zivile Spitäler überführt, welche durch die mobilen Spital-Bataillone unterstützt und durch die Militärspitäler der Spital-Bataillone entlastet werden.

Sanitätssoldat DD

Der Sanitätssoldat leistet fachkundig Hilfe und weiss, welche weiteren Massnahmen zu treffen sind. Die spezifische Ausbildung für den Einsatz in der Sanitätshilfsstelle und für den Umgang mit dem Sanitätsmaterial hilft mit, dass die lebensrettenden Aufgaben erfüllt werden können.
Während der RS ist ein vierwöchiges Praktikum in einem zivilen Spital vorgesehen. Es besteht auch die Möglichkeit, den Ausweis für Pflegehelfer SRK zu erwerben. Ebenfalls ist geplant, dass im Bereich der Laienrettung das Niveau III erreicht wird.
Voraussetzung: Bereitschaft für ein Spitalpraktikum.

Spitalsoldat

Die Pflege der Patienten steht für den Spitalsoldaten im Vordergrund. Spitalsoldaten werden aber auch in den Bereichen Logistik, Hygiene, Administration und Betrieb ausgebildet. Es besteht die Möglichkeit, während der RS den Ausweis für Pflegehelfer SRK zu erwerben.

Während der RS ist zudem ein vierwöchiges Praktikum in einem zivilen Spital vorgesehen. Diplomiertes Fachpflegepersonal kann ein Praktikum im Bereich Notfall, Operations- oder Intensivpflege absolvieren. Ebenfalls ist geplant, dass im Bereich der Laienrettung das Niveau III erreicht wird.
Voraussetzung: Bereitschaft für ein Spitalpraktikum.

Betriebssoldat Sanität (Ausbildung und Support)

Nach der Ausbildung zum Soldat kommt der Betriebssoldat Sanität in den Krankenabteilungen der Waffenplätze oder in den Rekrutierungszentren zum Einsatz. Er hilft mit bei der Pflege, bei Untersuchungen und Behandlungen und ist für den Logen- und Reinigungsdienst zuständig. Zu seinen Aufgaben kann auch das Führen eines leichten Motorfahrzeugs gehören.

Infrastruktursoldat

Der Infrastruktursoldat stellt mithilfe der Anlagedokumentation die Bereitstellung und den Betrieb der unterirdischen Kommandoposten sicher. Er führt unter Anleitung Wartungs-, Diagnose- und Instandsetzungsarbeiten durch, betreibt die ABC Installationen der Anlage und wartet die

Atemschutzgeräte sowie das Rettungsmaterial. Ebenso stellt er – zum Teil unter Atemschutz – die Brandbekämpfung und den Rettungsdienst innerhalb von unterirdischen Anlagen sicher und setzt Löschgeräte sowie Rettungsmaterial ein. Er kontrolliert – zum Teil mit technischen Hilfsmitteln – den Zutritt von Personen und Material zu den Anlagen und setzt die polizeilichen Massnahmen innerhalb der Anlage durch.

Standorte
Rekrutenschulen: Moudon, Airolo
Verbandsausbildung: Einsiedeln

3-2-11 Logistiktruppen

Lehrverband Logistik

Zu den Logistiktruppen gehören die drei Fachbereiche Nachschub/Rückschub, Verkehr und Transport sowie Instandhaltung. Dazu kommt das Kompetenzzentrum Veterinärdienst und Armeetiere.

Diese Bereiche haben die folgenden Aufgaben zu erfüllen:

Nachschub/Rückschub: Die von der Truppe benötigten Güter (Verpflegung, Treibstoff, Baumaterial, Munition usw.) müssen rechtzeitig am richtigen Ort verfügbar sein. Was nicht mehr gebraucht wird, wird zurückgenommen.

Verkehr und Transport: Planung und Durchführung von Verschiebungen, Transporte von Personen und Gütern, militärische Verkehrsführung.

Instandhaltung: Wartung, Inspektion, Instandsetzung und Notinstandsetzung von Waffen, Systemen, Fahrzeugen und Verteidigungsanlagen.

Kompetenzzentrum Veterinärdienst und Armeetiere: Beschaffung, Betreuung und veterinärmedizinische Behandlung von Armeetieren, Bekämpfung von Tierseuchen und Überwachung der Lebensmittelhygiene in der Armee.

3-2-111 Nachschub/Rückschub

Nachschubsoldat DD

Der Nachschubsoldat stellt die zum Überleben und zur Erfüllung eines Auftrags benötigten Versorgungsgüter bereit (stationäre Logistik) und führt sie der Truppe bedarfsorientiert zu (mobile Logistik). Die stationäre Logistik findet zum Teil in unterirdischen Anlagen statt.

Offiziersordonnanz

Die Offiziersordonnanz ist für Unterhalt, Wartung und Reparatur der Offiziersausrüstung zuständig und führt den Offiziershaushalt.

Truppenkoch

Der Truppenkoch kommt in der Truppenküche (stationär und mobil) zum Einsatz und bereitet dort selbstständig Mahlzeiten zu. Truppenköche werden in allen Truppengattungen ausgebildet.

Übermittlungssoldat DD

Der Übermittlungssoldat erstellt Telefon- und Funkverbindungen zu allen Kommandostufen.

Büroordonnanz DD

Die Büroordonnanz erledigt die administrativen Arbeiten in den Büros. Büroordonnanzen werden in allen Truppengattungen ausgebildet.

3-2-112 Verkehr und Transport

Verkehrssoldat DD

Der Verkehrssoldat schafft günstige Voraussetzungen für rasche Verschiebungen. Er erkundet das Verkehrsnetz und die Verkehrslage, regelt auf Kreuzungen den Verkehr, kennzeichnet Marschstrassen und organisiert Umleitungen oder Einbahnverkehr. Er führt Fahrzeuge (auch geländegängige) bis 3,5 t mit Anhänger oder Motorräder. Nach abgeschlossener Motorradausbildung erhält er den zivilen Führerausweis der Kategorie A (Mil Kat 910).

Voraussetzungen:

- erfüllte medizinische Mindestanforderungen;
- Führerausweis Kategorie B (dieser darf Ihnen noch nie für mehr als einen Monat entzogen worden sein); und
- bestandene Eignungsprüfung für Fahrzeugführer (A-Test).

Motorfahrer DD

Der Motorfahrer transportiert Personen und Güter mit Lastwagen und Anhänger. Nach bestandener Ausbildung erhält der Motorfahrer den zivilen Führerausweis CE (Mil Kat 930E) und die zivile Bescheinigung für den Transport gefährlicher Güter (ADR/SDR).

Voraussetzungen:
- erfüllte medizinische Mindestanforderungen;
- Führerausweis Kategorie B (dieser darf Ihnen noch nie für mehr als einen Monat entzogen worden sein); und
- bestandene Eignungsprüfung (A-Test).

3-2-113 Instandhaltung

Motormechaniker

Der Motormechaniker wartet und repariert Kleinfahrzeuge, Lastwagen, Panzerjäger, Radschützenpanzer, Baumaschinen und Motoraggregate.

Panzermechaniker

Der Panzermechaniker wartet und repariert Panzer, beschafft Ersatzteile, bewirtschaftet Spezialwerkzeuge und Testgeräte.

Panzerelektriker

Der Panzerelektriker wartet und repariert die elektrischen, elektronischen und optronischen Anlagen von Panzern.

Waffenmechaniker

Der Waffenmechaniker wartet und repariert Hand- und Faustfeuerwaffen, Maschinengewehre, Minenwerfer, Panzerabwehrwaffen, Flab-Lenkwaffensysteme, Panzerkanonen, Artilleriegeschütze, Fliegerabwehrkanonen und Feuerleitgeräte.

Gerätemechaniker

Der Gerätemechaniker wartet und repariert Feuerleitsysteme, Distanz- und Nordbestimmungsgeräte, Datenverarbeitungs- und Übertragungsanlagen, Empfänger-, Sender- und Peilanlagen für die elektronische Kriegführung und Draht-, Funk- sowie Richtstrahl-Systeme.

3-2-114 Veterinärdienst und Armeetiere

Trainsoldat

Der Trainsoldat unterstützt mit seinem Pferd infanteristische und logistische Formationen durch Gütertransporte in unwegsamem Gelände. Mit Sondertransporten wird im Katastrophenfall auch der Zivilbevölkerung Hilfe geleistet.

Voraussetzungen:
- Beziehung zum Pferd;
- Ausdauer und Gebirgstauglichkeit; und
- Vorkurse für angehende Train- und Veterinärsoldaten auf freiwilliger Basis.

Veterinärsoldat

Der Veterinärsoldat ist für die Pflege kranker Pferde und für die Seuchenbekämpfung zuständig.

Voraussetzung: Vorkurse für angehende Train- und Veterinärsoldaten auf freiwilliger Basis.

Hundeführer

Rekruten mit Erfahrung im Umgang mit Hunden können zu Schutz- und Katastrophenhundeführern ausgebildet werden. Die RS wird mit dem eigenen oder mit einem von der Armee erworbenen Hund absolviert.

Voraussetzung: Eignungstest vor der RS.

Hufschmied

Der Hufschmied wird für normale und orthopädische Hufbeschläge ausgebildet. Die militärische Fachausbildung ist in die zivile Ausbildung zum Hufschmied integriert.

Voraussetzung: Bestehen einer Fachprüfung.

Standorte

Rekrutenschulen: Drognens, Burgdorf, Frauenfeld, Freiburg, Monte Ceneri, Sand/Schönbühl, Thun/Lyss, Wangen an der Aare
Verbandsausbildung: Boltigen, Drognens/Grolley, Mels

3-2-12 ABC Abwehrtruppen

Komp Zen ABC Spiez

Im Kürzel ABC steht A für «atomar», B für «biologisch» und C für «chemisch». Die ABC Abwehrtruppen unterstützen die militärischen Einsatzverbände und die zivilen Behörden beim Nachweis von Radioaktivität sowie von biologischen und chemischen Kampfstoffen (etwa nach Terroranschlägen). Zudem können sie kontaminierte Personen, Objekte, Gebäude oder Geländeteile dekontaminieren, das heisst entstrahlen, entseuchen und entgiften. Zuständig für die ABC Abwehrtruppen ist das Kompetenzzentrum ABC mit der ABC Abwehrschule in Spiez.

ABC Abwehrsoldat Nachweis

Der ABC Abwehrsoldat Nachweis ist der Laborspezialist der ABC Abwehrtruppen. Er erhält seine sechswöchige militärische Grundausbildung in der Elektromechaniker RS (Lyss) bei den Logistiktruppen. Seine atomare, biologische oder chemische Fach- und Verbandsausbildung erwirbt er während zwölf Wochen in der ABC Abwehrschule des Kompetenzzentrums ABC (Spiez). Als ABC Abwehrsoldaten Nachweis eignen sich angehende Berufsleute technisch-naturwissenschaftlicher Richtung, insbesondere Chemielaboranten, Chemikanten, Biologielaboranten, medizinische Laboranten, Physiklaboranten, Gymnasiasten mit den Matura-Schwerpunktfächern «Biologie/Chemie» oder «Physik/Anwendungen der Mathematik» sowie angehende Studenten der Naturwissenschaften. Diese Ausbildung kann nicht bei jedem RS-Start angeboten werden.

ABC Abwehrsoldat Dekontamination

Der ABC Abwehrsoldat Dekontamination ist der Entstrahlungs-, Entseuchungs- und Entgiftungsspezialist der ABC Abwehrtruppen. Er kann auch zur Wasseraufbereitung eingesetzt werden. Seine sechswöchige militärische Grundausbildung erhält er in der Elektromechaniker RS (Lyss) bei den Logistiktruppen. Seine Fach- und Verbandsausbildung erwirbt er während zwölf Wochen in der ABC Abwehrschule des Kompetenzzentrums ABC (Spiez). Als ABC Abwehrsoldaten Dekontamination eignen sich angehende Berufsleute technischer Richtung, insbesondere Polymechaniker, Installateure, Maschinisten, aber auch Laboranten, Chemielaboranten, Chemikanten, Galvaniker, Lehrer sowie angehende Studenten technisch-naturwissenschaftlicher Richtung. Da in der Ausbildung oft praktisch gearbeitet wird, ist für diese Funktion eine gewisse körperliche

Fitness notwendig. Von Vorteil ist auch ein verdienstliches Engagement in der Jugendfeuerwehr. Diese Ausbildung kann nicht bei jedem RS-Start angeboten werden.

ABC Soldat (ABC Abwehr aller Truppen) DD

Wer als ABC Soldat rekrutiert wird, ist ein angehender ABC Unteroffizier im Grad eines Korporals. Deshalb benötigen ABC Soldaten ein Kaderpotenzial als Unteroffizier. Die ABC Unteroffiziere erhalten eine Kurzausbildung. Damit dauert ihre Dienstleistung gleich lange wie diejenige der Soldaten der Truppengattung, welcher sie zugeteilt werden (18 Wochen Grundausbildung und sieben Wiederholungskurse oder 21 Wochen Grundausbildung und sechs Wiederholungskurse). Der ABC Soldat erhält seine militärische Grundausbildung in der Elektromechaniker RS (Lyss) der Logistiktruppen und seine Kaderausbildung in Spiez. Seine Fachausbildung erwirbt er während vier Wochen in der ABC Abwehrschule des Kompetenzzentrums ABC (Spiez). Für die Verbandsausbildung wird er jener Truppengattung zugewiesen, in welcher er später seinen Dienst leisten wird. In seiner Kompanie wirkt der ABC Unteroffizier als Berater des Kompaniekommandanten in allen ABC- und Umweltschutzbelangen sowie als Leiter des ABC Spürdienstes. Die Funktion eignet sich für Berufsleute mit technischem Flair (z.B. Mechaniker) oder mit einem Bezug zu den Naturwissenschaften (z.B. Drogisten). Auch angehende Lehrer oder Gymnasiasten mit einem Interesse an naturwissenschaftlich-technischen Zusammenhängen sind für diese Funktion geeignet.

Standorte: Lyss, Spiez

ABC Einheitssanitäter/Sanitätspanzerfahrer

Der ABC Einheitssanitäter stellt unter erschwerten Bedingungen (ABC Schutz) das Überleben der Patienten sicher, kann diese dekontaminieren und führt sie schliesslich einer sanitätsdienstlichen Einrichtung zu. Er kann ein Fahrzeug von 3,5 t bis 7,5 t Gewicht führen. Die Funktion eignet sich für alle Berufsleute mit einem Fahrausweis und einem Flair für sanitätsdienstliche Belange (z.B. Samariterwesen). Diese Ausbildung kann nicht bei jedem RS-Start angeboten werden.

Standorte: Airolo, Lyss, Spiez

Stab Mil Sich

Militärpolizeigrenadiere (MP Gren) erbringen ihre polizeilichen Leistungen im Militärpolizeibataillon anlässlich ihrer Fortbildungskurse: Im Rahmen von subsidiären Einsätzen unterstützen sie die zivilen Behörden und arbeiten eng mit den zivilen Polizeikorps zusammen. Dabei leisten sie einen wichtigen Beitrag in den Bereichen Objekt-, Konferenz- und Personenschutz. Ihre Sicherheitsausbildung mit spezifischen Elementen der Polizeiarbeit und ihre moderne Ausrüstung befähigen sie, ihre Aufträge in jedem Umfeld und unter schwierigsten Bedingungen zu erfüllen.

Der Militärpolizeigrenadier verfügt über eine hohe physische und psychische Widerstandskraft. Sein Anforderungsprofil entspricht demjenigen des Infanteriegrenadiers. Ein bestimmter Anteil der Rekruten wird als Fahrer Radschützenpanzer PIRANHA 8x8 oder geländegängiger Kleinlastwagen DURO ausgebildet. Die Grundausbildung entspricht in weiten Teilen derjenigen der Infanteristen. Sie wird ergänzt durch spezifische Elemente der Polizeiarbeit. Es sind dies vertiefte Schiessausbildung, Nahkampf und Selbstverteidigung, Kontroll-, Durchsuch- und Abführtechniken sowie das Anwenden der Verhältnismässigkeit in jeder denkbaren Situation. Die Zusatzausbildung umfasst Spezialfahrzeuge, -waffen und -geräte der Militärpolizei. Anwärter, welche eine Berufslaufbahn bei der Militärpolizei vorsehen, werden bevorzugt.

Ausrüstung

Neben der herkömmlichen Infanterieausrüstung verfügt der Militärpolizeigrenadier über spezielle Waffen und Geräte welche für die Auftragserfüllung notwendig sind. Die Ordnungsdienstausrüstung ist ebenfalls Bestandteil der Zusatzausrüstung. Sie entspricht derjenigen eines modernen, zivilen Polizeikorps.

Laufbahnen

Neben der herkömmlichen Milizlaufbahn besteht die Möglichkeit, die Berufslaufbahn als Militärpolizist einzuschlagen. Die Voraussetzungen dafür sind gute Allgemeinbildung, einwandfreier Leumund, Führerausweis Kategorie B und Kenntnis einer zweiten Landessprache. Ausdauer und Sportlichkeit werden ebenfalls gefordert.

Die Militärpolizei ist in drei Berufselemente gegliedert: die Mobile Militärpolizei, die Territoriale Militärpolizei und ein Detachement für besondere Dienste der Militärpolizei.

- Die **Mobile Militärpolizei** leistet schwergewichtig subsidiäre Einsätze zugunsten der Armee, unterstützt das Grenzwachtkorps, betreibt Objektschutz, Botschaftsschutz und Konferenzschutz im In- und Ausland.
- Die **Territoriale Militärpolizei** ist verantwortlich für sämtliche sicherheits-, verkehrs- und kriminalpolizeilichen Aufgaben innerhalb der Armee. Sie arbeitet mit den militärischen Untersuchungsrichtern eng zusammen und kann ebenfalls im Ausland für Eskorten und erweiterte Polizeiaufgaben eingesetzt werden.
- Die speziellen Aufgaben der **Besonderen Dienste der Militärpolizei** sind: Personenschutz, Observation, Begleitschutz, Eskorten und Spionage-Abwehr bei hohem Gefährdungsgrad. Die Angehörigen der Besonderen Dienste der Militärpolizei werden aus der Territorialen Militärpolizei und der zivilen Polizei rekrutiert.

Eine erfolgreich abgeschlossene Rekrutenschule als Militärpolizeigrenadier stellt eine optimale Voraussetzung dar, um eine berufliche Laufbahn im Sicherheitsbereich zu ergreifen. Nach der Rekrutenschule verfügt der MP Gren über die notwendigen Grundlagen, um erfolgreich Militärpolizist, Polizist oder Angestellter einer Sicherheitsfirma zu werden. Schliesslich verfügt der MP Gren über alle Voraussetzungen, um sich für freiwillige Auslandeinsätze der Armee zu bewerben.

Standort: Aarau

Armeeaufklärer (AAD 10) unmittelbar vor dem Einsatz

Scharfschützen einer Grenadierformation

FOKUS 2: Aufklärungs- und Grenadierformationen der Armee (AGFA)

Die Aufklärungs- und Grenadierformationen der Armee (AGFA) sind speziell ausgebildete und ausgerüstete Formationen und umfassen total ca. 3000 Mann. Sie sind für Aktionen von strategischer Bedeutung im Rahmen der verfassungsmässigen Armeeaufträge Verteidigung, Raumsicherung, subsidiäre Einsätze und friedenserhaltende Operationen vorgesehen.

Sie sind befähigt, Einsätze zu Gunsten der politischen sowie militärstrategischen Führung durchzuführen. Einsätze der AGFA sind vor allem Sonderoperationen (SO), das heisst militärische Aktionen, die sowohl unabhängig als auch im Rahmen grösserer Operationen zur Erreichung strategischer Ziele geführt werden können.

F2-1 Aufgaben

Die AGFA können im Interesse der Schweiz für folgende Aufgaben eingesetzt werden:

a. Schutz eigener Truppen, Personen und besonders schutzwürdiger Sachen im Ausland (im multinationalen Verbund);
b. Rettung und Rückführung von zivilen und militärischen Personen aus dem Ausland (im multinationalen Verbund);
c. Beschaffung von Schlüsselinformationen;
d. Durchführung von offensiven Aktionen im Rahmen der Verteidigung bzw. der Raumsicherung;
e. Militärische Assistenz (Beratung von zivilen sowie militärischen Behörden).

Aufgrund der Ausbildung und des Personalstatus (Miliz/Berufspersonal) können nicht alle AGFA sämtliche Kernaufträge in allen Lagen erfüllen. Die Milizverbände nehmen in erster Linie Aufgaben im Rahmen der Raumsicherung und Verteidigung wahr.

F2-2-21 Führungselemente

Der **Führungsstab der Armee** ist für die Planung, Führung und Nachbereitung von Sonderoperationen (SO) auf operativer Stufe verantwortlich. Dafür verfügt er mit dem JSOC (Joint Special Operations Center) über ein ständiges, spezialisiertes, teilstreitkräfteübergreifendes Führungsinstrument mit einem professionellen Kernstab und Milizpersonal.

Der **Stab Grenadierkommando 1** des Heeres besteht ebenfalls aus einem professionellen Kernstab und Milizpersonal. Er kann Einsätze der AGFA auf taktischer Ebene analysieren, planen, vor Ort führen und nachbereiten.

F2-2-22 Einsatzelemente

F2-2-221 Armee-Aufklärungsdetachement 10 (AAD 10)

Das AAD 10 des Heeres ist die Berufskomponente der AGFA.
Das AAD 10 besteht aus polyvalentem und multifunktional einsetzbarem Berufspersonal und kann aus dem Stand im Rahmen der Armeeaufträge folgende Aufgaben wahrnehmen:

Friedensförderung im Ausland:
- Beschaffung von Schlüsselnachrichten;
- Schutz von Truppen, Personen und Einrichtungen.

Subsidiäre Einsätze im Ausland:
- Beschaffung von Schlüsselnachrichten;
- Rettung und Rückführung von Schweizer Bürgern aus Krisengebieten;
- Schutz von Personen und Einrichtungen bei erhöhter Bedrohung.

Raumsicherung und Verteidigung:
- Beschaffung von Schlüsselnachrichten;
- Suche und Rettung im Kampf;
- offensive Aktionen.

Rekrutierung:
Die Erfüllung der anspruchsvollen Aufgaben des AAD 10 erfordert eine überdurchschnittliche physische und psychische Leistungsfähigkeit. Deshalb werden die zukünftigen Angehörigen des AAD 10 einem strengen, mehrstufigen Auswahlverfahren unterzogen. Die Kandidaten werden dabei detailliert auf ihre physische, psychische und intellektuelle Leistungsfähigkeit überprüft

Für das Auswahlverfahren sind Angehörige aller Waffengattungen zugelassen.

Ausbildung:
Die Ausbildung zum Armeeaufklärer dauert rund 18 Monate und ist in Grundausbildung, Spezialistenausbildung und Infiltrationstechnikausbildung gegliedert. Neben praktischer Ausbildung in verschiedensten Einsatztechniken wird grosser Wert auf theoretische Inhalte wie Rechtslehre, Geografie, Ethnologie, internationale Sicherheitspolitik, Sprach- und Kommunikationstechnik, Taktik und Führungstechnik gelegt.

Das AAD 10 konkurrenziert die Milizformationen der Armee nicht, sondern ergänzt diese sinnvoll. Die abgestufte Bereitschaft der Schweizer Armee verlangt nach rasch verfügbaren Verbänden. Daher ist dieser Berufsverband innerhalb der AGFA-Struktur nötig. Durch die enge Zusammenarbeit mit den Grenadierbataillonen und den Fallschirmaufklärern in der Ausbildung und im Einsatz profitieren die Milizangehörigen dieser Verbände vom Know-how der Profis und erhöhen damit ihre eigene Bereitschaft.

www.armee.ch/AAD oder
Gren Kdo 1, Auswahl AAD 10, Caserma Monte Ceneri, 6802 Rivera.

F2-2-222 Die Grenadiere

Die **Grenadiere** des Heeres sind ein Milizverband. Sie haben die Fähigkeit, im Rahmen von Raumsicherungs- und Verteidigungsoperationen im Inland sowie im grenznahen Raum, Sonderoperationen in schwierigem Gelände durchzuführen. Die Grenadiere sind in den Gren Bat 20 und 30 eingeteilt.

Die Ausbildung zum Grenadier erfolgt strikt selektiv. Neben einem besonderen Eignungstest im Rahmen der Aushebung mit Sporttest, Lastenmarsch, vertieften medizinischen und psychologischen Untersuchungen sind in der Rekrutenschule zahlreiche Tests zur Überprüfung der individuellen psychischen, physischen und fachtechnischen Fähigkeiten zu bestehen. Nach der Grundausbildung erfolgt die Spezialistenausbildung im Sprengdienst und an den Unterstützungswaffen sowie in den Themen Scharfschützen, Aufklärung sowie fortgeschrittener Häuser- und Ortskampf. In der Verbandsausbildung werden alle diese Elemente kombiniert und im Rahmen von Sonderoperations-Einsatzübungen mit Thema überprüft.

Den Grenadier zeichnen Flexibilität, Initiative, Offenheit, der beständige Wille, Neues zu lernen, persönliche Disziplin, physische Robustheit und Ausdauer aus. Darüber hinaus wird grosser Wert auf Teamfähigkeit und Zuverlässigkeit gelegt.

www.armee.ch/grenadiere

F2-2-223 Die Fallschirmaufklärer

Die **Fallschirmaufklärer Kompanie 17** der Luftwaffe, ein Milizverband, ist befähigt, Nachrichten in der Tiefe des gegnerischen Raumes zu beschaffen. Die Ausbildung zum Fallschirmaufklärer ist eine Kaderausbildung. Es werden ausschliesslich Unteroffiziere und Offiziere ausgebildet. Die Nachrichtenbeschaffung in der Tiefe des gegnerischen Raumes ist der Hauptauftrag dieser Spezialisten. Die Ausbildung beinhaltet vor allem die nachrichtendienstlichen Tätigkeiten, technische Fähigkeiten der verdeckten Aufklärung, vertiefte Kenntnisse im Übermittlungswesen, Waffentechnik und Überleben. Die verschiedenen Infiltrationstechniken mittels Fallschirm bei Tag und Nacht bilden einen Bestandteil der als anspruchsvoll geltenden Kaderschulen.

www.fallschirmaufklaerer.ch

Die **Luftwaffe** verfügt ebenfalls über ein **Helikopterdetachement,** welches für die Unterstützung der Einsätze der AGFA vorgesehen ist. Dieses Detachement, mit speziell ausgebildetem Personal, befindet sich im Aufbau und ist ein entscheidendes Element für Sonderoperationen.

F2-2-23 Unterstützungselemente

Die **Stabskompanie Grenadierkommando 1** des Heeres ist eine Einheit, welche aus dem Stand den Stab Grenadierkommando 1, das Armee-Aufklärungsdetachement 10 sowie die Fallschirmaufklärer Kompanie 17 in den Bereichen Sicherung, Einsatzvorbereitung, Übermittlung und Führung unterstützen kann. Sie besteht aus einem professionellen Kern und Milizpersonal.

F2-2-24 Ausbildungselemente

Das Kommando der **Grenadier Schulen und Kurse** ist für die Ausbildung und Alimentierung des Nachwuchses der Grenadierbataillone verantwortlich. Darüber hinaus ist es das Kompetenzzentrum auf Stufe Armee für Themen wie Ausbildung von Scharfschützen und Leben im Felde. Das Kommando der **Fallschirmaufklärer Schulen und Kurse** ist für die Ausbildung und Alimentierung der Fallschirmaufklärer Kompanie 17 verantwortlich. Darüber hinaus ist es das Kompetenzzentrum auf Stufe Armee in den Bereichen Fallschirmsprungdienst, terrestrische Fernaufklärung und Überlebenstechniken.

Berufsfliegerkorps

Armee-Aufklärungsdetachement 10

3-3 Berufsformationen[1]

Die Berufsformationen sind ein wesentlicher Bestandteil im System der abgestuften Bereitschaft. Sie werden in erster Priorität für subsidiäre Einsätze zur Prävention und Bewältigung existenzieller Gefahren eingesetzt.

3-3-1 Reine und gemischte Formationen

In der ***Schweizer Armee*** werden folgende Berufsformationen unterschieden:
– Berufsformationen der Militärischen Sicherheit
– Das Armee-Aufklärungsdetachement 10.
Neben diesen ausschliesslich aus Berufspersonal bestehenden Berufsformationen gibt es ***gemischte Formationen,*** die aus Berufspersonal und aus Milizpersonen bestehen (z.B. der Katastrophenhilfe-Bereitschaftsverband und das Infrastrukturbataillon).

Aufgaben: Die betreffenden Formationen können folgende Aufgaben wahrnehmen:

1. Sicherstellung der Betriebsbereitschaft von zivilen und militärischen Anlagen;
2. Sicherheits-, kriminal- und verkehrspolizeiliche Aufgaben im Armeebereich;
3. Aufklärungs-, Schutz-, Rettungs- und Kampfaufgaben, für die eine sofortige Verfügbarkeit und/oder eine spezielle Ausbildung erforderlich sind;
4. Ausbildungsaufgaben.

Die Berufsformationen können die zivilen Behörden beim Personenschutz ***innert Tagen unterstützen*** oder – die Zustimmung des betroffenen Landes vorausgesetzt – Schweizer Bürger ***aus Krisengebieten zurückführen.***

[1] Artikel 7 Absatz 2 Buchstabe b der Verordnung der Bundesversammlung vom 4. Oktober 2002 über die Organisation der Armee (Armeeorganisation, AO).

Zudem können sie ***innert Wochen*** für die Unterstützung beim Schutz von wichtigen Objekten, von Konferenzen und internationalen Veranstaltungen sowie für die ***Unterstützung des Grenzwachtkorps*** beim Schutz der Landesgrenzen eingesetzt werden.

3-3-2 Das Berufsfliegerkorps der Luftwaffe (BFK)

Mit der Umsetzung des Reformschrittes 05 der Luftwaffe und der daraus resultierenden Organisation hatte es für den seit 1941 existierenden Traditionsverband «Überwachungsgeschwader» (UeG) keinen Platz mehr. Mit dieser Umstrukturierung wurden im Bereich der fliegenden Verbände und der Flugplatzorganisationen die verschiedenen Organisationseinheiten in die Bereiche Einsatz und Ausbildung aufgeteilt. Die Fliegerstaffeln wurden den Flugplatzkommandos unterstellt und werden durch dessen Organe in allen Lagen geführt. Die Pilotenschule verblieb im LVb Fl 31 und stellt weiterhin die Grundausbildung der angehenden Berufsmilitärpiloten (BMP) sicher. Die Offiziere aus den verschiedenen Fachdiensten und den UeG-Spartenstäben wurden in den Luftwaffenstab oder den Stab des Einsatzes LW eingeteilt

Um dem – vor allem im Ausbildungsbereich – etwas speziellen Status der Berufsflieger (Piloten und Operateure) gerecht zu werden, wurde das Berufsfliegerkorps (BFK) geschaffen. Dabei handelt es sich nicht um eine militärische Formation. Dem Chef BFK obliegt die personelle und ausbildungsmässige Betreuung der Berufsflieger. Seine Aufgabe ist, im Rahmen der gegebenen Möglichkeiten günstige Voraussetzungen zu schaffen, damit die Besatzungen ihre Arbeit im Cockpit oder an den «fliegenden» Schreibtischen unter den bestmöglichen Bedingungen erledigen können. Ausbildung, Weiterbildung, Laufbahnsteuerung, Laufbahnmodelle, Verordnungen, Personalkoordination, Controlling der Flugleistungen sind die zentralen Punkte seiner Arbeit. Im Alltag werden die Berufsflieger durch die Linienvorgesetzten gemäss Organigramm geführt.

Die Zusammenführung der über die ganze Luftwaffe verstreuten Berufsflieger im BFK soll aber auch die Möglichkeit bieten, die spezielle Kultur und den Korpsgeist unter den fliegenden Besatzungen weiterzupflegen. Auch wenn sich die Organisationsform der Luftwaffe geändert hat, die an die Berufsflieger gestellten Aufgaben sind nahezu gleich geblieben.

www.luftwaffe.ch

3-3-3 Berufsformationen der Militärischen Sicherheit

Die ***Militärische Sicherheit*** ist ein teilprofessioneller Verband *(siehe dazu auch «Militärische Sicherheit» des Kapitels «Truppengattungen»).* Die Berufsformationen der Militärischen Sicherheit gehören zu den ***rasch verfügbaren Kräften*** der Armee. Sie können im Rahmen des Systems der abgestuften Bereitschaft ***innert Stunden*** eingesetzt werden. Sie sind eigentliche Pikettelemente der Armee.
Die ***Berufsformationen*** sind in ***folgenden Bereichen*** der Militärischen Sicherheit vertreten:

Militärpolizei
Die Militärpolizei (MP) ist auf der Stufe Armee das Polizeiorgan der Militärjustiz und derer Untersuchungsrichter. Für das Berufsmilitär in Schulen und Kursen der Armee sowie die Truppenkommandanten aller Stufen der Milizverbände ist sie Beratungs- und Unterstützungsorgan. Als professioneller Verband sind die Angehörigen der Militärischen Sicherheit zudem befähigt, die zivilen Behörden auf deren Gesuch hin nach kurzer Zeit im Rahmen von subsidiären Aufgaben rasch und kompetent zu unterstützen.
Die Militärpolizei ist schweizweit auf **4 Regionen** verteilt, die sich wiederum an die schweizerischen Polizeikonkordate der städtischen und kantonalen Polizeiorgane anlehnen. Basierend auf 4 Einsatzzentralen und den regionalen Militärpolizeiposten erledigen die Militärpolizisten anspruchsvolle Aufgaben und Aufträge in den Bereichen Sicherheits-, Kriminal- und Verkehrspolizei bei der Truppe.

Kompetenzzentrum **KAMIR** (Kampfmittelbeseitigung sowie militärische und humanitäre Minenräumung)
Folgende Kernaufgaben werden erfüllt:
- Humanitäre und militärische Minenräumung
- Kampfmittelbeseitigung; ;
- Entschärfen unkonventioneller Spreng- und Brandvorrichtungen (USBV);
- Ausbildungsunterstützung der Truppe und von Dritten.

Schulen, Lehrgänge und Kurse: *siehe «Militärische Sicherheit» im Kapitel «Truppengattungen»).*

www.milsich.ch

3-3-4 Armee-Aufklärungsdetachement 10

Das ***Armee-Aufklärungsdetachement 10 (AAD 10)*** ist die Berufskomponente der Aufklärungs- und Grenadierformationen der Armee (AGFA). Die Verbände der AGFA sind das Grenadierkommando 1 (Heer) und die Fallschirmaufklärerkompanie 17 (Luftwaffe). Das AAD 10 ist im Grenadierkommando 1 eingegliedert.
Mehr im Fokus 2

www.armee.ch/AAD

3-3-5 Katastrophenhilfe-Bereitschaftsverband (gemischte Formation)

Auftrag: Das Einsatzkommando Katastrophenhilfe-Bereitschaftsverband stellt während des ganzen Jahres die ***militärische Katastrophenhilfe im In- und Ausland*** sicher.
Bereitschaft: Der Verband kann im ***Inland*** an Werktagen mit einem Element in maximal Zugstärke ***innert vier Stunden*** und mit dem Gros der Kompanie ***innert sechs Stunden*** (Samstag und Sonntag: Teile in zwölf und das Gros in 24 Stunden) eingesetzt werden. Für ***Auslandeinsätze*** gilt eine Bereitschaftszeit von ***zehn Stunden.***
Wenn keine Katastrophenhilfeeinsätze anstehen, wird ausgebildet, unterstützt oder es werden Leistungen zu Gunsten Dritter erbracht.
Aufgaben:

- ***Im Inland:*** Unterstützung der zivilen Behörden auf deren Gesuch bei ***Naturkatastrophen*** (Beispiele: Waldbrand Misox und Leuk, Arbaz, Schlammlawinen in Gondo oder im Bündner Oberland in Schlans und Ruen, Hochwasser 2005, 2007) und bei ***Technologiekatastrophen*** (Beispiel: Grossbrand Tela-Papierfabrik, Einsturz Autoeinstellhalle in Gretzenbach SO). Das Eidg. Departement für Verteidigung, Bevölkerungsschutz und Sport (VBS) entscheidet über die Hilfebegehren und den Einsatz von Truppen. In der Regel werden sie dem Kommandanten der entsprechenden Territorialregion unterstellt. Dieser ist das Bindeglied zu den kantonalen politischen Behörden und den subsidiär eingesetzten Verbänden. Er bestimmt auch einen oder mehrere ***militärische Einsatzleiter auf unterer Stufe.*** Die Gesamtverantwortung obliegt immer den zivilen Behörden, die Führung der Truppe dem zuständigen militärischen Kommandanten.
- ***Im Ausland:*** Unterstützung der zivilen Behörden nach Erdbeben im Rahmen der Rettungskette Schweiz oder bei anderen Einsätzen im Rahmen der Unterstützung humanitärer Hilfeleistungen (z.B. Hoch-

wasser). Der Einsatzentscheid wird im Eidgenössischen Departement für auswärtige Angelegenheiten durch die Direktion für Entwicklung und Zusammenarbeit (DEZA), Bereich humanitäre Hilfe und SKH, gefällt *(siehe dazu auch «Humanitäre Hilfeleistungen zusammen mit der Armee» des Kapitels «Unsere Sicherheitspolitik – Sicherheit durch Kooperation»).*

Organisation: Das Kommando, mit Standort Bremgarten AG, umfasst das ***Einsatzkommando Katastrophenhilfe (Kata Hi) Bereitschaftsverband*** mit drei über das Jahr verteilten ***Katastrophenhilfe-Bereitschaftskompanien.*** Die Kompanie setzt sich aus Soldaten und Kadern der Rettungs-, der Genie- und der Logistiktruppen zusammen. Die Kompanie wird geführt durch Berufs- und Zeitmilitärs sowie durch Durchdiener-Kader bis Stufe Zugführer.

Bestand: Die ***Kompanie*** besteht aus 155 Durchdienern, 37 Zeitmilitärs und 1 Berufsmilitär. Bei ***3 Schulstarts*** pro Jahr ergeben sich ***3 Kompanien*** mit einem Sollbestand von je 193 Angehörigen der Armee. Der ***Schulstab*** besteht aus 11 Berufsmilitärs und 1 zivilem Mitarbeiter.

Ausbildung: Als Durchdiener werden in der Regel nur Soldaten in die Katastrophenhilfe-Bereitschaftskompanie eingeteilt, die ihre 18-wöchige Rekrutenschule bei den Rettungs- oder Genietruppen absolviert haben. Zudem gehören Motorfahrer und AdA in logistischen Funktionen (VrkSdt, Trp Buchh, Trp Koch) zur Katastrophenhilfe-Bereitschaftskompanie.

Ausrüstung: Der Katastrophenhilfe-Bereitschaftsverband ist, im Gegensatz zu den Rettungskompanien, zusätzlich mit ***Wechselladebehältern (WELAB)*** ausgerüstet *(siehe dazu auch «Material und Fahrzeuge der Rettungstruppen» des Kapitels «Kampf- und Unterstützungsmittel»).* Diese Systeme sind in Zusammenarbeit mit zivilen Führungs- und Einsatzorganisationen konzipiert worden und sollen die ***zivilen Einsatzkräfte*** bei Bedarf ergänzen.

Im Weiteren verfügt der Verband über die ***Stahlträgerbrücke 95,*** die ***Feste Brücke 69*** und, als einziger Verband der Armee, über den ***Steg 58.*** Neuerdings verfügt der Verband auch über die Mabey&Johnson-Brücke (Einsatz in Gross SZ im Jahre 2007).

Besonderheiten in der Ausbildung und im Einsatz: Die Einsatzdoktrin und die materielle Bestückung erlauben eine rasche, fachkompetente und moderne ***Unterstützung der zivilen Einsatzkräfte,*** ohne diese zu konkurrenzieren.

www.he.admin.ch > Das Heer > Unsere Organisation > Lehrverband Genie/Rettung > Schulen > **Ei Kdo Kata Hi Ber Vb**

Kampfmittelbeseitigung: Ausbildung …

… und Einsatz

3-4 Berufspersonal

Das Berufspersonal bietet der Armee Gewähr, dass die zur Auftragserfüllung nötigen Kompetenzen jederzeit sofort verfügbar und auf neustem Stand sind. Das Berufspersonal ist deshalb auch der wichtigste Pfeiler der militärischen und fachlichen Ausbildung.

Das ***Berufspersonal*** umfasst militärisches und ziviles Personal, welches den Betrieb, die Führung und die Ausbildung der Armee sicherstellt. Zur Gewährleistung von Schlüsselfunktionen in besonderen oder ausserordentlichen Lagen kann das zivile Personal militarisiert werden.

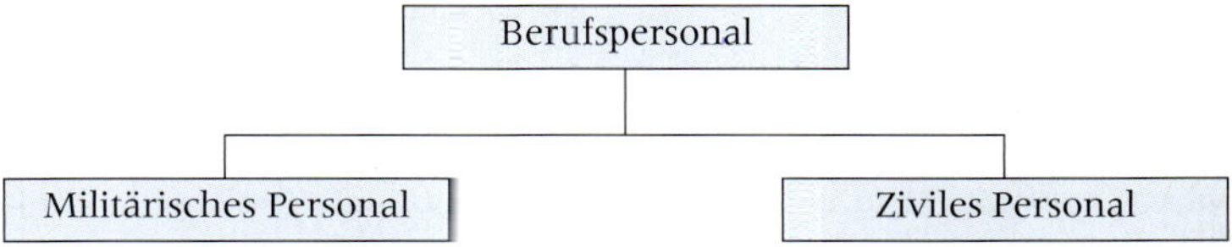

3-4-1 Militärisches Personal

Militärisches Personal ist der Oberbegriff für ***Berufs- und Zeitmilitär.*** Es übernimmt Führungs- und/oder Ausbildungsaufgaben in zentralen Stäben (Hauptquartier der Armee, Teilstreitkraft Heer, Teilstreitkraft Luftwaffe, Logistikbasis der Armee und Führungsunterstützungsbasis) in der Höheren Kaderausbildung oder in Lehrverbänden. Militärisches Personal wird zudem in der Führung und Ausbildung von Verbänden und in Einsätzen zur Friedensförderung im internationalen Rahmen eingesetzt.
Das ***Berufsmilitär*** umfasst ***Berufsoffiziere, Berufsunteroffiziere, Berufsmilitärpiloten, Berufsbordoperateure, Berufs-FLIR-Operateure, Berufsbordfotografen, Fachberufsoffiziere, Fachberufsunteroffiziere und Berufssoldaten,*** die in der Regel in einem zeitlich unbefristeten Arbeitsverhältnis stehen.

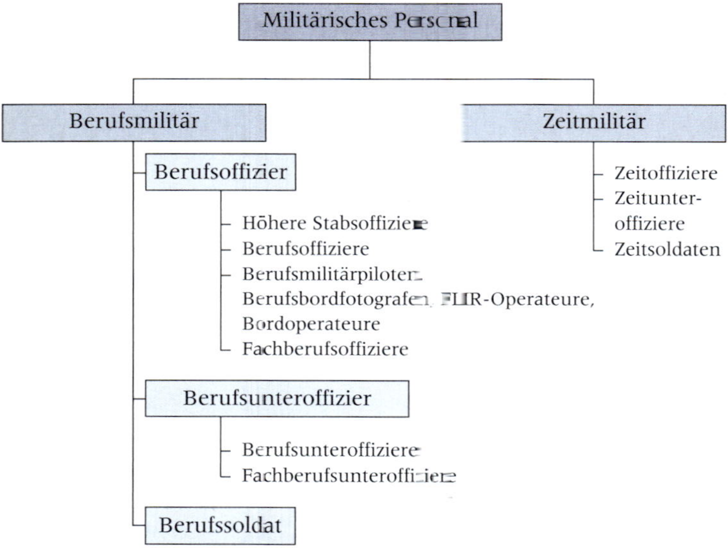

Die ***höheren Stabsoffiziere*** sind Berufsoffiziere im Grade eines Brigadiers, Divisionärs oder Korpskommandanten. Sie stehen in einem besonderen Anstellungsverhältnis zum Bund als Arbeitgeber und werden vom Bundesrat ernannt. Der General wird durch die Bundesversammlung gewählt, sobald ein grösseres Truppenaufgebot vorgesehen oder erlassen ist. Die höheren Stabsoffiziere bekleiden Schlüsselfunktionen in der Führung und in zentralen Stäben.

Die ***Berufsoffiziere und -unteroffiziere*** sind verantwortlich für die Ausbildungsführung in allen Kaderschulen und in Rekrutenschulen. Zudem können sie als militärische Sachverständige in der Armeeführung sowie in den Brigade- und Territorialregionenkommandos eingesetzt werden. Die Laufbahn eines Berufsoffiziers oder Berufsunteroffiziers[1] beginnt nach absolvierter Milizgrundausbildung in der Regel mit dem Einsatz als Zeitmilitär. Ein Beurteilungsverfahren ist die Grundlage für den Entscheid, ob die Grundausbildung zum Berufsoffizier oder Berufsunteroffizier absolviert werden kann.

---

[1] ohne Berufsmilitärpiloten, Berufsbordfotografen, Berufs-FLIR-Operateure, Berufsbordoperateure und Fachberufsoffiziere resp. Fachberufsunteroffizier

Die Berufsoffiziere[2] werden an der Militärakademie an der ETH Zürich (MILAK/ETH Zürich) ausgebildet, ***Berufsunteroffiziere***[3] an der Berufsunteroffiziersschule der Armee (BUSA) in Herisau, ***Zeitmilitär*** in zentralen Grund- und Weiterausbildungslehrgängen an der BUSA bzw. in Kompetenzzentren der Armee. Die MILAK/ETH Zürich und die BUSA sind in der ***Höheren Kaderausbildung der Armee (HKA)*** integriert.
Die ***Berufsmilitärpiloten, Berufsbordoperateure, Berufs-FLIR-Operateure*** und ***Berufsbordfotografen*** sind als Berufsoffiziere Angehörige des militärischen Flugdienstes. Die Grund- und Weiterausbildung erfolgt in Schulen und Kursen der Luftwaffe.

Die ***Fachberufsoffiziere, Fachberufsunteroffiziere*** und ***Berufssoldaten*** sind mehrheitlich Angehörige der Berufsformation Militärische Sicherheit. Sie erfüllen sicherheits-, kriminal- und verkehrspolizeiliche Aufgaben im Armeebereich. Im Weiteren erbringen sie polizeilich anspruchsvolle Leistungen im Rahmen von subsidiären Einsätzen zur Unterstützung von zivilen Behörden. Zu ihrem Aufgabenspektrum gehören auch Kampfmittelbeseitigung, militärische und humanitäre Minenräumung. Die Grund- und Weiterausbildung erfolgt in Schulen und Kursen der Militärischen Sicherheit.

Das ***Zeitmilitär*** umfasst ***Zeitoffiziere, Zeitunteroffiziere*** und ***Zeitsoldaten,*** die in einem zeitlich befristeten Arbeitsverhältnis (maximal fünf Jahre) stehen. Zeitoffiziere und -unteroffiziere bilden insbesondere in den Rekrutenschulen unter Führung von Berufsmilitärs die Rekruten aus. Sie können auch in Wiederholungskursen für die Ausbildung der Verbände eingesetzt werden. Zudem übernehmen sie Funktionen in professionellen Einsatz- oder in Durchdienerverbänden.

www.armee.ch > Themen > **Militärisches Personal**

3-4-2 Berufsmilitär

Kandidaten für eine Berufsoffiziers-Laufbahn werden nach bestandener Eignungsabklärung (Assessment Center für angehende Berufsoffiziere) in die MILAK/ETH Zürich in Birmensdorf aufgenommen. Je nach beruflicher und schulischer Vorbildung absolvieren die Berufsoffiziersanwärter den sechssemestrigen ***Bachelor-Studiengang,*** den ***einjäh-***

---

[2] ohne Berufsmilitärpiloten, Berufsbordfotografen, Berufs-FLIR-Operateure, Berufsbordoperateure und Fachberufsoffiziere

[3] ohne Fachberufsoffiziere

rigen Diplomlehrgang oder die ***zweijährige, fraktionierte Militärschule. Den Berufsoffizieren wird*** nach erfolgreich abgeschlossenem Bachelor-Studiengang Berufsoffizier (BSG) der international anerkannte Bachelor-Titel der ETH Zürich verliehen sowie das Eidg. Diplom als Berufsoffizier für den BSG, den Diplomlehrgang (DLG) und die Militärschule (MS 1 + 2).
Nach der Grundausbildung werden sie in der Führungsschulung und in der Grundausbildung der Milizkader eingesetzt. Für eine weiterführende, höhere Verwendung (z.B. als Gruppenchef in der Höheren Kaderausbildung, als Schul- und Lehrgangskommandanten) müssen die Berufsoffiziere ***Weiterausbildungskurse*** und ***Zusatzausbildungslehrgänge*** absolvieren *(siehe dazu auch «Militärakademie an der ETH Zürich» im vorliegenden Kapitel).*

Kandidaten für eine Berufsunteroffiziers-Laufbahn werden nach bestandener Eignungsabklärung (Assessment Center für angehende Berufsunteroffiziere) als Berufsunteroffiziersanwärter im Rahmen eines zweijährigen Grundausbildungslehrganges an der Berufsunteroffiziersschule der Armee (BUSA) in Herisau ausgebildet. Den Berufsunteroffizieren wird nach abgeschlossener Grundausbildung das Eidg. Diplom als Berufsunteroffizier verliehen. Danach werden sie hauptsächlich als (technische) Fachausbilder oder als Ausbildungszugführer in Schulen und Lehrgängen eingesetzt.

Berufsunteroffiziere, welche die erforderlichen Voraussetzungen erfüllen, können nach zwei Jahren Berufspraxis den ***Eidg. Fachausweis als Ausbilder*** erwerben. In den Zusatzausbildungslehrgängen I und II werden geeignete Berufsunteroffiziere befähigt, als Klassenlehrer in Kaderlehrgängen bzw. als Führungsgehilfe auf einem Schul- oder Lehrgangskommando eingesetzt zu werden.
Sowohl Berufsoffiziere wie Berufsunteroffiziere können bei Bedarf und Eignung in Stäbe (Hauptquartier, Heer, Luftwaffe) zu Projektarbeiten oder als militärische Sachverständige in den Bereichen Einsatzdoktrin, Rüstung, Ausbildung, Einsatzplanung und -führung abkommandiert werden.

Die Grundausbildung für ***Berufsmilitärpiloten***, welche höchstens fünfeinhalb Jahre dauert, besteht aus
- dem Studiengang ***Bachelor of Science in Aviation*** (Zürcher Hochschule für angewandte Wissenschaften);
- einer zivilen fliegerischen Ausbildung, welche zur Erlangung der Air Transport Pilot Licence (ATPL) führt;

– der militärischen fliegerischen Grundausbildung und der fliegerischen Spartenausbildung zum Helikopter- oder Jetpiloten.
Im Anschluss erfolgt der Einsatz in einer Fliegerstaffel.

Die ***Fachberufsoffiziere, Fachberufsunteroffiziere*** und ***Berufssoldaten*** werden aufgrund des Auftrages insbesondere bereichsintern durch gezielte, modulartig aufgebaute Erwachsenbildung gefördert. Diese Ausbildung erlaubt es ihnen, die gesteckten Ziele als künftige Spezialisten zu erreichen.

www.zukunftmitsicherheit.ch

3-4-3 Zeitmilitär

Zeitmilitärs übernehmen in Rekruten- oder Kaderschulen Ausbildungs-, Führungs- oder Mannschaftsfunktionen. Als Voraussetzung muss der funktionsentsprechende Praktische Dienst absolviert sein. Das Zeitmilitär arbeitet in Uniform und seine Jahresarbeitszeit basiert auf einem durchschnittlichen Wochenpensum von 45 Stunden.

3-4-4 Militärakademie an der ETH Zürich

Die in der HKA integrierte MILAK/ETH Zürich ist die ***Ausbildungsstätte für Berufsoffiziere.*** Hier werden sie auf ihren Beruf vorbereitet und im Laufe ihrer Tätigkeit weiter ausgebildet. Sie sollen in erster Linie fähig sein, als didaktisch geschickte und fachlich kompetente Ausbilder und Erzieher erwachsenengerecht zu unterrichten, als überzeugende Chefs im Rahmen der Auftragstaktik zielorientiert und effizient zu führen, als Fachleute in militärischen Sachfragen aufzutreten und als allgemein gebildete Berufsoffiziere auch zu nicht militärischen Problemen der politischen, sozialen, wirtschaftlichen und ökologischen Umwelt engagiert Stellung zu nehmen.
Die MILAK/ETH Zürich ist auf dem Waffenplatz Reppischtal in Birmensdorf stationiert.
Die Berufsoffiziere haben drei Möglichkeiten, sich an der MILAK/ETH Zürich ausbilden zu lassen, nämlich über den dreijährigen Bachelor-Studiengang Berufsoffizier (BSG), den einjährigen Diplomlehrgang (DLG) oder die mehrjährige Militärschule.

Die schulischen Voraussetzungen für den Bachelor-Studiengang sind:
- eidgenössische oder kantonale Maturität oder
- Berufsmaturität mit einjährigem Vorbereitungskurs und bestandener Ergänzungsprüfung

Die schulischen Voraussetzungen für den Diplomlehrgang (DLG) sind:
- universitärer Hochschulabschluss oder
- Fachhochschulabschluss

Die schulische Voraussetzung für die Militärschule (MS) ist:
- Lehrabschluss einer mindestens dreijährigen eidgenössisch anerkannten Lehre

Für die Lehrgänge gelten zudem folgende allgemeine Voraussetzungen:
- mindestens Leutnant mit absolviertem praktischem Dienst für den BSG, für den DLG oder die MS mindestens Oberleutnant mit abgeschlossener Weiterausbildung zum Einh Kdt / Fhr Gehilfen
- gute Qualifikationen
- einwandfreier Leumund
- Sportprüfung bestanden
- Assessment Center für Berufsoffiziere bestanden
- Anstellungsvertrag der Schweizer Armee

Den Berufsoffizieren wird nach erfolgreich abgeschlossenem Bachelor-Studiengang Berufsoffizier der international anerkannte Titel Bachelor of Arts ETH in Staatswissenschaften sowie das Eidg. Diplom als Berufsoffizier verliehen. Die Absolventen des Diplomlehrgangs und der Militärschule erhalten das Eidg. Diplom als Berufsoffizier.

Nach Abschluss der Grundausbildung obliegt den Berufsoffizieren die Führungs- und Ausbildungsverantwortung in den Rekrutenschulen sowie die operative, taktische und gefechtstechnische Ausbildung der Milizkader. Für eine weiterführende höhere Verwendung müssen die Berufsoffiziere *Zusatzausbildungslehrgänge (ZAL)* absolvieren.

Der dreimonatige Zusatzausbildungslehrgang ZAL 1 bereitet auf Einsätze vor, beispielsweise als Schulkommandant-Stellvertreter oder als Gruppenchef im Armee-Ausbildungszentrum Luzern, und der zweimonatige ZAL 2 z.B. als Schul- oder Lehrgangskommandant oder für eine Funktion in der Verwaltung. Beide Zusatzausbildungslehrgänge sind in zwei gleich lange Blöcke aufgeteilt. Der ZAL 1 erweitert die militärwis-

senschaftliche und taktische, der ZAL 2 die militärwissenschaftliche und sicherheitspolitische sowie operative Ausbildung
Die Weiterausbildungskurse WAK sollen eine permanente, massgeschneiderte Weiterausbildung sicherstellen. Sie weisen allgemeinbildende und einsatzorientierte Inhalte auf und dauern in der Regel ein bis fünf Tage.
Die ETH Zürich führt in Zusammenarbeit mit der MILAK/ETH Zürich einen Studiengang ***Master of Advanced Studies in Security Policy and Crisis Management (MAS)*** für angehende Führungskräfte der obersten Stufen als Führungslehrgang III (FLG III) durch.

3-4-5 Berufsunteroffiziersschule der Armee

Seit 1975 werden die ***Berufsunteroffiziere der Schweizer Armee*** für ihre künftigen Aufgaben in RS und in Kaderschulen an der BUSA in Herisau ausgebildet. Diese ist seit 1.1.04 in der Höheren Kaderausbildung der Armee (HKA) integriert. Erstes Ziel der Ausbildung ist es, die angehenden Berufsmilitärs auf ihre Tätigkeit als militärische Führer, Erzieher und Ausbilder vorzubereiten. Die Absolventen erwerben Kenntnisse über Menschenführung und Erwachsenenbildung sowie das notwendige militärische Fachwissen, das sie befähigt, in RS und Kaderschulen zukunftsorientiert auszubilden.
Die 24 Monate dauernde, weitgehend zentrale Ausbildung ist für alle Berufsunteroffiziere der verschiedenen Truppengattungen aller vier Sprachregionen obligatorisch. Der modular aufgebaute ***Grundausbildungslehrgang (GAL)*** umfasst folgende Schwerpunkte: Führung, Lehrveranstaltungen für Erwachsene entwickeln und durchführen, Lernprozesse von Gruppen und Einzelnen begleiten, militärisches Wissen und militärische Fertigkeiten, betriebswirtschaftliche und rechtliche Grundlagen, Sprachen, Informatik, Sport, Staatskunde, Sicherheitspolitik. Die für die eigene Truppengattung notwendigen Kenntnisse erwirbt der Berufsunteroffizier in Kursen ausserhalb der BUSA.
Erfolgreiche Absolventen der BUSA erhalten das Eidg. Diplom als Berufsunteroffizier; ein Diplom, das die Bedeutung und die Qualität der Ausbildung an der BUSA nach aussen trägt. Nach weiteren zwei Jahren erfolgreicher Praxis können sie zudem den Eidg. Fachausweis als Ausbilder erwerben.
Erfahrene Berufsunteroffiziere bereiten sich durch die ZAL auf neue Funktionen vor: ZAL 1 (sechs Wochen) für künftige Klassenlehrer in Kaderschulen, ZAL 2 (vier Wochen) für künftige Führungsgehilfen und Klassenlehrer an der BUSA.

3-4-6 Adressen

– Höhere Kaderausbildung der Armee (HKA), Murmattweg 6, Postfach, 6000 Luzern 30
www.hka.ch

– Militärakademie an der ETH Zürich (MILAK/ETH Zürich), Kaserne, 8903 Birmensdorf
www.milak.ch

– Berufsunteroffiziersschule der Armee (BUSA), 9100 Herisau
www.busa.ch

– Pilotenschule der Luftwaffe, Aeroporto militare, 6595 Riazzino
www.airforcepilot.ch, www.sphair.ch

– Kommando Militärische Sicherheit, Papiermühlestrasse 14, 3003 Bern
www.milsich.ch

Flugsicherung

Berufspilot

Inspektion durch Deutschland und die Schweiz in Tadschikistan im Rahmen des OSZE/Wiener Dokument 99, Briefing durch einen tadschikischen Truppenkommandant

Schweizer Inspektor im Gespräch mit österreichischen Offizieren im Rahmen einer OSZE/Wiener Dokument 99-Inspektion in Österreich

FOKUS 3: Verteidigungsattaché – Offizier und Diplomat

Im Rahmen der zunehmenden internationalen Interdependenz kommt auch der sicherheitspolitischen und militärischen Zusammenarbeit eine steigende Bedeutung zu. Zur Wahrung und Vertretung ihrer Interessen verfügt die Schweiz über eine wachsende Zahl zweckangepasster Strukturen und Mittel, wozu auch der ***Verteidigungsattaché-Dienst (VA-Dienst)*** zählt. Während ***Militärbeobachter*** durch ihre Präsenz in Krisengebieten zur Beruhigung der Lage beitragen, die ***Verifikatoren*** die Einhaltung von Abkommen überprüfen und die ***SWISSCOY*** die Bemühungen der internationalen Gemeinschaft um Stabilität im Kosovo unterstützt, ist die Tätigkeit der VA oft weniger bekannt.

F3-1 Dispositiv

Die Schweiz verfügt heute über ***21 VA-Posten***, die ***in mehr als 50 Staaten*** akkreditiert sind. Das VA-Dispositiv kann jedoch den wechselnden Interessen der Schweiz flexibel Rechnung tragen.

F3-2 Funktion und Pflichtenheft

Die VA erbringen folgende ***Leistungen***, deren Gewichtung je nach Posten und damit je nach Interessenlage der Schweiz variieren kann:

F3-21 Beiträge zur strategischen Lagebeurteilung und Entscheidfindung

- **Krisenresistentes Netzwerk:** Aufbau, Betreuung und Konsolidierung eines unabhängigen und krisenresistenten Netzwerkes. Dieses Netzwerk ist für die Schweiz von besonderer Bedeutung, da sie weder Mitglied der NATO noch der EU ist und somit auch nicht in deren Netzwerke eingebunden ist.

- **Informationsbeschaffer und Sensor:** Als der sicherheitspolitische und militärische Experte, Spezialist und Kenner seines Einsatzgebietes vor Ort ist der VA Informationsbeschaffer und Sensor zu Gunsten der Entscheidträger in der Zentrale und zu Gunsten des Missionschefs. In Kenntnis der Bedürfnisse der Zentrale nimmt er die relevante Triage in der Informationsmasse und die Erstbeurteilung vor.
- **Leistungen zu Gunsten der Nachrichtendienste des VBS (SND und MND):** Der VA erbringt im Rahmen des Völkerrechts nachrichtendienstliche Leistungen in einem nicht öffentlich zugänglichen Umfeld des Auslandes und ist dadurch für die Nachrichtendienste ein unentbehrliches Instrument.
- **Unterstützung und Beratung des Missionschefs:** Der VA unterstützt den Missionschef, der für die integrale Interessenvertretung und die Gesamtberichterstattung verantwortlich ist. Die Komplexität der Lagen erfordert Aufgabenteilung; der Zugang des VA zu den spezifischen Sicherheitssektoren seines Gastlandes sowie seiner Seitenakkreditierungen ergänzen die Informationsquellen und die Kontaktstellen der Botschaft. In Krisenfällen ist der VA eine unersetzliche operationelle Unterstützung für den Botschafter.

F3-22 Vertretung von VBS und Armee

Der VA ist die Verbindungsperson zwischen VBS, Armee und den entsprechenden Ministerien und Streitkräften seines Gastlandes.

- **Ausbildung der Armee:** Der VA generiert und beurteilt Optionen zur Ausbildung von Fähigkeiten, für die es in der Schweiz entweder keine Erfahrungswerte/Lehrgänge gibt oder durch veränderte zivilisationsbedingte Umweltfaktoren die praktische Ausbildung ausserhalb von Simulatoren nicht mehr möglich ist.
- **Unterstützung von Einsätzen zur Katastrophenhilfe, Assistenzdienst und militärische Friedensförderung:** Der VA hat die zentrale Rolle eines durch die Entscheidträger in der Schweiz direkt steuerbaren Frühwarnsystems für Veränderungen in diesem Bereich. Er verschafft zeit- und bedarfsgerecht Informationen, Lagebild und -beurteilung und stellt Verbindungen her und fungiert als nationaler Verbindungsoffizier.
- **Unterstützung der Direktkontakte des Departements und Armeeführung:** Er betreut Vorbereitung, Durchführung und Nachbearbeitung der Auslandkontakte des Chefs VBS, des Chefs der Armee und seiner Unterstellten, der Direktion für Sicherheitspolitik, von armasuisse, der Vertreter anderer Departementsbereiche und nicht zuletzt auch parlamentarischer Delegationen. Der VA bearbeitet und betreut konti-

nuierlich die bilateralen Beziehungen des VBS und gewährleistet deren Kohärenz.

- **Unterstützung der bi- und multilateralen Sicherheitskooperation** im Rahmen der schweizerischen «Defence Diplomacy». Der VA begleitet, beurteilt und überprüft die Durchführung der bi- und multilateralen Zusammenarbeitsprojekte, mit welchen die Schweiz im Rahmen ihrer «Defence Diplomacy» unter anderem Projekte der Regionalen Militärischen Kooperation (RMK) abwickelt oder von OSZE und NATO lancierte «Trust Funds» mitfinanziert.
- **Weiterentwicklung der Armee:** Als Kenner der Sicherheitspolitik und der Streitkräfte seines Gastlandes trägt der VA zur Weiterentwicklung unserer Sicherheitspolitik und der Armee bei, er informiert, wie sein Gastland Themen angeht, die für die Schweiz wichtig sind, und wie es seine Streitkräfte einsetzt und ausbildet.
- **Repräsentant der Schweizer Armee:** Der VA vertritt die Schweizer Armee in seinem Gastland und sorgt zusammen mit seiner Partnerin für deren gutes Image.

F3-3 Anforderungsprofil und Selektionsprozess

Aus dem ***Pflichtenheft*** wird klar, dass die Anforderungen an einen künftigen VA sehr hoch sind. Neben ***Faktoren*** wie hohe Sozialkompetenz, Ausgewogenheit, Intelligenz, Flexibilität, Lernbereitschaft und Lernfähigkeit, Toleranz und Diskretion spielt die ***Sach- und Fachkompetenz*** eine zentrale Rolle. Zur spezifischen Fachkompetenz der VA gehören ***sehr gute Kenntnisse*** der schweizerischen und internationalen Sicherheitspolitik, sicherheitspolitische und militärische Erfahrung und Kenntnisse (zwingend erforderlich ist der Offiziersrang; der Rang eines Obersten bzw. Oberstleutnants wird vorausgesetzt; bei der Selektion mindestens der Rang eines Majors.)

Da Aufbau und Pflege von Kontakten eine äusserst wichtige Rolle spielen und Englisch gewissermassen die «lingua franca» der Attachégemeinschaft ist, werden auch ***gute Englischkenntnisse*** vorausgesetzt.

Kandidaten und Kandidatinnen (die Stellen als VA stehen auch weiblichen Offizieren zu gleichen Bedingungen offen) für den Posten eines VA werden in einem ***Selektions- und Assessmentverfahren,*** das dem diplomatischen Concours des Eidg. Departements für auswärtige Angelegenheiten (EDA) gleicht, auf das genannte Anforderungsprofil überprüft.

Über die ***Eignung*** der Kandidaten als VA und damit über die ***Zulassung zur Ausbildung*** entscheidet der Chef Internationale Beziehungen Verteidigung auf Grund der Anträge der ***Zulassungskommission.*** Diese setzt sich aus Experten im sicherheitspolitisch-diplomatischen Bereich und aus Personalfachleuten (Psychologen, Personalchefs usw.) zusammen. Nach Bestehen des Selektionsprozesses wird im Gespräch mit dem Chef Internationale Beziehungen Verteidigung auf Grund der dienstlichen Notwendigkeit die ***Zuteilung zu den Posten*** vorgenommen.

F3-4 Ausbildung

Am 1. Juni des auf die Selektion folgenden Jahres beginnt die Ausbildung zum Verteidigungsattaché bzw. zum Stellvertreter. Entsprechend dem Pflichtenheft umfasst die elfmonatige Ausbildung ***drei Hauptblöcke:***

- Der ***1. Teil*** umfasst Vermittlung von ***möglichst umfassenden Kenntnissen über die Akkreditierungsstaaten*** in Zusammenarbeit mit Spezialisten aus den verschiedenen Departementen. So sind neben dem VBS auch das EDA und das Eidg. Justiz- und Polizeidepartement (EJPD) in die Ausbildung von künftigen VA involviert.
- Im ***2. Teil*** geht es um die Vermittlung von ***detaillierten Kenntnissen über die schweizerische Sicherheitspolitik***, über Ansprechpartner in Verwaltung und Armee sowie über den aktuellen Stand der Zusammenarbeit und laufende Zusammenarbeitsprojekte.
- Der ***3. Teil*** besteht im Besuch eines dreimonatigen Kurses am ***Genfer Zentrum für Sicherheitspolitik (GCSP)***. Hier hat der künftige VA die Chance, seine fachlichen Kenntnisse zu vertiefen, aber auch ein erstes tragfähiges Netz von Kontakten mit künftigen Kollegen aus anderen Staaten zu knüpfen.

Diese Ausbildungsblöcke werden ergänzt durch ***allgemeine Ausbildungselemente*** wie Analyse- und Synthesetechnik, Berichterstattung, Kommunikation, Medientraining usw. Ziel ist, die künftigen VA optimal zu befähigen, ihre Funktion als diplomatisches Mittel in der Hand des Chefs VBS und des Chefs der Armee wahrzunehmen.

F3-5 Einbezug der Partner/innen

Das Ausbildungsprogramm sieht ausserdem den ***Einbezug der Partner/innen*** künftiger VA vor. Mit wenigen Ausnahmen stehen ihnen alle Ausbildungssequenzen offen. Zudem sind massgeschneiderte Vorbereitungen vorgesehen.

F3-6 Einsatz Verteidigungsattachés (Ei VA)

Die VA sind dem Chef Internationale Beziehungen Verteidigung direkt unterstellt. Ihm steht zur operationellen Führung des VA-Dienstes der Bereich Einsatz Verteidigungsattachés in Bern zur Verfügung mit den ***wichtigsten Aufgaben:***

- ***Einsatzbezogene Steuerung.*** Dies umfasst neben Führungs- und Koordinationsaufgaben (Informationsbedürfnisse, Koordination mit Stellen innerhalb und ausserhalb des VBS), Personalbetreuung und -planung auch das gesamte personelle Rechnungswesen und die technische und administrative Betreuung in Zusammenarbeit mit dem EDA und Stellen des VBS.
- ***Federführung bei Werbung und Selektion.*** Hierzu gehören Informationsveranstaltungen, Referate, Informationsbroschüren, persönliche Gespräche mit Kandidaten usw. Aber auch die konzeptionelle, personelle und materielle Betreuung des Selektionsprozesses stellen zentrale Elemente dieses Teilauftrages dar. Einen zunehmend wichtigen Aspekt stellt auch die Qualitätssicherung der Selektion (Inhalte und Prozesse) dar.
- ***Ausbildung der VA.*** Hier sind zunächst Ausbildungsinhalte zu definieren und auf Grund der Erfahrungen der VA im Einsatz und der Bedürfnisse der Zentrale in Bern anzupassen, Ausbildungspläne zu erstellen und zu koordinieren und auch Termine abzustimmen. Persönliche Beratung der VA in Ausbildung, Ablösungsplanungen und eigene Ausbildungsbeiträge runden das Bild ab.
- ***Konzeptionelle Betreuung.*** Da sich das VA-Dispositiv an den sicherheitspolitischen und militärischen Bedürfnissen der Schweiz orientiert, gilt es auch, das VA-Dispositiv und die ganze Arbeit der VA konzeptionell zu betreuen bzw. Entscheide der politischen und militärischen Führung vorzubereiten und umzusetzen.

Schliesslich setzt der Bereich Einsatz VA in Zusammenarbeit mit den zuständigen Stellen aus Verwaltung und Armee auch die personalpolitischen Massnahmen und Vorgaben des Chef Internationale Beziehungen (Planungen für Einsätze nach einer VA-Tätigkeit, «return on investment» etc.) um.

Einsatz Verteidigungsattachés,
Papiermühlestr. 20, 3003 Bern, va@vtg.admin.ch.

Militärgericht

Armeeseelsorger

3-5 Dienstzweige

Gemäss Armeeorganisation (AO) gibt es in der Schweizer Armee ausser den Truppengattungen und den Berufsformationen noch die Dienstzweige. Es sind dies: der Generalstabsdienst, der Militärische Nachrichtendienst, die Militärjustiz, die Armeeseelsorge, der Territorialdienst, der Bereitschaftsdienst. Für die Dienstzweige werden keine Rekrutenschulen durchgeführt.

3-5-1 Generalstabsdienst

Die Generalstabsoffiziere sind befähigt, als ***nächste Führungsgehilfen*** des Kommandanten im Stab eines Grossen Verbandes ihre Funktionen wahrzunehmen.

Sie haben den ausgeprägten Willen, die gesteckten Ziele zu erreichen. Ihr persönliches Vorbild schafft eine ***hohe Leistungsbereitschaft.*** Sie können die Stabs- und Führungstechnik der Stufe Grosser Verband sicher anwenden, sind belastbar, gründlich und dank ihrem breiten Fachwissen und Können vielseitig einsetzbar. Sie erarbeiten fundierte Entscheidungsgrundlagen zu Handen des Kommandanten und setzen seine Entschlüsse in Befehle und Weisungen um. Die Generalstabsoffiziere können als Chefs von Arbeitsgruppen, Untergruppen, Teilstäben oder des Gesamtstabes Zielvorgaben und Aufträge ihres Kommandanten umsetzen und ausführen. Sie sind kommunikations- und teamfähig. Diese Anforderungen kennzeichnen sie als Mitglieder einer Elite.

Durch eine Kontingentierung der Anzahl der Anwärter wird eine strikte Selektion bei der Einberufung in die Lehrgänge durchgeführt.
In den Lehrgängen der Generalstabsschule werden die Generalstabsoffiziere für ihre Aufgaben ausgebildet. Die Ausbildung soll sie befähigen, den Mitteleinsatz und die Kampfführung der operativen sowie der oberen taktischen Stufe zu planen und zu koordinieren. Die Grund-

ausbildung zum Generalstabsoffizier umfasst drei vierwöchige Ausbildungslehrgänge. Für die Weiterausbildung zum Unterstabschef oder Stabschef sind vor der Funktionsübernahme jeweils dreiwöchige Weiterbildungslehrgänge zu absolvieren.

Grundsätzlich bleiben die Generalstabsoffiziere ab Ende des 2. Lehrganges bis zur Entlassung aus der Wehrpflicht im Korps der Generalstabsoffiziere eingeteilt. Sie leisten Dienst im Stab eines Grossen Verbandes oder im Hauptquartier der Armee. Sie können eventuell während einiger Jahre das Kommando eines Truppenkörpers übernehmen.
Die zeitliche Belastung ist je nach Einteilung und Funktion unterschiedlich. Es muss, neben Generalstabslehrgängen und Beförderungsdiensten, mit jährlichen Diensten von 25 bis 35 Tagen gerechnet werden. Die ausserdienstliche Belastung kann recht intensiv sein.

www.hka.ch

3-5-2 Militärischer Nachrichtendienst

Der Dienstzweig «Militärischer Nachrichtendienst» umfasst **alle Nachrichtenoffiziere der Armee,** in Heer, Logistik- und Führungsunterstützungsbasis ab Hauptmann (Nachrichtenoffizier im Batallionsstab), in der Luftwaffe ab Leutnant (Staffelnachrichtenoffizier).

Aufgabe der Nachrichtenoffiziere ist es, in verschiedensten Funktionen in Nachrichtenzentren im Team oder auch als Allrounder allein, Kommandanten und Stäbe mit Informationen über Akteure, Bedrohungen, Gefahren und Umweltaspekte zu versorgen, mit Blick in die Zukunft zu beurteilen und sich schliesslich als Querdenker an der Planung und Führung zu beteiligen. Damit können im Rahmen der Einsätze Risiken richtig gewichtet und ausgeräumt sowie Chancen genutzt werden.

Die Nachrichtenoffiziere werden in der Regel aus den Subalternoffizieren den verwandten Gebieten der Nachrichtenbeschaffung und Führungsunterstützung rekrutiert, die Nachrichtendienstausbildung steht aber auch Zugführern der anderen Waffengattungen offen.

Voraussetzung sind eine rasche Auffassungsgabe, die Fähigkeit zum kritischen Denken sowie Interesse an gesellschaftlichen und sicherheitspolitischen Entwicklungen.

Die Ausbildung erfolgt zweistufig (Truppenkörper und Grosser Verband) in Technischen Lehrgängen, für die Nachrichtenoffiziere der Staffeln beginnt die Ausbildung mit der Offiziersschule.
Nachrichtenoffiziere können innerhalb der Nachrichtenzellen je nach Eignung, Erfahrung und militärischer Vorbildung verschiedene Führungs- und Spezialfunktionen wie «Leitender Nachrichtenoffizier», «S2», Luftwaffennachrichtenoffizier usw. wahrnehmen.

www.armee.ch > Die Schweizer Armee > Organisation > Führungsstab der Armee > **Militärischer Nachrichtendienst (J2)**

3-5-3 Militärjustiz

Sie hat die der Militärstrafgerichtsbarkeit unterworfenen strafbaren Handlungen zu beurteilen. Zu diesem Zweck gliedert sie sich in ***acht erstinstanzliche Militärgerichte, drei Militärappellationsgerichte*** und das – auf gleicher Stufe wie das Bundesgericht stehende – ***Militärkassationsgericht*** *(siehe dazu auch «Organisation der Militärjustiz» des Kapitels 6-4. «Militärstrafrecht»).*

3-5-4 Armeeseelsorge

Sie umfasst protestantische und römisch-katholische Armeeseelsorger im Grad eines Hauptmanns. Die fachliche Beauftragung für den Dienst in der Armeeseelsorge wird von der ***Kirche*** erteilt.

Armeeseelsorger sind in den Stäben, den Bataillonen/Abteilungen und in allen Lehrverbänden eingeteilt. Sie sind ***Gesprächspartner*** für die Angehörigen der Armee aller Stufen und sind offen für Sinn-, Lebens- und Glaubensfragen *(siehe dazu auch «Seelsorge, Gottesdienst, Bestattung, Testament» des Kapitels «Rechte der Angehörigen der Armee, Ansprüche und Vergünstigungen»).*

www.armee.ch > Mein Militärdienst > Allgemeines zum Militärdienst > **Armeeseelsorge**

3-5-5 Territorialdienst

Die ***Territorialen Aufgaben*** umfassen die Koordination der zivil-militärischen Zusammenarbeit zwischen den Kommandostellen der Armee und den zivilen Behörden und Organisationen sowie die Tätigkeiten in den territorialdienstlichen Fachbereichen. Durch die Erfüllung der Territorialen Aufgaben leistet die Armee einen Beitrag an die Sicherheitskooperation auf den Stufen Bund und Kantone.

Die ***Territorialen Aufgaben*** werden in der Regel im Einvernehmen mit den ***zivilen Behörden*** durch die Kommandanten der Territorialregionen sowie durch die Angehörigen des Dienstzweiges Territorialdienst ***in den Stäben*** der Stufe Armee, des Heeres und der Luftwaffe, der Territorialregionen mit den Kantonalen Territorialen Verbindungsstäben und der Brigaden wahrgenommen. Den Zuständigkeiten der zivilen Behörden und Organisationen, den Bedürfnissen der Gesellschaft und der Verletzbarkeit der Existenzgrundlagen wird dabei Rechnung getragen.
Die ***territorialdienstlichen Fachbereiche*** umfassen:

– ***militärisch bedingte Massnahmen auf dem Gebiet der Energiewirtschaft:***

Diese Massnahmen umfassen die Einflussnahme auf die vorsorgliche Absenkung von Stauhaltungen; das vorsorgliche Abstellen und die Wiederinbetriebnahme von Kernkraftwerken; die Schaltung, Ausserbetriebsetzung und Entfernung von elektrischen Freileitungen sowie den Betrieb von Öl- und Gasleitungen.

– ***Militärischer Betreuungsdienst:***

Der militärische Betreuungsdienst übernimmt und beherbergt ausländische Militärpersonen, die

a. im Rahmen eines internationalen bewaffneten Konfliktes, in den die Schweiz involviert ist, in schweizerischen Gewahrsam geraten oder welche von Drittstaaten der Schweiz zur Betreuung übergeben werden ***(Kriegsgefangene);***
b. im Rahmen eines internationalen bewaffneten Konfliktes, in dem sich die Schweiz neutral verhält, in der Schweiz Aufnahme finden ***(Militärinternierte);***
c. im Rahmen eines nicht-internationalen bewaffneten Konfliktes in den Gewahrsam der Schweizer Armee geraten ***(Gefangene).***

Die vier territorialen Einsatzräume:

Die vier territorialen Einsatzräume (Zuständigkeitsräume der Territorialregionen) sind wie folgt definiert:

- ***Territorialregion 1:*** umfassend die Gebiete der Kantone BE (d,f), FR (f,d), VD, NE, VS (f,d), GE, JU.
- ***Territorialregion 2:*** umfassend die Gebiete der Kantone LU, OW, NW, BS, BL, SO, AG;
- ***Territorialregion 3:*** umfassend die Gebiete der Kantone UR, SZ, ZG, GR (d,r), TI;
- ***Territorialregion 4:*** umfassend die Gebiete der Kantone ZH, SH, AR, AI, GL, SG, TG.

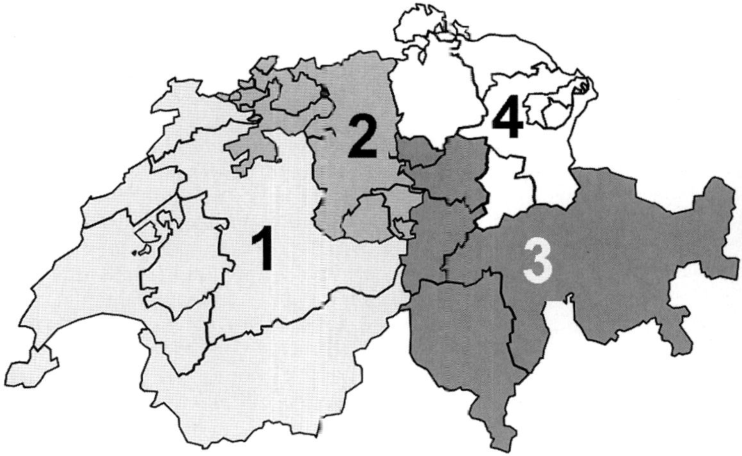

▶

3-5-6 Bereitschaftsdienst

Dem Dienstzweig Bereitschaftsdienst obliegen die Führung und das Controlling der Bereitschaft der Schweizer Armee.
Die Bereitschaft wird aufgrund von Vorgaben geführt und erfordert eine umfangreiche Bereitschaftsplanung und ein entsprechendes Controlling.
Im Rahmen der ***Grundbereitschaft*** (von einem spezifischen Auftrag unabhängiger, dauernd zu erreichender und zu erhaltender Zustand der Schweizer Armee bezüglich Führung, Ausbildung, Logistik und Personal) geht es darum, im Auftrag des Chefs der Armee die Bereitschaftsvorgaben zu erarbeiten, die erteilten Vorgaben mittels eines Bereitschaftscontrollings zu überprüfen und zu steuern.
Im Rahmen der ***Einsatzbereitschaft*** (Befähigung von Formationen und Waffensystemen sowie Tauglichkeit von Material, die zur Erfüllung der zugewiesenen Aufträge bzw. Funktionen erforderlich sind) geht es darum, im Auftrag des Oberbefehlshabers oder des ***Chefs der Armee*** die einsatzbezogenen Bereitschaftsvorgaben in den Bereichen Personal, Logistik und Führung zu erarbeiten und auf allen Stufen umzusetzen, die Mobilmachung, die einsatzbezogene Ausbildung sowie die Rückführung von Verbänden zu planen und durchzuführen. Die Einsatzbereitschaft von Verbänden unterliegt ebenfalls dem Bereitschaftscontrolling und der Bereitschaftssteuerung.
In den Stäben der Grossen Verbände sind Chefs Bereitschaft (Gst Of) und Bereitschaftsoffiziere, in den Stäben der Flugplatzkommandos sowie der Bataillone/Abteilungen und Geschwader ein Bereitschaftsoffizier eingeteilt, die als Führungsgehilfen die Bereitschaftsvorgaben und das Bereitschaftscontrolling der Schweizer Armee im Auftrag ihrer Kommandanten umsetzen. In den Einheiten nehmen diese Aufgaben Subalternoffiziere in Doppelfunktion wahr.

Territoriale Aufgaben: Koordination mit der Armee …

… und mit zivilen Partnern

Gebirgsspezialisten der Schweizer Armee

Unfallverhütung beginnt mit guter Ausbildung

3-6 Besondere Organisationen, Formationen und Dienste

Eine grosse Organisation braucht intern oder auf Stufe Departement spezialisierte Instanzen, welche das Wissen für unterschiedlichste Bedürfnisse oder Anwendungen aufbereiten und Brücken zu andern Organisationen schlagen.

3-6-1 Integrale Sicherheit

Der Bereich Informations- und Objektsicherheit (IOS) ist für die zentralen Aspekte der integralen Sicherheit (IS) bezüglich Personen, Informationen, Sachwerten und Umwelt verantwortlich. Die IOS ist seit 1.1.2009 dem Generalsekretariat VBS unterstellt. Unterstützt wird die IOS dabei durch die Sicherheitszellen in den Verwaltungseinheiten (VE) und der Armee.

Die IOS deckt konkret die ***Gesamtheit aller Massnahmen*** (baulich, organisatorisch, rechtlich und technisch) in den Bereichen Informationsschutz (Geheimhaltung, Klassifizierung, Industriesicherheit), Objektschutz (Safety, Security, Waffenschutz, Umweltbelange), Informatiksicherheit, Personensicherheitsprüfungen und Sicherheitscontrolling ab:

Sicherheitscontrolling und -inspektorat (SCI): Überwacht die Umsetzung und die Einhaltung der Vorgaben und leitet im Falle von Verstössen die notwendigen Verfahren ein.

Informationsschutz und Industriesicherheit (SIS): Plant und leitet die Ausarbeitung der für den Schutz von militärischen Informationen und von klassifiziertem Armeematerial erforderlichen Erlasse und internationalen Abkommen. Die SIS beurteilt Gesuche um Zutritt zu militärischen Anlagen und entscheidet über Aufnahme- und Veröffentlichungsgesuche in diesem Zusammenhang. Bei Unternehmungen und Personen aus der Privatwirtschaft, die militärisch klassifizierte Aufträge erhalten, führt sie das Geheimschutzverfahren durch. Sie regelt die Erteilung von Sicherheitserklärungen (Clearances) im Verkehr mit dem Ausland und ist Fachstelle für alle Fragen im Zusammenhang mit dem Informationsschutz.

Sicherheit, Umwelt, Raumeinflüsse (SUR): Erarbeitet Konzeptionen für Schutz und Sicherheit bei Umgang mit Munition, Explosivstoffen und andern Gefahrengütern und setzt diese um. Diese Herausforderung ist zu bewältigen über die ganze Bandbreite von den technisch-wissenschaftlichen Grundlagen bis hin zu den Interventionsplänen. Im Security-Bereich erstreckt sich die Aufgabe ebenfalls von der Grundlagenerarbeitung über die Konzepterstellung bis hin zu den Massnahmenplanungen und Interventionskonzepten. Bei all diesen Aufgaben verfolgt die SUR eine konsequente Kosten-/Effizienzoptimierung. Raumordnungs- und Umweltfragen greifen in verschiedenen Bereichen stark in diese Schutz- und Sicherheitsaufgaben ein und werden in die Lösung einbezogen, welche sich an ganzheitlichen Ansätzen orientiert und auch internationale Zusammenarbeit erfordert.

Informatiksicherheit (ITS): Koordiniert die anfallenden IT-Sicherheitsfragen mit Stellen innerhalb und ausserhalb des VBS, erstellt die IT-Sicherheits-Strategie/-Policy des VBS und hält diese aktuell. Eruiert bzw. bewertet die Risiken im IT-Bereich und erarbeitet dazu die entsprechenden Sicherheitsmassnahmen. Das Beraten und Sensibilisieren der Geschäftsleitung, des Kaders und der Mitarbeitenden in Belangen der IT-Sicherheit gehört zu den weiteren Aufgaben der ITS. Die ITS verfolgt permanent die Entwicklungen im Bereich der IT-Sicherheit. Die ITS wird durch den Informatik-Sicherheitsbeauftragten VBS geführt.

Personensicherheitsprüfungen (PSP): Führt die Sicherheitsprüfungen in Zusammenarbeit mit den Sicherheitsorganen des Bundes und der Kantone durch. Die Sicherheitsprüfung ist die Grundvoraussetzung für den Zugang zu klassifizierten Informationen, Anlagen oder Materialien. Weiter kann eine Clearance für einen Auslandbesuch von der SIS nur dann ausgestellt werden, wenn die betreffende Person über eine gültige Sicherheitsprüfung verfügt. Die Funktionen in der Bundesverwaltung und in der Schweizer Armee, für die eine Sicherheitsprüfung durchgeführt werden muss, sind in den Anhängen der Verordnung über die Personensicherheitsprüfungen festgelegt.

Stabsstelle Ausbildung und Information: Konzipiert und realisiert Ausbildungen, Hilfsmittel, Intra-/Internetauftritt sowie Marketingmassnahmen in Zusammenarbeit mit allen Bereichen der integralen Sicherheit.
www.aios.ch

3-6-2 Militärische Unfallverhütung MUV

Die MUV arbeitet zur Nutzung von Synergien mit behördlichen und zivilen Stellen der Unfallverhütung (SUVA, bfu, Polizei, etc.) zusammen. Die MUV analysiert Unfallursachen und nimmt Einfluss auf die Unfallverhütung im militärischen Strassenverkehr, bei militärischen Einsätzen, im Umgang mit Fahrzeugen, Waffen, Munition und Geräten sowie im Dienstbetrieb allgemein, beim Sport und im Urlaub. Unfallverhütungsaktionen machen auf Gefahren aufmerksam und zielen darauf ab, Unfälle zu vermeiden respektive die Unfallzahlen zu senken. Die MUV berät die Schul- und Truppenkommandanten, die Sicherheitsberater in Schulen und Kursen (FDT) sowie die Verwaltungsstellen im Bereich Verteidigung des VBS und nimmt Einfluss auf die Aus- und Weiterbildung. Die MUV ist auch für die Bereitstellung von Unterrichtsmaterial und für Vorträge in Schulen und Kursen verantwortlich.

Kontinuierliche und gezielte Information sollen die Angehörigen der Armee auf mögliche Gefahren aufmerksam machen. Wenn sie Gefahren realistisch einschätzen können, haben sie den Schlüssel zur Unfallverhütung in der Hand. Sie sollen erkennen, dass Sicherheitsvorschriften Sinn machen und dass sicheres Verhalten ein natürlicher Teil des Alltags ist. Wenn Sicherheitsvorschriften verletzt werden oder Leute fahrlässig handeln, sollen die Angehörigen der Armee korrigierend eingreifen. Im Bewusstsein für ihre Verantwortung für Menschen und Material. Darüber hinaus sind die Kader verpflichtet, die Unfallverhütung jederzeit in die Planung und Führung einzubeziehen.

031 324 28 67 oder **www.armee.ch/muv.**

3-6-3 Schadenzentrum VBS

Das Schadenzentrum VBS ist die zentrale Anlaufstelle für Personen, die durch Handlungen der Armee geschädigt worden sind.
Das Schadenzentrum VBS ist landesweit mit militärischen und zivilen Instanzen gut vernetzt. Es umfasst ein Team von Sachbearbeitern, welche die eingehenden Meldungen bearbeiten und wo nötig für die Detailabklärungen an die nebenamtlichen Schadenexperten aus den Bereichen Land- und Sachschaden, Erschütterungen sowie Tierschaden weiterleiten. Externe und bundeseigene Motorfahrzeugexperten werden bei Motorfahrzeugunfällen zusätzlich beigezogen.

Aufgeteilt in verschiedene Gebiete werden die Schadenexperten durch ***Fachpersonen*** der jeweiligen Region gestellt, welche die verschiedensten Ausprägungen an Fachwissen in der ortsüblichen Sprache aufweisen.

Das ***Ziel*** der Arbeit des Schadenzentrum VBS besteht nicht nur in der ***Abwicklung von Schadenfällen,*** sondern auch in deren ***Prävention*** sowie der Auswertung von ***Unfällen und Schäden.*** Das Schadenzentrum VBS unterstützt mit seinen Fachkräften die Kommandanten und Kader durch Vorträge, Beratung und Begleitung von Übungen, um Schäden womöglich zu verhindern und so die Reibungsfläche zur Bevölkerung möglichst klein zu halten und für ein gegenseitig gutes Einvernehmen zu sorgen. Die Kader aller Stufen werden zudem aufgefordert, dem ***Umweltleitbild des VBS*** entsprechend Einfluss zu nehmen und sicherzustellen, dass die Angehörigen der Armee in Schulen, Kursen und Übungen zur Umwelt Sorge tragen.

Das Spektrum der zu behandelnden ***Schadenmeldungen*** beinhaltet ***Schäden*** an Zivilpersonen, Tieren, Grund und Boden sowie an Sachen. Der traditionelle Sachschaden – verursacht durch eine Truppe während eines Kurses, einer Schule oder einer Übung – wird nach wie vor zuerst vom ***Truppenkommandanten*** aufgenommen. Er regelt eine notwendige Reparatur bzw. einen Ersatz direkt über die ***Dienstkasse,*** sofern der Schaden ***weniger*** als 200 Franken ausmacht.

Die Meldung ist via Truppenkommandant dem Schadenzentrum VBS zuzustellen:
- wenn der verursachte Schaden mehr als 200 Franken beträgt;
- wenn die Forderung nicht gütlich geregelt werden kann;
- wenn Tierschäden jeglicher Art zu prüfen sind;
- bei Unfällen im Zusammenhang mit zivilen und militärischen Fahrzeugen;
- bei übrigen Unfällen;
- bei Vorkommnissen mit Militärflugzeugen;
- bei Personenschaden Dritter.

Bei diesen Ereignissen übernimmt das Schadenzentrum VBS die ***Triage*** und ***koordiniert*** wo nötig mit anderen Fachstellen des Bundes.

Schadenzentrum VBS, Effingerstr. 55, 3003 Bern, 0800 11 33 44 oder www.schadenzentrumvbs.ch

3-6-4 Psychologisch-Pädagogischer Dienst der Armee[1]

Der Psychologisch-Pädagogische Dienst der Armee (PPD) ist zunächst ein Beratungs- und Unterstützungsinstrument für die Kommandanten, insbesondere in den Rekrutenschulen. Der Dienst bietet aber auch gezielte Hilfe bei menschlichen Krisen- und Belastungssituationen für alle Angehörigen der Armee an. Der PPD soll – im Sinne der Hilfe zur Selbsthilfe – Rekruten mit Anpassungs- und Eingliederungsproblemen zu Beginn der RS Unterstützung bieten und Miliz- und Berufskader bei der Führung und im Umgang mit möglichen Problemfällen beraten. Zudem führt der PPD Kurse für Rekruten mit nur rudimentären Lese- und Schreibfähigkeiten durch. Kurse für Rekruten mit Schutzmaskenängsten helfen diesen, ihre Ängste zu überwinden und damit die vorgesehene Funktion zu erfüllen. Seit 1995 hat ein weiteres Angebot des PPD zunehmende Bedeutung erlangt: die mentale Vor- und Nachbereitung in Zusammenhang mit speziellen Armee-Einsätzen und möglicherweise auch belastenden Situationen im In- und Ausland (friedenserhaltende und subsidiäre Einsätze).

Der Dienst steht auf allen Waffenplätzen zur Verfügung. In Thun, auf dem grössten Waffenplatz, besteht er (früher als Sozialmedizinische Beratungsstelle) bereits seit 1972. Dem PPD gehören rund 400 männliche und weibliche Milizoffiziere und Fachoffiziere mit entsprechender Ausbildung und Erfahrung in verschiedenen psychosozialen Berufen an. Sie werden durch die Dienststelle PPD rekrutiert, selektioniert, aus- und weitergebildet und eingesetzt. Der PPD befasst sich auch mit Aufgaben der Suchtprävention, Stressbewältigung und Praxisberatung (externes Coaching für Kdt); er erteilt Unterricht in militärischen Kaderschulen, an der Militärakademie an der ETH Zürich (MILAK/ETHZ), an der Berufsunteroffiziersschule der Armee (BUSA) und auf Anfrage in Technischen Lehrgängen (TLG) sowie in Kadervorkursen (KVK). Angewandte Forschung im militärpsychologischen und militärpädagogischen Bereich bildet die Grundlage für die Neu- und Weiterentwicklung von Angeboten des PPD.

Psychologisch-Pädagogischer Dienst der Armee, Kaserne, 3609 Thun
033 228 44 83 oder www.armee.ch/ppd

[1] Verordnung vom 29. März 1995 über den Psychologisch-Pädagogischen Dienst der Armee (VPPD, SR **517.41**).

3-6-5 Eidg. Jugend- und Rekrutenbefragungen ch-x

Die Eidg. Jugendbefragungen (ch-x) haben ihren Ursprung in den ***Pädagogischen Rekrutenprüfungen,*** in welchen anfänglich – in einzelnen Kantonen seit 1854, unter Oberaufsicht des Bundes seit 1875 – durch eigentliche Schulprüfungen die Effizienz der kantonalen Schulsysteme überprüft wurden. Später – im Ersten Weltkrieg wurden sie eingestellt und 1941 wieder aufgenommen – dienten sie der Meinungsforschung bei den dienstpflichtigen jungen Männern. 1973 verloren die «Pädagogischen Prüfungen» trotz Weiterführung des herkömmlichen Namens ihren Prüfungscharakter. Durch die zusätzliche Befragung einer repräsentativen Auswahl von 1000 bis 2000 jungen Leuten (nicht Dienst leistende Männer und Frauen sowie in der Schweiz lebende ausländische Jugendliche) sind die ch-x heute zu einem Instrument der schweizerischen Jugendpolitik und der Ausbildung geworden. Die sich über mehrere Jahreszyklen wiederholenden Befragungsthemen helfen Tendenzen in Ausbildungs- und Gesellschaftsfragen zu beobachten. Die Langzeitstudien beinhalten Aspekte der Ausbildung, der Gesundheit, des Sports und der Freizeit.

Die Verantwortung für die ch-x liegt beim Eidg. Departement VBS. Eine durch den Bundesrat bestimmte Kommission kontrolliert das Befragungsprogramm und garantiert die Unabhängigkeit bezüglich Erhebung und Forschung. Die ***Kommission*** setzt sich aus Mitgliedern aus Politik, Wissenschaft und Forschung zusammen. Sie übt die Funktion des Verwaltungsrates aus. Die Leitung der ch-x setzt sich zusammen aus: einem Direktor und sechs Mitgliedern. Ein Wissenschaftsrat berät den Direktor und erarbeitet Empfehlungen.

Die Befragungen werden von rund 200 Experten durchgeführt, die meistens in Lehrberufen tätig sind. Alle Mitarbeitenden der ch-x führen ihre Arbeiten im Nebenamt aus.

Seit 1. Januar 2004 werden die Stellungspflichtigen in den ***Rekrutierungszentren*** durch Experten befragt. Es werden keine Befragungen mehr auf den Waffenplätzen durchgeführt.

Die Ergebnisse der Befragungen werden statistisch ausgewertet. In Form von Studienberichten werden sie dem Publikum zugänglich gemacht. Seit 1975 sind ***20 Ausgaben*** der wissenschaftlichen Reihe erschienen, die ein einmaliges Grundlagenwissen über die gesellschaftlichen Gegebenheiten unserer Jugend darstellen.

info@chx.ch oder **www.chx.ch**

3-6-6 Rotkreuzdienst

Im Unterschied zu den Frauen in der Armee wird der ***Rotkreuzdienst (RKD),*** der am 6. Oktober 2008 sein 105-jähriges Bestehen gefeiert hat, in einer besonderen Verordnung geregelt[2]. Die ausführenden Bestimmungen sind im Reglement des Schweizerischen Roten Kreuzes über den Rotkreuzdienst geregelt (Reglement RKD, gültig ab 1.2.2008). Soweit das Reglement RKD nichts anderes vorschreibt, gelten für die Angehörigen des RKD die gleichen Rechte und Pflichten wie für Angehörige der Armee.

Dem RKD gehören wie bisher Schweizerinnen an, die in der Schweizer Armee für die Behandlung und Pflege von Verwundeten und Kranken und für weitere sanitätsdienstliche Aufgaben zugewiesen sind. Sie sind im Sinne des Genfer Abkommens vom 12. August 1949 den Angehörigen des Armeesanitätsdienstes gleichgestellt und geniessen den Schutz, den das Abkommen diesen gewährt.
Innerhalb des Armeesanitätsdienstes haben die Angehörigen des Rotkreuzdienstes (AdRKD) auch als Fach-Ausbildnerinnen in verschiedenen Fachbereichen wichtige Funktionen.
Zudem nehmen Spezialistinnen Aufgaben in der Verbreitung des Humanitären Völkerrechtes und der Rotkreuzgrundsätze («Diffusion») wahr.

Zum RKD können sich **Schweizerinnen** melden, die mindestens **18 Jahre** alt sind und eine **anerkannte Ausbildung** im Gesundheitswesen haben. Wird die Anmeldung angenommen, muss die Anwärterin an der Rekrutierung teilnehmen.

Dem RKD gehören Frauen aus folgenden Berufen an: Eidg. diplomierte Ärztinnen, Zahnärztinnen, Apothekerinnen, Chiropraktorinnen, Biologinnen sowie Studentinnen der Human- und Zahnmedizin, Angehörige aller Pflegeberufe, Hebammen, Angehörige medizinisch-technischer, medizinisch-therapeutischer und weiterer verwandter Berufe (Pharma-Assistentinnen, Medizinische Praxisassistentinnen, Dental-Assistentinnen, Biologie-Laborantinnen, Biomedizinische Analytikerinnen).
Für die Spezialistinnen «Diffusion» gelten besondere berufliche Voraussetzungen und Aufnahmebedingungen.
Die Ausbildung erfolgt in einer dreiwöchigen Allgemeinen Grundausbildung (AGA) und einer dreiwöchigen Funktionsgrundausbildung (FGA).

---

[2] Verordnung vom 29. September 2005 über den Rotkreuzdienst (VRKD, SR **510.10**).

AdRKD können in Kaderschulen einberufen werden. Die AdRKD sind zu den Ausbildungsdiensten sowie zum Assistenzdienst und zum Aktivdienst verpflichtet. Aus wichtigen Gründen insbesondere bei Betreuungsaufgaben, können sie auf schriftliches Gesuch hin vorübergehend der Personalreserve RKD zugeteilt werden. Die Entlassung erfolgt auf Ende des Jahres, in dem sie das 50. Altersjahr vollenden.

Geschäftsstelle Rotkreuzdienst, Werkstr. 8 3084 Wabern,
031 324 27 06 oder www.rkd-scr.ch

3-6-7 Bibliothek am Guisanplatz

Die Bibliothek am Guisanplatz (BiG, ehemals **Eidgenössische Militärbibliothek** EMB) gehört zur Kommunikation des Generalsekretariats und ist öffentlich zugänglich. Sie ist das Fachinformationszentrum für Themen wie z.B. Geschichte, Armee, Bevölkerungsschutz, Politik, Verkehr, Energie, Migration, Umwelt, Betriebswirtschaft und andere. Sie sichert diesbezüglich die langfristige Informations-, Dokumentations- und Literaturversorgung in einem rasch ändernden Umfeld.
Die BiG wurde nach 1848 mit dem Auftrag gegründet, Dokumente zu sammeln, die dem eidgenössischen Generalstab und den Offizieren der Armee wichtige Lehren über den Krieg, die Kriegsgeschichte, die Waffentechnik und die Organisation von Armeen vermitteln konnten; das erste Benützerreglement datiert von 186-.

Seit Anfang 2009 trägt die BiG die Verantwortung für den Bibliotheksverbund **Alexandria,** den Bibliotheksverbund der Bundesverwaltung. Diese Massnahme resultiert aus dem Querschnittprojekt 8 (QSP 8: Konzentration der Bibliotheken und Dokumentationsdienste der Bundesverwaltung im Raume Bern), bei dem 4- Bibliotheken der Bundesverwaltung im Raume Bern konzentriert wurden. In diesem Rahmen führt die BiG koordinierend alle Bibliotheken der Bundesverwaltung, sorgt für eine enge Zusammenarbeit im Informations- und Dokumentationsbereich und leitet die Dokumentationskonferenz Bund (DKB). Verschiedene Fachreferate innerhalb der BiG sind wichtige Anlaufstellen für die zivilen Departemente. Dadurch bleibt die Bestandespflege im militärischen wie auch zivilen Bereich gesichert.
Im 1981 gegründeten historischen Dienst – heute Forschungsdienst – werden für den Kunden wissenschaftliche Dokumentationen zusammengestellt, bibliografische Listen wie auch diverse Studien und militärhistorische Publikationen verfasst wie z.B. die eigene Schriftenreihe.

Des Weiteren können SDI-Listen (regelmässiger Versand von Neuerscheinungen der BiG zu einem persönlichen Interessenprofil) und ein monatliches Zuwachsverzeichnis bestellt werden.
Mit dem Archivdienst VBS und Armee wurde der BiG 1998 eine Dienststelle angegliedert, deren Hauptaufgabe die Sicherstellung der Unterlagen aus Verwaltung und Armee zu Gunsten des Schweizerischen Bundesarchivs ist.

Den Kunden stehen in der BiG rund 400 000 Bücher und 1000 Zeitschriften zur Verfügung, welche permanent aufbewahrt und sowohl intern als auch extern ausgeliehen werden können. Der **Online-Katalog** bietet die Möglichkeit, auf Dokumente des gesamten Alexandria-Verbundes zuzugreifen. Auch mehrheitlich über den Katalog bestellbar ist die Sammlung der Amtsdruckschriften, welche von der Gründung des Bundesstaates von 1848 bis heute reicht und das EMD bzw. VBS betrifft. Nicht in der BiG vorhandene Publikationen (Bücher, Zeitschriften, Graue Literatur) werden durch den interbibliothekarischen Dienst weltweit in Bibliotheken, Dokumentations-Stellen und Archiven gesucht.

Die BiG besitzt einige bedeutende Sondersammlungen: Dazu gehören unter anderem die Kollektion des Bücher- und Zinnfiguren-Sammlers Charles-Felix Keller mit vorwiegend uniformkundlichen Schriften des 19. Jhs.; ferner die bedeutende Autographensammlung von Dr. Georg Heberlein wie auch eine historische Photo- und Militärpostkartensammlung.
Immer wieder lädt die BiG zu öffentlichen Veranstaltungen ein wie Vernissagen, Ausstellungen oder zu ihrer Vortragsreihe. Als Mitglied des Vereins Museen Bern macht die Bibliothek auch jedes Jahr an der Museumsnacht mit.

Seit 1999 bildet die BiG Informations- und Dokumentations-Assistent/innen aus und trägt damit ihren Teil zur Sicherung des fachgerechten Umgangs mit Kulturgut (Information, Bücher, Nonbooks, elektronische Medien) wie auch zur korrekten Langzeit-Aufbewahrung (Archivierung) des Kulturguts bei.

Katalog: www.alexandria.ch
Ausleihe: Montag bis Freitag, 8.30 bis 11.00 und 14.00 bis 16.30 Uhr.
Bibliothek am Guisanplatz, Papiermühlestr. 21a. 3003 Bern
031 324 50 99 oder www.guisanplatz.ch

3-6-8 Kompetenzzentrum Gebirgsdienst der Armee

Das ***Kompetenzzentrum Gebirgsdienst der Armee (Komp Zen Geb D A)*** stellt den Gebirgsdienst in der Schweizer Armee teilstreitkräfteübergreifend sicher. Eine der ***Hauptaufgaben*** besteht in der Sicherstellung einer effizienten und fachlich hochstehenden ***Gebirgsausbildung*** für nationale und internationale militärische Institutionen. Zudem ist der Kommandant des Komp Zen Geb D A verantwortlich für die ***permanente Einsatzbereitschaft*** der Gebirgsspezialisten. Für dieses ***Mittel der ersten Stunde*** trägt er die Verantwortung bezüglich Einsatzplanung und Einsatzführung bis zum Übergang zur besonderen bzw. ausserordentlichen Lage.
Mögliche ***Einsätze*** der Geb Spez sind:
- Hilfe bei Naturkatastrophen oder Rettungseinsätzen in schwierigem Gelände ohne schweres Gerät;
- Schwergewichtsbildung der zivilen Alarm- und Warnorganisationen im Bereich militärische Katastrophenhilfe und koordinierte Bereiche als subsidiärer Einsatz;
- Unterstützung subsidiärer Einsätze zur Existenzsicherung in schwierigem Gelände an Transversalen oder Grenzabschnitten;
- Unterstützungselement der Einsatzverbände in der Raumsicherung und Verteidigung entsprechend ihrem Einsatzraum;
- Unterstützung friedensfördernder Massnahmen durch Ausbildungsunterstützung und Präventionsmassnahmen vor Ort;
- Ausbildungsunterstützung zur Sicherstellung der Grundbereitschaft in den Lehrverbänden des Heeres und der Luftwaffe;
- Ausbildungsunterstützung zur Sicherstellung der Einsatzbereitschaft bei den Einsatzverbänden des Heeres und der Luftwaffe.

Durch Konzentration der gebirgsdienstlichen Fachkompetenz in der Geb Spez Abt 1 wird der ***Rekrutierung*** der Angehörigen der Fachformation grosse Bedeutung beigemessen. Der stellungspflichtige Geb Spez Anwärter muss bereits anlässlich der Rekrutierung über ein ***grosses alpintechnisches Wissen*** und die entsprechende ***physische Leistungsfähigkeit*** verfügen, um die hohen Anforderungen zu erfüllen. Er hat sich in der Regel über seine alpintechnischen Tätigkeiten mit dem Bestehen des Gruppenleiterkurses in den Sportfächern Bergsteigen oder Skitouren bei Jugend und Sport (J+S) vor der Rekrutierung zu selektionieren.

Um die Geb Spez Abt 1 ***zu alimentieren*** müssen jährlich 70 Rekruten die anspruchsvolle Grundausbildung während 21 Wochen bestehen. In der Ausbildung wird eine grösstmögliche Anerkennung einzelner Module durch zivile Instanzen angestrebt.

Die ***Ausbildung*** umfasst: infanteristische Grundausbildung, erweiterte Sanitätsausbildung, Gebirgstechnik Sommer und Winter, Lawinendienst inkl. künstliches Auslösen von Lawinen, Rettungsausbildung Sommer und Winter, Erkundung und Aufklärung in schwierigem Gelände und Beratung der Kommandanten sowie methodisches Grundwissen für die Ausbildungsunterstützung anderer Truppen.

www.armee.ch > Mein Militärdienst > Themen von A bis Z > **Gebirgsdienst**

3-6-9 Kompetenzzentrum Militärmusik

Hohe Qualität und Kompetenz in Ausbildung und Einsatz sind die Markenzeichen der Schweizer Militärmusik. Die verschiedenen Formationen faszinieren dabei mit Vielseitigkeit und Begeisterungsfähigkeit. Die Militärmusik fördert junge Musikerinnen und Musiker und bildet die Kader in intensiven Lehrgängen aus. Bei 800 Einsätzen pro Jahr überzeugen die Spiele mit ihrer hohen Qualität. Sie umrahmen Anlässe der Schweizer Armee und besondere Veranstaltungen von Bund und Öffentlichkeit. Die Militärspiele symbolisieren mit ihren Auftritten im In- und Ausland den hohen Ausbildungsstand unserer Milizarmee und leisten einen wichtigen Beitrag zur kulturellen Identität unseres Landes. Das ***Kompetenzzentrum Militärmusik*** in Aarau mit Aussenstandort Bern ist für die Ausbildung und den Einsatz der Militärspiele zuständig.

Jedes Jahr können 230 junge Musikerinnen und Musiker in die Militärmusik aufgenommen werden und während 21 Wochen von der hochkarätigen Ausbildung in einem der drei ***Rekrutenspiele*** profitieren. In zwei Rekrutenschulen sind ***Tambouren*** integriert. Hauptfächer sind Instrumentalausbildung, Ensemble- und Orchesterschulung, Gehörbildung und allgemeine Musiklehre sowie Rhythmik- und Bewegungslehre. Auf die anspruchsvollen und vielseitigen funktionalen und repräsentativen Auftritte werden die Angehörigen der Militärmusik durch gezielte Persönlichkeitsschulung vorbereitet. Bereits nach kurzer Ausbildungsphase stehen die Rekruten für Einsätze zur Verfügung. Das Erlangen der begehrten Instrumentaldiplome nach Vorgaben des Schweizer Blasmusikverbandes bzw. des Schweizerischen Tambourenverbandes stellt für die Rekruten einen besonderen Ansporn dar. Auch allfällige Führungsqualitäten werden frühzeitig erkannt und in den Kaderschulen gezielt gefördert. Die Ausbildung zum Dirigenten oder Tambourenleiter umfasst Fächer wie Dirigieren, Spielführung, Ausbildungsmethodik sowie allgemeine musikalische und militärische Ausbildung. In den Kaderschulen können eidgenössisch anerkannte Dirigentendiplome erworben werden.

Die ***16 WK-Spiele*** (elf Blasorchester und fünf Brass Bands) rücken jährlich zu drei Wochen Dienst ein. Die Spiele sind geografisch über die ganze Schweiz verteilt und mit ihrer Region verbunden. Sie spielen an Zeremonien und führen Konzerte für Truppe und Bevölkerung durch. Die Orchester des ***Schweizer Armeespiels*** (Symphonisches Blasorchester, Central Band mit Tambouren, Concert Band, Brass Band und Big Band) sind Orchester der Extraklasse und Aushängeschilder der Militärmusik. Bei Bedarf können Kleinformationen gebildet werden. So sind beispielsweise die Swiss Army Gala Band und die Swiss Army Strings Kleinformationen, die das musikalische Spektrum erweitern. Als Swiss Army Band treten die Formationen des Schweizer Armeespiels als kulturelle Botschafter an besonderen Veranstaltungen im In- und Ausland auf.

Die Aufnahme in die Militärmusik ist vom Ergebnis einer Fachprüfung abhängig. Die Prüfung muss vor der Rekrutierung absolviert werden und dauert einen Tag. Damit sich interessierte Jugendlichen optimal auf die Prüfung vorbereiten können, werden in Zusammenarbeit mit den zivilen Fachverbänden ***Vorbereitungskurse*** angeboten.

Kompetenzzentrum Militärmusik,
Kaserne, 3000 Bern 22. 031 324 78 21,
www.militaermusik.ch

3-6-10 Päpstliche Schweizergarde

Am 22. Januar 1506 marschierten nach langen Verhandlungen 150 Schweizersoldaten unter dem Kommando des Luzerners Kaspar von Silenen durch die Porta del Popolo in Rom ein und wurden von Papst Julius II. auf der Piazza San Pietro feierlich in den Dienst genommen. Damit war der Grundstein gelegt für ein reguläres, ständiges Korps aus Schweizersoldaten zum Schutz des Papstes und seines Palastes. Die Schweizergarde feierte daher im Jahre 2006 ihr 500-jähriges Bestehen.
Die Schweizergarde erlebte durch die Jahrhunderte hindurch Stunden heldenhafter Bewährung bei kriegerischen Auseinandersetzungen und Augenblicke des Niedergangs während der Gefangenschaft der Päpste. Unvergessen ist der Sacco di Roma durch die Landsknechte Kaiser Karls V., als am 6. Mai 1527 147 Schweizergardisten bei der Verteidigung des Papstes fielen, während es den übrigen 42 gelang, diesen ins Castel Sant' Angelo zu retten. Am 15. September 1970 verfügte Papst Paul VI., dass die Schweizergarde

das einzige bewaffnete päpstliche Korps sei und direkt dem Heiligen Vater unterstehe. Von nun an war die Bewachung des Apostolischen Palastes der ausschliesslichen Verantwortung der Schweizergarde anvertraut.
Nach einem Beschluss des Bundesrates vom 15. Februar 1929 ist der Dienst in der Päpstlichen Schweizergarde nicht als fremder Militärdienst im Sinne von Artikel 94 des Militärstrafgesetzes (MStG) vom 13. Juni 1927 zu betrachten. Der Eintritt in diese Garde bedarf deshalb keiner besonderen Erlaubnis des Bundesrates. Der Vatikanstaat unterhält keine Armee, die derjenigen eines andern Staates gleichgestellt werden kann. Aus dem Zweck, der Rekrutierung, der Führung und den Einsatzmöglichkeiten der Garde geht klar hervor, dass es sich um eine blosse Hausgarde mit rein polizeilichem Charakter handelt. Zwischen dem Vatikanstaat bzw. der Päpstlichen Schweizergarde und der Schweiz bzw. dem Eidg. Departement für Verteidigung, Bevölkerungsschutz und Sport (VBS) bestehen keine Verträge oder Vereinbarungen, zum Beispiel über die Unterstützung der Garde. Der Kommandant der Päpstlichen Schweizergarde und mit ihm auch die Schweizergardisten sind unmittelbar dem Papst unterstellt und erfüllen ihre Funktion nach dessen Weisungen. Entsprechend beziehen sie auch ihren Lohn vom Heiligen Stuhl.

Auftrag der Päpstlichen Schweizergarde ist: bei Tag und bei Nacht über die persönliche Sicherheit des Heiligen Vaters und dessen Residenz zu wachen, ununterbrochen die Zugänge zum Vatikanstaat zu bewachen sowie Sicherheits-, Ordnungs- und Ehrendienst bei kirchlichen Funktionen, feierlichen Empfängen und besonderen Veranstaltungen zu leisten.
Bestand: Die Päpstliche Schweizergarde besteht aus 110 Männern mit schweizerischem Bürgerrecht: dem Kommandanten, dem Gardekaplan, 4 weiteren Offizieren, 26 Unteroffizieren und 78 Hellebardieren.
Dienstzeit: Mit dem Eintritt in die Päpstliche Schweizergarde verpflichtet sich der Kandidat, mindestens zwei Jahre im Korps zu dienen. Nach dem zweiten Dienstjahr steht es dem Hellebardier frei, seinen Arbeitsvertrag stillschweigend zu verlängern oder, auf Grund eines zwei Monate zuvor eingereichten Kündigungsschreibens, das Korps zu verlassen.
Aufnahmebedingungen: Schweizer Staatsbürger, römisch-katholische Konfession, ledig, einwandfreier Leumund, Berufslehre oder Mittelschule erfolgreich abgeschlossen, Alter zwischen 19 und 30 Jahre, Mindestgrösse 174 cm, militärdiensttauglich, Rekrutenschule absolviert, den physischen und psychischen Anforderungen des berufsmässigen Sicherheitsdienstes gewachsen.

Informations- und Rekrutierungsstelle Schweiz (IRS), 052 675 35 46
www.schweizergarde.org

Lagedarstellung

Radio Access Point (Panzer)

FOKUS 4: Die Führungsunterstützung der Schweizer Armee

Ziel der Führungsunterstützung ist es, die politische und militärische Führung der Schweiz betrieblich zu unterstützen. Führungsunterstützung umfasst Telekommunikation, Informatik, Elektronische Kriegführung, elektronische Luftraumüberwachung mittels Radar, Kryptologie, Sprachspezialisten, Führungsdienst und Hauptquartier-Dienstleistungen.

Die Leistungen der Führungsunterstützung (FU) stellen die Führungsfähigkeit in allen Lagen sicher. Die FU vereint die zur Führung benötigten Systeme, Infrastrukturen, Hilfsmittel und Dienstleistungen aus einer Hand. Die Leistungserbringer sind im Führungsverbund zusammengeschlossen.
Der **Führungsverbund** produziert jene Führungsunterstützungsleistungen, welche den Entscheidträgern das Fällen von raschen und richtigen Entscheiden erleichtern. Sensorsysteme, leistungsfähige Datennetzwerke und geschützte stationäre oder mobile Infrastrukturen ermöglichen das effiziente Aufarbeiten von Entscheidgrundlagen.
Damit die Führungsunterstützung effizient und effektiv ist, muss das gesamte Informatik- und Telekommunikations-System (IT-System) der Armee bereichsübergreifend geplant, überwacht und gesteuert werden. Die Schweizer Armee hat mit dem Einsatznetz Verteidigung eine krisenresistente Telekommunikationsinfrastruktur über alle Lagen. Krisenresistent heisst, dass die Dienste auch in ausserordentlichen Lagen mit eigenem Betriebspersonal (Berufspersonal und Truppe) erbracht werden können. Die Infrastruktur ist dafür besonders gehärtet.

Führungsstab der Armee bestellt, Führungsunterstützungsbasis liefert

In Funktion der Einsatzbedürfnisse formuliert der Chef Führungsstab der Armee (FST A) die FU-Bedürfnisse und leitet sie an die Führungsunterstützungsbasis (FUB) weiter. Die Führungsunterstützungsbasis steuert die Produktion und ist verantwortlich für die Lieferung. Sie erbringt ihre

Leistungen schwergewichtig zu Gunsten der Armee und für ausgewählte andere Departementsbereiche des VBS, für Bereiche anderer Departemente mit besonderen Sicherheitsbedürfnissen sowie für das Nationale Krisenmanagement.
Ihre Leistungen sind umfassend, wenn nötig permanent, über alle Lagen und mit erhöhten Sicherheitsanforderungen verfügbar. Dauerbedürfnisse deckt die Führungsunterstützungsbasis mit einer permanenten Grundstruktur ab. Dazu gehört auch die ausserordentlich anspruchsvolle Betreuung der ganzen Informatik des VBS – mit unter anderem rund 14 000 Informatik-Arbeitsplätzen.

Durchhaltefähigkeit dank FU Br 41
Falls die professionellen zivilen Ressourcen der Führungsunterstützungsbasis nicht mehr ausreichen, werden Milizruppen für den Aufwuchs aufgeboten. Dieser wird durch die Führungsunterstützungsbrigade 41 mit ihren rund 14 000 Milizangehörigen gewährleistet. Die FU Br 41 ist die grösste Milizorganisation im Bereich Führungsunterstützung. Sie stellt modernste Kommunikations- und Informationssysteme für die Führung von militärischen sowie subsidiären Einsätzen bereit und betreibt geschützte Führungsanlagen (Hauptquartiere). Darüber hinaus erbringt die FU Br 41 Dienstleistungen in den Bereichen Botschaftsfunk, Kryptologie und Sprachspezialisten.

www.fubr41.ch

Technische Weiterbildung
Der Bereich Führungsunterstützung muss sich laufend den neuen Aufträgen, Kräften und Mitteln stellen sowie Organisation und Verfahren den Möglichkeiten der Technologie anpassen. Die Weiterentwicklung vollzieht sich in einem Spannungsfeld zwischen den militärischen Erfordernissen als Grundlage, den sich heutzutage schnell ändernden technischen Möglichkeiten sowie den begrenzten personellen und finanziellen Ressourcen.
Truppenseitig ist das Kommando FUB Systeme-Kaderausbildung-Support (Kdo FUB SKS) für die fachtechnische Unterstützung in Rüstungsprojekten verantwortlich: Es gibt heute kaum mehr ein Rüstungsvorhaben, das nicht den Einbezug der FUB erfordert.
Das Kdo FUB SKS trägt zur Evaluation von Telematiksystemen bei, leitet Truppenversuche und beantragt die Truppentauglichkeit der Systeme. In derselben Organisation werden die Ausbildungskonzepte erstellt, die Reglemente erarbeitet und das Lehrpersonal der Lehrverbände für neue

Systeme ausgebildet. Das Kdo FUB SKS ist weiter für die Funkplanung der gesamten Armee (inklusive Bereitstellung der nötigen Datenträger) verantwortlich.

Elektronische Kriegführung

Zur Führungsunterstützung gehört auch der Bereich der Elektronischen Kriegführung (EKF). Dieser umfasst Funkaufklärung (Communications Intelligence COMINT) und Elektronischer Kampf (Electronic Warfare EW).
Die Einsatzstelle EKF der Schweizer Armee ist ein Teilbereich des zur Führungsunterstützungsbasis gehörenden Zentrums elektronische Operationen (ZEO). Auftrag des ZEO ist die Beschaffung von Informationen für berechtigte Bundesstellen. Hierzu werden Signale ausländischer Telekommunikationssysteme erfasst und ausgewertet. Zudem schafft das ZEO die Voraussetzungen für EKF-Einsätze der Armee. Im Bereich der Kryptologie werden Sicherheitsanalysen und Verifikationen erstellt, Dekryptierungen vorgenommen, Kryptanalysen gemacht, die Kryptologen der FU Br 41 ausgebildet und die VBS-Netze überwacht.

Zukunft NEO

Die Zukunft der Führungsunterstützung heisst «Vernetzte Operationsführung» (Network Enabled Operations NEO). Im Vordergrund von NEO steht die engmaschige Vernetzung von Sensoren zum Sammeln von Daten und Informationen, Entscheidträgern sowie Effektoren, welche direkt auf die Lage und die Situation einwirken. *Vgl. FOKUS 5.*

www.armee.ch > Die Schweizer Armee > Organisation > **Führungsunterstützungsbasis**

Abladen von Munition

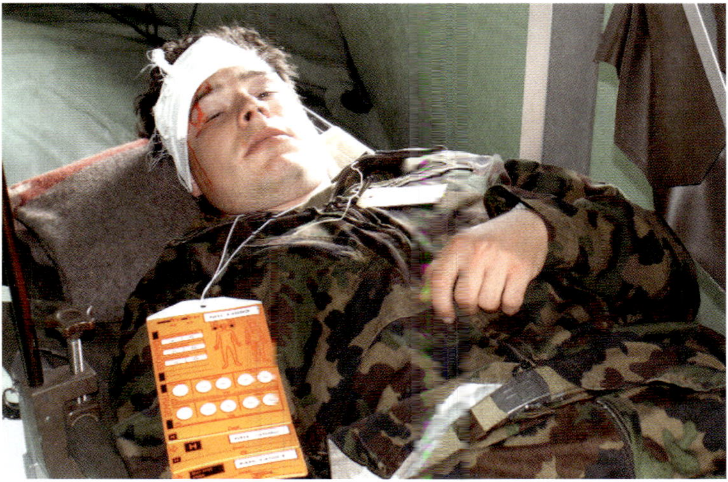

Sanitätsdienstliche Versorgung

3-7 Logistik

Das Logistiksystem der Schweizer Armee ist darauf ausgerichtet, optimal auf die Bedürfnisse der Leistungsempfänger abgestimmte Logistikleistungen zeit- und ortsgerecht zu erbringen.

3-7-1 Definition, Ziel und Führungsstufen

Definition: Die Logistik ist die Gesamtheit von Prozessen und Diensten zur umfassenden Logistikunterstützung von Streitkräften, bestehend aus: Nachschub/Rückschub, Instandhaltung, Sanität, Verkehr und Transport sowie Infrastruktur. Sie ist somit ein ***dynamisches System,*** das sowohl für die Ausbildung wie auch für alle Operationen der Teilstreitkräfte ***Unterstützungsleistungen*** nahtlos über jede Lage, im In- und Ausland, zu erbringen vermag.

Ziel des Logistiksystems der Armee: Es geht darum, die Mittel, die sich am Bedarf der Aktion orientieren, schnell und präzise den Leistungsempfängern zuzustellen, damit diese ihre bestmögliche Einsatzbereitschaft und Durchhaltefähigkeit zur Erfüllung ihres Auftrages erreichen und aufrechterhalten können. Da die Schaffung der nationalen und internationalen Kooperationsfähigkeit sicherheitspolitisch sowie durch bereits eingegangene internationale Verpflichtungen (Partnerschaft für den Frieden, PfP; PfP-Planungs- und Überprüfungsverfahren, PARP) vorgegeben ist, muss das Logistiksystem internationalen Standards entsprechen. Im weitesten Sinne geht es deshalb um alle Aspekte militärischer Operationen und logistischer Leistungserbringung in den Bereichen Beschaffung, Lagerung, Transport, Distribution, Instandhaltung, Evakuation und Disposition von ***Material;*** um Transport bzw. Evakuation von ***Personen;*** um Betrieb und Disposition sowie Instandhaltung von ***Infrastruktur*** für die Ausbildung und für den Einsatz; um Beschaffung oder Zurverfügungstellung von ***Dienstleistungen*** und um ***Unterstützung*** in den Bereichen Medizin und Gesundheit.

Führungsstufen:

- Auf ***strategischer Führungsstufe*** basiert das Logistiksystem der Armee auf einer unterstützenden Wirtschaftspolitik und einer leistungsfähigen (schweizerischen) Volkswirtschaft. Dieses einheimische Industriepotenzial stellt in Kooperation mit ausländischen Lieferanten die notwendige Unterstützung sicher.
- Auf ***militärstrategischer Führungsstufe*** geht es um die Fähigkeit der Schweizer Armee, im logistischen Bereich das reibungslose Zusammenwirken und die gegenseitige Unterstützung, sowohl im nationalen als auch im multinationalen Umfeld, sicherzustellen.
- Auf ***operativer Führungsstufe*** plant und führt die ***Logistikbasis der Armee (LBA)*** zentral nach militärökonomischen Grundsätzen und lässt Logistikleistungen dezentral durch Elemente der taktischen Ebene erbringen.
- Auf ***taktischer Führungsstufe*** sorgen Formationen mit aktiver Miliz – allenfalls mit Durchdienern und Zeitsoldaten, unterstützt von zivilen Elementen der Armee und der Industrie – für eine bestmögliche logistische Unterstützung der militärischen Verbände und allenfalls anderer Leistungsempfänger in der Ausbildung und im Einsatz.

3-7-2 Prozesse

Der ***Logistikprozess*** besteht aus ***6 Teilprozessen.*** Diese sind darauf ausgerichtet, den Leistungsempfängern optimal auf ihre Bedürfnisse abgestimmte Logistikleistungen zeit- und ortsgerecht zu erbringen. Die logistischen Teilprozesse sind in folgende ***Prozessarten*** gegliedert:

Planungs- und Führungsprozess

Beinhaltet sämtliche Aktivitäten, die notwendig sind, um die laufende Entwicklung des Logistiksystems an das sich verändernde Umfeld anzupassen. Dabei steht die wirkungsorientierte und wirtschaftliche Steuerung aller logistischen Leistungserbringer im Zentrum. Der Planungs- und Führungsprozess erfolgt zu jeder Zeit in jeder Lage mit dem gleichen Prozess. In diesem Sinne handelt es sich um den grundsätzlichen Ablauf der Planungs- und Führungsaktivitäten für einen Einsatz. Beginnend mit einer Erstplanung zwei Jahre (oder mehr) vor der Dienstleistung für die Grobplanung. Die Details werden in den Folgedialogen bis kurz vor der Dienstleistung und auf entsprechend tieferer Hierarchiestufe verfeinert.

Kernprozesse

Nachschub und Rückschubprozess: Stellt die stetige Aufrechterhaltung eines Material-, Güter- (aller Nachschubklassen) und Informationsflusses von den Logistikleistungserbringern zu den Logistikleistungsempfängern (Nachschub) und invers (Rückschub) sicher.

Instandhaltungsprozess: Stellt die möglichst wirtschaftliche Erhaltung eines definierten Sollzustandes von Systemen über deren gesamten Lebensweg sicher. Garantiert die rasche Wiedererstellung und Funktionsfähigkeit von Systemen.

Sanitätsprozess: Umfassende Unterstützung von Streitkräften mit:

- Erhaltung und Wiederherstellung der Kampfkraft;
- Minimierung von Verlusten durch Krankheiten und Verletzungen;
- Entlastung der Truppe von Kranken und Verwundeten;
- Wiederherstellung der Gesundheit und Einsatzbereitschaft in Kooperation mit dem zivilen Gesundheitswesen.

Unterstützungsprozesse

Verkehrs- und Transportprozess: Plant, steuert und vollzieht Verschiebungen von Menschen und Gütern in grösserem Ausmasse, auch über grössere Distanzen, unter Verwendung aller Verkehrsträger

Infrastrukturprozess: Stellt die Nutzung, den Betrieb und die Instandhaltung der permanenten und behelfsmässigen einsatzrelevanten Verteidigungsinfrastruktur sowie der Ausbildungs- und Betriebsbauten sicher.

3-7-3 Logistische Ebenen

Die ***Armeelogistik*** umfasst die ***4 Ebenen:***

- Einsatzlogistik in den ***Einheiten;***
- Einsatzlogistik in den ***Truppenkörpern*** (Bataillone/Abteilungen);
- direkte logistische Unterstützung der Einsatzverbände durch die ***mobile Logistik;***
- logistische Unterstützung in der Schweizer Armee durch die ***stationäre Logistik*** (Logistik- und Infrastruktur-Center und Aussenstellen).

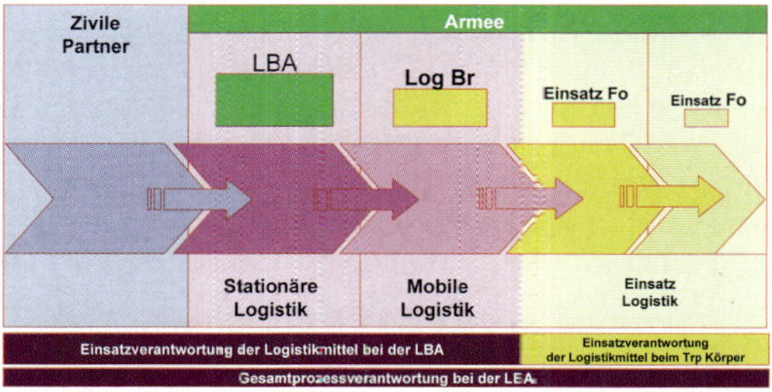

Der Raum der Einsatzlogistik: So wird der Raum bezeichnet, in dem sich die Logistikelemente der Einheiten und der Truppenkörper bewegen oder aufhalten und direkt zu Gunsten der Truppe und deren Ausrüstung eingesetzt sind.
Der Raum der mobilen Logistik befindet sich in der Nähe der Einsatztruppenkörper, jedoch ausserhalb der Reichweite direkt schiessender Waffen. Der mobile Logistikverband deckt einen weiten Raum ab. Die Logistikformationen bilden eine Vielzahl zeitlich-räumlich klar definierter Logistikpunkte, die je nach Lage auch in den Raum eines Truppenkörpers oder einer Einheit gelegt werden können. Die ***Logistikpunkte*** für Nachschub/Rückschub, Instandhaltung und Sanität werden im Rahmen der Operationsplanung festgelegt.
Der Raum der stationären Logistik entspricht dem Raum einer auf Dauer installierten logistischen Infrastruktur im Sinne von militärischen Lagern und Werkstätten, Militärspitälern und militärischen Produktionseinrichtungen. Für langfristige Einsätze im multinationalen Umfeld kann ein Raum einer stationären Logistik und damit eine Infrastruktur auch ausserhalb unserer Landesgrenzen liegen (z.B. National Support Element).

3-7-4 Organisation der Logistik

Die Gesamtheit der logistischen Leistungserbringung wird über alle Lagen durch eine einsatzbezogene Zusammensetzung von ***militärischen und zivilen Logistikelementen*** erbracht. Zwischen militärischen und zivilen Logistikelementen besteht eine ***Austauschbeziehung,*** indem zivile Elemente im Bereich der militärischen Elemente und militärische Elemente im Bereich der zivilen Elemente eingesetzt werden können. Die ***Führung*** dieser Austauschbeziehung bleibt über alle Lagen unverändert in derselben militärischen Hand.
Militärische Logistikelemente sind Formationen unter militärischem Kommando, die direkt zu Gunsten der Einsatzverbände, allenfalls auch zu Gunsten ziviler Leistungsempfänger, logistische Leistungen erbringen.

- Die ***Einsatzlogistikelemente in der Hand des Einheitskommandanten*** unterstützen die Einheit unmittelbar, indem sie die Aufgaben des Nachschubs/Rückschubs, der Diagnostik, der Notinstandsetzung sowie die medizinischen Notfallmassnahmen und die Evakuation von Soldaten sichtbar und glaubwürdig wahrnehmen können; in der Hand des ***Truppenkörperkommandanten*** schaffen sie logistische Handlungsfreiheit, indem sie zu Gunsten der Einheiten den Nachschub/Rückschub, die Instandsetzung sowie die medizinischen Massnahmen und die Evakuation übernehmen können.

- Die ***mobilen Logistikelemente*** bilden die Verbindung zwischen der Einsatzlogistik und der stationären Logistik, indem sie für den Nachschub/Rückschub, für die Instandsetzung sowie für die erweiterten medizinischen Massnahmen und die Evakuation von Patienten zu Gunsten der Einsatzverbände eingesetzt werden. Dazu werden Elemente der Logistikbataillone und Sanitätskompanien eingesetzt.
- Die ***Verkehrsführungs- und Transportelemente*** ermöglichen die Planung und die reibungslose Abwicklung des militärischen Verkehrs sowie die Schwergewichtsbildung im Transportbereich unter Einbezug aller Verkehrsträger.
- Die ***Infrastrukturbetreiber*** aus den Infrastruktur-Centern ermöglichen den Einsatz-, Einsatzunterstützungs-, Führungsunterstützungs- und Logistikverbänden die Konzentration auf ihre Kernaufgaben Ausbildung, Einsatz und Führung sowie Logistik, indem sie die Infrastrukturen vermitteln (technisch/taktisch), bereitstellen, betreiben und instand halten.
- ***Teile der stationären Logistik*** sind die Elemente Logistikbataillon, das Sanitätslogistikbataillon und die Spitalbataillone. Sie gewährleisten die logistische Handlungsfreiheit auf der Ebene Armee, indem sie die Logistik-Center und die Armeeapotheke darin unterstützen, zu Gunsten der mobilen Logistik oder der Einsatzlogistik sowie anderer Leistungsempfänger Güter aller Art bereitzuhalten, nötigenfalls zu produzieren, bereitzustellen, abzugeben, teilweise zu verteilen und instand zu halten.

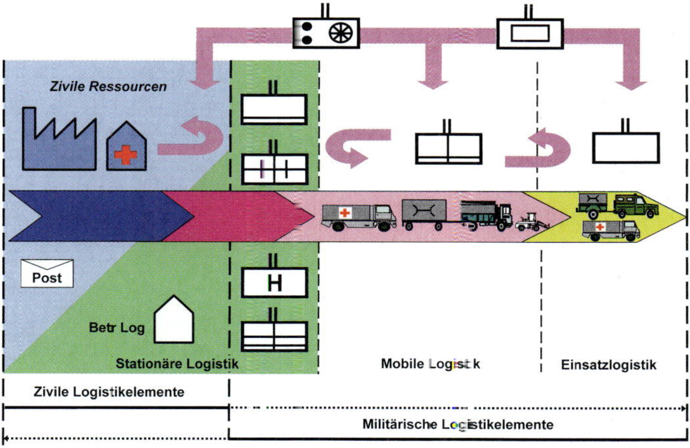

– Die ***Leistungserbringer*** wie die Logistik- und Infrastruktur-Center, private Industrieunternehmen, das Gewerbe, die Post, das öffentliche Gesundheitswesen, das öffentliche und private Transportwesen stehen in intensiven Wechsel- und Austauschbeziehungen mit der militärischen Logistik. Diese werden durch die Logistikbasis der Armee koordiniert und geführt.

3-7-5 Logistikführung

Die ***Logistikführung*** erfolgt über alle Lagen und für das ganze Einsatzspektrum der Armee, im In- und Ausland, ***zentral*** nach denselben Prinzipien. Die logistische Leistungserbringung richtet sich nach dem militärischen Bedarf und dem vorgegebenen Finanzrahmen. Sie ist nicht nur zu Gunsten der Grundbereitschaft, sondern auch zu Gunsten von Einsätzen unter betriebswirtschaftlicher Betrachtung zu erbringen, so lange dadurch die militärischen Ziele nicht gefährdet sind.
Es gilt das ***bedarfsorientierte Bringprinzip***, das die Optimierung der bereitzustellenden Güter erlaubt und die Einsatz- und Einsatzunterstützungsformationen von logistischen Aufgaben entlastet.
Bedarfsorientiert bedeutet, dass der taktische Führer bestimmt, wann und wo welche logistischen Leistungen übernommen werden. Damit behält er die Verantwortung für die Logistik, ohne sich um diese kümmern zu müssen.
Bringprinzip bedeutet: Die Logistik hat die Pflicht und Verantwortung, die Einsatzverbände mit den notwendigen logistischen Leistungen zu beliefern, sodass eine Aktion nicht verzögert wird.
Im Laufe von Einsätzen der Streitkräfte sind die logistischen Kapazitäten derart einzusetzen, dass in jeder Phase die grösstmögliche Leitsungsfähigkeit erhalten oder so rasch als möglich wieder hergestellt werden kann. Der Grundauftrag der Logistik ist dann erfüllt, wenn Güter und Leistungen in der richtigen Art, in der richtigen Menge, in der richtigen Qualität, zur richtigen Zeit, am richtigen Ort, mit dem richtigen Aufwand und dem richtigen Empfänger zur Verfügung gestellt werden.
Die ***Grundbereitschaft*** beschreibt für das Personal, die Führung, die Ausbildung und die Logistik den Normzustand, der unabhängig von einem Einsatzauftrag stets erreicht und erhalten werden muss. Es ist die Aufgabe der LBA, die materiellen Mittel (Material, Fahrzeuge, Verbrauchsgüter, Ersatzmaterial, Infrastrukturen) in der geforderten Qualität und Menge bereitzuhalten, zu bewirtschaften und gemäss den Vorgaben für die Grundbereitschaft zur richtigen Zeit am richtigen Ort der Truppe zu übergeben.

Das ***Bereitschaftssystem der Armee*** sieht für die Truppenkörper abgestufte Fristen für das Erstellen der Grundbereitschaft vor. Die Logistik muss demnach nicht die gesamte Grundausrüstung dauernd abgabebereit halten. Sie kann Teile davon in Schulen und Kursen einsetzen, der Instandhaltung zuführen, inaktivieren oder deren Lieferung/Bereitstellung durch Verträge mit zivilen Partnern erst auf einen bestimmten Zeitpunkt sicherstellen. Beim Einrücken übernimmt eine Formation grundsätzlich die vorgegebene ***Grundausrüstung.*** Zusammen mit der ***auftragsbezogenen Ausrüstung*** erreicht sie die logistische ***Einsatzbereitschaft.***

Ausgehend vom Grundsatz, dass die Logistikführung über alle Lagen nach denselben Prinzipien erfolgt, unterscheidet sich die Logistikplanung und -führung für die Ausbildung nicht von derjenigen für Einsätze. Alle Leistungsempfänger nehmen demnach in der Planungsphase eine logistische Lagebeurteilung vor und formulieren ihren Bedarf an Gütern und Leistungen. Während eines Kurses oder Einsatzes beurteilen die Formationen die logistische Lage dauernd und rufen Güter (wie Nachschub/Rückschub von Verpflegung, Ausrüstung, Betriebsstoffen, Bau- und Geniematerialien, Munition, Fahrzeugen, Waffen, Sanitätsmaterialien, Medikamenten, Ersatzteilen) und Leistungen (wie Instandhaltung, Diagnostik, Behandlung und Evakuation von Verletzten, Transportleistung auf Strasse, Schiene, Wasser, Luft, Betrieb von Infrastruktur) ab, welche die LBA bedarfsgerecht zu erbringen hat. Der ***Chef LBA*** kann dazu die ***Logistikbrigade 1,*** die ***Betriebe der Logistik*** (Logistik- und Infrastruktur-Center) und die ***Armeeapotheke*** einsetzen. Leistungen des ***Lehrverbandes Logistik*** und auch solche von ***zivilen Partnern*** können bei Bedarf durch die LBA vereinbart werden.

3-7-6 Weiterentwicklungen der Logistik

Um die geforderte Leistung erbringen zu können, wird die Logistik mittel- und längerfristig mit folgenden Massnahmen optimiert:

- Anpassung der Standorte und Infrastrukturen der stationären Logistik.
- Einführung neuster Informatik-Technologien sowie Verfahren in der gesamten Logistikkette.
- Zusammenarbeit zwischen Truppe und Logistikbetrieben vertiefen.
- Weitere Vergaben von Aufträgen an zivile Partner sowie Eingehen von Kooperationen (z.B. Public Private Partnership).
- Weitere Liquidation von obsoleten Systemen, Material und Infrastrukturen.

www.lba.admin.ch

Bundesamt für Sport in Magglingen

Lernende des VBS im Parlamentsgebäude

3-8 Das Eidg. Departement für Verteidigung Bevölkerungsschutz und Sport (VBS)

Das Departement VBS ist das grösste der sieben Departemente und vereint die Bereiche Verteidigung, Bevölkerungsschutz, Sport sowie die Beschaffungsorganisation armasuisse.

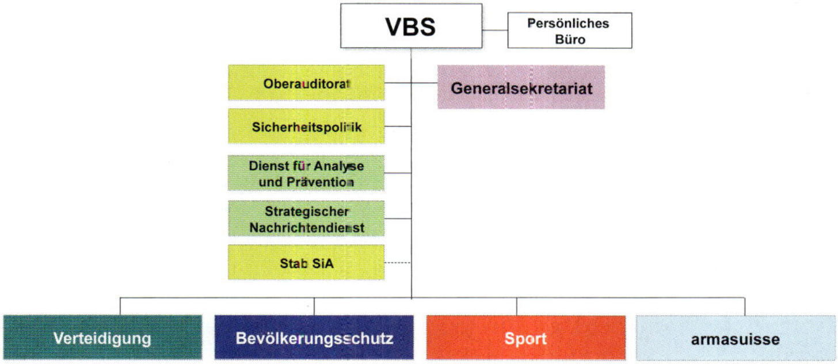

Die Struktur des Departements VBS, Stand Januar 2009

3-8-1 Departementsleitung

Der ***Departementschef*** trägt die politische Verantwortung für die Geschäfte sowie die strategische Führung des VBS. Im Rahmen der Delegationsmöglichkeiten hat der Chef VBS die Entscheidkompetenz in gewissen Bereichen an seine Direktunterstellten delegiert. Es handelt sich hierbei insbesondere um die fachliche Führung der jeweiligen Bereiche sowie um die Zuteilung von Ressourcen.

Für grundlegende Strategie- und Ressourcen-Fragen werden die Direktunterstellten des Departementschefs im Rahmen der ***Departementsleitung VBS (DL VBS)*** direkt in die Entscheidfindung einbezogen.

3-8-2 Generalsekretariat (GS VBS)

Der ***Generalsekretär*** leitet das Generalsekretariat. Er trägt die Gesamtverantwortung für die Mitarbeitenden des GS VBS, alle Prozesse und für die Zielerreichung des GS VBS. Mit seinen direktunterstellten Bereichen unterstützt er den Chef VBS.

Der ***Stellvertretende Generalsekretär VBS*** vertritt den Generalsekretär in allen Belangen und trägt die abschliessende Verantwortung für sämtliche Aufgaben, die ihm der Chef VBS und der Generalsekretär VBS dauernd delegieren. Ihm sind die Bereiche Recht VBS, Raum und Umwelt VBS, Schadenzentrum VBS, Informations- und Objektsicherheit, Dienste GS und Personal GS unterstellt.

Die Organisation des GS VBS ***umfasst*** die folgenden ***Bereiche:***
- ***Stab Chef VBS:*** gewährleistet die Führungsunterstützung des Chefs VBS in all seinen Funktionen, insbesondere bei der Planung und beim Vollzug der Departementsgeschäfte von politischer und strategischer Bedeutung; stellt eine wirkungsorientierte Zusammenarbeit mit den Departementsbereichen, insbesondere aber deren politisch-strategische Begleitung sicher; ist verantwortlich für die Aufbereitung von Bundesrats- und Parlamentsgeschäften sowie für die Departementsplanung, das Berichtswesen und die interne Revision; im Weiteren obliegen ihm die Erarbeitung von Entwicklungsoptionen des Departements.
- ***Kommunikation VBS:*** führt und verantwortet operativ das Auftreten des Departements in der Öffentlichkeit und nach innen; der Kommunikation VBS sind auch die Dokumentationsdienste und die Bibliothek am Guisanplatz angegliedert *(siehe auch 3-6-7)*.
- ***Finanzen VBS:*** plant und steuert das Finanzwesen auf Stufe Departement (strategisches Finanzmanagement VBS) und bereitet für den Chef VBS die Entscheidungsgrundlagen in diesem Bereich vor.
- ***Personal VBS:*** plant, steuert und koordiniert das Personal- und Organisationsmanagement auf Stufe Departement (strategisches Personal- und Organisationsmanagement).
- ***Informatik VBS:*** erlässt die Vorgaben für die Strategischen Informatikplanungen der Departementsbereiche sowie die Informatik-Weisung und -Standards für das gesamte Departement.

Generalsekretariat VBS
Stand 1.1.2009

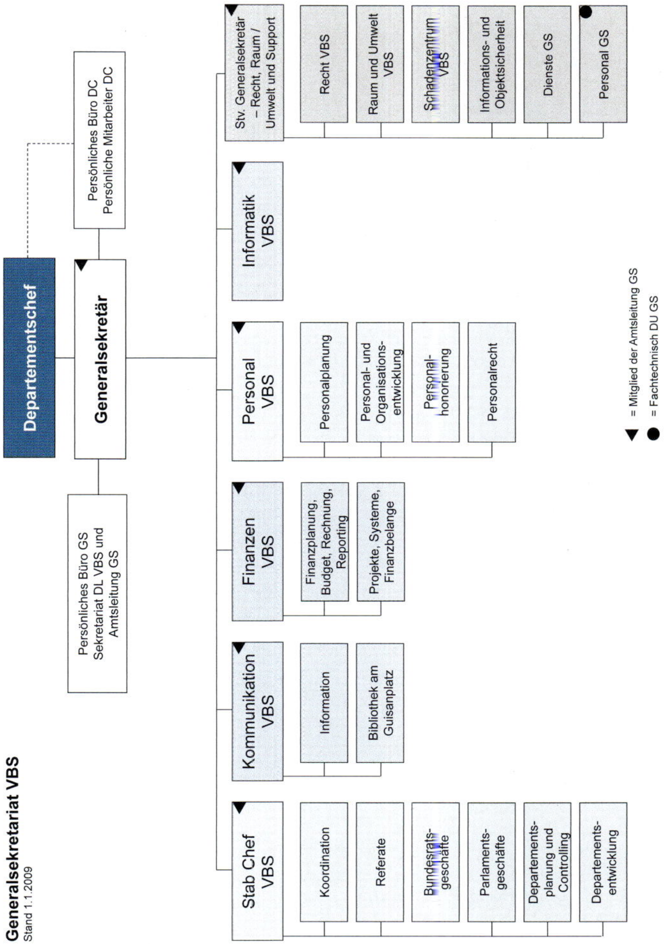

- ***Recht VBS:*** bearbeitet die juristischen Geschäfte auf Stufe Departement und Generalsekretariat (Rechtsetzung, Rechtsanwendung, Rechtsberatung), die nicht speziell einer andern Stelle zugewiesen sind.
- ***Raum und Umwelt VBS:*** steuert die strategische Umwelt-, Immobilien- und Raumplanung sowie den Vollzug der Raumordnungs- und Umweltgesetzgebungen im Departement mittels des Raumordnungs- und Umweltmanagementsystems VBS (RUMS).
- ***Schadenzentrum VBS:*** führt und koordiniert die Schadenerledigung im VBS und berät andere Stellen im VBS in Haftungsfragen; entscheidet erstinstanzlich über Haftungsfälle und erteilt Unterricht in Kaderschulen der Armee über das Schadenwesen und die Prävention von Schäden.
- ***Informations- und Objektsicherheit (IOS)***: sie leitet das Sicherheitsmanagement des VBS in ausgewählten Bereichen wie Informationen, Personen und Sachwerten *(siehe auch 3-6-1)*.
- ***Dienste GS VBS:*** führen die Geschäftsverwaltung und bieten Übersetzungsdienste; darüber hinaus sind diese für die Supportprozesse im GS zuständig.
- ***Personal GS VBS:*** ist verantwortlich für das Personal-Management im GS und in den zugewiesenen und angegliederten Verwaltungseinheiten (OA, DSP, SND, Stab SiA).

Neben den Bereichen des Generalsekretariats sind dem Generalsekretär folgende Verwaltungseinheiten administrativ zugewiesen:
- Oberauditorat (OA)
- Direktion für Sicherheitspolitik (DSP)
- Dienst für Analyse und Prävention (DAP)
- Direktion für Strategischen Nachrichtendienst (SND)
- Stab Sicherheitsausschuss des Bundesrates (Stab SiA)

www.gs-vbs.admin.ch

3-8-3 Oberauditorat

Das ***Oberauditorat:*** ist zuständig in administrativer und organisatorischer Hinsicht für eine pflichtgemässe Aufgabenerfüllung der Militärjustiz; ist deren ***Dienstleistungsbetrieb***; schafft die Voraussetzungen, dass die sowohl von der Armeeführung als auch von der Verwaltung in jeder Hinsicht unabhängigen militärischen Strafverfolgungsbehörden und Militärgerichte aller Instanzen ihren gesetzlichen Auftrag kompetent erfüllen können.

Der ***Oberauditor (OA):*** ordnet in seiner Funktion als ***oberster Ankläger*** in Militärstrafsachen die der Militärjustiz zugeordneten Strafverfahren an – u.a. auch, gestützt auf die Genfer Konventionen, die Verfolgung von mutmasslichen Kriegsverbrechern – und überwacht deren ordnungsgemässe Abwicklung und Erledigung; im Rahmen der gesetzlichen Bestimmungen nimmt er die ihm überbundenen strafprozessualen Rechte und Pflichten wahr wie beispielsweise die Einlegung von gewissen Rechtsmitteln *(siehe dazu auch das Kapitel 6-5 «Militärstrafrecht»).*

www.oa.admin.ch

3-8-4 Direktion für Sicherheitspolitik

Die ***Direktion für Sicherheitspolitik (DSP)*** ist dem Chef VBS direkt unterstellt und unterstützt ihn in seinen Verpflichtungen als Departementschef sowie gegenüber dem Gesamtbundesrat, dem Parlament, der Öffentlichkeit und dem Ausland.

Die DSP ***beurteilt die sicherheitspolitischen Kerngeschäfte*** auf Departementsebene. Dazu gehören alle jene Dossiers, die internationale Angelegenheiten, Fragen der Strategie, der Verteidigungs- und Rüstungspolitik sowie der Rüstungskontroll- und Abrüstungspolitik betreffen. Neben der Aufarbeitung und ***Analyse der laufenden Geschäfte*** bereitet die DSP auch ***Entscheidgrundlagen*** für Bundesrat und Parlament vor.

Sie setzt sich aus den folgenden ***3 Bereichen*** zusammen:
- ***Strategie und Internationales:*** leitet die Erarbeitung der Sicherheitspolitik im VBS; ist zuständig für die bilaterale Kooperation und für Kontakte des VBS mit anderen Staaten und betreut die politischen Aspekte der Teilnahme an der Partnerschaft für den Frieden und der Mitgliedschaft im Euro-Atlantischen Partnerschaftsrat.
- ***Verteidigungs- und Rüstungspolitik:*** ist zuständig für die sicherheitspolitische Vorbereitung und Begleitung von Armee-Einsätzen im In- und Ausland, für die Berücksichtigung politischer Aspekte in der Streitkräfte- und Rüstungsplanung sowie für politische Aspekte der Kooperation zwischen der Schweizer Armee und ausländischen Streitkräften.
- ***Rüstungskontrolle und Abrüstungspolitik:*** verfolgt die Entwicklungen in der Rüstungskontrolle und Abrüstung; identifiziert zusammen mit der Gruppe Verteidigung, dem Eidg. Departement für auswärtige Angelegen-

heiten (EDA) und gegebenenfalls auch mit dem Staatssekretariat für Wirtschaft (seco) die politischen und militärischen Interessen der Schweiz und setzt sich in Verhandlungen für die Wahrung dieser Interessen ein *(siehe auch 2-1)*.

www.dsp.admin.ch

3-8-5 Direktion Dienst für Analyse und Prävention

Der ***Dienst für Analyse und Prävention (DAP)*** ist der ***zivile, polizeiliche Inlandnachrichtendienst*** der Schweiz. Er kümmert sich darum, dass die demokratischen und rechtsstaatlichen Grundlagen der Schweiz gesichert und die Freiheitsrechte ihrer Bevölkerung geschützt werden, wie es das Bundesgesetz über die Massnahmen zur Wahrung der Inneren Sicherheit (BWIS) vorsieht. Konkret geht es darum, ***Gefährdungen*** durch Terrorismus, verbotenen Nachrichtendienst, gewalttätigen Extremismus oder rechtswidrigen Handel mit Waffen, radioaktiven Materialien und sensibler Technologie – zusammengefasst als «Nonproliferation» bezeichnet – frühzeitig zu ***erkennen*** und präventiv zu ***bekämpfen.***
Der DAP ist seit dem 1. Januar 2009 als Direktion dem Eidgenössischen Departement VBS unterstellt. Zuvor gehörte er zum Eidgenössischen Justiz- und Polizeidepartment EJPD.

www.dap.admin.ch

3-8-6 Direktion für Strategischen Nachrichtendienst

Die ***Direktion für Strategischen Nachrichtendienst (SND):*** ist dem Departementschef direkt unterstellt; ist der Auslandnachrichtendienst der Schweiz; beschafft Informationen, die für die äussere Sicherheit der Schweiz bedeutsam sein können, wertet diese aus und verbreitet nachrichtendienstliche Erkenntnisse an die oberste politische und militärische Führung der Eidgenossenschaft; bearbeitet insbesondere ***strategische und sicherheitspolitische*** Themen, die für die Wahrung der nationalen Interessen und für eine vorausschauende Sicherheitspolitik relevant sind; trägt zur laufenden Analyse der Bedrohungen, Risiken, Gefahren und Chancen sowie zur Frühwarnung und zur permanenten und prospektiven Beurteilung der strategischen Lage der Schweiz bei.

www.snd.admin.ch

3-8-7 Stab Sicherheitsausschuss des Bundesrates

Der ***Stab Sicherheitsausschuss des Bundesrates (Stab SiA)*** ist ein interdepartementales, permanentes Organ, das die sicherheitspolitische Führung, so den Sicherheitsausschuss und die Lenkungsgruppe Sicherheit, unterstützt.
Integrale Lage: verfolgt, zusammen mit anderen Verwaltungsstellen, die Entwicklung der für die Schweiz relevanten Sicherheitslage, erstellt Lagebeurteilungen und führt die Nachrichtenbedürfnisse für die sicherheitspolitische Führung.
Operationen: erstellt, zusammen mit anderen Verwaltungsstellen, Vorsorgeplanungen für die Bewältigung von Krisensituationen und koordiniert, in besonderen Lagen, bundesinternes und bundesexternes Fachwissen und erstellt Analysen und Handlungsoptionen für die sicherheitspolitische Führung.
Koordination und Liaison: steht in Verbindung mit Partnern der sicherheitspolitischen Führung im In- und Ausland.
Der Stab SiA dient generell als Auskunfts- und Ansprechstelle des Bundes für das Krisenmanagement auf strategischer Stufe. Er ist dem Vorsteher jenes Departements unterstellt, das den Vorsitz des SiA innehat (bis auf weiteres das VBS) und in der Regel dem gleichen Department administrativ zugeordnet ist.

3-8-8 Gruppe Verteidigung

Zur ***Gliederung und Struktur*** der ***Schweizer Armee*** bzw. der ***Gruppe Verteidigung*** siehe das *Kapitel 3-1.*

www.vtg.admin.ch

3-8-9 Bundesamt für Bevölkerungsschutz

Das ***Bundesamt für Bevölkerungsschutz (BABS)*** sorgt zusammen mit den Kantonen, welche die operationelle Verantwortung für die Mittel des Verbundsystems Bevölkerungsschutz (Polizei, Feuerwehr, Gesundheitswesen, technische Betriebe, Zivilschutz) tragen, für einen umfassenden Schutz der Bevölkerung, ihrer Lebensgrundlagen und der Kulturgüter vor den Auswirkungen von Katastrophen und Notlagen sowie bewaffneten Konflikten. Das BABS ist für alle Bundesstellen – die in der Prävention und der Ereignisbewältigung von Risiken tätig sind –, für die Kantone, die Partnerorganisationen und die Bevölkerung das ***Kompetenzzentrum*** in Fragen des Bevölkerungsschutzes. ***Aufgaben*** der einzelnen Bereiche:

- ***Konzeption und Koordination:*** entwickelt Strategien für die Weiterentwicklung des Bevölkerungsschutzes und der Nationalen Sicherheitskooperation; erarbeitet konzeptionelle Grundlagen und koordiniert das Verbundsystem Bevölkerungsschutz; ist Vorbereitungsorgan für die Bearbeitung von politischen und strategischen Grundsatzfragen; ist Ansprech- und Koordinationsstelle Bevölkerungsschutz für die Kantone und Partnerorganisationen.

- ***LABOR SPIEZ:*** befasst sich mit den Auswirkungen und dem Schutz vor atomaren, biologischen und chemischen Bedrohungen und Gefahren; ist das schweizerische Fachinstitut für den ABC-Schutz; unterstützt die Aktivitäten der Schweiz im Bereich Rüstungskontrollen und friedensfördernden Massnahmen.

- ***Nationale Alarmzentrale:*** ist die Fachstelle des Bundes für ausserordentliche Ereignisse; ist für die Einschätzung der Situation zuständig und hat im Bereich Radioaktivität die Kompetenz, gegebenenfalls Sofortmassnahmen zum Schutz der Bevölkerung anzuordnen.

- ***Ausbildung:*** erfüllt die gesetzlich vorgeschriebenen Ausbildungsaufgaben im Rahmen des Bevölkerungsschutzes und des Zivilschutzes; erarbeitet dazu Reglemente und Ausbildungsunterlagen und führt Ausbildungskurse durch.

- ***Infrastruktur:*** erarbeitet die Grundlagen für die Schutzbauten und das Material; stellt deren Einsatz- und Betriebsbereitschaft sicher; ist als Erlass- und Genehmigungsstelle von prüfpflichtigen Einbauteilen zuständig für Schutzbauten, EMP-Material und das ABC-Schutzmaterial.

– ***Support:*** ist BABS-interner Dienstleister (Betrieb, Übersetzungen usw.).

Projekt Sicherheitslabor (SiLab) in Spiez
Fachleute sind sich einig, dass der Schutz vor biologischen Gefahren verbessert werden muss. Dies haben die jüngsten Epidemien, ausgelöst durch SARS und das Vogelgrippe-Virus, aufgezeigt. Auch ein Terroranschlag mit biologischen Waffen kann nicht ausgeschlossen werden. Mit dem Bau des Sicherheitslabors (SiLab) auf dem Gelände des LABOR SPIEZ macht die Schweiz einen wichtigen Schritt zu einer verbesserten Antwort auf solche Bedrohungen. Der Neubau der höchsten biologischen Sicherheitsstufe dient vor allem der Diagnostik von Krankheitserregern.
Da die sicherheitstechnischen Anforderungen des Projekts komplex sind und es sich um ein in der Schweiz bisher einzigartiges Bauvorhaben handelt, mussten die Projektverantwortlichen umfangreiche Abklärungen bei bereits bestehenden Sicherheitslabors im Ausland vornehmen. Nach Diskussionen mit Experten auf den Gebieten des Laborbaus, der Biosicherheit sowie der Diagnostik von Krankheitserregern entstand ein ***Laborkonzept, das den heutigen Anforderungen entspricht und sämtliche gesetzlichen Vorgaben erfüllt.*** Die Validierung des Sicherheitslabors wird 2009/2010 in Angriff genommen, der Start für den regulären Betrieb fällt voraussichtlich ins Jahr 2011.

www.babs.admin.ch

3-8-10 Bundesamt für Sport

Das ***Bundesamt für Sport (BASPO)*** ist das ***staatliche Kompetenzzentrum für Sport und Bewegung.*** Es fördert den Sport und die Bewegung in der Schweiz und deren positive, nützliche und notwendige Rolle in der Gesellschaft. Das BASPO ist Dienstleistungs-, Ausbildungs- und Trainingszentrum für den Schweizer Sport und sportwissenschaftliches Kompetenzzentrum. Ausserdem schafft es die optimalen Voraussetzungen für die Sportanlagen von nationaler Bedeutung.
Das BASPO wird seit 2001 als ***FLAG-Amt*** geführt und ist in vier Produktgruppen aufgeteilt:

Eidgenössische Hochschule für Sport Magglingen (EHSM)
Die EHSM stellt ein breit gefächertes Ausbildungsangebot für allgemeine Sportfachleute und spezifische Studienangebote für Sportlehrer/innen, Trainer/innen, J+S-Leiter/innen, Seniorensport-Leiter/innen u.a.m. bereit. Das Ausbildungsangebot beinhaltet Vollzeitstudien auf Hochschulebene (EHSM), Teilzeitstudien z. B. im Trainerbereich und Kaderkurse in den Bereichen Jugend+Sport (J+S) und Sport in der Armee.
Im Zentrum (F+E) der EHSM steht der sporttreibende, sich bewegende Mensch – jeden Alters und Geschlechts. Die Disziplinen reichen von Sportmedizin über Sportphysiotherapie, Sportphysiologie und Trainingswissenschaften bis hin zu Sportpsychologie/Sozialwissenschaften, Sportepidemiologie, Präventionund Gesundheitsförderung sowie Sportökonomie.
Die Produktgruppe Sportmedien konzipiert und realisiert Medienprodukte für Bildung, Unterricht, Training und Information im Sport. Sie bietet Beratung und Lehre in den Bereichen Mediengestaltung und Medieneinsatz im Sport.

Sportförderung (SF)
Die «Sportförderung» erarbeitet Strategien und Konzepte zur Sportpolitik des Bundes. Sie ist verantwortlich für die Umsetzung der Strategie des Bundesrats für das BASPO im Bereich der allgemeinen Sport- und Bewegungsförderung, führt entsprechende Netzwerke und Förderprogramme und ist im Bereich Sportförderung Ansprechpartner für externe Partner.

Infrastruktur und Betrieb (I+B)
«Infrastruktur und Betrieb» unterhält und betreibt sämtliche Anlagen, Gebäude und Räumlichkeiten des BASPO (exklusiv Nationales Jugendsportzentrum Tenero). Die Fachstelle Sportanlagen ist das Kompetenzzentrum in der Schweiz für die Beratung und Dokumentation sowie für die Aus- und Weiterbildung im Bereich Sportanlagenbau. Die Fachstelle führt ferner das nationale Sportanlagenkonzept NASAK als Planungs- und Koordinationsinstrument.

Nationales Jugendsportzentrum Tenero (CST)
Das CST ist ein Zentrum für Kinder- und Jugendsport, insbesondere J+S-Sportfächer, sowie Ausbildungsstätte für die schweizerische Nachwuchsförderung. Dafür werden entsprechende Infrastrukturen (Sportanlagen und Unterkünfte) zur Verfügung gestellt und Dienstleistungen (Verpflegung und Coaching) erbracht.

www.baspo.ch

3-8-11 Gruppe armasuisse

armasuisse ist das Kompetenzzentrum des Bundes für die Beschaffung von technologisch komplexen Systemen und Materialien, sicherheitsrelevanten Technologien und Qualitätsmanagement, Immobilien des VBS und die räumlichen Referenzdaten der Schweiz.

armasuisse umfasst die folgenden Bereiche:

- Kompetenzbereich Landsysteme
- Kompetenzbereich Luftsysteme
- Kompetenzbereich Führungs- und Aufklärungssysteme
- Kompetenzbereich Einkauf und Kooperation
- Bundesamt für Landestopografie (swisstopo)
- Bereich Immobilien
- Bereich Wissenschaft und Technologie (W+T-Zentrum)
- Zentrale Dienste
- Stab Unternehmensleitung

www.armasuisse.ch

3-8-12 Aufgabenteilung Bund – Kantone – Gemeinden

Das Militärwesen ist Sache des Bundes sowie der Kantone, soweit es ihnen übertragen ist. Der Bund hat die Oberaufsicht. Im Rahmen der nationalen Sicherheitskooperation sorgt der Bundesrat für eine umfassende und flexible Kooperation zwischen der Armee und den Zivilbehörden, die für die Sicherheit im Inland zuständig sind.

- ***Rekrutierung:*** In die Rekrutierung teilen sich Bund, Kantone und Gemeinden. Die Einwohner**gemeinden** und die Heimatgemeinden melden den kantonalen Militärbehörden jährlich und unentgeltlich die Stellungspflichtigen. Die **Kantone** haben folgende Aufgaben: Sie nehmen die Stellungspflichtigen in die Militärkontrolle auf; geben das Dienstbüchlein ab; führen die Orientierungsveranstaltung durch; wirken bei der Rekrutierung mit; laden die Frauen zur Orientierungsveranstaltung ein. Die Kantone tragen die Kosten für diese Veranstaltung. Der **Bund** führt die Rekrutierung in permanenten Rekrutierungszentren des Bundes durch und trägt die dabei anfallenden Kosten.

- *Armeematerial:* Der **Bund** beschafft die persönliche Bewaffnung, das Ordonnanzschuhwerk, das Korps- und das übrige Armeematerial. Die **Kantone** beschaffen die übrigen Gegenstände der persönlichen Ausrüstung und liefern sie dem Bund ab. Der Bundesrat erlässt dafür Vorschriften und bestimmt die Entschädigungen, die der Bund für die Beschaffung der persönlichen Ausrüstung leistet. Der Bund verfügt über die persönliche Ausrüstung, das Korps- und das übrige Armeematerial.

Weitere Aufgaben der Kantone
- *Schiesswesen:* Die Kantone entscheiden über den Betrieb von Schiessanlagen für das Schiesswesen ausser Dienst und weisen Schiessvereine den Anlagen zu. Sie achten dabei auf umweltverträgliche Schiessanlagen und fördern Gemeinschafts- und Regionalanlagen. Die Kantone ernennen die kantonalen Schiesskommissionen und anerkennen die Schiessvereine.
- *Wehrpflichtersatz:* Die Kantone erheben den Wehrpflichtdienstersatz.
- *Entlassungsinspektionen:* werden von den Kantonen durchgeführt.

Weitere Aufgaben der Gemeinden
Die Gemeinden sind verpflichtet, der Truppe und den Armeetieren Unterkunft zu gewähren. Sie werden dafür vom Bund angemessen entschädigt. ***Unentgeltlich*** stellen sie zur Verfügung: die Wacht- und Arrestlokale, die Besammlungs- und Parkplätze für die Truppe, die Lokale für die Entlassungsinspektion sowie die Anschlagstellen für Aufgebotsplakate und andere Mitteilungen der Militärbehörde. Die Schiessanlagen sind der Truppe gegen Entschädigung für Schiessübungen zur Verfügung zu stellen. Die **Grundbesitzer** sind verpflichtet, die Benützung ihres Landes zu militärischen Übungen zu gestatten. Für den dadurch entstandenen Schaden leistet der Bund Ersatz.

Üben im Inland

Üben im Ausland

Partner Bevölkerungsschutz

Radioaktivitätsmessung aus der Luft für den Bevölkerungsschutz

3-9 Partner

3-9-1 Partner Bevölkerungsschutz

Der Bevölkerungsschutz ist ein Verbundsystem für Führung, Schutz, Rettung und Hilfe. Die Partnerorganisationen Polizei, Feuerwehr, Gesundheitswesen, technische Betriebe und Zivilschutz tragen dabei die Verantwortung für ihre Aufgabenbereiche und unterstützen sich gegenseitig. Beim Schutz der Bevölkerung bei Katastrophen, in Notlagen und im Fall eines bewaffneten Konflikts haben Bund, Kantone, Gemeinden und Partnerorganisationen verschiedenste Strukturen zu schaffen und Vorkehren zu treffen.

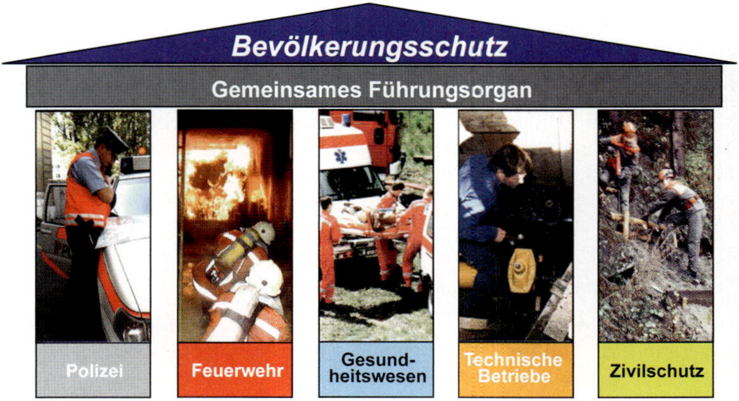

3-9-11 Steuerung und Koordination

Das Bundesamt für Bevölkerungsschutz ist zuständig für politisch-strategische und konzeptionelle Grundsatzfragen, welche das Gesamtsystem Bevölkerungsschutz betreffen. Es wirkt zudem als nationale Koordinationsstelle für die Belange der Nationalen Sicherheitskooperation (NSK), in welche alle relevanten sicherheitspolitischen Instrumente, Institutionen und Organisationen eingebunden sind. Konkret geht es darum, den Bevölkerungsschutz und das System der Nationalen Sicherheitskooperation in Abstimmung mit den aktuellen und künftigen Risiken und Gefährdungen weiterzuentwickeln sowie entsprechende Strategien und Konzepte zu erarbeiten.

3-9-12 Auftrag und Zusammenarbeit

Der Auftrag des Bevölkerungsschutzes ist der Schutz der Bevölkerung und ihrer Lebensgrundlagen bei Katastrophen und in Notlagen sowie im Fall eines bewaffneten Konflikts. Die Schweiz hat mit den verschiedensten Arten von Gefährdungen zu rechnen. Während etwa Naturkatastrophen jederzeit eintreten können, besteht auf absehbare Zeit keine Gefährdung durch einen bewaffneten Konflikt.
Der Bevölkerungsschutz ist ein Verbundsystem für Führung, Schutz, Rettung und Hilfe. Er stellt die Zusammenarbeit der fünf Partnerorganisationen Polizei, Feuerwehr, Gesundheitswesen, technische Betriebe und Zivilschutz sicher. Zuständig sind grundsätzlich die Kantone, die den Bevölkerungsschutz in Zusammenarbeit mit den Gemeinden und Regionen nach den jeweiligen Bedürfnissen gestalten. Zusätzlich hat auch der Bund gemäss Bevölkerungs- und Zivilschutzgesetz (BZG) bestimmte Aufgaben zu erfüllen.
Die Partnerorganisationen bewältigen Ereignisse mit modular aufgebauten Mitteln; die eingesetzten Mittel werden entsprechend der Art und dem Schweregrad eines Ereignisses verstärkt. Eine zentrale Rolle im Verbundsystem Bevölkerungsschutz spielt das Führungsorgan. Es übernimmt die Koordination und die Führung, wenn mehrere Partnerorganisationen während längerer Zeit im Einsatz stehen.

3-9-13 Fünf Partnerorganisationen unter einem Dach

Der Bevölkerungsschutz ist ein Verbundsystem für Führung, Schutz, Rettung und Hilfe und basiert auf den Mitteln des Alltags: Er stellt die Koordination, die Zusammenarbeit der fünf Partnerorganisationen Polizei, Feuerwehr, Gesundheitswesen, technische Betriebe und Zivilschutz sicher. Die Partnerorganisationen tragen die Verantwortung für ihre jeweiligen Aufgabenbereiche und unterstützen sich gegenseitig.

Polizei: Sicherheit und Ordnung
Die Polizei ist für Sicherheit und Ordnung zuständig. Sie ist ein Ersteinsatzmittel. Das Polizeiwesen ist kantonal geregelt. Die Mittel zur Erfüllung der Aufgaben sind die kantonalen und kommunalen Polizeikorps.

Feuerwehr: Rettung und allgemeine Schadenwehr
Die Feuerwehr ist für die Rettung und die allgemeine Schadenwehr, inkl. Brandbekämpfung und Elementarschadenbewältigung zuständig. Sie ist ein Ersteinsatzmittel und leistet Einsätze, welche Stunden bis Tage dauern. Die Feuerwehr ist kantonal geregelt.

Gesundheitswesen (mit sanitätsdienstlichem Rettungswesen)
Das Gesundheitswesen, einschliesslich des sanitätsdienstlichen Rettungswesens, stellt die medizinische Versorgung der Bevölkerung und der Einsatzkräfte sicher. Dies umfasst auch vorsorgliche Massnahmen und die psychologische Betreuung. Der sanitätsdienstliche Rettungsdienst ist ein Ersteinsatzmittel. Das Gesundheitswesen ist kantonal geregelt.

Technische Betriebe: Ver- und Entsorgung, technische Infrastruktur
Die technischen Betriebe stellen sicher, dass Elektrizitäts-, Wasser- und Gasversorgung, Entsorgung, Verkehrsverbindungen sowie Telematik (lagegerecht) funktionieren bzw. nach entsprechenden Notmassnahmen wieder normalisiert werden. Sie erfüllen ihre Aufgaben selbstständig.

Zivilschutz: Schutz, Betreuung und Unterstützung
Der Zivilschutz ist zuständig für die Bereitstellung der Schutzinfrastruktur und der Mittel für die Alarmierung der Bevölkerung, für die Betreuung von schutzsuchenden und von obdachlosen Personen und für den Schutz von Kulturgütern. Der Zivilschutz unterstützt die anderen Partnerorganisationen insbesondere bei Langzeiteinsätzen. Er führt Instandstellungsarbeiten aus und verstärkt die Führungsunterstützung und die Logistik. Zudem kann der Zivilschutz für Aufgaben zu Gunsten der Gemeinschaft eingesetzt werden. Für den Zivilschutz besteht die nationale Schutzdienstpflicht. Im Rahmen bundesrechtlicher Vorgaben regeln die Kantone die Belange des Zivilschutzes sowie die Zusammenarbeit mit den anderen Partnerorganisationen.

Für den Zivilschutz besteht eine **nationale Dienstpflicht.** Die Militär- und Schutzdienstpflichtigen werden gemeinsam rekrutiert. Es besteht aber keine Wahlfreiheit bei der Zuteilung; die Armee hat Vorrang. Männer mit Schweizer Bürgerrecht, die für den Schutzdienst tauglich sind, haben vom 20. bis zum 40. Altersjahr ihren Dienst grundsätzlich beim Zivilschutz zu leisten. Ausnahmsweise können Schutzdienstpflichtige zu Gunsten der anderen Partnerorganisationen vorzeitig aus der Schutzdienstpflicht entlassen werden. Die Mitwirkung von Ausländern sowie von Frauen im Zivilschutz basiert auf Freiwilligkeit.

3-9-14 Subsidiäre Unterstützung durch die Schweizer Armee

Die Armee leistet ***Beiträge zur Bewältigung existenzieller Gefahren.*** In diesem Rahmen unterstützt sie die Behörden und den Bevölkerungsschutz. Dabei geht es vor allem um das Brechen von Belastungsspitzen oder die Bewältigung von schwerwiegenden Katastrophen und Notlagen. Der Einsatz militärischer Mittel basiert auf dem Grundsatz der Subsidiarität. Dies bedeutet, dass grundsätzlich die Mittel des Bevölkerungsschutzes im regionalen, kantonalen und interkantonalen Verbund eingesetzt werden, bevor militärische Hilfe angefordert wird. Die Gesamtverantwortung für solche Einsätze liegt bei den zivilen Behörden; die Truppenkommandanten tragen die militärische Führungsverantwortung.

3-9-15 Schutz kritischer Infrastrukturen

Als «kritische Infrastrukturen» werden diejenigen Einrichtungen und Organisationen bezeichnet, deren Ausfall Auswirkungen auf überregionaler Ebene zur Folge haben kann. Die Infrastrukturen lassen sich zu Sektoren zusammenfassen wie beispielsweise Energie, Kommunikation oder Verkehr. Störungen von kritischen Infrastrukturen haben in der Regel schwer wiegende Auswirkungen auf Gesellschaft und Wirtschaft.

Um die Zusammenarbeit aller betroffenen Stellen zu gewährleisten, hat der Bundesrat im Juli 2005 das Bundesamt für Bevölkerungsschutz BABS mit der Koordination der Arbeiten zum Schutz kritischer Infrastrukturen auf Bundesebene beauftragt. Diese Aufgabe steht in Einklang mit der gesetzlich verankerten Pflicht des BABS, die Bevölkerung und ihre Lebensgrundlage zu schützen. In der Folge hat das BABS eine Arbeitsgruppe gebildet, in der mittlerweile 23 Mitglieder aus allen sieben Departementen sowie der Bundeskanzlei vertreten sind. In einer späteren Phase werden auch Vertreter der Kantone und der Wirtschaft mit einbezogen.

Die Arbeiten sind darauf ausgerichtet, dass bis ins Jahr 2012 eine nationale Strategie erarbeitet werden kann. In der Zwischenzeit werden bestehende Schutzmassnahmen sektoriell weitergeführt. Um die Grundlagen für die nationale Strategie zu erarbeiten, wird die Thematik im Rahmen von verschiedenen Projekten angegangen. Einer dieser Schwerpunkte hat beispielsweise zum Ziel, die Auswirkung eines schweren Erdbebens auf die verschiedenen Infrastrukturen und die daraus resultierenden Folgeschäden zu prüfen.

3-9-16 Schutzbauten

Schutzbauten werden primär für den Fall des bewaffneten Konflikts erstellt, sollen aber auch bei Katastrophen und in Notlagen als Notunterkünfte genutzt werden können. Der Grundsatz lautet: Jeder Einwohnerin und jedem Einwohner soll ein Platz in einem Schutzraum in der Nähe des Wohnorts zur Verfügung stehen. Landesweit gibt es rund 300 000 Personenschutzräume, zudem 2500 Schutzanlagen. Heute gibt es in der Schweiz grundsätzlich für die ganze Bevölkerung Schutzplätze, allerdings bestehen örtliche Lücken.

Hauseigentümerinnen und Hauseigentümer haben beim Bau von Wohnhäusern grundsätzlich Schutzräume zu erstellen, auszurüsten und zu unterhalten. In Gebieten, in denen zu wenige Schutzräume vorhanden sind, haben die Gemeinden (öffentliche) Schutzräume zu erstellen, auszurüsten und zu unterhalten. Wird beim Hausbau kein Schutzraum erstellt oder ist der Schutzplatzbedarf im Beurteilungsgebiet gedeckt, hat die Hauseigentümerin oder der Hauseigentümer einen Ersatzbeitrag zu entrichten.

Als Schutzanlagen bezeichnet man Kommandoposten, Bereitstellungsanlagen, geschützte Sanitätsstellen und geschützte Spitäler. Sie dienen primär dazu, die Führungsfähigkeit und die Bereitschaft der Mittel des Bevölkerungsschutzes sicherzustellen.

Die Schweiz verfügt bei den Schutzbauten über einen sehr guten Ausbaustand. Deshalb steht nicht mehr der Bau von Schutzräumen und -anlagen im Vordergrund, sondern die Werterhaltung der bestehenden Infrastruktur. Die wichtigsten Massnahmen sind die periodische Schutzraumkontrolle, der regelmässige Unterhalt und die periodische Anlagekontrolle.

3-9-17 Kulturgüterschutz

Sichern und respektieren – diese zwei Hauptforderungen gilt es beim Schutz von Kulturgütern gemäss Haager Abkommen von 1954 zu befolgen. Gerade in jüngerer Vergangenheit hatte sich aber gezeigt, dass den beiden Grundsätzen längst nicht mehr oberste Priorität zugemessen wurde. Mit der 2004 erfolgten Inkraftsetzung des Zweiten Protokolls (1999) zum Haager Abkommen erhält der Kulturgüterschutz KGS weltweit wieder mehr Gewicht. In der Schweiz schafft der Bund die Voraussetzungen, um in Zusammenarbeit mit in- und ausländischen Partnern bestmögliche Schutzmassnahmen zu ergreifen und so die Identität stiftenden Kulturgüter nachfolgenden Generationen unbeschadet überliefern zu können.

Die wichtigsten Schutzmassnahmen
- Inventare (Bund, Kantone, Gemeinden)
- Sicherstellungsdokumentationen, Mikrofilme (Kantone)
- Kurzdokumentationen (Gemeinden)
- Schutzräume (Bund, Kantone, Gemeinden)
- Kennzeichnung
- Organisation und Ausbildung (Personal des Kulturgüterschutzes)
- Information

Im Jahre 2009 dürfte der Bundesrat das revidierte Schweizerische Inventar der Kulturgüter von nationaler und regionaler Bedeutung («KGS-Inventar») in 3. Auflage in Kraft setzen. Die Herausgabe war ursprünglich für das Jahr 2005 geplant gewesen. Durch die erstmals angewandte Bewertung der Kulturgüter nach schweizweit einheitlichen Kriterien ergab sich eine Verzögerung, die sich aber positiv auf die inhaltliche Qualität des Inventars auswirkte. Neben der Publikation des Inventars in Buchform werden die Kulturgüter von nationaler Bedeutung auch im Internet in Form eines GIS (Geografisches Informations-System) dargestellt.

3-9-18 Alarmierung und Information der Bevölkerung

Katastrophen können mit sehr kurzer oder ohne Vorwarnzeit eintreten. Umso wichtiger sind der rasche Informationsfluss und die frühzeitige Alarmierung der Bevölkerung. In der Regel erfolgt der Auftrag zur Auslösung des Alarmierungszeichens auf nationaler Ebene durch die Nationale Alarmzentrale NAZ, einen Bereich des Bundesamtes für Bevölkerungsschutz BABS. Grundsätzlich verfügt aber jede zuständige Behörde über die Möglichkeit und das Recht, bei einem lokalen/regionalen Ereignis in eigener Regie die Sirenen auszulösen. Bei jedem Sirenenalarm – auch bei Fehlalarmen – ist unverzüglich die Kantonspolizei zu orientieren.

Meist sind Katastrophen lokale oder regionale Ereignisse, weshalb gezielt die gesamte Bevölkerung des betroffenen Gebietes alarmiert und informiert werden muss. Die Schweiz verfügt über ein flächendeckendes Sirenennetz. Das BABS hat den gesetzlichen Auftrag, ein System zur Alarmierung der Bevölkerung bereitzustellen; für den Betrieb des Alarmierungssystems sind die Kantone und Wasserkraftwerke verantwortlich. Aufgrund der Abkündigung des INFRANET durch die Swisscom AG müssen bis Ende 2012 rund 700 Sirenen des Wasseralarms in 16 Kantonen und bis 2015 rund 4700 Sirenen des Allgemeinen Alarms in der ganzen Schweiz über ein neues, noch zu definierendes Netz angesteuert werden. Dazu hat das BABS das Projekt POLYALERT lanciert.

Jeweils am ersten Mittwoch des Monats Februar findet in der Schweiz der jährliche Sirenentest statt. Dabei wird die Funktionsbereitschaft nicht nur der Sirenen des «Allgemeinen Alarms», sondern auch jener des «Wasseralarms» getestet.

Der Allgemeine Alarm bedeutet für die Bevölkerung: Sofort Radio einschalten. Um die Bevölkerung via Radio während des ganzen Jahres rund um die Uhr und sofort zu erreichen, hat die Schweizerische Radio- und Fernsehgesellschaft (SRG SSR) das System ICARO geschaffen, an das alle Einsatzzentralen der Kantonspolizeien angeschlossen sind. Der Wasseralarm kommt ausschliesslich in gefährdeten Gebieten unterhalb von Stauanlagen zur Anwendung – beim Wasseralarm ist das gefährdete Gebiet unverzüglich zu verlassen.

3-9-19 POLYCOM – Sicherheitsnetz Funk der Schweiz

POLYCOM ist das nationale Funksystem der Behörden und Organisationen für Rettung und Sicherheit BORS, das in der Schweiz schrittweise aufgebaut wird. Es ermöglicht den Funkkontakt innerhalb wie zwischen den verschiedenen Organisationen Grenzwacht, Polizei, Feuerwehr, sanitätsdienstliches Rettungswesen, Zivilschutz und unterstützende Verbände der Armee. Ziel des Projekts ist es, dass sämtliche BORS des Bundes, der Kantone und der Gemeinden über eine einheitliche und homogene Infrastruktur Funkgespräche sowie Daten übertragen können.

POLYCOM ist ein nationales Sicherheitsnetz, aber kein ausschliessliches Bundesnetz. Das Netz wird über mehrere Jahre, bis ca. 2012, schrittweise durch die Realisierung von Teilnetzen aufgebaut. Die Kantone erstellen die Teilnetze unter Berücksichtigung der Vorgaben des Bundes eigenständig nach ihren Bedürfnissen. In manchen Kantonen arbeiten die

Organisationen bereits mit POLYCOM, in anderen ist man an der Planung oder an der Realisierung der Teilnetze. Der Bund beteiligt sich massgeblich an den Investitionen und am Unterhalt.

Die Koordination des gesamten Vorhabens nimmt das Projektmanagement POLYCOM beim Bundesamt für Bevölkerungsschutz BABS wahr. Das BABS hat auch in der Ausbildung eine zentrale Rolle übernommen: Mit der Schulungsanlage im Eidgenössischen Ausbildungszentrum im bernischen Schwarzenburg sind die Voraussetzungen geschaffen worden, um parallel zum Aufbau des Sicherheitsnetzes Funk der Schweiz die dazu nötige Ausbildung zu gewährleisten.

3-9-20 Ausbildung

Jede Partnerorganisation organisiert ihre fachspezifische Ausbildung selbstständig. Die Ausbildung der Polizeikorps erfolgt z.B. in kantonalen und städtischen Ausbildungszentren sowie am schweizerischen Polizeiinstitut. Ebenso ist die Ausbildung bei der Feuerwehr und im Gesundheitswesen kantonal geregelt. Die Ausbildung der Feuerwehr wird durch die Regierungskonferenz für die Koordination des Feuerwehrwesens RKKF in Absprache mit den kantonalen Feuerwehrinstanzen koordiniert. Soweit möglich und zweckmässig sind für ausgewählte Themen auch Spezialisten und Spezialistinnen aus anderen Partnerorganisationen oder Institutionen beizuziehen.

Führungsorgane

Damit die Mitglieder der Führungsorgane ihre verantwortungsvollen Aufgaben in der Planung, in der Vorbereitung sowie im Ereignisfall ohne Verzug ausführen können, sind sie entsprechend aus- und weiterzubilden. Sie müssen die möglichen Gefährdungen und Risiken, die Aufgaben der Führungsorgane sowie die Einsatzmöglichkeiten der verschiedenen Partnerorganisationen kennen. Zudem sind sie in der Stabsarbeit zu schulen und mit der dazu notwendigen Führungsinfrastruktur vertraut zu machen.

Unterstützung des Bundes

Der Bund unterstützt die Kantone bei der Ausbildung im Bevölkerungsschutz. Er bildet teilweise selber aus: Im Vordergrund stehen Ausbildungen, die hauptamtliches Lehrpersonal mit besonderen Fachkenntnissen oder eine aufwändige Infrastruktur erfordern und die auf Stufe Bund wirtschaftlicher erfolgen kann. Damit im Ereignisfall die Zusammenarbeit zwischen den verschiedenen Führungsstufen gewährleistet ist, unterstützt der Bund die Kantone insbesondere bei der Ausbildung der Führungsorgane und bietet für die kantonalen Führungsorgane periodische Weiterbildungen an. Im Zivilschutz legt der Bund in Absprache mit den Kantonen den Ausbildungsrahmen fest und schafft die Grundlagen für eine einheitliche Ausbildung.

Ausbildungszentrum
In Schwarzenburg BE verfügt der Bund mit dem Eidgenössischen Ausbildungszentrum EAZS über eine zeitgemässe Ausbildungsinfrastruktur. Hier ist beispielsweise auch das Kompetenzzentrum für die Polycom-Ausbildung (Nationales Sicherheitsnetz Funk der Schweiz) eingerichtet.

www.babs.admin.ch

3-9-2 Partner armasuisse

armasuisse ist das Kompetenzzentrum des Bundes für die Beschaffung von technologisch komplexen Systemen und Materialien, sicherheitsrelevanten Technologien und Qualitätsmanagement, Immobilien des VBS und die räumlichen Referenzdaten der Schweiz.

armasuisse (vormals Gruppe Rüstung) ist ebenfalls für die Liquidation von obsoletem Material und Bauten des Bundes verantwortlich. Die Mitarbeiter von armasuisse erbringen Leistungen für ihren Hauptkunden Armee zeitgerecht, unabhängig, effizient, an wirtschaftlichen Grundsätzen orientiert sowie über den ganzen Lebensweg eines Systems.

armasuisse umfasst die folgenden Bereiche:

Kompetenzbereich **Landsysteme:** evaluiert und beschafft Güter und Dienstleistungen in den zugewiesenen Fachbereichen, z.B. gepanzerte Fahrzeuge.

Kompetenzbereich **Luftsysteme:** evaluiert und beschafft Güter und Dienstleistungen in den zugewiesenen Fachbereichen, z.B. Flugzeuge und Helikopter.

Kompetenzbereich **Führungs- und Aufklärungssysteme:** evaluiert und beschafft Güter und Dienstleistungen in den zugewiesenen Fachbereichen, z.B. Übermittlungssysteme.
Kompetenzbereich **Einkauf und Kooperation:** evaluiert und beschafft Güter und Dienstleistungen in den zugewiesenen Fachbereichen.

Bundesamt für Landestopografie (swisstopo): ist das Kompetenzzentrum des Bundes für raumbezogene Information; gibt die Landeskarten heraus; hat die Oberleitung der amtlichen Vermessung; koordiniert die Datenbedürfnisse der Bundesverwaltung im Bereich der geografischen Informationssysteme.

Bereich **Immobilien:** stellt als Immobilienkompetenzzentrum die Beschaffung, die Bewirtschaftung, den Verkauf und den Rückbau der Verteidigungs-, Betriebs- und Ausbildungsinfrastruktur des VBS sicher.

Bereich **Wissenschaft und Technologie (W+T-Zentrum):** deckt für das VBS die sicherheitspolitischen Bedürfnisse nach technisch-wissenschaftlicher Kompetenz und technisch-wissenschaftlichen Produkten ab.

Zentrale Dienste: steuern und überwachen als Dienstleistungszentrum die prozessorientierte finanzielle, rechtliche, personelle und logistische Führung für die gesamte armasuisse.

Stab Unternehmensleitung: ist die Stabsorganisation für den Rüstungschef und umfasst Themen wie Kommunikation oder Internationales.

www.armasuisse.ch

3-9-3 Partner RUAG

RUAG ist der industrielle Partner für die technologische Erneuerung und Betreuung der Waffen und Systeme der Schweizer Armee.

Der Technologiekonzern RUAG mit Produktionsstandorten in der Schweiz, Deutschland, Österreich und Schweden ist Anbieter von wehrtechnischen sowie zivilen Produkten und Dienstleistungen. Seit dem 1. Januar 1999 wird RUAG als private Aktiengesellschaft geführt. Die Eidgenossenschaft ist Aktionär der RUAG Holding..
Der Bundesrat hat in einer ***Eignerstrategie*** die Anforderungen festgelegt, welche die RUAG zu Gunsten der Landesverteidigung erfüllen muss.
Die RUAG beschäftigte 2007 rund 6000 Mitarbeitende, davon 4000 in der Schweiz, und realisiert einen Jahresumsatz von rund 1,4 Mrd. Franken. Die Zahl der Lehrlinge liegt in der Schweiz bei rund 10% der Beschäftigten.

Als internationaler Technologiekonzern konzentriert sich die RUAG auf drei Märkte:
- Aviation und Space
- Defence und Security
- Ammunition und Products

RUAG ist ein führender Lieferant und Integrator von Systemen und Komponenten für die zivile und militärische Luft- und Raumfahrt. Die Schwerpunkte liegen im Flugzeug-Strukturbau, im Service und in der Ausrüstung von Flugzeugen und Helikoptern sowie in der Herstellung von Komponenten für Satelliten und Trägerraketen.

RUAG ist der industrielle Partner für die technologische Erneuerung und Betreuung der Waffen und Systeme der Schweizer Armee. RUAG entwickelt, produziert und integriert Waffen-, Führungs-, Kommunikations- und Simulationssysteme für Streitkräfte und den Behördenmarkt. Als Hersteller kleinkalibriger Munition ist das Unternehmen international führend in den Bereichen Verteidigung, Behörden, Jagd und Sport.

www.ruag.ch

Partner Zivilschutz

armasuisse, Partner für Beschaffungen

Aufklärungsfahrzeug

Hornet über Davos

Block 4 Mittel

Spezialfahrzeug mit Abrollstrasse

Ausrüstungen zur Dekontamination auch grosser Objekte

4-1 Kampf- und Unterstützungsmittel

Die Übersicht in diesem Kapitel ist nicht vollständig; sie beschränkt sich aus Platzgründen auf die wichtigsten Mittel der Schweizer Armee.

4-1-1 Persönliche Hand- und Faustfeuerwaffen

7,5 mm Sturmgewehr 57 *(links)*
und 5,6 mm Sturmgewehr 90 *(rechts)*

	Stgw 57	**Stgw 90**
Kaliber:	7,5 mm	5,6 mm
Gewicht mit leerem Magazin:	5,9 kg	4,1 kg
Länge:	1,1 m	1,0 m
Länge mit umgeklapptem Kolben:	–	0,77 m
Visier:	Diopter	Diopter, bis 100 m offenes Visier
Technische Kadenz (Schuss/Minute):	450–650	600–900
Einsatzdistanz:	bis 600 m	bis 400 m 40 mm Granatgewehraufsatz: 25–100 m
Feuerarten:	Einzelfeuer rasches Einzelfeuer Seriefeuer	Einzelfeuer rasches Einzelfeuer Kurzfeuer (Drei-Schuss-Automatik) Seriefeuer
Magazin:	24 GP 11	20 GP 90

9 mm Pistolen 49 und 75

Kaliber:	9 mm
Gewicht ohne Magazin:	Pistole 49: 885 g Pistole 75: 750 g
Gewicht mit (leerem) Magazin:	Pistole 49: 970 g Pistole 75: 830 g
Munition:	Pistolenpatrone 41
Einsatzdistanz:	25 m
Dotation:	2 Magazine zu 8 Schuss (Pistole 49) bzw. 9 Schuss (Pistole 75)

4-1-2 Infanterie- und Panzerabwehrwaffen

9 mm Pistole 03 (Korpswaffe)

Kaliber:	9 mm
Gewicht (ungeladen):	790 g
Munition:	Pistolenpatrone 41
Einsatzdistanz:	25 m
Dotation:	2 Magazine zu 15 Schuss

5,6 mm LMg 05

Kaliber:	5,6 mm
Gewicht (ungeladen):	7,5 kg
Länge:	930 mm
Technische Kadenz (Schuss/Minute)	700–850
Visier:	Diopter oder holografisches Visier
Feuerart:	Seriefeuer
Einsatzdistanz:	600 m

Handgranate 85

Gewicht:	ca. 465 g
Gewicht Sprengstoff:	155 g
Einsatzdistanz:	bis etwa 35 m
Anzahl Splitter:	ca. 1800, in 5 m Abstand vom Sprengpunkt ca. 4–5/m²

Richtladung 96 leicht *(Bild links)*

Gewicht:	Total 2,9 kg
Sprengstoff:	1450 g
Einsatzdistanz:	bis 50 m
Zielfläche:	50 × 2 m
Anzahl Splitter:	ca. 920, in 50 m ca. 4/m²

Richtladung 96 schwer *(Bild rechts)*

Gewicht: Minenkörper:	20 kg
Sprengstoff:	9,5 kg
Einsatzdistanz:	bis 150 m
Zielfläche:	100 × 4 m
Anzahl Splitter:	ca. 1200, in 150 m ca. 2/m²

40 mm Gewehraufsatz 97 zum Sturmgewehr 90

Gewicht (ungeladen):	ca. 1,7 kg
Einsatzdistanz:	25 bis 100 m

8,1 cm Minenwerfer 72 *(Bild links)*

Kaliber:	8,1 cm
Einsatzdistanz:	von 500 bis 5000 m (mit Wurfgranate 91)
Wirkungsfeuer:	4 Schuss pro Werfer/Minute
Gewicht:	
Grundplatte:	ca. 16 kg
Rohr:	ca. 12 kg
Lafette:	ca. 15 kg
Munition:	Wurfgranaten Nebel-Wurfgranaten Beleuchtungsgeschosse Explosiv-Übungsgranaten

6 cm Werfer 87 *(Bild rechts)*

Kaliber:	6 cm
Munition:	Beleuchtungsgeschoss 87 mit Zeitzünder
Gewicht Munition:	2 Beleuchtungsgeschosse in Kunststoff-behältern = 4,2 kg
Einsatzdistanz:	250–1000 m
Gewicht Werfer:	11,9 kg (in Tragetasche komplett)

Das Leuchtgeschoss stösst einen Leuchtkörper aus, der an einem Fallschirm niederschwebt und während 30 Sekunden eine Fläche von rund 250 m Durchmesser mit 3–5 Lux beleuchtet. Damit wird vor allem der Einsatz der Panzerabwehrlenkwaffen Dragon, der Panzerfaust, der Stgw und Mg bei Nacht unterstützt.

Panzerfaust

Gewicht:	Waffe schussbereit: ca. 13 kg Abschussgerät: 2,3 kg
Länge der einsatzbereiten Waffe:	1,27 m (mit Hohlladungspatrone 95: 1,32 m)
Kaliber des Hohlladungskopfs:	11 cm (Hohlladungspatrone 95: 12,4 cm)
Einsatzdistanz:	Fahrende Ziele: 200 m (Flugzeit 0,9 Sek.) Stehende Ziele: 250 m (Flugzeit 1,1 Sek.)
Durchschlagsleistung des Hohlladungsgefechtskopfs:	mehr als 70 cm Panzerstahl (mit Hohlladungspatrone 95 Durchschlag von Reaktiv- und Verbundpanzerung)

Die Panzerfaust ist eine tragbare, ungelenkte Einpersonen-Panzerabwehrwaffe, die ab Schulter eingesetzt wird. Sie ist rückstossfrei und kann auch aus geschlossenen Räumen eingesetzt werden.

Panzerjäger

Masse (gefechtsmässig voll ausgerüstet):

Gewicht:	11 t
Länge:	6,23 m
Breite:	2,5 m
Höhe:	3 m

Leistungsdaten:

Höchstgeschwindigkeit: 80km/h
Leistungsgewicht:
19 kW/t (25,8 PS/t)
Steigfähigkeit maximal: 70%
Treibstoffvorrat: 180 l
Fahrbereich Strasse: ca. 540 km
Antriebssystem:
6-Zylinder-Dieselmotor mit Abgasturboaufladung und automatischer Motorbremse, vollautomatisches Getriebe
Leistung: 209 kW (284 PS)

Waffenturm: 2 Tow-Lenkwaffen
360° drehbar

Hilfsbewaffnung:
8 Stück 7,6 cm Nebelwerfer 87

Waffensystem Tow 2:
Praktische Einsatzdistanz
auf fahrende Ziele: 700–3700 m
Lenkwaffe: Länge: 116 cm
Kaliber: 149 mm
Gewicht: 24 kg

Durchschlagsleistung:
alle bekannten Panzerungen

Besatzung: 5 AdA

Panzer 87 Leopard (Pz 87 Leo)

Masse:

Gefechtsgewicht:	56,5 t
Länge (ohne Kanone):	8,49 m
Breite:	3,70 m
Höhe (über PERI):	2,8 m
Bodenfreiheit:	0,5 m
Spezifischer Bodendruck: (Gelände)	ca. 0,85 kg/cm²

Leistungsdaten:

Höchstgeschwindigkeit:	68 km/h
Leistungsgewicht:	19,5 kW/t (26,6 PS/t)
Treibstoffvorrat:	ca. 1160 Liter
Fahrbereich Strasse:	ca. 340 km
Fahrbereich Gelände:	ca. 220 km
Steigfähigkeit:	60%
Kletterfähigkeit:	1,1 m
Überschreitfähigkeit:	3 m
Tiefwatfähigkeit:	2,25 m

Bewaffnung:

12 cm Pz Kan 87 (Glattrohr)

Munition:	Pfeilpatrone, Hohlladungspatrone
Einsatzdistanz:	max. 2500 m
Feuergeschwindigkeit:	6–8 Schuss/Min.

Hilfsbewaffnung:

- 7,5 mm Pz Mg 87 rohrparallel und 7,5 mm Pz Kuppel Mg 87 zur Bekämpfung von ungepanzerten Zielen
- 16 Stück 7,6 cm Nebelwerfer 87 für Selbsteinnebelung
- 5,6 mm Stgw 90 der Besatzung

Feuerleitung:

Feuerleitanlage mit digitalisiertem Ballistikrechner und primärstabilisierter Visierlinie des Hauptzielgerätes und nachgeführter Waffenanlage. Im Hauptzielgerät ist das Wärmebildgerät integriert, welches den Feuerkampf bei Nacht und schlechter Sicht ermöglicht.

Der Kommandant besitzt ein eigenes, stabilisiertes Rundblickperiskop. Die Feuerleitanlage erlaubt die Bekämpfung von Zielen aus dem Stand und aus der Fahrt mit hoher Erstschusstreffwahrscheinlichkeit.

Besatzung: 4 AdA

Entpannungspanzer 65/88

Masse:

Gefechtsgewicht: 40 t
Länge: 7,6 m
Breite: 3,15 m
Höhe: 3,25/2,97* m
* ohne 7,5 mm Pz Mg 51/71
Spezifischer Bodendruck:
(Gelände) ca. 8,3 N/cm²
(0,85 kg/cm²)
(Strasse) ca. 128 N/cm²
(13 kg/cm²)

Leistungsdaten:

Höchstgeschwindigkeit: 55 km/h
Leistungsgewicht:
12 kW/t (16,5 PS/t)
Treibstoffvorrat: 905 l
Fahrbereich Strasse: ca. 350 km
Fahrbereich Gelände: ca. 9 h
Steigfähigkeit: 70%
Kletterfähigkeit: 0,75 m
Überschreitfähigkeit: 2,6 m
Watfähigkeit: 1,1 m

Bewaffnung:

- 7,5 mm Pz Mg 51/71 (Kuppel) zur Bekämpfung von ungepanzerten Zielen
- 4 Stück 7,6 cm Nebelwerfer 87 für Selbsteinnebelung
- 5,6 mm Stgw 90 der Besatzung

Kran und Seilwinde:

Kran Hubkraft:
max. 15 t bei 3 m Ausladung
Hubhöhe: bis 4,9 m
Zugkraft der Winden
Hauptwinde
- direkt: 25 t
- 3-facher Flaschenzug: 75 t

Hilfswinde zum Ausziehen des Hauptwindenseiles: 0,62 t
Seillängen
- Hauptwinde: 120 m
- Verlängerungen: 60 m
- Hilfswinde: 240 m

Besatzung: 5 AdA

Bergepanzer

Masse:

Gefechtsgewicht: ca. 57 t
Zulässiges Gesamtgewicht: ca. 64 t
Höhe: 2,75 m
Übrige Abmessungen: gleiches Fahrwerk wie Pz 87 Leopard

Leistungsdaten:

Höchstgeschwindigkeit: 68 km/h
Antriebsgruppe: gleich wie diejenige des Pz 87 Leopard

Bewaffnung:

- 12,7 mm Mg 64
- Lafette für den Aufbau eines Maschinengewehrs oder eines Granatwerfers
- 16 Nebelwerfer für Selbsteinnebelung
- 5,6 mm Stgw 90 der Besatzung

Bergetechnische Einrichtungen:

- Schwenkbare Krananlage mit absenkbarem Ausleger
- Hauptwinde mit einer maximalen Seilzugkraft von 35 t im Einfachzug
- Stütz- und Räumschild

Besatzung: 4 AdA

Beschafft mit dem Rüstungsprogramm 2001; Einführung bei der Truppe ab 2006; im Bild beim Abschleppen eines Kampfpanzers Leopard.

Genie- und Minenräumpanzer

Die mechanisierten Verbände bleiben auch künftig eine Voraussetzung für das Führen terrestrischer Kampfoperationen. Sie bilden, in kleinerer Anzahl, den zentralen Bestandteil des Aufwuchskerns «Abwehr eines militärischen Angriffs» und tragen wesentlich zum Erhalt der Verteidigungskompetenz bei. Diese Verbände müssen über gepanzerte Genie- und Minenräummittel verfügen.
Der Genie- und Minenräumpanzer ist keine komplette Neubeschaffung: als Basis dienen die Chassis von überzähligen Panzern 87 Leopard.

Geniepanzer (oben), Minenräumpanzer (unten).

Minenräumpanzer 63/00 M113

Masse:

Gefechtsgewicht:	14,8 t
Länge:	7,23 m
Breite:	3 m
Höhe:	2,92 m
Bodenfreiheit:	0,31 m

Leistungsdaten:

Zulässige Höchstgeschwindigkeit:	50 km/h
Treibstoffvorrat:	2×180 l
Fahrbereich Strasse:	ca. 375 km
Steigfähigkeit:	60%
Querneigung:	30%
Kletterfähigkeit:	0,3 m
Überschreitfähigkeit:	1,5 m
Watfähigkeit:	1,6 m

Hilfsbewaffnung:

- 6 Stück 7,6 cm Nebelwerfer 87

Spezialaufbauten:

- Räumpflug
- elektromagnetisches Auslösesystem
- Front- und Heckkamera

Besatzung: 2 AdA

Mit dem Rüstungsprogramm 2000 wurden 12 komplette leichte Minenräumsysteme beschafft. Sie ermöglichen die Räumung von ballistisch verlegten Panzerabwehr- und Personenminen auf Strassen und Wegen bis zu einem TNT-Äquivalent von 2 kg und bestehen aus einem umgebauten Schützenpanzer 63/89 und einem Anbausatz, welcher einen Minenräumpflug und ein elektromagnetisches Auslösesystem umfasst.

Schützenpanzer 63/89

Masse:

Gefechtsgewicht: 13 t
Länge: 5,4 m
Breite: 3 m
Höhe: 2,57 m
Bodenfreiheit: 0,43 m
Spezifischer Bodendruck (Gelände): ca. 0,69 kg/cm²
Spezifischer Bodendruck (Strasse): ca. 10,3 kg/cm²

Leistungsdaten:

Höchstgeschwindigkeit: 64 km/h
Leistungsgewicht: 20 PS/t
Kraftstoffvorrat: 360 l
Fahrbereich Strasse: ca. 375 km
Steigfähigkeit: 60%
Kletterfähigkeit: 0,6 m
Überschreitfähigkeit: 1,68 m
watfähig

Bewaffnung:

- 20 mm Kan 48/73 Drehturm
  Schwenkbereich: 360°
  Einsatzdistanzen:
  gegen weiche Ziele: max. 2000 m
  gegen harte Ziele: max. 1600 m
  gegen Luftziele: max. 2000 m
  Feuergeschwindigkeit:
  750–800 Schuss/Min.
- 2×3 7,6 cm Nebelwerfer 87
- 7,1 cm Leuchtgeschosswerfer 74
- PzF der Pz Gren
- 5,6 mm Stgw 90 der Besatzung und der Pz Gren

Besatzung: 3+7 AdA

Schützenpanzer 2000

Masse:

Gewicht:	27,7 t
Länge:	6,8 m
Breite:	3,19 m
Höhe:	2,85 m

Leistungsdaten:

Höchstgeschwindigkeit: 70 km/h

Hauptbewaffnung:

- 30 mm Bushmaster-Kanone
  Feuergeschwindigkeit:
  200 Schuss/Min.

Hilfsbewaffnung:

- Rohrparalleles Maschinengewehr vom Kaliber 7,5 mm
- Auf jeder Turmseite je 4 Stück 7,6 cm Nebelwerfer

Ziel- und Beobachtungsmittel:

- Für die Besatzung: Wärmebildgerät, Restlichtverstärker, optische Zielgeräte, Rückfahrkamera und Winkelspiegel

- Für den Grenadiergruppenführer und die Grenadiere: Einblick via Monitor in Beobachtungsmittel der Besatzung sowie eigene Winkelspiegel

Feuerleitung:

Digitaler Rechner mit Trackinghilfe (automatische Zielverfolgung während der Schussabgabe auf Luftziele) erlaubt das Schiessen aus der Fahrt und auf bewegliche Ziele

Besatzung:

3+8 AdA (Grenadierspz)
3+4 AdA (Kommandospz)

Radschützenpanzerfamilie (Spz 93, Kdo Pz 93, Pal Pz 93)

Masse:

Gefechtsgewicht: 13,4 bzw. 13,2 bzw. 13,1 t
Länge: 6,97 m
Breite: 2,63 m
Höhe über Turm: 2,78 m

Motor:

System: 2-Takt, Diesel V6 mit Katalysator und Abgasturbolader
Hubraum: 5220 cm³
Leistung: 209 kW

Leistungsdaten:

Zulässige Höchstgeschwindigkeit: 80 km/h
Treibstoffvorrat: 190 l
Fahrbereich Strasse: ca. 400 km
Steigfähigkeit: 70%
Kletterfähigkeit: 0,5 m
Überschreitfähigkeit: 1,7 m
Wattiefe: 1,3 m

Waffenanlage:

- Scheitelturm, mechanisch angetrieben mit 12,7 mm Mg 64/93
- 8 Stück 7,6 cm Nebelwerfer 87
- Zielperiskop, Vergrösserung zwei- und sechsfach

Besatzung:

2+8 oder 2+10 AdA
(je nach Version)

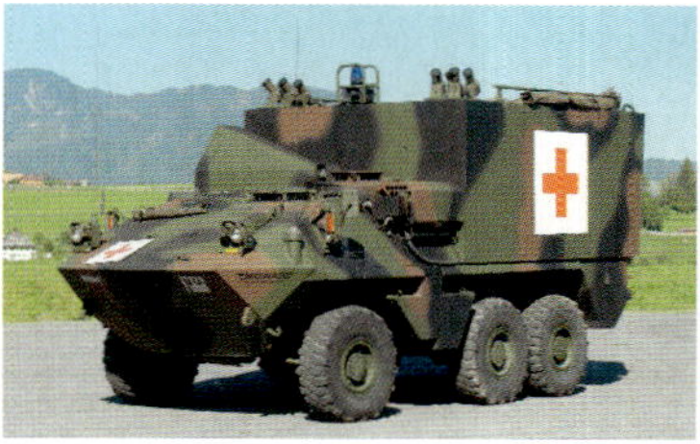

RAP Panzer

Mit dem Rüstungsprogramm 2002 wurden 36 Radpanzer Piranha IIIC 8×8 als mobile Kommunikationsplattformen beschafft. Herz der Ausrüstung ist der Funkanschluss (RAP, Radio Access Point) zum Integrierten Militärischen Fernmeldesystem (IMFS). Zum Funkanschluss gehören das Funksystem SE-X35, der Vermittler IMFS und das Richtstrahlsystem R-905.

Die splittergeschützten mobilen Einrichtungen schliessen sich über Richtstrahl R-905 an Knoten des IMFS an und stellen die Kommunikation zwischen funkgestützten (SE-235) und drahtgebundenen (IMFS) Netzen sicher.

Das geschützte Mannschaftstransportfahrzeug GMTF

Das GMTF basiert auf dem Fahrzeug DURO IIIP, 6×6, der Firma MOWAG. Die Ausrüstung umfasst die dachseitige Integration einer vom Fahrzeuginnern bedienten Waffenstation sowie die Schnittstellen zu den Funkgeräten. Alle GMTF werden für den Einbau von Komponenten des Führungsinformationssystems Heer (FIS HE) vorbereitet. In 72 Fahrzeuge werden diese auch eingebaut.

Gesamtgewicht: 13,5 t
Nutzlast: 2,5 t
Maximale Geschwindigkeit: 100 km/h
Besatzung: Kommandant, Fahrer, Schütze, 8 Soldaten
Ballistischer Schutz gegen Kaliber 7,62 mm
Minenschutz gegen den Explosionsdruck einer unter einem beliebigen Rad gezündeten Panzerabwehrmine von 6 kg
Der Waffenturm verfügt über ein Maschinengewehr (Kaliber 12,7 mm) und 8 Nebelwerfer (Kaliber 7,6 cm).

Aufklärungsfahrzeug 93 und 93/97

Masse:

Gefechtsgewicht:	4,9 t
Länge:	4,9 m
Breite:	2,28 m
Höhe:	2, 35 m
Spezifischer Bodendruck:	33 N/cm^2

Leistungsdaten:

Zulässige Höchstgeschwindigkeit:	80 km/h
Steigfähigkeit:	60%
Seitenneigung:	40%
Kletterfähigkeit:	0,5 m
Bodenfreiheit:	0,4 m
Wattiefe:	0,76 m
Treibstoffvorrat:	180 l
Fahrbereich Strasse:	ca. 540 km
Leistungsgewicht:	24,8 kW/t

Bewaffnung:
- 7,5 mm Mg 51/71 (Turm)
- 6 Stück 7,6 cm Nebelwerfer 87

Beobachtungsmittel:
Wärmebildgerät 90

Besatzung: *4 AdA*

Panzerhaubitze kampfwertgesteigert (Pz Hb 79/95 bzw. Pz Hb 88/95 L47) (M 109 KAWEST)

Äussere Merkmale: längeres Geschützrohr, Flecktarnanstrich und «Rucksack» am Turmheck, welcher ermöglicht, mehr Munition mitzuführen.

Die Kampfwertsteigerung brachte u.a. folgende Verbesserungen:

Steigerung der Feuerkraft: Reichweitensteigerung (längeres Rohr, Ladung 7–9) auf 28 km; Kadenzsteigerung (modifizierte Ladevorrichtung): Feuerschlag von 3 Schuss in 15 Sekunden; Schnellfeuer 6 Schuss/Minute während 2 Minuten, Dauerfeuer 2–3 Schuss/Minute; Munitionsautonomie (Ladungsmagazin).

Verbesserung der Überlebensfähigkeit: Navigations- und Positionierungsanlage (Napos): beweglicher und schneller feuerbereit; Nachtsichtgerät für den Fahrer; Tarnung (Flecktarnanstrich).

Erhöhung der Zuverlässigkeit, Verbesserung der Unterhaltsfreundlichkeit: Verbesserung der elektromagnetischen Verträglichkeit (EMV).

Gewicht: 27 t (beladen), Besatzung: 1 Geschützführer und 5 Kanoniere.

Hilfsbewaffnung: 12,7 mm Mg 64/93 und Nebelwerfer.

Schiesskommandantenfahrzeug

Das Fahrzeug basiert auf dem Aufklärungsfahrzeug.

Masse:

Max. Gewicht: 5,8 t
Länge: 4,9 m
Breite: 2,28 m
Höhe, Sensor eingeklappt: 2,6 m
Höhe, Sensor ausgeklappt: 3,2 m

Leistungsdaten:

Zulässige Höchstgeschwindigkeit: 80 km/h
Steigfähigkeit: 60%
Kletterfähigkeit: 0,5 m
Bodenfreiheit: 0,4 m
Wattiefe: 0,76 m
Fahrbereich Strasse: ca. 400 km
Leistungsgewicht: 24,8 kW/t

Leistungsdaten des Systems:

Genauigkeit bei einer Laserentfernungsmessung bis max. 7 km:

- Koordinaten xy des Ziels: ± 50 m
- Höhe des Ziels: ± 15 m

Besatzung: *4 AdA*

Mit dem Rüstungsprogramm 2000 wurden 120 Fahrzeuge beschafft.

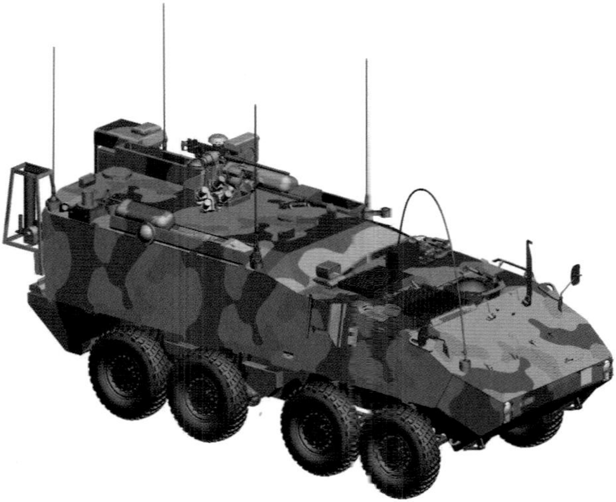

ABC-Aufklärungsfahrzeug

Das ABC-Aufklärungsfahrzeug soll die Einsatzverbände sowie die zivilen Behörden bei der dynamischen Erfassung von radioaktiven (A), biologischen (B) oder chemischen (C) Stoffen durch Echtzeitmessungen in einem kontaminierten Umfeld unterstützen. Es ist für Einsätze ober- und unterhalb der Kriegsschwelle vorgesehen. Deshalb muss es neben dem entsprechenden ABC-Schutz auch gepanzert sein.

- gefechtsfeldtaugliches Trägerfahrzeug PIRANHA IIIC, 8×8, mit modularem ballistischem Schutz, Minenschutz, kollektivem ABC-Schutz, Bewaffnung zum Selbstschutz, Aggregat und Klimatisierung
- Übermittlungsmittel für die taktische Kommunikation im Einsatz, Anschluss an das NBC-Warn- und Meldesystem
- Positionierungs- und Navigationssystem
- moderne A-, B- und C-Nachweisgeräte
- Probenahme- und Markiervorrichtungen
- Geräte zur Erfassung der Wetterdaten

Nachweisfahrzeuge für die ABC-Abwehr

Ein mobiles, geschütztes ABC-Nachweissystem besteht aus drei DURO IIIP, mit Aufbauten und entsprechenden Rüstsätzen für den A-, B- und C-Nachweis. Gegenüber dem gepanzerten ABC-Aufklärungsfahrzeug verfügen die Nachweisfahrzeuge für die ABC-Abwehr über ein wesentlich erweitertes Einsatzspektrum für Analysen im A-, B- und C-Bereich. Sie ermöglichen die Identifikation von radioaktivem Material, biologischen und chemischen Kampfstoffen, toxischen Industriechemikalien wie auch flüssigen oder gelösten organischen Feststoffen.
Technische Daten: siehe GMTF

Hornet F/A-18 C (Einsitzer) und F/A-18 D (Zweisitzer), Abfangjäger, Boeing

Leistung (ohne/mit Nachverbrennung):	2×52,8 / 79 kN
Fluggewicht (max.):	23 500 kg
max. Machzahl:	1,8
Höchstgeschwindigkeit in geringer Flughöhe:	1300 km/h
Bewaffnung:	Gatling Kanone 20 mm Bis zu 6 Luft-Luft Lenkwaffen in Kombination: 2 oder 4 AIM-9X Sidewinder Infrarot Luft-Luft Lenkwaffen mit 4 oder 2 AIM-120B AMRAAM Radar Luft-Luft Lenkwaffen
Anzahl:	33

Erhalt der Fähigkeiten des F/A-18

Die F/A-18-Flotte der Luftwaffe ist das Rückgrat der Schweizer Luftverteidigung.
Sie soll für die zweite Hälfte ihrer vorgesehenen rund 30-jährigen Nutzungsdauer vorbereitet und an die rasche technologische Entwicklung der Systeme für Luftpolizei- und Luftverteidigungseinsätze angepasst werden.

- neuer taktischer Infrarotsensor
- neues Radar-Warn-System
- neue Cockpit-Bildschirme
- aufdatierte Flugzeugsoftware
- Erweiterung des Freund-Feind-Erkennungssystems
- neuer GPS-Empfänger
- digitales Daten-Aufzeichnungssystem

Tiger F-5E (Einsitzer)
und F-5F (Zweisitzer), Raumschutzjäger, Northrop

Leistung (ohne/mit Nachverbrennung):	2×14,5 / 20,0 kN
Fluggewicht (max):	11 200 kg
Höchstgeschwindigkeit:	rund 1700 km/h (Mach 1,6)
Bewaffnung:	2 Kanonen 20 mm, 2 AIM-9P Sidewinder Infrarot Luft-Luft Lenkwaffen
Anzahl:	54

2008: Erprobung der drei Kandidaten für den Tiger-Teilersatz (TTE)

Dassault Rafale

EADS Eurofighter

Saab Gripen

Das Parlament hatte 2007 einem Kredit von acht Millionen Franken zur Evaluation eines Kampfflugzeugs als Ersatz für die Tiger zugestimmt. Die Flugzeuge des Typs F-5 «Tiger» erreichen in den kommenden Jahren ihr Nutzungsende. Der in den Sechziger- und Siebzigerjahren konzipierte Kampfjet basiert auf mittlerweile veralteter Technologie und genügt den Anforderungen für den Luftpolizeidienst nicht mehr.

Im Januar 2008 stellte armasuisse eine Offertanfrage an die vier Flugzeughersteller Boeing, Dassault, EADS und Saab. In der Folge verzichtete Boeing darauf, ein Angebot einzureichen. Als mögliche Kandidaten verblieben somit der von Saab in Schweden hergestellte «Gripen», der französische «Rafale» von Dassault und der vom europäischen Konsortium EADS hergestellte «Eurofighter». Mit der Landung des Gripen am 28. Juli 2008 begannen die jeweils dreiwöchigen Evaluationen der möglichen Nachfolger des F-5-Tiger. Mit den Landungen der Rafale am 9. Oktober 2008 und des Eurofighters am 6. November 2008 wurden die Flug- und Bodenerprobungen fortgesetzt. Je zwei Doppelsitzer-Jets des jeweiligen Herstellers befanden sich zur Erprobung auf dem Militärflugplatz Emmen. Die Kandidaten wurden jeweils von einem Schweizer Piloten geflogen. Ein zweiter Pilot des Herstellers flog auf dem hinteren Sitz mit und unterstützte seinen Schweizer Kollegen während den Tests.

TH89 Super Puma / TH98 Cougar, Transporthelikopter, Eurocopter

Leistung (max.):	2×1400 kW
Fluggewicht (max.):	9350 kg
Höchstgeschwindigkeit:	310 km/h
Nutzlast:	2 Piloten, 1 Nutzlastspezialist, 18 voll ausgerüstete Wehrmänner oder 3000 kg
Anzahl:	27 (15 Super Puma, 12 Cougar)

Für Rettungseinsätze kann der Transporthelikopter mit 6 Tragbahren und einer Rettungswinde ausgerüstet werden. Mit besonderen Wasserbehältern kann der Helikopter zur Brandbekämpfung eingesetzt werden. Am Lasthaken können Aussenlasten bis zu 4500 kg angehängt werden. Die Navigations- und Funkausrüstung erlaubt auch den Instrumentenflug.
3 Systeme des FLIR (stabilisierte Wärmebild- und Color-TV-Geräte) kommen vor allem im subsidiären Bereich (Grenzüberwachung, Search and Rescue, Unterstützung der Polizei, Konferenzschutz usw.) zum Einsatz. Ein Teil der Flotte wird mit einem Selbstschutzsystem ausgerüstet.
Obwohl äusserlich dem Super Puma sehr ähnlich, ist der Cougar eine neue Generation hinsichtlich Ausrüstung: Die Piloten verfügen im TH 98 über Bildschirme für die Instrumentenanzeige und für die digitale Kartendarstellung.
Die Super Pumas (TH89) werden derzeit modernisiert und in der Ausrüstung weitgehend dem Cougar angeglichen.

EC 635
Transport- und Schulungshelikopter, Eurocopter

Leichter Transport- und Schulungshelikopter, der die noch vorhandenen Alouette III ablösen wird. 18 Helikopter EC 635 für die Truppe haben eine verstärkte Zelle; 2 Helikopter sind als VIP-Version ausgerüstet.

Leistung:	2×566 kW	
Fluggewicht (max.):	2910 kg	
Reisegeschwindigkeit:	max. 255 km/h	
Reichweite:	550 km	
Kapazität:	1 Pilot/max. 6 Passagiere oder 2 Tragbahren	
Anzahl:	EC 635	18
	EC 635 VIP	2

Alouette III, Transport- und Verbindungshelikopter, Eurocopter

Leistung:	405 kW
Fluggewicht (max.):	2100 kg
Höchstgeschwindigkeit:	210 km/h
Nutzlasten:	1 Pilot/5 Passagiere oder 700 kg
Anzahl:	35

Beech 1900 D
Raytheon Aircraft

Leistung:	2×900 kW
Fluggewicht (max.):	7300 kg
Höchstgeschwindigkeit:	520 km/h
Reichweite mit 10 Passagieren:	2300 km
Verwendung:	leichtes Transportflugzeug
Kapazität:	2 Piloten, bis 18 Passagiere
Anzahl:	1

PC-6 «Turbo Porter», Transporter, Pilatus Aircraft

Leistung:	410 kW
Fluggewicht (max.):	2770 kg
Höchstgeschwindigkeit:	280 km/h
Verwendung:	Transport und Verbindung, Absetzen von Fallschirmaufklärern, 1 Pilot/7 Passagiere, 1/10 Fallschirmspringer, 1/8 ausgerüstete Fallschirmaufklärer oder 1100 kg Fracht. Sehr geringer Pistenbedarf
Anzahl:	15

PC-7 «Turbo Trainer», Schulflugzeug Pilatus Aircraft

Leistung:	4[illegible]0 kW
Fluggewicht (max.):	2[illegible]00 kg
Höchstgeschwindigkeit:	500 km/h
Verwendung:	Pilotenausbildung und Verbindung
Anzahl:	37

PC-9, Schlepp-/Zielflugzeug, Pilatus Aircraft

Leistung:	708 kW
Fluggewicht (max.):	3200 kg
Höchstgeschwindigkeit:	593 km/h
Ausrüstung:	Schleppwinde, ECM Pod
Anzahl:	11

Jetpiloten-Ausbildungssystem PC-21 (JEPAS)
Pilatus Aircraft

Heute erfolgt die Jetpilotenausbildung bei der Luftwaffe auf den Flugzeugtypen PC-7, F-5 und F/A-18. Mit der geplanten Ausmusterung der F-5 entsteht ab 2010 eine Ausbildungslücke. Diese soll mit dem Jetpiloten-Ausbildungssystem (JEPAS) geschlossen werden.

Das Jetpiloten-Ausbildungssystem PC-21 der Pilatus Flugzeugwerke erfüllt diese Anforderungen. Es erlaubt ausserdem, im Flug die Systeme zu simulieren, die denjenigen des Kampfflugzeugs F/A-18 entsprechen, und dadurch diese Systeme zu trainieren. Dies ermöglicht eine Pilotenausbildung in optimaler Abstimmung mit dem Einsatz auf F/A-18 Flugzeugen.

Leistung:	1100 kW
Spannweite:	9,1 m
Rumpflänge:	11,23 m
Fluggewicht (max.):	3100 kg
max. Fluggeschwindigkeit:	685 km/h
zulässige Lastvielfache:	+8 g / – 4 g
Dienstgipfelhöhe:	7600 m
Anzahl:	6

Citation 560XL, Transportflugzeug, Cessna

Fluggewicht (max.):	9100 kg
Höchstgeschwindigkeit:	800 km/h
Reichweite (naut. Meilen/NM):	2000 NM
Verwendung:	Lufttransport/VIP
Kapazität:	2 Piloten/8 Passagiere
Anzahl:	1

Falcon 50, Transportflugzeug, Dassault Aviation

Fluggewicht (max.):	18 000 kg
Höchstgeschwindigkeit:	850 km/h
Reichweite:	3000 NM
Verwendung:	Lufttransport/VIP
Kapazität:	2 Piloten/10 Passagiere
Anzahl:	1

Super King Air 350 C, Transportflugzeug, Raytheon Aircraft

Fluggewicht (max.):	6800 kg
Höchstgeschwindigkeit:	580 km/h
Reichweite:	1800 NM
Verwendung:	Vermessungsflugdienst für Swisstopo
Ausrüstung:	Leica RC-30 (dual Kamerasystem)
Kapazität:	2 Piloten, Operateur(e)
Anzahl:	1

Twin Otter DHC-6-300, Transportflugzeug, De Havilland Canada

Fluggewicht (max.):	5670kg
Höchstgeschwindigkeit:	340 km/h
Reichweite:	700 NM
Verwendung:	Foto- und Vermessungsflüge, Lufttransport
Kapazität:	2 Piloten, Operateur(e)
Anzahl:	1

Die Jet-Kunstflugstaffel **Patrouille Suisse** (PS) fliegt ihre Vorführung mit sechs TIGER.

Das **PC-7 TEAM** fliegt seine Formations-Kunstflugvorführungen mit neun NCPC-7.

Das **Super Puma Display Team** setzt für die Vorführungen sowohl die Aérospatiale SUPER PUMA AS332 wie auch die neueren Eurocopter COUGAR AS 532UL Mk1 ein.

www.luftwaffe.ch

ADS 95, Aufklärungsdrohne, Oerlikon Contraves

Einsatzreichweite: 100 km ab führender Bodenkontrollstation; Einsatzdauer: 4 Stunden; Tag- und Nachtbetrieb; Aufklärungsflughöhe: bis 5500 Meter über Meereshöhe

Einsatzkontrollstation mit Arbeitsplätzen für (von links): Nutzlastoperateur, Drohnenpilot, Vertreter des Benutzers

4-1-7 Fliegerabwehr

35 mm Fliegerabwehrkanone 63/90

Kaliber:	35 mm
Kadenz:	2×550 Schuss/Min.
Munition:	Minenbrandgranate mit Leuchtspurgeschoss Minenbrandgranate mit Bodenzünder
Wirkungsdistanz:	bis 4000 m und 3000 m Höhe
Steuerung:	radargesteuert oder autonom
Gewicht:	7700 kg (Geschütz schussbereit, Aggregat aufgebaut)
Transport:	Kanone an Motorfahrzeug angehängt
Flab-Visier:	GUNKING mit Laserdistanzvermessung

Feuerleitgerät 75/95 Skyguard

Allwettertaugliches System für die Bekämpfung von Flugzeugen im Tiefflug sowie im unteren und mittleren Höhenbereich bis 3000 m. Das Gerät übernimmt die Luftraumüberwachung, Zielerfassung, Berechnung der Vorhaltewerte und die Steuerung von zwei 35 mm Fliegerabwehrkanonen 63/90. Für das Erfassen von überraschend auftauchenden Zielen auf sehr kurze Distanz ist ein optisches Zielsuchgerät angeschlossen. Die Bedienungsmannschaft besteht aus einem Feuerleitoffizier oder -unteroffizier, 2 Operateuren und dem Mann am optischen Zielzuweisungsgerät, das sich ausserhalb der Kabine befindet.
Mit dem Rüstungsprogramm 1997 wurde die Kampfwertsteigerung beschlossen: Verbesserung der Zielentdeckung, Verbesserung der Zielerfassung durch das Folgeradar, Verbesserung der Treffwahrscheinlichkeit auf manövrierende Flugziele, Erhöhung der elektronischen Störfestigkeit, Automation gewisser Bedienungsabläufe. Zusätzlich wurden neue Einsatzsimulatoren beschafft.

Fliegerabwehrlenkwaffensystem Rapier

Rapier ist ein gezogenes, mobiles Fliegerabwehrlenkwaffensystem, mit dem Luftziele bis in den mittleren Höhenbereich bei Tag, in der Nacht und auch bei Schlechtwetter bekämpft werden können. Es zeichnet sich durch kurze Reaktionszeit sowie gute Treff- und Zerstörleistungen aus. Das System besteht aus Lenkwaffenwerfer mit 4 Lenkwaffen, Folgeradar, Richtgerät, Bedienungsgerät sowie Stromversorgungsaggregaten. Das gesamte Waffensystem lässt sich von 2 Geländelieferwagen Bucher Duro transportieren.

Suchradarerfassung:	max. 11,5 km
Wirkungsdistanz:	ca. 7000 m
Wirkungshöhe:	mindestens bis 3000 m
Geschwindigkeit der Lenkwaffe:	bis ca. Mach 2
Lenkverfahren:	Kommandolenkung nach dem Zieldeckungsverfahren
Gewicht der Lenkwaffe:	44 kg
Bedienungsmannschaft:	pro Feuereinheit 14 AdA

Mit dem Rüstungsprogramm 1998 wurde die Kampfwertsteigerung (erhöhte Treffwahrscheinlichkeit auch gegen kleine Ziele und verbesserte Resistenz gegen elektronische Störmassnahmen, Verbesserungen im Unterhalt) aller Rapier-Feuereinheiten beschlossen. Die Richtgerät- und Einsatzsimulatoren sind bereits angepasst. Mit dem Rüstungsprogramm 2001 wurde die Nachbeschaffung von neuen Kampflenkwaffen vom Typ Mark 2 mit Annäherungszünder beschlossen.

Leichte Fliegerabwehrlenkwaffe BL 94 Stinger

Die Stinger-Lenkwaffe ist eine leichte, von einem Mann zu bedienende und ab Schulter abzufeuernde Fliegerabwehrlenkwaffe für die Bekämpfung von tief fliegenden Flugzeugen und Helikoptern. Für den Einsatz werden aus taktischen Gründen 2-Mann-Teams gebildet. Die Waffe arbeitet nach dem Prinzip «fire and forget»: Nach der Schussauslösung lenkt sich der Flugkörper selbstständig ins Ziel. Im Jahre 2001 wurde das Wärmebildvisier eingeführt, das zu mehr Flexibilität im Einsatz unter schlechten Sichtbedingungen (Nacht, Schlechtwetter) führt. Mit der Beschaffung eines Alarmierungssystems konnte der letzte Ausbauschritt für die 24-Stunden-Einsatzfähigkeit realisiert werden (Rüstungsprogramm 2002).

Das System besteht aus:

- Abschussrohr mit Zielvorrichtung und Lenkwaffenflugkörper mit Infrarot- und Ultraviolett-Suchkopf;
- aufsetzbarem Griffstück;
- Batterie für die Strom- und Kühlmittelversorgung;
- IFF-Abfragegerät (Identifikation Freund–Feind);
- Wärmebildvisier.

Gewichte:	15,7 kg (Schultertraglast)
	10,1 kg (Lwf)
Länge:	1,53 m
Wirkungsdistanz:	mehrere km
Geschwindigkeit der Lenkwaffe:	ca. Mach 2

Das Luftraumüberwachungs- und Einsatzleitsystem FLORAKO

Mit FLORAKO besitzt die Luftwaffe ein modernes, leistungsfähiges Luftraumüberwachungs- und Einsatzleitsystem. Das mit dem Rüstungsprogramm 1998 beschaffte FLORAKO-Kernsystem umfasst je zwei neue Primär- und Sekundärradars für die grossräumige Luftraumüberwachung, die Integration der bestehenden militärischen Sensoren (z.B. das taktische Fliegerradar Taflir), die Schnittstellen zu den zivilen Sensoren und dem zivilen Flugsicherungssystem, den Aufbau eines neuen Radarluftlagesystems und die Ausrüstung der Einsatzzentralen der Luftwaffe. Dieses Kernsystem steht seit Anfang Februar 2004 im operationellen Betrieb. Im zweiten Beschaffungsschritt, eingeleitet mit dem Rüstungsprogramm 1999, wurde das Kernsystem mit je zwei weiteren Primär- und Sekundärradars ergänzt. Diese Primärradars sind multifunktionale Radars für die Rundumüberwachung und zur selektiven Verfolgung zugewiesener Ziele. Mit dem Rüstungsprogramm 2004 wird die Integration des Data-Links (Link 16) in FLORAKO vollzogen. Damit werden künftig technische und taktische Daten direkt mittels digitaler Kommunikation zwischen den FLORAKO-Einsatzzentralen und den von FLORAKO geführten F/A-18 Kampfflugzeugen ausgetauscht. Neben der damit erzielten hervorragenden Stör- und Abhörfestigkeit erlaubt dieses System im Gegensatz zum aktuellen Flugfunk die selektiv adressierte Kommunikation zwischen den Kampfflugzeugen und der Kommandoplattform, was eine neue Generation in der Führungskommunikation darstellt.

Das Taktische Fliegerradar Taflir

Beim Taktischen Fliegerradar Taflir handelt es sich um ein transportierbares Radarsystem. Es ist in der Lage, von verschiedenen Standorten aus Ziele zu erfassen und darzustellen, welche vor allem im unteren Bereich des Luftraums fliegen. Mit den entsprechenden Daten unterstützt es die Aufbereitung der Gesamtluftlage. Betrieben werden die Taflir-Systeme, welche sowohl im Verbund als auch autonom eingesetzt werden können, durch Personal der mobilen Luftwaffenradarkompanien des Lehrverbandes Führungsunterstützung Luftwaffe 34. Mit dem Rüstungsprogramm 1985 wurden 5 Systeme beschafft und 1987 bei der Truppe eingeführt.

Operations-shelter

Das Integrierte Artillerie Führungs- und Feuerleitsystem INTAFF

Das Integrierte Artillerie Führungs- und Feuerleitsystem INTAFF ermöglicht einen nahezu zeitverzugslosen Austausch von Daten im Gesamtsystem Artillerie. Dadurch werden die Prozessabläufe wesentlich beschleunigt, und die Informationen liegen allen beteiligten Stellen in aktueller und transparenter Form vor. Im Zentrum steht dabei der Feuerführungs- und Feuerleitprozess, vom Schiesskommandanten hin zur Feuerleitstelle. Das Feuerführungszentrum (FFZ) bildet dabei das artilleristische Nervenzentrum der Brigade. Nebst dem eigentlichen Feuerführungs- und Feuerleitprozess werden aber auch der Logistikprozess und der Austausch von Befehlen und Nachrichtenmeldungen über INTAFF ermöglicht. Damit verfügen alle INTAFF Stationen beispielsweise jederzeit über genaue Munitionsbestände und aktualisierte Lagekarten. INTAFF wurde mit dem Rüstungsprogramm 1997 beschafft und 2004 bei der Truppe eingeführt.

Führungsinformationssystem Heer
FIS HE

Das Aufgabenspektrum der Armee verlangt, dass das Heer alle Einsatzformen, von der Unterstützung der zivilen Behörden bis hin zur Landesverteidigung, im Teilstreitkraft-übergreifenden Rahmen abdecken muss. Die vernetzte Operationsführung ist dabei Voraussetzung, um diese gesamte Bandbreite abdecken zu können. Zu den Hauptaufgaben des militärischen Führungsinformationssystems des Heeres (FIS HE) als Teil der vernetzten Operationsführung gehören die Unterstützung und Sicherstellung der Führungsprozesse in der Einsatzplanung und -führung von Territorialregionen, Einsatzverbänden, Bataillonen und/oder Kampfgruppen und besonderen Einsatzdetachementen bei Operationen zur Raumsicherung und Abwehr eines militärischen Angriffs. FIS HE kommt aber auch bei subsidiären Einsätzen zum Zug.

4-1-9 Mittel der Führungsunterstützung

Die Führungsunterstützung stellt in den Kommandoposten der Grossen Verbände geeignete Verfahren und Arbeitsmittel (Büroautomation) zur Verfügung.

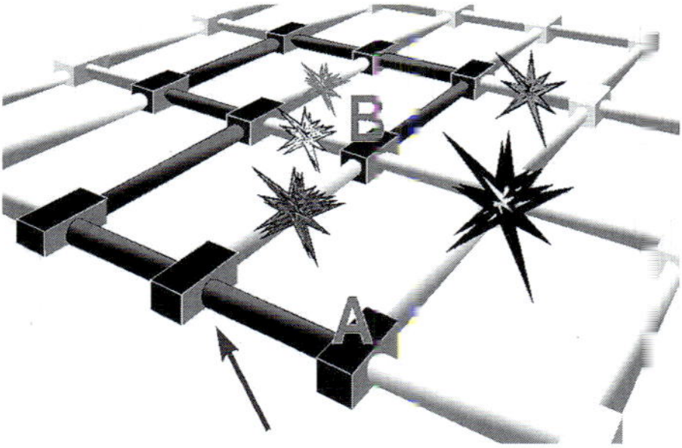

Das Integrierte Militärische Fernmeldesystem (IMFS) ist das digitale Telematiksystem der Grossen Verbände zur chiffrierten Übermittlung von Sprache und Daten. Es ist ein Knotennetz nach (militärischer) EUROCOM- und ziviler IP-Norm mit automatischer Wegesuche bei Streckenunterbrüchen. Jeder Teilnehmende hat eine eigene standortunabhängige Nummer.

Die Knoten des IMFS sind über verschlüsselte Richtstrahlstrecken (Bild: R-905) verbunden.

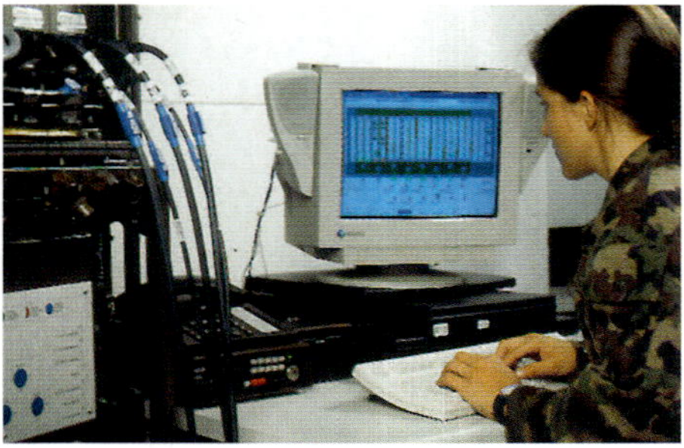

AdA mit Spezialausbildung übernehmen das Systemmanagement IMFS und die Betreuung der Vermittler.

Das taktische Funksystem SE-235 dient zur digitalen, chiffrierten Übermittlung von Sprache und Daten.

Die Kleinfunkgeräte SE-135 sind direkt kompatibel mit dem grösseren SE-235.

Immer häufiger werden feldtaugliche Glasfaserkabel mit ihren sehr hohen Kapazitäten eingesetzt.

Pioniere der Elektronischen Kriegführung (EKF) überwachen mit modernen Mitteln die militärischen Funkaktivitäten im Einsatzraum.

Der Botschaftsfunk ist von zivilen Providern unabhängig und wird in Zeiten erhöhter Spannung durch AdA betrieben.

Netzwerkfachleute der Führungsunterstützung halten die Armeeeigenen Sprach- und Datennetze rund um die Uhr einsatzbereit.

Die Kurzwellenfunkstation SE-240 erlaubt Kommunikation in schwieriger Topografie und über grosse Distanzen.

Schwimmbrücke 95

Länge:	bis 100 m (pro Systemeinheit)
Tragfähigkeit:	MLC (Military Load Class) 70

Stahlträgerbrücke

Länge:	bis 142 m (pro Systemeinheit)
Tragfähigkeit:	MLC 70
Fahrbahnbreite:	4,40 m

Die Stahlträgerbrücke ist auch für zivile Hilfseinsätze (mit seitlichen Gehsteigen) gut geeignet; sie kann auch auf Kriegsflugplätzen verwendet werden.

Feste Brücke 69 *(ohne Unterspannung)*

Länge:	bis 49,50 m
Tragfähigkeit ohne Unterspannung:	MLC 60 (bei 30 m)
Tragfähigkeit mit Unterspannung:	MLC 60 (bei 48 m)

Heftige regionale Gewitter erforderten im Juni 2007 den Einsatz der Armee in den Kantonen Bern und Schwyz. In Gross bei Einsiedeln erstellten Angehörige des Katastrophenhilfe-Bereitschaftsverbandes zum ersten Mal in einem Katastrophenhilfeeinsatz eine ***«Mabey & Johnson»-Brücke*** *als Notbrücke über den Entenbach. Das Brückensystem «Mabey & Johnson» kann modular entsprechend der Lastklassen und der zu überwindenden Hindernisbreite konstruiert werden. Ein weiterer Vorteil des Systems liegt in der Ziviltauglichkeit: Die Auffahrtsrampen sind für den zivilen Verkehr nicht zu steil und die Sicherheitsgeländer sind Teil des Systems.*

Boote

- Patrouillenboot 80 *(Bild)*
- Schlauchboot M2 (4 AdA mit Waffen)
- Schlauchboot M6 (15 AdA mit Waffen)
- Übersetzboot mit Aussenbordmotor (13 AdA mit Waffen)
- Flusserkundungsboot 95
- Rettungsboot 04, (maximale Tragfähigkeit: 6 Personen)

Baumaschinen

Die Genie- und Rettungstruppen verfügen über eine Vielzahl handelsüblicher Baugeräte und -maschinen wie z.B. Raupenladeschaufel, Raupenhydraulikbagger, Bulldozer, Pneuladeschaufel.

Raupenladeschaufel

Pneuladeschaufel

Bulldozer

Raupenhydraulikbagger

4-1-11 Allgemeine Motorfahrzeuge

Nachfolgend einige Beispiele aus dem Motorfahrzeugpark der Schweizer Armee:

Motorrad 2 Pl BMW F 650 GS

Pw 8 pl gl 4×4 Puch

Kommandowagen sch gl 4×4 Bucher Duro

Duro 4×4

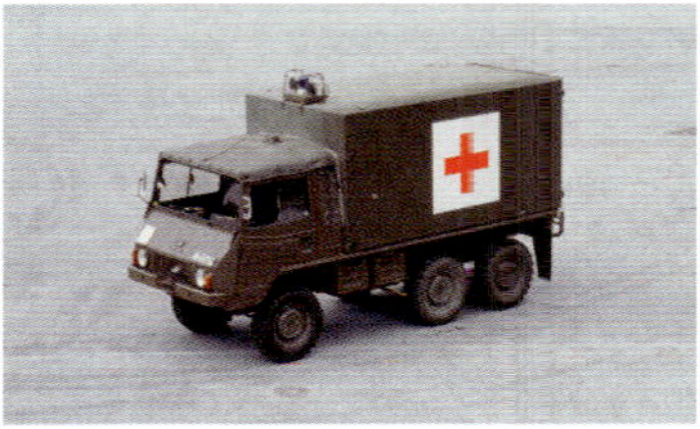

Sanitätswagen 4 Liegepl L gl 6x6 Pinzgauer

Mercedes-Benz Sprinter (Kombi)

Mercedes-Benz Sprinter (Chassis/Kabine)

Fahrschullastwagen Steyr

Rollstrasse Einsatz EURO 08 Bern

Lastwagen 6 t gl 4×4 Steyr

Sattelschlepper 95 12,2 t 6×6 Steyr

Lastwagen 6 t bgl 4×4 Iveco

Lastwagen 10 t bgl 6×6 Iveco

Lastwagen 6 t gl 4×4 Saurer

Lastwagen 10 t gl 6×6 Saurer

Lastwagen 11,5 t gl 6×4 Saurer D 330 mit Muldenkipper

Autokran 20 t sch gl 6×6 Saurer

Lastwagengeneration IVECO:
Die jüngste Lastwagengeneration ist bedingt geländegängig und besteht aus 2-achsigen Lastwagen 4×4 mit verschiedenen auswechselbaren Aufbauten sowie aus 3- und 4-achsigen Lastwagen 6×6 und 8×8 mit einem Abrollkipperaufbau und einem Container-Handling-System (Hakengerät) sowie entsprechenden Anhängern. Lieferant für die Fahrgestelle 6×6 und 8×8 und die Fahrgestelle 4×4 mit den Trägerrahmen ist die Firma Iveco. Nach der Lastwagen-Serie wurden weitere rund 70 Iveco Fahrzeuge – Löschwagen und Luftfahrzeugbetankungswagen – für die Luftwaffe beschafft.

Lastwagen 4×4: das Wechselladesystem

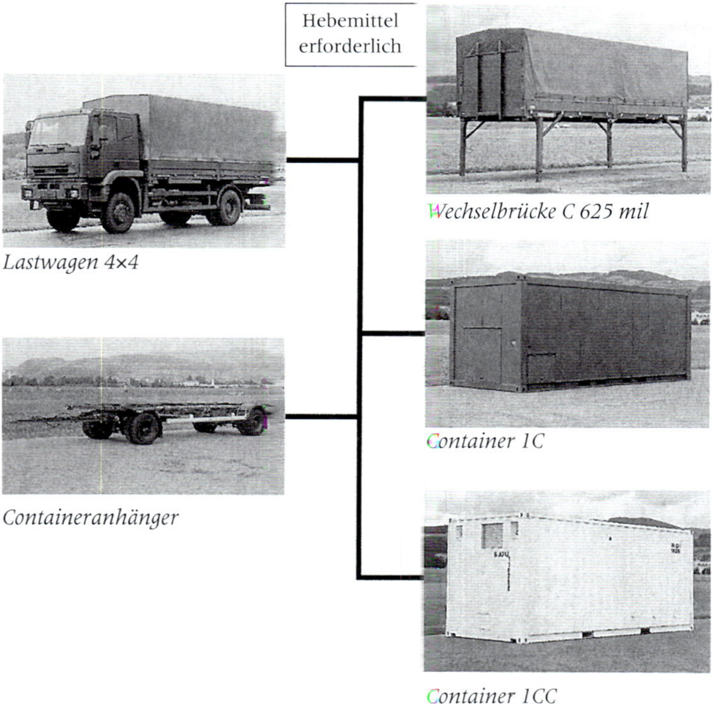

Lastwagen 6×6: das Wechselladesystem

Lastwagen 6×6 Welasys

Abrollbehälter DIN

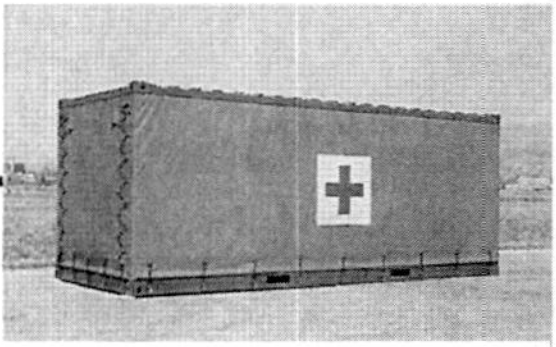

Container 1C mil

Wechselaufbauanhänger mit Schlitten

Tankcontainer

Der Anhänger wird mittels des Lastwagenkrans beladen

4-1-12 Material und Fahrzeuge der Rettungstruppen

Stromversorgung

Sortiment Wassertransport

Sortiment Atemschutz

Sortiment Trümmereinsatz

WELAB-System

(WELAB = Wechselladebehälter)

Trägerfahrzeug für WELAB, Mercedes-Benz 2538 (6×4/4)
Das Fahrzeug ist für den Transport der WELAB-Container vorgesehen. Die speziell eingebaute Hydraulik ermöglicht den Anschluss und den Betrieb folgender Geräte:
- Aufgebauter Kran des WELAB 7
- Schlauchaufnehmer des WELAB 5

Typ:	Mercedes 2538, 6×4/4 WDB
Motor:	Mercedes Euro 1 /Euro 2, schadstoffreduziert, 380 PS
Getriebe:	Lastschaltgetriebe, ZF 5, HP 600, 4 Stufen, Elektro-Hydraulisch
Lasthaken:	Vario Lift System (VLS), 18 000 kg Aufzugslast
Leergewicht:	13 200 kg
Nutzlast:	12 800 kg
Gesamtgewicht:	26 000 kg

WELAB 1
Einsatzleitung
In Material-, Funk- und Führungsraum unterteilt. Verbindung zu zivilen Partnern und Truppen.

WELAB 2
Chemiewehr/Strahlenschutz
Mit Hilfsmittel zur Unterstützung der Feuerwehr bei grossflächigen/lang andauernden Chemieereignissen/Verstrahlungen.

WELAB 3
Unterstützung
Zur Unterstützung der zivilen Organe bei Elementarschadenereignissen sowie zur Bekämpfung von Waldbränden und Umweltschutzmassnahmen.

WELAB 4
Beleuchtung/Stromerzeugung
Mit drei voneinander unabhängigen Beleuchtungssortimenten ausgerüstet. Stromversorgung im Einsatzgebiet für Beleuchtung und Geräteeinsatz.

WELAB 5
Wassertransport
Zur Unterstützung der Feuerwehr mit grösseren Wassermengen und über grössere Distanzen.

WELAB 6
Brandeinsatz
Zur Unterstützung ziviler Organe durch Wasser-/Schaumlieferung bei Grossbränden (Halten/Löschen/Kühlen). Betrieb eines Abkühl-/Schaumsystems.

WELAB 6A
Schaumnachschub
Nachschub von Schaumkonzentrat im Rahmen von Brandbekämpfungseinsätzen. Ergänzt/unterstützt den Welab 6 (Lagermöglichkeit von 10 t)

WELAB 7
Überschwemmung
Enthält Ausrüstung, um Sandsäcke abzufüllen, grosse Wassermengen mit Tauchpumpen abzupumpen und Personen und Tiere zu evakuieren.

WELAB 8
Umweltschutz
Wird bei grösseren Gewässerverschmutzungen eingesetzt, um gefährliche Stoffe zu binden, aufzunehmen und zwischenzulagern. In Verbindung mit Ölwehrausrüstung von zivilen Organen.

WELAB 9
Sanitätsdienst
Für einen grossen Patientenanfall in kürzester Zeit für die Triage und Erstbehandlung ausgerüstet.

FOKUS 5: C4ISTAR

C4ISTAR ist die Fokussierung von Prozessen und technischen Systemen auf ein einziges Ziel: alle Informationen für eine wirkungsvolle Führung zusammenzuführen.

Der Planungsstab der Armee (PST A) definiert C4ISTAR als «Fähigkeit, mithilfe umfassender Information auf Kräfte und Mittel in Raum und Zeit einzuwirken und damit die Erfüllung des eigenen Auftrags sicherzustellen».
Diese Fähigkeit resultiert aus der Vernetzung aller Prozesse und Systeme sowohl für die Informationsbeschaffung (ISTAR) wie auch für die Informationsverwendung zugunsten von Entschlussfassung und Führung (C4I).

Die Abkürzung C4ISTAR besteht aus zwei Gruppen:

	Command and **C**ontrol	Führung
C4I	**C**ommunications	Kommunikation
	Computers	Computersysteme
	Information	Führungsinformation

Führen mit C4I
Hier geht es um die Führung. Der aus den USA und Grossbritannien stammende Ausdruck «Command and Control (C2)» umfasst ungefähr das, was man in der Schweizer Armee unter «Führung» versteht, also sowohl Prozesse und Strukturen zur Auftragserfüllung wie auch die Menschenführung. Communications und Computers dienen dem Transport und der Aufbereitung von Führungsinformationen – dem «I» in C4I. Spezialisierte Führungsinformationssysteme (FIS) – zum Beispiel das FIS Heer oder das FIS Luftwaffe – unterstützen die Kommandanten aller Stufen mit zeit- und lagegerechten Informationen.

	Intelligence	Nachrichtendienst
ISTAR	**S**urveillance	Überwachung
	Target **A**cquisition	Zielerfassung
	Reconnaissance	Aufklärung/Erkundung

Informationen gewinnen mit ISTAR
Im zweiten Block dreht sich alles um Informationen und Nachrichten. Nachrichtendienstlich interessante Informationen müssen aus möglichst vielen gesicherten Quellen oder mithilfe von Sensoren beschafft werden.

Eingebettet in NEO
C4ISTAR ist nicht Selbstzweck. Denn erst die eingesetzten Technologien machen die wirkungsvolle Vernetzung unterschiedlichster Informationskanäle möglich – und bereiten damit den Weg für das Konzept Network Enabled Operations NEO *(siehe Kasten)*.

Beispiel Waldbrandbekämpfung
Immer wieder hilft die Schweizer Armee bei der Waldbrandbekämpfung. Eine in einem Helikopter montierte Infrarotkamera (Sensor) macht verdeckte Hitzequellen sichtbar. Die laufende Übertragung der Bilder in den Kommandoposten erlaubt es dem Einsatzleiter (Entscheidträger), sofort einen Super Puma mit Löschkübel (Effektor) hinzuschicken: Dank vernetzter Information ist die Wirkung rasch und präzis im Ziel.
C4ISTAR – und dadurch auch NEO – unterstützen die Führung dort, wo sie es am meisten benötigt: bei der zielgerichteten Beschaffung und Verarbeitung sehr grosser Informationsmengen in sehr kurzer Zeit.

Network Enabled Operations – NEO
Schweizerisches Konzept mit dem Zweck, den durch die Vernetzung von Sensoren, Effektoren und Entscheidträgern erzielten Mehrwert über die gesamte Bandbreite möglicher Armeeeinsätze hinweg zur Erzeugung entscheidender Wirkungen zu nutzen.

▶

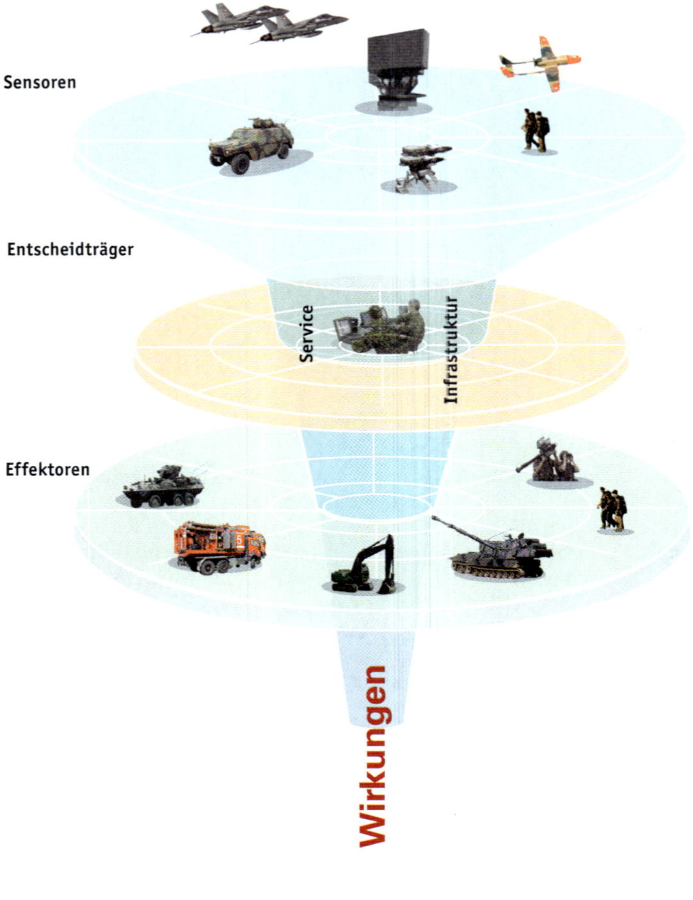

NEO: Sensoren, Entscheidträger und Effektoren

Sensor Mensch: Fallschirmaufklärer

Effektor Hornet mit Lenkwaffe AMRAAM

Ausbildungsanlage Reppischtal

Flugplatz Locarno

4-2 Militärische Infrastruktur

Zur Erfüllung ihrer Aufgaben benötigt die Schweizer Armee in allen Lagen eine zweckmässige Infrastruktur. Einrichtungen und Anlagen sind je nach Verwendungszweck dauernd oder nur bei Bedarf im Einsatz.

Die ***militärische Infrastruktur*** umfasst die Gesamtheit der ortsfesten Einrichtungen und Anlagen, welche für die Erfüllung der Armeeaufträge nötig sind. Für den Betrieb sämtlicher militärischer Infrastrukturen ist die Logistikbasis der Armee zuständig.
Die ***Einsatzinfrastruktur*** stellt sicher, dass im Rahmen der Armeeaufträge subsidiäre Einsätze zur Prävention und Bewältigung existenzieller Gefahren sowie Raumsicherung und Verteidigung, die Führung, die Übermittlung, der Einsatz der Luftwaffe und Teile der Kampfunterstützung ab permanenten, fest eingerichteten, übermittlungsmässig gut erschlossenen und gut geschützten klassifizierten Standorten rasch und sicher erfolgen können.
Die ***Ausbildungsinfrastruktur*** stellt sicher, dass die Teilstreitkräfte Heer und Luftwaffe dank permanenten, modern eingerichteten Anlagen das Gros der für den Einsatz der Armee nötigen Aufträge im Inland effizient und mit kurzen Ausbildungszeiten erfolgreich trainieren können.
Die ***Logistikinfrastruktur,*** bestehend aus ober- und unterirdischen Anlagen, stellt sicher, dass logistische Leistungen (Nach- und Rückschub, Instandhaltung, Sanität sowie Infrastrukturbetrieb) für den Einsatz und die Ausbildung der Armee sach- und zeitgerecht erbracht werden können.

4-2-1 Führungs- und Übermittlungsinfrastruktur

Die permanente Führungs- und Übermittlungsinfrastruktur dient dazu, dem Führungsstab der Armee und den Stäben der Teilstreitkräfte sowie der Grossen Verbände ***geschützte Arbeitsplätze*** zur Verfügung zu stellen und ihre ***Verbindungen*** untereinander zu gewährleisten. Die permanenten Führungsinfrastrukturen können bei Bedarf durch ***behelfs-***

mässige Einrichtungen und durch 2 ***mobile Führungseinrichtungen*** ergänzt werden. Jeder wichtige Führungsstandort ist mit Verbindungen erschlossen, die der vorgesehenen Nutzung entsprechen. Die Führungsanlagen der ***obersten Stufe*** sind an den ***Breitbandübertragungssystemen*** (Kabel/Richtstrahl) angeschlossen. Eine weitere Erschliessung bildet der ***Funk.*** Diese Übertragungsnetze und die darauf aufgesetzten Anwendernetze gewährleisten die geschützte Übermittlung von Sprache und Daten. Die Vermaschung von Übertragungsstrecken sowie das Vorhandensein von Redundanzen sind wichtige Aspekte der Betriebssicherheit. ***Zusätzliche Verbindungen,*** auch unter Einbezug ziviler Kabelstrecken, können kurzfristig nach Bedarf geschaltet werden. Die Führungsanlagen der ***oberen taktischen Stufe*** sind primär mit dem Breitbandübertragungssystem Richtstrahl und Funk erschlossen. Je nach Einsatzauftrag werden die Führungsstandorte – sie sind dafür vorbereitet – an weitere Netze angeschlossen. Diese ergänzende Telekommunikationsinfrastruktur ist ***nur zum Teil ortsfest*** und wird mehrheitlich von eingerückten Milizangehörigen der Führungsunterstützungsbataillone in Betrieb genommen. Im Mittelpunkt steht hier das ***Integrierte Militärische Fernmeldesystem (IMFS),*** das die Verbindung ab den Kommandoposten der Grossen Verbände bis hinunter zu den Bataillonen/Abteilungen richtstrahlmässig sicherstellt und mit der Truppe «wandert». Dasselbe gilt für das ***taktische Funksystem SE-X35,*** das auch über mobile Funkanschlusspunkte in das IMFS integriert wird.

Die Kommandanten der Teilstreitkräfte und der Grossen Verbände wie Territorialregionen und Brigaden führen im Frieden bei subsidiären Einsätzen zur Prävention und Bewältigung existenzieller Gefahren in der Regel ab den oberirdischen ***Friedenskommandoposten*** bzw. den Verwaltungsstandorten. Wenn es der Betrieb, die Sicherheit oder die Geheimhaltung erfordern, werden auch bei subsidiären Einsätzen die ***permanenten Anlagen*** bezogen. Im Raumsicherungs- oder im Verteidigungsfall wird in der Regel nur noch ab den Kriegsstandorten geführt.

4-2-2 Luftwaffeninfrastruktur

Die Luftwaffeninfrastruktur für Ausbildung und Einsatz besteht aus den Flugplätzen, Schiessplätzen, Kavernen, Höhenanlagen für die Luftraumüberwachung und aus der Übermittlung sowie diversen geschützten Kommandoposten. Die Luftwaffe verfügt über folgende ***Flugplatz-Infrastruktur:***

- ***für Jets*** die Flugplätze Payerne, Sion, Meiringen und Emmen als Ausweichflugplatz;

– *für Lufttransporte* die Flugplätze Dübendorf, Bern, Alpnach, Payerne, Locarno, Sion und Emmen;
– für Fallschirmaufklärer- und Pilotenschulen den Flugplatz Locarno.

Die gemeinsame zivile und militärische Luftraumüberwachung wird seit 2007 im *Luftraumüberwachungszentrum in Dübendorf* konzentriert.

Die *Luftwaffe* schafft zusammen mit der Logistikbasis der Armee und der Führungsunterstützungsbasis die Voraussetzungen, dass sie über die Systeme, die Anlagen und die Infrastruktur rechtzeitig und in der gewünschten Konfiguration verfügen kann. Der Luftwaffeninfrastruktur zugeordnet sind auch die *Waffenplätze Payerne* (Lehrverband Flieger 31 und Lehrverband Fliegerabwehr 33), *Emmen* (Lehrverband Flieger 31 und Fliegerabwehr 33) und *Dübendorf, Kloten-Bülach und Frauenfeld* (Lehrverband Führungsunterstützung 30) sowie die Flieger- und Fliegerabwehrschiessplätze.

4-2-3 Kampfinfrastruktur

Raumsicherung und Verteidigung bleiben Kernkompetenzen der Schweizer Armee. Es ist deshalb sinnvoll, diejenigen Permanenzen, die auch in Zukunft eine dissuasive Wirkung haben modifiziert beizubehalten. Das System der Kampfinfrastruktur ist *kostenmässig relativ günstig,* einfach, robust ausgestaltet und praktisch handhabbar.

Generell bleibt das Gesamtsystem der permanenten Kampfinfrastruktur von *operativer Bedeutung,* und die schiessenden Teile können als «Force Multiplier» betrachtet werden. Bei den schiessenden Systemen sind aus Kostengründen das Gros der 15,5 cm Festungsartillerie Bison und der 12 cm Festungsminenwerfer inaktiviert («eingemottet»). Sie stehen aber für einen allfälligen Aufwuchs zur Verfügung.

4-2-4 Territorialinfrastruktur

Die Territorialinfrastruktur verfügt über eine beachtliche Anzahl unterirdischer Anlagen, welche über das ganze Land verteilt, vorwiegend am Rande grosser Agglomerationen, gebaut wurden. Sie besteht aus Schutzbauten und aus kombinierten Kommandoposten für die *zivilen kantonalen Führungsstäbe* und ihre *militärischen Partnerstäbe.*

Die *Schutzbauten* stehen der Truppe primär zur Verfügung, um von einem geschützten Standort aus Einsätze durchführen zu können. Sekundär werden diese Bauten von der Truppe in Ausbildungsdiensten als Unterkünfte genutzt. Mit dem Auftrag, Betriebskosten zu Gunsten von Investitionen zu senken, wird *der Bestand* um zirka 20% reduziert.

4-2-5 Logistikinfrastruktur

Die künftige stationäre Logistik wird auf eine kleine Anzahl von modernen Lager- und Instandhaltungsinfrastrukturen konzentriert. Das Standortmodell LBA (Logistikbasis der Armee) sieht fünf Logistik- und sechs Infrastruktur-Center mit total rund hundert Aussenstellen vor. Die Mehrheit der Logistik-Leistungen wurde bis Ende 2003 durch rund 30 Zeughäuser und Armeemotorfahrzeugparks, Festungswachtregionen sowie die Betriebe der Luftwaffe erbracht. Der Umbau in der Logistik wird im Jahr 2014 abgeschlossen. Parallel zum Auf- und Umbau der Center und der Einführung eines neuen Informatiksystems wird der Abbau in den Bereichen Material, Infrastrukturen und Personal fortgesetzt.

Die fünf ***Logistik-Center*** der LBA haben die Aufgabe, das Einsatz- und Ausbildungsmaterial entweder am Standort des Centers oder über eine Aussenstelle an die Truppe abzugeben, von der Truppe zurückzunehmen und entsprechend der zugewiesenen Kompetenz instand zu halten. Jedes Logistik-Center wird über eine Güterumschlagsplattform an das Schienennetz angebunden, da rund 75% der Transporte zwischen den Hauptstandorten per Bahn erfolgen.

Die ***Aussenstellen*** der Logistik-Center umfassen die Vorortlager. Hat der Bedarf an Instandhaltung ein bestimmtes Mass erreicht oder erfordern es die geografischen Verhältnisse, ist eine Vorort-Instandhaltung vorgesehen.
In den Vorortlagern wird das Einsatz- und Ausbildungsmaterial für die in der Nähe übenden Truppen gelagert und bereitgestellt. Das eingelagerte Material deckt bis etwa 80 % des Jahresspitzenbedarfs ab. Der Lagerraum wird einschliesslich Material an die Truppe übergeben und von der Einsatzlogistik des Verbandes bewirtschaftet. Die bisher üblichen Umlagerungen aus einer LBA-Infrastruktur in eine Truppen-Infrastruktur entfallen. Dieses Konzept vereinfacht und beschleunigt die Abgabe- und Rücknahmeprozesse. Auch die Nutzung der Lagerinfrastruktur ist wesentlich effizienter: Das Material steht dort zur Verfügung, wo es am häufigsten gebraucht wird.

Die sechs ***Infrastruktur-Center*** der LBA sind verantwortlich für die Bereitstellung, den Betrieb und den Unterhalt der Immobilien der Armee (technisches und infrastrukturelles Gebäudemanagement). Erfordern Grösse oder Komplexität eines Areals eine permanente Präsenz, gilt diese Immobilie als Aussenstelle eines Infrastruktur-Centers. Für mittlere und kleine Areale stellen mobile Equipen die nötigen Leistungen sicher. Hier werden in den kommenden Jahren vermehrt Leistungen von privaten Anbietern einfliessen.

www.lba.admin.ch

4-2-6 Ausbildungsinfrastruktur

4-2-61 Ziel und Zweck

Für die Durchführung der militärischen Ausbildung wird auf einer den speziellen Bedürfnissen entsprechenden Ausbildungsinfrastruktur basiert. Diese besteht im Wesentlichen aus ***Waffen-, Schiess- und Übungsplätzen sowie Truppenunterkünften*** und ist über das ganze Land verteilt. Damit die Belegung dieser Anlagen und die Zuteilung an die Truppe möglichst optimal geplant und organisiert werden kann, ist die Schweiz aufgeteilt in ***81 Ausbildungsmodule.*** Die Grenzen dieser Module halten sich an die politischen Grenzen (Gemeinde, Kanton). Jedes Modul verfügt in der Regel über genügend ***Ausbildungsinfrastrukturen*** für ein Bataillon/Abteilung oder für eine Schule.
Die Schulung der Stäbe und Truppen kann zwar durch den ***Einsatz von Simulatoren*** wirksam unterstützt werden; die Ausbildung im Massstab 1:1 im Rahmen von ***Gefechts- und Schiessübungen*** im Gelände bleibt aber trotzdem eine unabdingbare Notwendigkeit.
Die Dienstleistungen in Schulen und Kursen werden aufgrund einer ***Mehrjahresplanung*** festgelegt. Die ***Gesamtverantwortung*** für die optimale Planung und Belegung aller Infrastrukturen liegt beim Bereich Dienstleistungsplanung und Belegungsführung im Führungsstab der Armee. Sie betreibt das EDV-gestützte ***Belegungssystem Belplan,*** zu dem alle Koordinationsstellen und -abschnitte sowie die Lehrverbände mit eigenen Ausbildungsmodulen ihrer Aufgabe und Zuständigkeit angepasste Zugriffsrechte haben.

4-2-62 Waffenplätze

Ein Waffenplatz ist ein aus Kasernen, Anlagen, Einrichtungen und Gelände bestehender Komplex, welcher der Ausbildung, Unterkunft, Verpflegung und Freizeit der Truppe dient. Die Waffenplätze werden vorrangig von Rekruten- und Kaderschulen/-lehrgängen, aber auch von WK-Truppen und von anderen militärischen Kursen benützt bzw. belegt. Es gibt eidgenössische und kantonale Waffenplätze; ihre Zahl ist gesetzlich auf 40 begrenzt worden.

Eidgenössische und kantonale Waffenplätze

Waffenplatz	Kanton	Betreiber	Hauptnutzer
Aarau	AG	Kanton	Lehrverband Inf (Durchdiener und Militärspiel)
Airolo	TI	Bund	Lehrverband Log (Sanität)
Andermatt	UR	Bund	Lehrverband Inf (Kompetenzzentrum Gebirgsdienst der Armee und Sport)
Bern	BE	Kanton	Höhere Kaderausbildung der Armee (HKA)
Bière	VD	Bund	Lehrverband Inf und Pz/Art (Art)
Bremgarten-Brugg	AG	Bund	Lehrverband G/Rttg
Bülach-Kloten	ZH	Bund	Lehrverband FU 30
Bure	JU	Bund	Lehrverband Pz/Art (Pz)
Chamblon	VD	Bund	Lehrverband Inf
Chur	GR	Bund	Lehrverband Inf
Colombier	NE	Bund	Lehrverband Inf
Drognens	FR	Bund	Lehrverband Log (Verkehr und Transport)
Dübendorf	ZH	Bund	Lehrverband FU 30
Emmen	LU	Bund	Lehrverband Fl 31 und Flab 33
Frauenfeld	TG	Bund	Lehrverband Pz/Art (Art)
Fribourg	FR	Kanton	Lehrverband Log (Nachschub/Rückschub)
Genève	GE	Kanton	Lehrverband G/Rttg (Rettungstruppen)
Herisau-Gossau	AR/SG	Bund	Lehrverband Inf und Berufsunteroffiziersschule der Armee
Isone	TI	Bund	Lehrverband Inf (Grenadiere)
Jassbach	BE	Bund	Lehrverband FU 30
Liestal	BL	Kanton	Lehrverband FU 30
Luzern	LU	Kanton	Höhere Kaderausbildung der Armee (HKA)
Lyss	BE	Bund	Lehrverband Log (Instandhaltung)
Mels	SG	Bund	Lehrverband Inf und Rekrutierung
Monte Ceneri	TI	Bund	Lehrverband Inf und Rekrutierung

Waffenplatz	Kanton	Betreiber	Hauptnutzer
Moudon	VD	Bund	Lehrverband Log (Sanität)
Payerne	VD	Bund	Lehrverband Fl 31 und Flab 33
Reppischtal	ZH	Kanton	Lehrverband Inf und Militärakademie an der ETHZ
Sand-Schönbühl	BE	Bund	Lehrverband Log (Veterinärdienst der Armee und Kompetenzzentrum Veterinär-dienst und Armeetiere)
Sion	VS	Kanton	Lehrverband Log (Lehrgang für höhere Unteroffiziere)
St. Luzisteig	GR	Bund	Lehrverband Inf und Gefechts-ausbildungszentrum
St-Maurice-Lavey	VS/VD	Bund	Mil Sich und Lehrverband Pz/Art (Dailly)
Thun	BE	Bund	Lehrverband Pz/Art und Log
Walenstadt	SG	Bund	Lehrverband Inf, Ausbildungs-zentrum Heer
Wangen a.A. – Wiedlisbach	BE	Bund	Lehrverband G/Rttg (Rettungstruppen)
Wil bei Stans	NW	Kanton	Kompetenzzentrum SWISSINT und Ausbildungszentrum für Zeitkader

4-2-63 Schiessplätze

Ein Schiessplatz ist ein räumlich begrenztes Gebiet, auf dem regelmässig Schiessübungen durchgeführt werden. Es gibt in der Schweiz 117 ***bundeseigene Schiessplätze*** und eine grosse Zahl von weiteren Schiessplätzen, auf denen aufgrund vertraglicher Abmachungen mit dem Eigentümer geschossen wird. Diese werden als ***Vertragsschiessplätze*** bezeichnet.
Je nach Grösse, Lage und Beschaffenheit eignen sich Schiessplätze für Übungen mit direkt oder indirekt schiessenden Waffen; für das Schiessen mit Panzern, mit der Artillerie oder mit der Infanterie; für Schiessübungen auf Einzelgefechtsparcours auf Stufe Gruppe, Zug oder Einheit.
Einige Schiessplätze erlauben auch ***kombinierte Schiessübungen,*** bei denen das ***Gefecht der verbundenen Waffen*** geschult werden kann.
Die ***300 m Schiessstände*** werden von der Truppe praktisch nur noch für das formelle und schulmässige Schiessen benützt. Hauptsächlich wird die

Schiessausbildung auf speziellen, ausgerüsteten Plätzen mit Schussdistanzen bis 200 m geschult. In den meisten Ausbildungsmodulen und praktisch auf allen Waffenplätzen stehen solche Anlagen zur Verfügung.

4-2-64 Besondere Übungsplätze

Zur Schulung besonderer Ausbildungsthemen, zur Optimierung der Ausbildung und auch zur Reduktion der Umweltbelastung stehen der Truppe verschiedene speziell ausgestaltete Übungsplätze und Ausbildungsanlagen zur Verfügung. Dazu gehören zum Beispiel Ausbildungsanlagen mit ***Simulatoren*** für die Waffen-, Schiess-, Fahr- oder Führungsausbildung; ***Übungsplätze*** für die Schulung des Kampfes im überbauten Gebiet, mechanisierter Einsätze, des Übersetzens über Gewässer durch Genietruppen, der Auslandeinsätze usw.
Speziell zu erwähnen sind in diesem Zusammenhang die ***Gefechtsausbildungszentren (GAZ)*** auf den Waffenplätzen Bure, Walenstadt und St. Luzisteig. Diese erlauben, durch Live-Simulation im realen – offenen und/oder überbauten – Gelände und mit dem Einsatz der Echtsysteme und der Waffen mit aufgebauten Simulatoren das Gefecht der verbundenen Waffen wirklichkeitsnah und umfassend bis auf ***Stufe verstärkte Kompanie*** zu schulen.

4-2-65 Truppenunterkünfte

Zu einer Truppenunterkunft gehören neben den eigentlichen Schlafräumen auch die Büros, Film- und Theorieräume, Küchen, Magazine, Mehrzweckhallen, Abstell- und Trockenräume, Garagen und Parkplätze sowie Anlagen für die Freizeit der Truppe. Auf Waffenplätzen stehen diese optimal ausgestalteten Anlagen auf engem Raum zur Verfügung. Wenn die Truppe Unterkunft in einer ***Gemeinde*** bezieht, stehen ihr in der Regel nicht alle Anlagen zur Verfügung.
Die bestehenden Schlafräume in den Truppenlagern und in den Gemeindeunterkünften sind meist auf einen ***Einheitsbestand*** von zirka 100 bis 120 Angehörigen der Armee ausgerichtet. Grössere Einheiten müssen oft an ***mehreren Standorten*** untergebracht werden.

4-2-66 Rolle der Koordinationsstellen und -abschnitte

Jede der vier Territorialregionen hat eine ***Koordinationsstelle*** integriert. Dieser sind ***eins bis drei Koordinationsabschnitte*** unterstellt, welche für die Bewirtschaftung und optimale Belegung ihrer ***Ausbildungsmodule*** verantwortlich sind. Ausbildungsmodule, die in der Regel durch einen einzigen Lehrverband benützt werden, sind diesem ***Lehrverband unterstellt.*** Für die entsprechenden Module übernimmt der Lehrverband die Aufgaben des Koordinationsabschnittes.

Die für ein Ausbildungsmodul ***zuständige Stelle*** (Koordinationsabschnitt oder Lehrverband) ist verantwortlich für die Durchführung des Unterstützungsrapportes. Sie lädt alle interessierten Stellen dazu ein und leitet ihn.

Der ***Unterstützungsrapport*** wird einige Monate vor der Dienstleistung durchgeführt und dient der Sicher- und Bereitstellung der benötigten Ausbildungsinfrastruktur sowie der übrigen logistischen Belange wie Material, Munition, Fahrzeuge usw., welche durch die LBA sichergestellt werden.

Aufgrund der Absprachen anlässlich des Unterstützungsrapportes sorgt der Koordinationsabschnitt bzw. der Lehrverband auch für die Erstellung und Verteilung der ***Schiessanzeigen*** und für den Betrieb der ***regionalen Auskunftsstellen für militärische Schiessen (RAMS).***

Aufteilung der Schweiz in Koordinationsabschnitte und Ausbildungsmodule

4-3 Persönliche Ausrüstung

Jeder und jede Armeeangehörige erhält eine persönliche Ausrüstung, welche zweckmässig die Bedürfnisse der Grundbereitschaft erfüllt und die Zugehörigkeit zur Schweizer Armee zeigt.

4-3-1 Allgemeines

Die ***persönliche Ausrüstung*** der Angehörigen der Armee umfasst: die ***Bewaffnung;*** die ***Bekleidung;*** das ***Schuhwerk;*** das ***Gepäck; besondere Ausrüstungsgegenstände.***

4-3-11 Verantwortung

Die Angehörigen der Armee (AdA) werden vom Bund unentgeltlich ausgerüstet.
Die AdA haben zu jedem Dienst mit vollständiger, sauberer und einsatztauglicher Ausrüstung sowie mit privater Leibwäsche und den für den Sport und die Körperpflege erforderlichen Gegenständen einzurücken. Sie haben ihre persönliche Ausrüstung in der Regel an ihrem Wohnort sicher aufzubewahren, diese in gutem Zustand zu erhalten und für den Ersatz unbrauchbar gewordener Gegenstände zu sorgen.
AdA, die sich für längere Zeit im Ausland aufhalten oder ihren Wohnort häufig wechseln, können die Ausrüstung ausserhalb des Wohnortes oder ausnahmsweise in einem Logistik-Center oder einer Retablierungsstelle hinterlegen. Sie tragen die Reise- und Transportkosten für die Hinterlegung selbst. Für die Wartung hinterlegter Ausrüstungsgegenstände im Logistik-Center oder in einer Retablierungsstelle ist eine Gebühr zu bezahlen. Die AdA reichen Hinterlegungsgesuche schriftlich und begründet und unter Beilage des Dienstbüchleins dem für ihren Wohnort zuständigen Kreiskommando ein.

Die persönliche Ausrüstung: Dieses Material bewahrt jeder AdA bei sich zu Hause auf und rückt damit in den Militärdienst ein: Dienstbekleidung und Kampfstiefel (links), persönliche Waffe und Schutzmaterial (Mitte), Ausgangsbekleidung und Gepäck (rechts).

Bewaffnung

Als persönliche Waffen werden Sturmgewehre 90 und Pistolen 75 – je nach Funktion und Grad – abgegeben. Dazu kommen Waffenputzzeug und Bajonett.
Einzelne AdA verfügen noch über das Sturmgewehr 57 sowie über die Pistole 49. Beide Modelle werden in den nächsten Jahren schrittweise aus der Armee verschwinden.

Bekleidung

Zur Bekleidung gehören die Ausgangsbekleidung (Tenue A), der Dienstanzug (Tenue B), das Béret und die Abzeichen. Die Farbe des Bérets, der Achselschlaufen sowie der Kragenpatten richtet sich nach der jeweiligen Truppengattung respektive nach dem Dienstzweig. Die Einteilung ist nur auf dem Verbandsabzeichen auf dem rechten Oberarm ersichtlich. Die Unterbekleidung wird als Bestandteil der persönlichen Ausrüstung abgegeben. Jeder AdA erhält heute zwei Hemden 90 (kurzarm), zwei Hemden 95 (langarm), fünf Tricothemden 90, sieben T-Shirts 90, zwei Krawatten 95 und einen Pullover 74. Dazu kommen ein gelbes Markierhemd, eine Rollmütze und ein Paar Fingerhandschuhe Schutzstufe 1.

Ordonnanzschuhe
Ordonnanzschuhe werden bereits an der Rekrutierung funktionsbezogen abgegeben. Das Gros der AdA ist mit zwei Paar Kampfstiefeln 90 ausgerüstet. Je nach Funktion erhalten die AdA zusätzlich Schalen-, Spital- und Marschschuhe 90 (Rotkreuzdienst der Armee) oder Halbschuhe (AdA der Militärmusik).

Gepäck
AdA, welche die Rekrutenschule vor dem 1. Januar 2005 absolviert haben, sind mit Grundtrageinheit, Rucksack 90 und Effektentasche ausgerüstet. AdA, welche die Rekrutenschule nach dem 1. Januar 2005 absolviert haben, sind mit Grundtrageinheit, Transportwagen, Transporttasche, Kleidertasche, Tagesrucksack und Effektentasche ausgerüstet.

Weitere persönliche Gegenstände
Helm 71 oder 04 mit Helmüberzug, Feldflasche mit Becher, Mannsputzzeug, Gehörschutz.

Besondere Ausrüstungsgegenstände
Schutzmaske, Taschenmesser, Individuelles Verbandspaket (IVP), Feldstecher, Bussole (Kompass), Koffer, Mehrzweckbehältnis, Musikinstrumente, Motorradfahrerausrüstung, Reitzeug.

AdA, die ihre Ausrüstung vernachlässigen oder missbrauchen, sind durch das Logistik-Center oder durch die Retablierungsstelle dem für den Wohnort der fehlbaren Person zuständigen Kreiskommando zu melden; dieses überprüft den Sachverhalt und ordnet gegebenenfalls die Abnahme der Ausrüstung und deren Hinterlegung im Logistik-Center oder in der Retablierungsstelle an. Das zuständige Kreiskommando überprüft mindestens alle drei Jahre, ob die Voraussetzungen für die Abnahme noch gegeben sind. Erfolgte die Abnahme als vorsorgliche Massnahme zum Schutz von Leben, so entscheidet der Führungsstab der Armee innerhalb von 12 Monaten über den weiteren Verlauf.
Die Truppenkommandanten kontrollieren im Dienst die Vollständigkeit, Sauberkeit und den felddiensttauglichen Zustand der persönlichen Ausrüstung.
Die persönliche Ausrüstung, mit Ausnahme der leihweise abgegebenen Gegenstände, geht beim Ausscheiden aus der Armee unter bestimmten Voraussetzungen ins Eigentum des AdA über.

www.lba.admin.ch

4-3-12 Ausserdienstliche Benützung der persönlichen Ausrüstung

Das Benützen der persönlichen Ausrüstung ausser Dienst ist unter Vorbehalt folgender Ausnahmen gestattet:
- Schutzmaske;
- Tarn- und Kälteschutzanzug;
- Ausgangsanzug.

Die Ordonnanzwaffe darf für die Teilnahme an Schiessübungen auf den von den zuständigen kantonalen Militärbehörden anerkannten Schiessanlagen oder auf den von den zuständigen eidg. Schiessoffizieren bewilligten feldmässigen Schiessplätzen sowie zur Teilnahme an militärischen Wettkämpfen benützt werden. Das Ausleihen der persönlichen Hand- oder Faustfeuerwaffe sowie von Leihwaffen an Dritte ist zur Teilnahme an ausserdienstlichen Schiessübungen und militärischen Wettkämpfen gestattet.

Siehe auch: 4-3-53 Tragen der Uniform ausser Dienst

4-3-2 Persönliche Waffen und Leihwaffen im Eigentum

Für die persönliche Waffe gilt folgende Regelung:
Wer einen Eigentumsanspruch auf eine Handfeuerwaffe (Stgw 57/Stgw 90) geltend macht, muss nachweisen, dass er in den letzten drei Kalenderjahren mindestens zwei Bundesübungen (Feldschiessen und/oder obligatorische Programme) absolviert hat. Zudem dürfen keine medizinischen Dienstuntauglichkeitsgründe vorliegen, die einer Überlassung der Waffe entgegenstehen. Und schliesslich muss der Angehörige der Armee schriftlich bestätigen, dass keine Hinderungsgründe nach dem Waffengesetz (WG; SR 514.54) vorliegen. Die kantonalen Polizeibehörden können dazu weitere Abklärungen vornehmen.

Handfeuerwaffen werden vor der Überlassung zu Eigentum zu halbautomatischen Einzelfeuerwaffen abgeändert.
Für die technischen und administrativen Mehraufwendungen sind anlässlich der Entlassung aus der Militärdienstpflicht Gebühren in bar zu entrichten. Diese betragen:

	Für das Stgw 90	Fr. 100.–
	Für das Stgw 57	Fr 60.–
	Für die Pistole	Fr. 30.–

Die neuen Eigentümer von Ordonnanzwaffen werden mit Name, Vorname, Matrikelnummer, Adresse, Waffennummer und Überlassungsjahr in einer Datenbank erfasst. Die Daten bleiben zehn Jahre gespeichert.
Ins Eigentum überlassene Waffen unterliegen dem Waffengesetz (WG).

Sturmgewehr 57/Leih-Stgw 57
Die Überlassung des Sturmgewehres 57 zu Eigentum wird wie bisher weitergeführt. Im Weiteren kann ein Schütze das Sturmgewehr 57 unentgeltlich zu Eigentum erhalten, falls er diese Waffe seit mindestens sechs Jahren als persönliche Leihwaffe besitzt.

Sturmgewehr 90
Das Stgw 90 kann denjenigen AdA zu Eigentum überlassen werden, welche mit dieser Waffe bereits in der Rekrutenschule ausgerüstet wurden.
Wer in der RS mit dem Stgw 57 ausgerüstet und später auf das Stgw 90 umgerüstet wurde, kann, sofern die Bedingungen erfüllt sind, ein Stgw 57 zu Eigentum erhalten. Das Leih-Sturmgewehr 90 wird nicht zu Eigentum überlassen.

Pistole 75/Pistole 49
Die Pistole geht nach wie vor ohne Schiessnachweis ins Eigentum des damit ausgerüsteten AdA über, falls dieser die Pistole übernehmen will.

4-3-3 Gepäck

Seit den Frühlingsrekrutenschulen 2005 wird das Gepäck-Set 04 abgegeben.
Es besteht aus 5 Teilen:
- Transportwagen;
- Transporttasche;
- Kleidertasche;
- Tagesrucksack;
- Effektentasche.

Diese Gegenstände bleiben während der gesamten Dienstleistung beim Armeeangehörigen.

Gepäckset auf Transportwagen befestigt

Transporttasche

Kleidertasche

Tagesrucksack

Effektentasche

4-3-4 Besondere Ausrüstungsgegenstände

Die besonderen Ausrüstungsgegenstände umfassen:

- ABC-Schutzmaske
- Militärbrille
- Gehörschutz
- Beobachtungs- und Richtmittel (Feldstecher, Bussole, Sitometer, Kartenwinkelmesser, Koordinatennetzblatt, A-Rechenscheibe)
- Identifikationsmittel (Erkennungsmarke, Rotkreuz-Armbinde)
- Musikinstrumente
- Reitzeuge

4-3-5 Uniform

Die militärische Uniform ist das Kennzeichen der Zugehörigkeit zur Armee. Die Grundfarbe der Ausgangsuniform ist für AdA und Angehörige des Rotkreuzdienstes (RKD) feldgrau.
Militärische Bekleidungsstücke und Abzeichen dürfen nur von AdA und besonders dazu ermächtigten Personen getragen werden.

www.armee.ch > Mein Militärdienst > Themen von A-Z > **Bekleidung und Packungen**

4-3-51 Anzugsarten

Es werden folgende Anzugsarten unterschieden:

- Ausgangsanzug (Tenue A)
- Dienstanzug (Tenue B)
- Arbeitsanzug (Tenue C)
- Besondere Anzugsarten: Schutzbekleidungen sowie waffen- und gerätespezifische Bekleidungen. Die besonderen Anzugsarten für Piloten, Rettungstruppen, Spitalformationen usw. werden in den Fachreglementen geregelt.

Ausgangsanzug (Tenue A)

mit Regenmantel

mit Kälteschutzjacke

Dienstanzug (Tenue B)

mit Gepäckset

Arbeitsanzug (Tenue C)

mit Kälteschutzanzug und Rollmütze

mit C-Vollschutz

4-3-52 Tragen der Uniform im Dienst[1]

Der ***Ausgangsanzug (Tenue A)*** wird getragen: beim Hauptverlesen, wenn nichts anderes befohlen ist; im Ausgang; im Urlaub, wenn nicht Zivilkleider getragen werden; bei besonderen Anlässen wie Beförderungsfeiern, kirchlichen Anlässen, Empfang von Gästen, Kontakt mit Behörden; bei Dienstrapporten und Tätigkeiten ausserhalb der Ausbildungsdienste der Formationen, wenn nichts anderes befohlen ist; während des Theorieunterrichts und im Bürodienst gemäss Befehl des Kommandanten; bei ausserdienstlichen Anlässen, sofern das Tragen der Uniform befohlen oder bewilligt wurde.

Die ***Achselschlaufen*** werden an allen Uniformstücken getragen, die mit Achselklappen versehen sind (auch am Hemd bzw. an der Bluse, wenn der Veston oder der Blazer nicht getragen wird).

Das Tragen der ***Erkennungsmarke*** ist während der ganzen Dienstzeit obligatorisch. Nicht militärische Abzeichen oder Schmucksachen dürfen nicht an der Uniform getragen werden (Einzige Ausnahme: das Bundesfeierabzeichen, das am 1. August getragen werden darf).

An besoldeten ***Urlaubstagen*** dürfen Uniform oder Zivilkleider getragen werden, an unbesoldeten nur Zivilkleider. Für die Reise in den Urlaub und zurück zur Truppe ist die Uniform zu tragen. Das Umziehen in der Öffentlichkeit (auf Parkplätzen usw.) ist nicht gestattet. Zivilkleider dürfen weder in den militärischen Unterkünften versorgt noch auf Transportmitteln der Truppe befördert werden.

Autostopp in Uniform ist nicht gestattet (Ausnahme: Hilfeleistung bei Unglücksfällen).

Der ***Dienstanzug (Tenue B)*** wird getragen: beim Einrücken und bei der Entlassung; bei Übernahme und Abgabe der Feldzeichen; bei Dienstrapporten während der Dienstleistung; im Ausbildungsdienst gemäss Befehl des Kommandanten; bei ausserdienstlichen Anlässen, sofern das Tragen der Uniform dafür befohlen oder bewilligt wurde.

Der ***Arbeitsanzug (Tenue C)*** wird getragen: im Gefecht und bei der Gefechtsausbildung; bei allen Ausbildungstätigkeiten, sofern kein besonderer Anzug notwendig ist; bei Übernahme und Abgabe der Feldzeichen; im Wachtdienst. Im Unterkunftsbereich kann der Kommandant Abweichungen befehlen.

---

[1] Die Verordnung vom 4. November 1970 über das Tragen ausländischer Uniformen in der Schweiz und schweizerischer Militäruniformen im Ausland wurde am 29. August 2001 geändert und trägt nun der grenzüberschreitenden Zusammenarbeit von Polizei, Grenzwachtdiensten und Militär unter den entsprechenden, von der Schweiz eingegangenen Staatsverträgen Rechnung. Genehmigt der Bundesrat eine Übung oder einen Einsatz von Schweizer Angehörigen der Armee im Ausland, wird die Bewilligung in die entsprechende internationale Vereinbarung integriert und generell erteilt.

4-3-53 Tragen der Uniform ausser Dienst

Teilnehmern an ***ausserdienstlichen militärischen Veranstaltungen*** kann auf Gesuch hin das Tragen der Uniform bewilligt und können Ausweiskarten für Fahrten in Zivil oder Uniform abgegeben werden. Die Uniform mit der Ausweiskarte oder der Marschbefehl geben Anspruch auf Billette zum halben Preis. Als ausserdienstliche militärische Veranstaltungen gelten:

- Besuch militärischer Schulen, Kurse und Übungen sowie Teilnahme an weiteren militärischen Anlässen;
- Kurse, Übungen, Prüfungen und Wettkämpfe militärischer oder militärsportlicher Art im In- und Ausland sowie das dazu erforderliche Training;
- Dienstrapporte und militärische Besichtigungen;
- Versammlungen und Sitzungen eidgenössischer oder kantonaler militärischer Vereinigungen (ausgenommen Berufsverbände des Militärpersonals);
- militärische Erinnerungsfeiern und Tagungen militärischer Vereinigungen, sofern sie mit einem offiziellen Teil verbunden sind;
- Kurse und Tagungen politisch neutraler militärischer oder ziviler Vereinigungen zur Vorbereitung von Jugendlichen auf die Rekrutierung und die RS (Einführungskurse).

Für Veranstaltungen rein kameradschaftlicher Art dürfen keine Bewilligungen erteilt werden, auch wenn sie mit einem Vortrag verbunden sind.

Gesuche um Erteilung der Bewilligung (Uniform oder Ausweiskarte) müssen spätestens sechs Wochen vor der Veranstaltung bei der zuständigen Stelle eintreffen. Sie haben zu enthalten: Art der Veranstaltung mit genauem Programm oder Tagesbefehl; Ort und Datum der Durchführung; voraussichtliche Zahl der Teilnehmer und Funktionäre; Name und Adresse des verantwortlichen Kommandanten oder Leiters. In Ausnahmefällen kann der Zentralvorstand eines Verbandes beim Führungsstab der Armee eine generelle Bewilligung für das ganze Jahr einholen.

Bewilligungsinstanzen sind:

- das Eidg. Departement für Verteidigung, Bevölkerungsschutz und Sport (VBS) für ausserdienstliche militärische Veranstaltungen im Ausland;
- die Kommandanten von Grossen Verbänden für Veranstaltungen unterstellter Truppen;
- die kantonalen Militärbehörden für Veranstaltungen militärischer Vereine ohne Ausbildungscharakter wie Versammlungen und Erinnerungsfeiern, für zivile Bestattungen sowie für Kurse und Tagungen

politisch neutraler militärischer oder ziviler Vereinigungen zur Vorbereitung von Jugendlichen auf die Rekrutierung und die RS (Einführungskurse), die auf ihrem Kantonsgebiet stattfinden;
- der Führungsstab der Armee in allen übrigen Fällen, besonders für ausserdienstliche Kurse, Wettkämpfe und Übungen im Truppenverband, internationale Wettkämpfe, Hilfeaktionen und Katastrophenhilfeeinsätze der militärischen Vereine.

Auch das Tragen der Uniform sowie die Verwendung von Abzeichen und Feldzeichen der Armee bei ***zivilen Veranstaltungen*** (Film- und Reklameaufnahmen, Theatervorstellungen, Umzüge usw.) sind bewilligungspflichtig. Die Bewilligung erstreckt sich dabei nur auf die eigentliche Veranstaltung und berechtigt (ausser bei zivilen Bestattungen von AdA) nicht zum Bezug von Billetten zum halben Preis. Das ***Verfahren*** ist gleich wie bei ausserdienstlichen militärischen Veranstaltungen.
Zuständig für die Bewilligung sind/ist:
- das VBS für gesamtschweizerische Veranstaltungen, Veranstaltungen, die in mehreren Kantonen durchgeführt werden, sowie für Film- und Reklameaufnahmen;
- die kantonalen Militärbehörden für Theatervorstellungen, Umzüge, Bälle, pferdesportliche Anlässe, zivile Bestattungen usw. auf ihrem Kantonsgebiet;
- die Logistikbasis der Armee für die Verwendung eidgenössischer Abzeichen und Feldzeichen.

S. HERT
SUISSE

4-4 Militärische Abzeichen

Die militärischen Abzeichen weisen auf der Uniform Grad, Namen, Einteilung und Funktion oder Spezialistenausbildung aus.

4-4-1 Abzeichenkonzept

Die ***Abzeichen*** kennzeichnen sichtbar Grundausbildung, Grad, Einsatz in einer Spezialfunktion, Fähigkeiten und Leistungen, die Zugehörigkeit des AdA zu einem Verband, Truppenkörper oder einer Organisation der Armee des AdA. Sie kennzeichnen den AdA auch als Absolventen einer besonderen militärischen Ausbildung oder eines in- und ausländischen Einsatzes.

Die ***Gradabzeichen*** kennzeichnen die Position des AdA in der militärischen Rangordnung. Sie dürfen nur dem jeweiligen Grad entsprechend getragen werden.
Das ***Truppengattungs- oder Dienstzweigabzeichen*** kennzeichnet den AdA als Angehörigen einer bestimmten Truppengattung oder eines Dienstzweiges. Es wird das Abzeichen der Truppengattung oder des Dienstzweiges des Einteilungsverbandes getragen.
Das ***Nationalitätsabzeichen*** kennzeichnet den AdA als Angehörigen der Schweizer Armee. Das Abzeichen in Form eines Bogensegments mit Schweizerflagge und «SUISSE» wird am linken Oberarm getragen.
Beim ***Namensschild*** bestehen unterschiedliche Ausführungen für das Tenue A und das Tenue B/C.
Das ***Funktionsabzeichen*** zeigt die Grundfunktion des AdA an.
Das ***Spezialistenabzeichen*** gibt Auskunft über Spezialausbildungen des Trägers.
Das ***Verbandsabzeichen (Badge)*** zeigt, in welchem Verband, Truppenkörper oder in welcher gleichgestellten Organisation und Einheit der AdA eingeteilt ist.
Das ***Schulabzeichen (Brusttaschenanhänger)*** wird nur an der Ausgangsbekleidung getragen, wenn der AdA einen Dienst ausserhalb seines Ver-

Militärische Abzeichen am Tenue A getragen

1 Abzeichen des grossen Verbandes
2 Gradabzeichen
3 Abzeichen für Berufs- und Zeitmilitär
4 Verbandsabzeichen
5 Funktions- und Spezialistenabzeichen

6 Namensschild
7 Truppengattungs- und Dienstzweigabzeichen
8 Nationalitätsabzeichen
9 Ribbons
10 Schulabzeichen

Militärische Abzeichen am Tenue C getragen (Tenue B analog; Béret statt Schirmmütze)

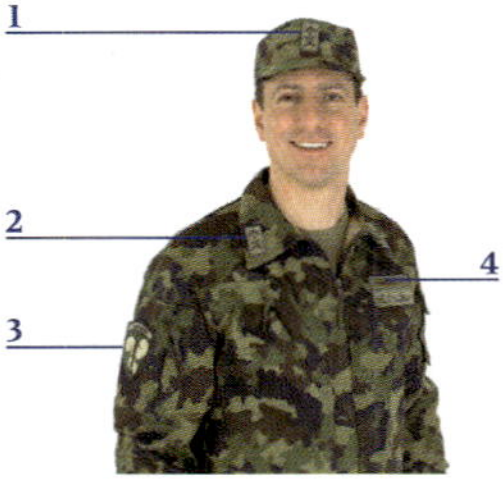

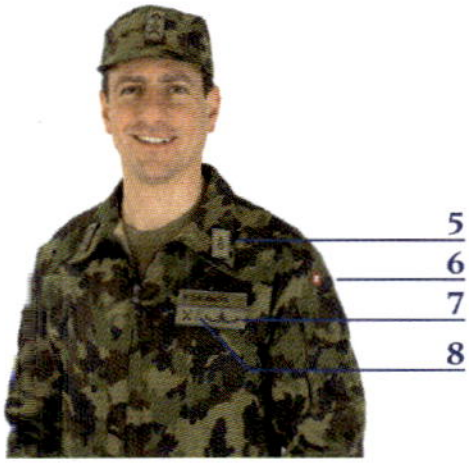

1, 2 Gradabzeichen (Schirmmütze und Helmüberzug, beim Dienstanzug wird das Béret 95 anstelle der Schirmmütze getragen)
3 Verbandsabzeichen
4 Namensschild

5 Truppengattungs- und Dienstzweigabzeichen
6 Nationalitätsabzeichen
7 Abzeichen für Miliz, Berufs- und Zeitmilitär
8 Funktionsabzeichen

bands leistet, auf der linken Brusttasche am Veston/Blazer und am Hemd/an der Bluse. Wenn ein Dienst unter dem Kommando einer ausländischen Organisation geleistet wird, kann das entsprechende Abzeichen an Stelle des Schulabzeichens getragen werden.

Das ***Abzeichen des Grossen Verbandes (Emblem)*** bezeichnet den Grossen Verband, in den die Einteilungseinheit des AdA in der Grundstruktur gehört. Es wird nur am Béret zum Tenue A und B getragen. Das Abzeichen wird in silberfarbenem Metall hergestellt. Die Offiziere und höheren Unteroffiziere tragen das Abzeichen mit goldenem Kranz. Zeit- und Berufsmilitärs tragen während ihres Einsatzes als Zeit- oder Berufsmilitärs das Emblem des Lehrverbandes (LVb).

Abzeichen von Reservistenorganisationen oder anderen ausserdienstlich tätigen Organisationen können an Stelle der Schulabzeichen für die Dauer des Anlasses getragen werden.

Zivile Abzeichen dürfen an der Uniform nicht getragen werden. Einzige Ausnahmen sind das Bundesfeierabzeichen, das am 1. August getragen werden darf, sowie Auszeichnungen von ausserdienstlichen Wettkämpfen, die am Wettkampftag (an dem sie abgegeben werden) getragen werden dürfen.

Das ***Dienstleistungsabzeichen (Ribbon)*** dokumentiert, wie viele Ausbildungsdienste (Grundausbildung und WK) der Träger bereits absolviert hat. Es gibt damit auch Auskunft über die Erfahrung des Trägers.

Auszeichnungen (Ribbons) zeichnen einen AdA für erbrachte gute Leistungen aus, die anlässlich einer Prüfung unter Beweis gestellt wurden.

Mit dem ***Einsatzabzeichen (Ribbon)*** wird aufgezeigt, dass der Träger an einem bestimmten Einsatz im Ausland über eine bestimmte Zeit teilgenommen hat.

Es dürfen maximal 9 Ribbons in einer bestimmten Rangordnung auf der Ausgangsuniform getragen werden.

Für Spezialfunktionen der LW (Piloten, Fallschirmaufklärer, Bordfotografen und Bordoperateure) bestehen besondere Abzeichen. Diese werden in Metall/Stoff auf der Uniform getragen.

Das Milizabzeichen kennzeichnet den Träger als Angehörigen der Miliz.

Das Berufsmilitär und das Zeitmilitär haben ein eigenes Abzeichen, welches an Stelle des Milizabzeichens getragen wird und sie als Angehörige des militärischen Berufspersonals kennzeichnet.

Es gibt folgende ***Achselschnüre:*** Einheitsfeldweibel- und Einheitsfourierschnur, Fähnrichschnur, Adjutantenschnur, Trompeterschnur, Signalpfeifenschnur schwarz mit Pfeife, Signalpfeifenschnur oliv.

Die ***Abzeichen ausländischer Mandate*** zeigen, dass der Träger seinen Einsatz unter einem ausländischen Mandat leistet. Es wird nur während der Dauer des Einsatzes getragen.

4-4-2 Nationalitätsabzeichen und Namensschild

Oberarmabzeichen «Suisse» gestickt, Ausgangsanzug

Oberarmabzeichen «Suisse» gestickt, Dienst-/Arbeitsanzug

Namensschild Ausgangsanzug

Namensschild Dienst-/Arbeitsanzug

4-4-3 Truppengattungen und Dienstzweige

4-4-31 Béret-Farben der Truppen

Die Béret-Farben unterscheiden sich in den Grundfarben der Truppengattungen und Dienstzweige.

Panzertruppen, Genietruppen, Rettungstruppen, Übermittlungstruppen und Führungsunterstützungstruppen, ABC-Abwehrtruppen, Militärischer Nachrichtendienst, Generalstabsdienst, Militärjustiz, Armeeseelsorge, Bereitschaftsdienst, Territorialdienst

Infanterie, Militärmusik

Artillerie

Luftwaffe

Sanitätstruppen, Rotkreuzdienst

Logistiktruppen

Militärische Sicherheit

Béret für UN-Einsätze

4-4-32 Truppengattungs- und Dienstzweigabzeichen

Das Truppengattungs- und Dienstzweigabzeichen kennzeichnet den Angehörigen der Armee als Angehörigen einer bestimmten Truppengattung oder eines Dienstzweiges.

Abzeichen Ausgang *(links)*, Dienst- und Arbeitsanzug *(rechts)*:

Armeeführung

Höhere Stabsoffiziere

Truppengattungen

Infanterie

Panzertruppen

Artillerie

Fliegertruppen

Fliegerabwehrtruppen

Genietruppen

Übermittlungstruppen/
Führungsunterstützungs-
truppen

Rettungstruppen

Logistiktruppen

Sanitätstruppen

Militärische Sicherheit

ABC-Abwehrtruppen

Dienstzweige

Generalstabsdienst

Militärischer
Nachrichtendienst

Militärjustiz

Armeeseelsorge

Territorialdienst

Bereitschaftdienst

Besondere Abzeichen

Rotkreuzdienst (RKD)

Sport

Militärspiel

4-4-4 Abzeichen der Grossen Verbände

Das Abzeichen wird nur am Béret 95 getragen. Die Offiziere und höheren Unteroffiziere tragen das Abzeichen mit einem goldenen Kranz.

4-4-41 Stufe Armee

Militärjustiz

Armeestab (HQ A)

Höhere Kaderausbildung (HKA)

4-4-42 Heer

Heer

Région territoriale 1

Territorialregion 2

Territorialregion 3

Territorialregion 4

Militärische Sicherheit

Brigade infanterie 2

Infanteriebrigade 4

Infanteriebrigade 5

Infanteriebrigade 7

Brigata fanteria montagna 9

Brigade infanterie montagne 10

Gebirgsinfanteriebrigade 12

Brigade blindée 1

Panzerbrigade 11

Lehrverband Infanterie

Lehrverband Pz/Art

Lehrverband Genie/Rettung

Lehrverband Logistik

4-4-43 Luftwaffe

Luftwaffe

Lehrverband Führungs-
unterstützung 30

Lehrverband Flieger 31

Lehrverband
Fliegerabwehr 33

4-4-44 Logistikbasis der Armee

Logistikbasis der Armee (LBA)

Logistikbrigade 1

4-4-45 Führungsunterstützungsbasis

Führungsunterstützungsbasis (FUB)

Führungsunterstützungsbrigade 41

4-4-5 Verbandsabzeichen – Beispiele

Das Verbandsabzeichen *(Badge)* zeigt, in welchem Verband, Truppenkörper oder in welcher gleichgestellten Organisation der Angehörige der Armee eingeteilt ist.

Legende:

1 Bezeichnung des Verbandes
2 Nummer des Verbandes
3 Farbe der Einheit
oder des Stabes:

- Gold: Stab
- Schwarz: Stabskompanie
- Weinrot: Logistik
- Grün: Kompanie 1
- Braun: Kompanie 2
- Gelb: Kompanie 3
- Blau: Kompanie 4
- Rot: Kompanie 5

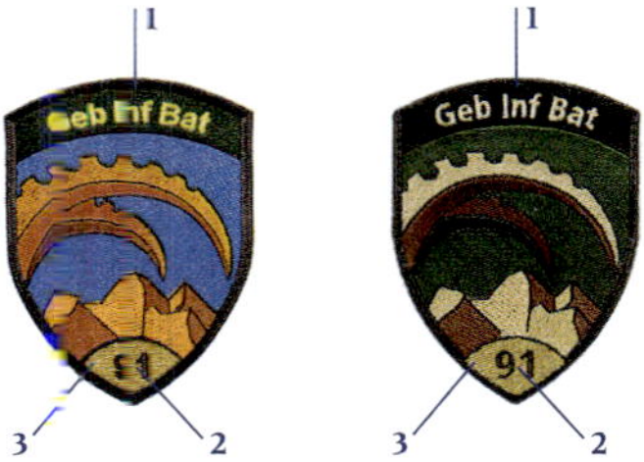

Abzeichen Ausgang *(A, links)*, Dienst- (B) und Arbeitsanzug (C)*(rechts)*:

A

B
C

- Abzeichen der Stäbe von Armeeführung, Lehrverbänden und Territorialregionen weisen keine Farbbezeichnung des Stabes auf.
Die Verbandsnummer ist im Bildteil des Abzeichens dargestellt.

A

B
C

- Abzeichen der Brigadenstäbe weisen die Farbbezeichnung des Stabes auf.
Die Verbandsnummer ist im Bildteil oder in der Namensbezeichnung dargestellt.

4-4-6 Schulabzeichen

Das Schulabzeichen *(Brusttaschenanhänger)* wird nur an der Ausgangsbekleidung getragen, wenn der Angehörige der Armee einen Dienst ausserhalb seines Verbands leistet. Es befindet sich auf der linken Brusttasche am Veston, Blazer, Hemd oder an der Bluse.

4-4-61 Stufe Armee

Stab Chef der Armee

Führungsstab der Armee

Planungsstab der Armee

4-4-62 Heer

Kommandant Heer

Heeresstab

Lehrverband Infanterie

Lehrverband Panzer/Artillerie

Lehrverband Genie / Rettung

Lehrverband Logistik

MP Schule Mil Sich

4-4-63 Luftwaffe

Luftwaffenstab

Einsatzstab der Luftwaffe

Lehrverband Flieger 31

Lehrverband Fliegerabwehr 33

Lehrverband Führungsunterstützung 30

4-4-64 Höhere Kaderausbildung der Armee

Zentralschule

Generalstabsschule

Militärakademie an der ETH Zürich

Berufsunteroffiziersschule der Armee

4-4-65 Logistikbasis der Armee

4-4-66 Führungsunterstützungsbasis

4-4-7 Gradabzeichen

Die Gradabzeichen kennzeichnen die Position des Angehörigen der Armee in der militärischen Rangordnung. Sie dürfen nur dem jeweiligen Grad entsprechend getragen werden. Die Farben der Achselschlaufen unterscheiden sich in den Grundfarben der Truppengattungen und Dienstzweige.

Abzeichen Ausgang *(links),* Dienst- und Arbeitsanzug *(rechts):*

Mannschaft

Soldat (Sdt)

Gefreiter (Gfr)

Obergefreiter (Obgfr)

Unteroffiziere

Korporal (Kpl)

Wachtmeister (Wm)

Oberwachtmeister (Obwm)

Höhere Unteroffiziere

Feldweibel (Fw)

Fourier (Four)

Hauptfeldweibel (Hptfw)

Adjutant Unteroffizier
(Adj Uof)

Stabsadjutant (Stabsadj)

Hauptadjutant (Hptadj)

Chefadjutant (Chefadj)

Subalternoffiziere

Leutnant (Lt)

Oberleutnant (Oblt)

Stufe Hauptmann

Hauptmann (Hptm)

Stabsoffiziere

Major (Maj)

Oberstleutnant (Oberstlt)

Oberst

Fachoffiziere

Höhere Stabsoffiziere

Brigadier (Br)

Divisionär (Div)

Korpskommandant (KKdt)

Oberbefehlshaber der Armee

General

4-4-8 Funktions- und Spezialistenabzeichen

Das ***Funktionsabzeichen*** zeigt die Grundfunktion des Angehörigen der Armee an. Es besteht aus einem Brusttaschenanhänger und wird an der Ausgangsuniform auf der rechten Brusttasche getragen. Am Arbeits- und Dienstanzug wird das Funktionsabzeichen unter dem Namensschild auf der linken Brustseite getragen.
Das ***Spezialistenabzeichen*** gibt Auskunft über die Spezialausbildung des Angehörigen der Armee. Es besteht aus einem Brusttaschenanhänger mit max. 2 Abzeichen und wird nur an der Ausgangsuniform getragen.

a) Tenue Ausgang
Am Tenue A werden das Funktions- und maximal zwei Spezialistenabzeichen auf einem Brusttaschen-Anhänger auf der rechten Brusttasche getragen.

b) Tenue Dienst- und Arbeitsanzug
Am Tenue B/C wird nur das Funktionsabzeichen unter dem Namensschild auf der linken Brustseite getragen.

4-4-81 Funktionsabzeichen

A

B
C

- Aufklärungssoldat

- Führungsstaffelsoldat

- Füsilier

- Füsilier Besatzer / Radschützenpanzerfahrer

- Gebirgsspezialist

- Grenadier

- Minenwerferkanonier

- Panzerabwehrlenkwaffensoldat

- Sicherungssoldat

- Armeeaufklärungsdetachement

- Sportsoldat

- Trompeter

- Tambour

- Schlagzeuger

- Panzersoldat

- Panzerjägersoldat

- Artilleriewettersoldat

- Kanonier

- Kanonier Festung

- Kanonier (Flab)

- Lenkwaffensoldat RAPIER

- Lenkwaffensoldat STINGER

- Radarsoldat

- Fliegergeschwader

- Flugplatzlogistikabteilung

- Flugplatzsappeur

- Flugplatz- und Lufttransportsicherung

- Fliegersoldat

- Fallschirmaufklärer

- FULW Gerätemechaniker

- FULW Soldat

- FULW Sicherungssoldat

- Lufttransportkompanie / Lufttransportstaffel

- Lufttransport Logistikkompanie

- Lufttransport Supportkompanie

- Flugplatz Supportabteilung

- Drohnengeschwader

- Baupionier

- Baumaschinenführer

- Bootsschütze

- Eisenbahnsappeur

- Fahrleitungssappeur

- Pontonier

- Panzersappeur

- Rammpontonier

	• Übermittlungssoldat
	• Sappeur
	• Nachrichtensoldat/Vermesser
	• Funkaufklärer
	• Informatikpionier
	• Richtstrahlpionier
	• Sekretär

- Strategischer Funkaufklärer

- Werkschutzsoldat

- Werksicherheitssoldat

- Werktechniksoldat

- Sanitätssoldat

- Spitalsoldat

- Veterinärsoldat

- Hufschmied

- Hundeführer

- Trainsoldat

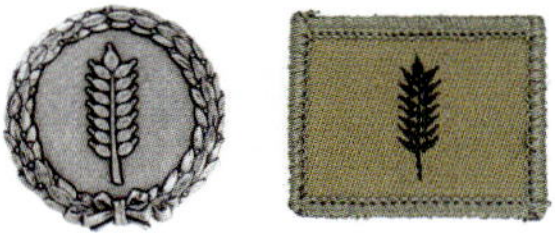

- Buchhalter

- Postangestellter

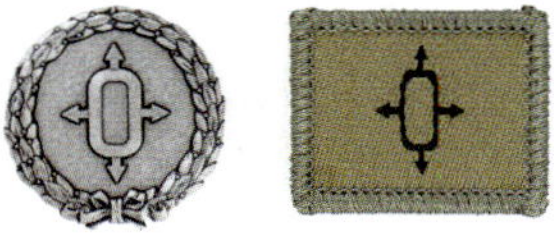

- Offiziersordonnanz

- Truppenbuchhalter

- Truppenkoch

- Gerätemechaniker

- Motormechaniker

- Panzerelektriker

- Panzermechaniker

- Waffenmechaniker

- Motorfahrer

- Infrastrukturschutzsoldat

- Infrastruktursicherheitssoldat

- Infrastrukturtechniksoldat

- Nachschubsoldat

- Rettungsgerätewart

- Rettungssoldat

- Militärpolizist/Verkehrssoldat

- ABC Soldat

- Auditor

- Stab Oberauditor

- Gerichtsschreiber

- Gerichtspräsident

- Untersuchungsrichter

- KOKAMIR

- Betriebssoldat

- Büroordonnanz

- Dienstchef Armeeseelsorge

4-4-82 Spezialistenabzeichen – Beispiel

Das ***Spezialistenabzeichen*** gibt Auskunft über die Spezialausbildung des Angehörigen der Armee. Es besteht aus einem Brusttaschenanhänger mit max. 2 Abzeichen und wird nur an der Ausgangsuniform getragen.

Brusttaschenanhänger mit Funktionsabzeichen und Spezialistenabzeichen

Sämtliche Spezialistenabzeichen finden sich im Reglement 512.009/III dfie, erhältlich bei Bundesamt für Bauten und Logistik (BBL), Verkauf Militär, 3003 Bern

4-4-9 Ribbons (Auszeichnungen)

Es dürfen maximal 9 Ribbons in einer bestimmten Rangordnung auf der Ausgangsuniform getragen werden.
Für die Dienstleistungs- und Auslandeinsätze werden je nach geleisteten Diensttagen zusätzliche Rosetten in Bronze, Silber, Gold dokumentiert.

4-4-91 Dienstleistungsabzeichen

Das Dienstleistungsabzeichen (Ribbon) dokumentiert, wie viele Diensttage in den Grundausbildungs- und Fortbildungsdiensten bei der Truppe der Armeeangehörigen bereits absolviert hat.

– Ohne Rosette	für 90 Diensttage
– Mit 1 Rosette in Bronze	für 170 Diensttage
– Mit 2 Rosetten in Bronze	für 250 Diensttage
– Mit 3 Rosetten in Bronze	für 350 Diensttage
– Mit 1 Rosette in Silber	für 450 Diensttage
– Mit 2 Rosetten in Silber	für 550 Diensttage
– Mit 3 Rosetten in Silber	für 650 Diensttage
– Mit 1 Rosette in Gold	für 750 Diensttage
– Mit 2 Rosetten in Gold	für 850 Diensttage
– Mit 3 Rosetten in Gold	für 950 Diensttage

4-4-92 Auszeichnungen

Auszeichnungen (Ribbons) zeichnen einen Angehörigen der Armee für erbrachte gute Leistungen aus, die anlässlich einer Prüfung unter Beweis gestellt wurden.

Hochgebirgsabzeichen

Sturmgewehr Stufe 1

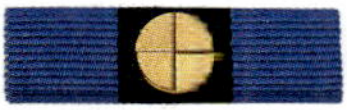

Sturmgewehr Stufe 2

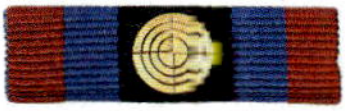

Pistole Stufe 1

Pistole Stufe 2

Auszeichnungen Ausbildung

Kameradenhilfe/
ABC Abwehr

Wasserfahrer

Richter (Waffen)

Auszeichnungen Sport

Militärsport 1

Militärsport 2

Militärsportwettkampf

4-4-93 Einsatzabzeichen

Sie belegen, dass der Träger an einem bestimmten Einsatz im In- oder Ausland für eine bestimmte Zeit teilgenommen hat.

Inlandeinsätze

Auslandeinsätze

Die Abzeichen enthalten die Landesfarben oder Sinnfarben (Treue, Freiheit, Frieden usw.). Zusätzliche Farben bezeichnen die Einsatzarten und das Mandat. Die Einsatzabzeichen (Ribbon) werden oberhalb der linken Brusttaschennaht, eingemittet, getragen.

4-4-10 Schnüre

Adjutant

Fähnrich

Einheitsfeldweibel und Einheitsfourier

Spielleute

Signalpfeifenschnur schwarz …

… oliv

4-4-11 Besondere Abzeichen

4-4-111 Abzeichen für Miliz, Berufs- und Zeitmilitär

Abzeichen zum Tenue Ausgang (links) und zum Dienst- und Arbeitsanzug (rechts):

Milizabzeichen

Berufsmilitär

Anwärter Berufsmilitär

Fach-Berufsmilitär

Zeitmilitär

4-4-112 Abzeichen für Spezialfunktionen der Luftwaffe

Abzeichen zum Tenue Ausgang (links), Dienst- und Arbeitsanzug (rechts):

Pilot

Fallschirmaufklärer

Bordoperateur

4-4-113 Abzeichen für die Militärische Sicherheit

Armbinde Militärpolizei

Brustabzeichen Militärpolizei

4-4-114 Besondere Kennzeichnungen

Rotkreuz-Armbinde

Kennzeichnung von Kadern
im C-Vollschutz

Friedensförderungseinsätze
zu Gunsten der UNO

Standarte einer Schule

Feldzeichen des Schweizer Kontingents im Kosovo (SWISSCOY)

4-5 Feldzeichen[1]

Fahnen und Standarten sind die augenfälligsten Symbole der nationalen oder kantonalen Zugehörigkeit. In der Schweizer Armee hat jeder Truppenkörper ein Feldzeichen mit seiner Verbandsbezeichnung.

Fahnen und Standarten, die als Feldzeichen gelten

Als Feldzeichen gelten Fahnen und Standarten, welche einem Truppenkörper zugeteilt sind. Die Bezeichnung und Nummer des Truppenkörpers sind auf der Fahne im weissen Querbalken des Kreuzes in goldenen Lettern aufgestickt und bei der Standarte auf der Hülse unter der Fahnenspitze eingraviert.

Der Umgang mit Feldzeichen

Für den einzelnen Angehörigen der Armee besteht gegenüber dem entfalteten Feldzeichen Grusspflicht. Das Feldzeichen ist Symbol für den Verband als Schicksalsgemeinschaft. Es symbolisiert zudem die Eidgenossenschaft und das, was es zu beschützen und zu verteidigen gilt. Dienst leistende Verbände übernehmen ihr Feldzeichen nach dem Einrücken und geben es vor der Entlassung wieder ab. Bei wichtigen Anlässen wird das entfaltete Feldzeichen vom Fähnrich getragen.

Fahnen und Standarten, die nicht als Feldzeichen gelten

Fahnen und Standarten von Schulen, von militärischen Kommandostellen sowie von Verwaltungsstellen der Bundesverwaltung fallen nicht unter den Begriff der Feldzeichen. Solche Fahnen und Standarten unterscheiden sich von Feldzeichen dadurch, dass weder Bezeichnungen noch Nummern aufgestickt bzw. eingraviert sind. Hingegen sind auch sie zu ehren und zu grüssen.

[1] Grundlagen: Weisungen des VBS über die Feldzeichen in der Armee vom 15. September 2003, gültig ab 1. Januar 2004.

Fanions

Fanions wurden als Erkennungs- oder Standortzeichen in der Armee eingeführt. Im Gegensatz zu den Fahnen und Standarten sind sie weder zu ehren noch zu grüssen. Ihr Gebrauch beschränkt sich ausschliesslich auf militärische Zeremonien.

Fahnen und Standarten, die als Feldzeichen gelten

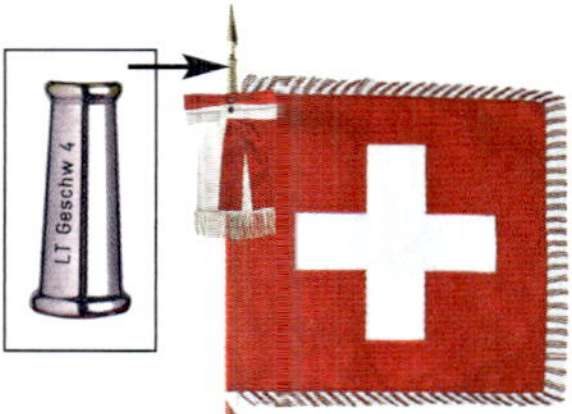

Eine Fahne (110 × 110 cm)
als Feldzeichen führen:

alle Truppenkörper
- der Infanterie
- der Genietruppen
- der Sanitätstruppen
- der Rettungstruppen
- für Militärische Sicherheit die Truppen
- für Einsätze zur Friedensförderung im Ausland

Eine Standarte (60 × 60 cm)
als Feldzeichen führen:
- die übrigen Truppenkörper

Fahnen und Standarten, die nicht als Feldzeichen gelten

Eine Fahne (110 × 110 cm) führen die Schulen folgender Lehrverbände:

- die Infanterie
- die Genietruppen
- die Sanitätstruppen
- die Rettungstruppen
- die Militärische Sicherheit
- das Armeespiel

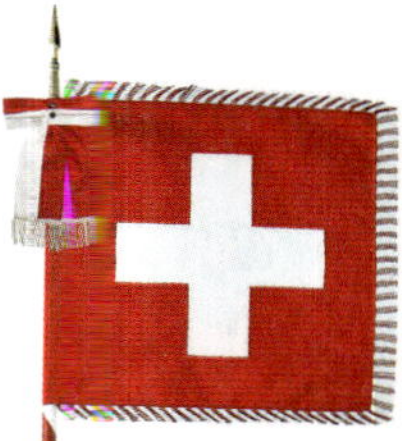

Eine Standarte (60 × 60 cm) führen:

- die übrigen Schulen
- die höheren Schulen der Kaderausbildungen
- die militärischen Kommando- und Verwaltungsstellen

Fanions

General,
Chef der Armee
(70 × 70 cm)

Korpskommandant
(61 × 46,5 cm)

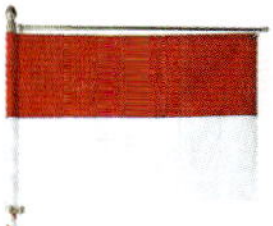

Divisionär
(74 × 51,5 cm)

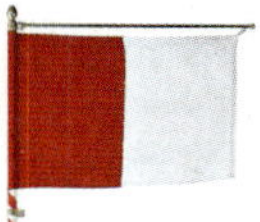

Brigadier
(74 × 51,5 cm)

Schlüsselrolle in der Ausbildung: die Kader

Block 5 Ausbildung

Realistische Übungen …

… fördern Können und Selbstvertrauen

5-1 Ausbildung

Ziel der militärischen Ausbildung ist die Einsatztauglichkeit. Voraussetzung dafür ist die Grundbereitschaft. Sie wird über die allgemeine Grundausbildung (AGA) und den Fortbildungsdienst der Truppe (FDT) erreicht. Nach einer dritten Phase, der einsatzbezogenen Ausbildung (EBA), ist die Truppe einsatzbereit.

5-1-1 Ausbildungskonzept

Die militärische Ausbildung ist auf die Erfüllung der ***drei Aufträge*** Raumsicherung und Verteidigung, subsidiäre Einsätze zur Prävention und Bewältigung existenzieller Gefahren sowie Friedensförderung im internationalen Rahmen ausgerichtet. Ihr Ziel ist die ***Einsatzfähigkeit***.

Die Ausbildungsinhalte orientieren sich grundsätzlich an der Kernkompetenz der Armee, der Raumsicherung sowie Verteidigung, aber auch an der Wahrscheinlichkeit der Einsätze. Aufgrund der Bedrohungslage verlagert sich das Schwergewicht der Ausbildung von der Verteidigung auf die Raumsicherung und die Unterstützung ziviler Behörden. Ein Teil der Armee wird aber weiterhin das Know-how für den Verteidigungsfall aufrecht erhalten, damit im Ernstfall der Aufwuchs erfolgen kann.

Die Armee hat als Daueraufgabe die ***Grundbereitschaft*** sicherzustellen. Diese ist unabhängig von einem spezifischen Auftrag und permanent aufrechtzuerhalten. Dazu dienen die beiden ***Ausbildungsgefässe «Grundausbildungsdienste» (GAD)*** und ***«Fortbildungsdienste der Truppe» (FDT)***.

GAD: In den Rekruten- und Kaderschulen sowie Kaderlehrgängen erwerben die Angehörigen der Armee ihr militärisches Grundwissen (Allgemeine Grundausbildung, AGA) und die grundsätzlichen Fähigkeiten ihrer Funktion (Funktionsgrundausbildung, FGA). In der Verbandsausbildung (VBA 1) erreichen Züge und taktische Einheiten die Grundbereitschaft.

FDT: In den jährlich stattfindenden Wiederholungskursen (WK) wird die Stufe verstärkte Einheit bis Bataillon/Abteilung trainiert. Fernziel ist es, mit Verbandsschulung und -übungen die Grundbereitschaft bis auf Stufe Brigade zu überprüfen.

Einsatzbereitschaft: Ausgehend von der Grundbereitschaft wird für einen konkret anstehenden Auftrag die Einsatzbereitschaft definiert. Sie wird neben der Bereitstellung von zusätzlichen Mitteln u.a. auch mit zusätzlicher Ausbildung, eben der ***einsatzbezogenen Ausbildung (EBA)***, erreicht. Sie ist auf den bevorstehenden Einsatz zugeschnitten.

Milizprinzip: Die Schweizer Armee ist gemäss Bundesverfassung grundsätzlich nach dem Milizprinzip organisiert. Ausnahmen von diesem Grundsatz sind nur möglich, sofern sie zur Auftragserfüllung der Armee zwingend notwendig sowie auf Tätigkeitsbereiche und Funktionen beschränkt sind, die von Angehörigen der Miliz nicht oder nur unzureichend ausgeübt werden können (Aufgaben, die eine hohe Bereitschaft voraussetzen oder ausserordentlich hohe Ansprüche an die spezifische Ausbildung stellen). Beispiele dafür sind: höhere Stabsoffiziere, die Berufsmilitärs sowie Teile der Formationen der Militärischen Sicherheit und der Luftwaffe. ***Führungs- und Stabsfunktionen*** werden auch weiterhin so weit als möglich von Milizkadern erfüllt. Auch ***Durchdiener*** sind Angehörige der Miliz. Sie leisten ihre Militärdienstpflicht am Stück und bleiben anschliessend zehn Jahre in der Reserve eingeteilt.

Ausbildungsqualität: Eine möglichst hohe Anzahl von Berufsmilitärs dient dazu, die Ausbildungsqualität ständig zu verbessern. Zudem sind Angehörige der Miliz, die sich für eine befristete Zeitdauer zur Verfügung stellen ***(Zeitmilitärs)***, vollamtlich tätig.

Ausserdienstliche Tätigkeit: Unterstützt wird die militärische Ausbildung durch die vordienstliche Ausbildung und die ausserdienstliche Tätigkeit. Siehe dazu auch das Kapitel mit demselben Namen.

5-1-2 Rekrutenschule

Militärdienstpflichtige bestehen die Rekrutenschule (RS) in der Regel in jenem Jahr, in dem sie das 20. Altersjahr vollenden. Haben sie die RS am Ende des Jahres, in dem sie das 26. Altersjahr vollenden, nicht bestanden, werden sie in der Regel aus der Militärdienstpflicht entlassen.

5-1-21 Drei Starts

In den meisten Truppengattungen gibt es einen ersten RS-Start im März, einen zweiten im Juni/Juli und einen dritten Ende Oktober.
2007 rückten rund 22 000 Rekruten in die drei Starts der Rekrutenschulen ein.

Für angehende Studenten ist es sinnvoll, die RS vor Beginn des Studiums zu absolvieren. Desgleichen tun junge Berufsleute, die eine Weiterausbildung ins Auge fassen, gut daran, die RS davor zu bestehen. In besonderen Fällen, u. a. bei Arbeitslosen, ist eine ***Vorausleistung der RS*** möglich. Auskunft darüber erteilen der zuständige Sektionschef bzw. das zuständige Kreiskommando. Muss die RS aus schulischen oder beruflichen Gründen verschoben werden, kann eine Dienstverschiebung um ein Jahr bewilligt werden.

Ausgewiesene Spitzensportler haben die Möglichkeit, eine Spitzensport-RS zu absolvieren. Diese setzt sich aus fünf Wochen AGA in Andermatt und 13 Wochen FGA in Magglingen zusammen. Dabei werden die Rekruten unter der fachlichen Verantwortung des Bundesamtes für Sport (BASPO) durch ausgewiesene Verbandstrainer betreut und gezielt gefördert. Neben dem Leistungstraining in den jeweiligen Sportarten absolvieren die Rekruten die Ausbildung zum Militärsportleiter. Die Spitzensport-RS kann gesplittet werden.

5-1-22 Drei Phasen

Die Rekrutenschule dauert, je nach Truppengattung, entweder 18 oder 21 Wochen. Sie gliedert sich in drei Phasen: Allgemeine Grundausbildung (AGA), Funktionsgrundausbildung (FGA) und Verbandsausbildung (VBA 1). Angehende Kader absolvieren nicht mehr die gesamte Rekrutenschule, sondern wechseln nach sieben Wochen in die Kaderschulen.

Allgemeine Grundausbildung (AGA)
Die AGA findet in den ersten sieben Wochen statt und umfasst jene Ausbildungsinhalte, die alle Angehörigen der Armee – unabhängig von Truppengattung und Funktion – beherrschen müssen. Die Rekruten erlernen das militärische Grundhandwerk: militärische Formen, Umgang mit der persönlichen Waffe und Ausrüstung. Nach dieser ersten Phase verlassen Rekruten mit dem Kadervorschlag die RS und wechseln in die Kaderschulen.

Funktionsgrundausbildung (FGA)
In der FGA, die nach 13 RS-Wochen abgeschlossen wird, erlernen die Rekruten das waffengattungsspezifische Handwerk. Sie werden zu Spezialisten an jenen Systemen ihrer Truppengattung ausgebildet, die im Trupp oder in der Gruppe eingesetzt werden. In den meisten Lehrverbänden (LVb) ist der Übergang zwischen AGA und FGA fliessend. Das bedeutet, dass dort bereits in der dritten oder vierten RS-Woche mit der Vermittlung des FGA-Stoffs begonnen wird. Mit dem früheren Beginn der FGA können die Ausbildungsinfrastruktur (Anlagen, Simulatoren, Systeme, Material und Fahrzeuge) besser genutzt und die Ausbilder optimal eingesetzt werden. Gleichzeitig ist der frühere Einbezug des FGA-Stoffs für die Rekruten interessant, wird doch erst dadurch der Bezug zur gewählten Truppengattung sichtbar. Nach der FGA werden alle Rekruten zu Soldaten befördert.
In den Phasen AGA und FGA leiten grundsätzlich Berufsmilitärs die Ausbildung. Ihnen stehen die Milizkader (angehende Gruppen- und Zugführer) zur Seite, die in dieser Phase ihr Praktikum absolvieren. Diese werden durch die Berufsmilitärs betreut und durch begleitenden Kaderunterricht weiter ausgebildet. Hinzu kommen die künftigen Quartiermeister und höheren Unteroffiziere der Miliz (Einheitsfeldweibel und Einheitsfouriere). Sie leisten in der FGA ebenfalls ein Praktikum vor dem eigentlichen Praktischen Dienst in der VBA 1.

Verbandsausbildung (VBA 1)
Die Zahl 1 steht für die Verbandsausbildung in der RS; die VBA 2 entspricht der Verbandsausbildung im WK. Die VBA 1 dauert fünf Wochen (18-Wochen-RS) oder acht Wochen (21-Wochen-RS). Dabei werden Mannschaft und Kader im Verband in Einsatz- und Gefechtsübungen sowie in Gefechtsschiessen ausgebildet. In der VBA muss sich der einzelne Angehörige der Armee als Teil des Ganzen verstehen lernen, um seine Aufgabe erfüllen zu können.
In der VBA 1 liegt die Führung der Ausbildung ganz in den Händen der Milizkader: In dieser Phase stossen neben den Unteroffizieren, höheren

Unteroffizieren und Zugführern auch die Milizkommandanten dazu, um ihren Praktischen Dienst zu absolvieren.

www.armee.ch > Mein Militärdienst > **Stellungspflichtige und Rekruten**

RS-Dienstbetrieb: Begriffe

Arbeitsprogramm
Mit dem Arbeitsprogramm regelt der Kommandant den Ablauf des Dienstes. Das Arbeitsprogramm dient auch der allgemeinen Information der Truppe.

Tagesordnung
Zur Entlastung der Arbeitsprogramme und der Tagesbefehle kann der Kommandant eine Allgemeine Tagesordnung erlassen. Sie regelt die täglich sich wiederholenden Einzelheiten des Dienstbetriebs wie Arbeitszeiten, Mahlzeiten, Rapporte und Krankenvisite.

Tagesbefehl
Der Tagesbefehl regelt für den einzelnen Diensttag die Tätigkeiten der Truppe. Er muss allen Angehörigen der betreffenden Formation zugänglich sein. Er soll nur ausnahmsweise abgeändert werden.

Dienstzeit, Arbeitszeit, Ruhezeit, Freizeit
Die Dienstzeit umfasst die ganze Dauer eines Militärdienstes. Sie beginnt mit dem Antritt der Einrückungsreise und endet mit dem Abschluss der Entlassungsreise. Die Dienstzeit umfasst Arbeitszeit, Ruhezeit und Freizeit. In der Regel beginnt die Arbeitszeit mit der Tagwache und endet mit dem Hauptverlesen oder dem Abendverlesen. Als Freizeit gelten Ausgang und Urlaub.

Tagwache
Tagwache ist in der Regel um 5.30 Uhr, eineinhalb Stunden vor Arbeitsbeginn. Tagwache heisst: Aufstehen, waschen, anziehen, frühstücken und anschliessend das verlangte Tenue erstellen.

Antrittsverlesen
Das Antrittsverlesen beginnt mit der (Personal-)Bestandeskontrolle.

Die einsatzbereite Einheit wird dem Kommandanten gemeldet. Dieser orientiert die Truppe über Ziele und Ablauf des bevorstehenden Tages.

Exerzieren (Formelle Ausbildung)
Exerzieren ist das Einüben der militärischen Formen und der vorteilhaften Präsentation im Verband. Einerseits stärkt es das Zusammengehörigkeitsgefühl und steigert die Aufmerksamkeit, andererseits dient es dazu, eine grössere Anzahl Soldaten rasch und geordnet von einem Ort zum anderen zu führen. Diesem Ziel dienen die beim Exerzieren eingeübten kurzen Kommandos und die eingespielten Bewegungsabläufe.

Retablierung
Die Retablierung besteht aus Parkdienst (PD) und Innerem Dienst (ID). Im Parkdienst werden die persönliche Waffe und die persönliche ABC-Schutzmaske gewartet. Auch leisten die Rekruten ihren Beitrag zur Wartung der Kollektivwaffen, der Munition, der Fahrzeuge und Geräte sowie des übrigen Materials (z.B. Tragbahren). Im Inneren Dienst sind sie für die Pflege und Wartung ihrer persönlichen Ausrüstung und des ihnen persönlich abgegebenen Korpsmaterials verantwortlich. Zum Inneren Dienst gehören auch die Körperpflege und die Reinigung der Unterkunft.

Hauptverlesen
Das Hauptverlesen bedeutet, dass die Einheit die Tagesarbeit abgeschlossen hat und retabliert ist. Die Einheit tritt, mit Ausnahme der Abkommandierten und Kranken, vollständig an. Das Hauptverlesen findet vor dem Ausgang und vor der Entlassung der Einheit in den Allgemeinen Urlaub statt.

Ausgang
In der Rekrutenschule wird normalerweise an zwei bis drei Abenden pro Woche gearbeitet, sonst gibt es Ausgang. Der Ausgang beginnt mit dem Hauptverlesen, wobei die Ausgangsdauer vom Kompaniekommandanten bekanntgegeben wird (meist steht sie auch auf dem Tagesbefehl). Im Ausgang ist ein bestimmter Ausgangsrayon zu beachten. Wenn besondere Gründe vorliegen (z.B. erhöhte Bereitschaft, grosse Anstrengungen der Truppe oder frühe Tagwache) kann der Kommandant den Ausgang zeitlich und örtlich einschränken oder Ruhe befehlen. Im Ausgang wird die Ausgangsuniform getragen.

Abendverlesen
Das Abendverlesen beendet den Ausgang. Nach dem Abendverlesen darf die Unterkunft ohne Bewilligung nicht mehr verlassen werden.

Nachtruhe
Die Nachtruhe beginnt in der Regel um 22 Uhr. Nachtruhe ist gleichbedeutend mit «Licht aus!», damit jene, die dies wünschen, schlafen können.

Tag der Angehörigen (TDA)
An diesem Besuchstag erhalten Familienangehörige, Bekannte und Freunde der Rekruten Gelegenheit, einen repräsentativen Ausschnitt aus dem Rekrutenleben hautnah mitzuverfolgen.

Urlaub
Siehe Kapitel 6-2-10 (Rechte der AdA)

5-1-23 RS-Lehrpersonal

Das ***Lehrpersonal*** in den RS setzt sich aus Berufsleuten zusammen, d.h. aus Berufsmilitärs, Zeitmilitärs und Fachlehrern. Der ***Schulkommandant*** (in der Regel Oberst) ist der Vorgesetzte aller Angehörigen der Schule. Die ***Berufsoffiziere, Berufsunteroffiziere*** und ***Zeitmilitärs*** bilden den militärischen Lehrkörper. Die ***Offiziere*** sind für die Führerschulung, die taktische Ausbildung der Kader und für Ausbildungsfragen der Truppe zuständig, die ***Unteroffiziere*** in erster Linie für den Fachunterricht. Der ***Führungsgehilfe des Kommandanten*** plant, organisiert und verwaltet die RS.
Die übrigen Vorgesetzten in einer RS sind in den ersten 13 Wochen ***Zeitmilitärs*** (Offiziere und Unteroffiziere); in den letzten acht Wochen sind es dann ***Milizoffiziere und -unteroffiziere,*** die Praktischen Dienst leisten, d.h. ihren Grad «abverdienen» und somit in ihrer Funktion ebenfalls Lernende sind. ***Wachtmeister*** sind als Gruppenführer, ***Leutnants*** als Zugführer und ***Oberleutnants*** als Einheitskommandanten eingesetzt. Der ***Fourier*** ist für die Verpflegung, die Buchhaltung und den Betriebsstoff zuständig. Der ***Hauptfeldweibel*** leitet den Inneren Dienst, das Personelle sowie den Material- und Munitionsdienst.

5-1-24 Hilfe in der RS

Für stellenlose Angehörige der Armee hat das Eidg. Departement für Verteidigung, Bevölkerungsschutz und Sport (VBS) in Zusammenarbeit mit dem Staatssekretariat für Wirtschaft (seco) auf allen Waffenplätzen elektronische Stellenbörsen eingerichtet; militärische Fachleute helfen bei der Stellenbewerbung weiter, und die Schulen arbeiten eng mit den Regionalen Arbeitsvermittlungszentren (RAV) zusammen.

Obwohl die Entschädigungsansätze der Erwerbsersatzordnung durch den Bundesrat per 1. Juli 2005 erhöht wurden, ist nach wie vor damit zu rechnen, dass einzelne Angehörige der Armee durch ihre Dienstleistung in finanzielle Schwierigkeiten geraten. In diesen Fällen hilft der ***Sozialdienst der Armee*** rasch und unbürokratisch. Auch die ***Armeeseelsorge*** und der ***Psychologisch-Pädagogische Dienst der Armee*** stehen Rekruten und Kadern zur Verfügung.

5-1-3 Kaderausbildung

5-1-31 Übersicht

Das Schwergewicht in der Kaderausbildung liegt in der ***Verbandsführung.*** Alle Rekruten starten mit der AGA. Nach deren Abschluss erfolgt die Selektion für eine Kaderfunktion. In Offiziers- bzw. Unteroffiziersschulen werden alle Kader im Hinblick auf ihre Funktion ausgebildet. Neben den Grundlagen der Führung werden Taktik sowie allgemeine Kenntnisse und truppengattungsspezifisches Können vermittelt. Zwischen den Unteroffiziers- und Offiziersausbildungen besteht ***Durchlässigkeit.***
Der ***Praktische Dienst für Kader*** konzentriert sich auf die führungsrelevante Phase der FGA bzw. der VBA 1. Hier festigen und vertiefen die Kader als Führer ihres Verbandes das gelernte Können und Wissen in der Menschenführung, in der Einsatzplanung und -führung sowie in der Methodik der VBA.
Zur Erhöhung der Attraktivität von Kaderfunktionen und zur Kompensation des zeitlichen Mehraufwandes konnte mit der zivilen Anerkennung der **Führungsausbildung der unteren Milizkader (FUM)** ein ziviler Mehrwert geschaffen werden.

5-1-32 Ausbildung vom Rekruten zum Unteroffizier

Ausbildung zum Gruppenführer (Grfhr) Anwärter auf die Funktion Grfhr leisten sieben Wochen RS. Falls sie den Vorschlag für eine Weiterausbildung erhalten, absolvieren sie direkt anschliessend die Unteroffiziersschule (UOS) von neun Wochen und ein Praktikum von dreizehn Wochen (inkl. eine Woche Kadervorkus, KVK). Unmittelbar anschliessend folgt ein Praktischer Dienst von fünf bzw. acht Wochen VBA 1, in Abhängigkeit davon, ob die RS, bei welcher der Praktische Dienst geleistet wird, 18 oder 21 Wochen dauert.

5-1-32 Ausbildung vom Rekruten zum Unteroffizier

Ausbildung zum Gruppenführer (Grfhr). Anwärter auf die Funktion Grfhr leisten sieben Wochen RS. Falls sie den Vorschlag für eine Weiterausbildung erhalten, absolvieren sie direkt anschliessend die Unteroffiziersschule (UOS) von neun Wochen und ein Praktikum von dreizehn Wochen (inkl. eine Woche Kadervorkus, KVK). Unmittelbar anschliessend folgt ein Praktischer Dienst von fünf bzw. acht Wochen VBA 1, in Abhängigkeit davon, ob die RS, bei welcher der Praktische Dienst geleistet wird, 18 oder 21 Wochen dauert.

5-1-33 Ausbildung vom Rekruten zum höheren Unteroffizier

Ausbildung zum Feldweibel (Fw, System-Unteroffizier): Die Ausbildung zum Fw kann nicht ab Start eines GAD absolviert werden. Die Ausbildung zum Grfhr muss erfolgreich bestanden werden. Erst im WK sind die Vorschlagserteilung und die Weiterausbildung zum Fw (System-Unteroffizier) möglich.

Ausbildung zum Einheitsfeldweibel (Einh Fw): Anwärter auf die Funktion Einh Fw leisten sieben Wochen RS. Falls sie den Vorschlag für eine Weiterausbildung erhalten, absolvieren sie direkt anschliessend den Fw-Lehrgang von 14 Wochen. Anschliessend leisten sie ohne Dienstunterbruch ein Praktikum von acht Wochen (inkl. eine Woche KVK) und unmittelbar anschliessend einen Praktischen Dienst von fünf bzw. acht Wochen VBA 1, in Abhängigkeit davon, ob die RS, bei welcher der Praktische Dienst geleistet wird, 18 oder 21 Wochen dauert.

Ausbildung zum Einheitsfourier (Einh Four): Anwärter auf die Funktion Einh Four leisten sieben Wochen RS. Falls sie den Vorschlag für eine Weiterausbildung erhalten, absolvieren sie direkt anschliessend den Four-Lehrgang von 14 Wochen. Anschliessend leisten sie ohne Dienstunterbruch ein Praktikum von acht Wochen (inkl. eine Woche KVK) und unmittelbar anschliessend einen Praktischen Dienst von fünf bzw. acht Wochen VBA 1, in Abhängigkeit davon, ob die RS, bei welcher der Praktische Dienst geleistet wird, 18 oder 21 Wochen dauert.

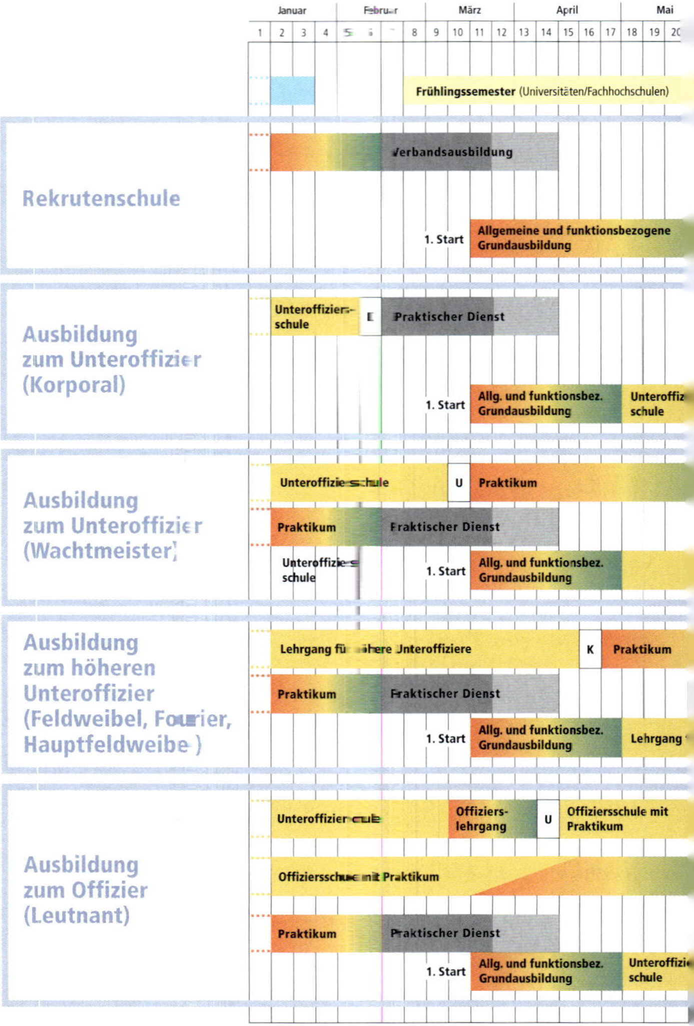

Dieses Modell beinhaltet nur die grundlegenden Ausbildungsphasen.
Abweichungen sind aufgrund besonderer Urlaubsregelungen möglich.

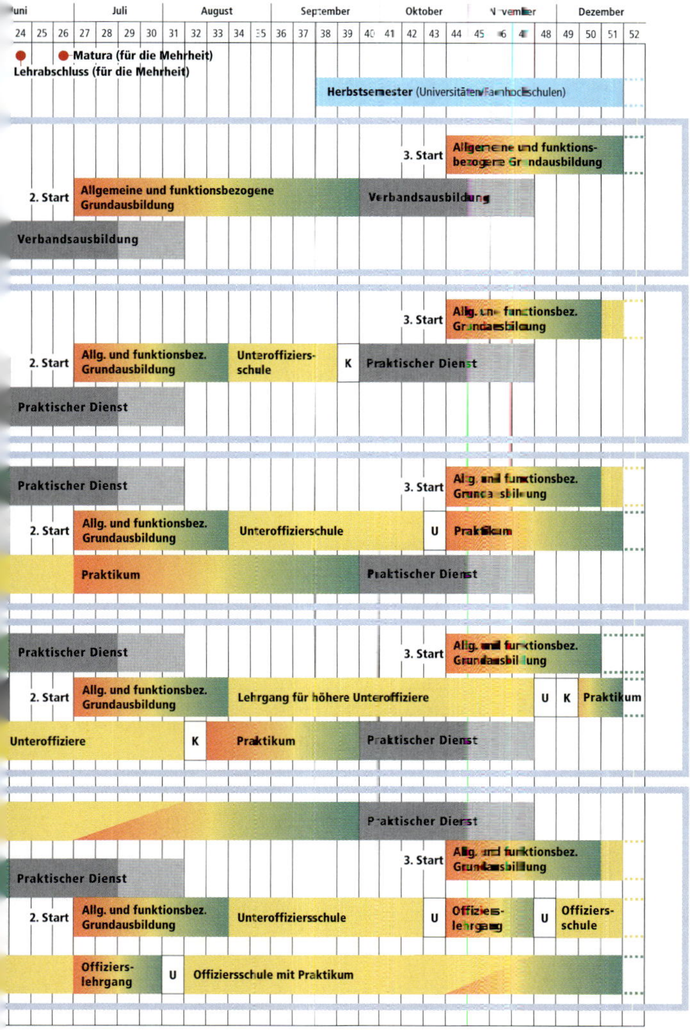

K = Kadervorkurs
U = Längerer allgemeiner Urlaub

5-1-34 Ausbildung vom Rekruten zum Offizier

Ausbildung zum Zugführer (Zfhr): Anwärter auf die Funktion Zfhr leisten sieben Wochen RS. Falls sie den Vorschlag für eine Weiterausbildung erhalten, absolvieren sie direkt anschliessend die Unteroffiziersschule (UOS) von neun Wochen. Danach leisten sie den Zentralen Offizierslehrgang von vier Wochen, bevor sie die Offiziersschule (OS) mit integriertem Praktikum von 24 Wochen absolvieren. Unmittelbar anschliessend an die OS mit Praktikum wird der Praktische Dienst von fünf bzw. acht Wochen VBA 1 geleistet, in Abhängigkeit davon, ob die RS, bei welcher der Praktische Dienst geleistet wird, 18 oder 21 Wochen dauert.
Ausbildung zum Quartiermeister (Qm): Anwärter auf die Funktion Qm durchlaufen die Ausbildung gemäss Ausbildungsverlauf zum Zfhr.

5-1-35 Militärische Grade in der Schweizer Armee

Die Angehörigen der Armee sind entsprechend ihrer militärischen Ausbildung und ihrer Funktion in eine Rangordnung mit verschiedenen Graden eingeteilt. Bei gleichem Grad wird die Rangordnung nach dem Dienstalter, bei gleichem Dienstalter nach dem Geburtsdatum bestimmt.

Mannschaft

Grad	Funktion	Ausbildung	Einsatz
Soldat (Sdt)	Pz-, Aufkl-, Mw-, Radar Sdt usw.	AdA nach abgeschlossener Grundausbildung (AGA[2], FGA[3])	In allen Chargen der Kampf-, Ustü-, Log Trp inkl. LW
Gefreiter (Gfr)	Ausgezeichneter Soldat		In allen Chargen der Kampf-, Ustü-, Log Trp inkl. LW
Obergefreiter (Obgfr)	– Spezialist Stufe Einh – Grfhr Stv	Funktionsbezogene Ausbildung	– Mat D, Mun D, ABC Abw, Sport, Adm Dienste usw. – Stv des Uof (Grfhr) – Truppführer

Unteroffiziere

Die Unteroffiziere sind die unmittelbaren Vorgesetzten der Mannschaft. Sie führen Gruppen und sind enge Mitarbeiter von Zugführern und Kommandant.

Grad	**Funktion**	**Ausbildung**	**Einsatz**
Korporal (Kpl)	Grfhr	AGA[2], FGA[3], UOS, KVK, Prakt D (VBA[4]) (kurze Ausb)	– Chef seines Fachbereichs – Führt sein Team bzw. Gruppen
Wachtmeister (Wm)	Grfhr/Fz Kdt	AGA[2], FGA[3], UOS, Praktikum, KVK, Prakt D (lange Ausb)	Führt seine Gruppe/ Kampffahrzeug/ System (VBA[4])
Oberwachtmeister (Obwm)	Zfhr Stv	LG für Zfhr Stv nach mindestens 2 WK	Ist Stv des Zfhr (in Doppelfunktion)
Feldweibel (Fw)	– Tech Uof – System Uof	AGA[2], FGA[3], UOS, TLG Tech Uof/TLG System Uof, KVK, Praktikum, Prakt D (VBA[4])	Leitet den tech Bereich in der Einh – Systemverantwortlicher – Fachdienstbereiche
Fourier (Four)	Einh Four	AGA[2], FGA[3], LG Einh Four, KVK, Praktikum, Prakt D (VBA[4])	Ist der Rechnungsführer und Chef Vpf der Einheit
Hauptfeldweibel (Hptfw)	Einh Fw	AGA[2], FGA[3], LG Einh Fw, KVK, Praktikum, Prakt D (VBA[4])	Chef Dienstbetrieb der Einh
Adjutantunteroffizier (Adj Uof)	Log Zfhr	TLG Log Zfhr, Zfhr LG, Prakt D (VBA[4], 2. Teil)	– Führt die Log Elemente im Einsatz – Unfallpikett Zfhr
Stabsadjutant (Stabsadj)	– Fhr Geh/ Stabsmitarbeiter Bat/Abt Kdt – Fähnrich	TLG Stabsadj, SLG I (1. Teil)	Ist – Fhr Geh/Stabsmitarbeiter Bat/Abt Kdt – Fähnrich – Fachvorgesetzter der Hptfw

[2] Allgemeine Grundausbildung (AGA)
[3] Funktionsgrundausbildung (FGA)
[4] Verbandsausbildung (VBA)

Hauptadjutant (Hptadj)	Fhr Geh/ Stabsmitarbeiter Br Kdt	SLG II bzw. TLG Nof/TLG Adj/TLG Log usw., je nach Führungsgrundgebiet	Ist – Fhr Geh/Stabsmitarbeiter Br Kdt – Fachvorgesetzter der Stabsadj
Chefadjutant (Chefadj)	Fhr Geh/ Stabsmitarbeiter Ter Reg Kdt	SLG II bzw. TLG Nof/TLG Adj/TLG Log usw., je nach Führungsgrundgebiet	Fhr Geh/ Stabsmitarbeiter Ter Reg Kdt

Offiziere

Die Offiziere tragen die Verantwortung für Einsatz und Ausbildung der Verbände. Sie führen die Verbände ab Stufe Zug.
Die Kommandanten (ab Hptm) führen die Verbände ab Stufe Einheit im Einsatz und in der Ausbildung. Sie sind für die Einsatzbereitschaft ihrer Verbände verantwortlich. Sie sorgen für umfassende Information ihrer Unterstellten, auch in Fragen der Sicherheitspolitik und der Landesverteidigung. Sie beurteilen die Leistungen von Kader und Mannschaft. Sie planen die Nachfolge für Kader und prüfen Kandidaten, die dafür in Frage kommen. Sie verfügen über die Disziplinarstrafgewalt. Sie erfüllen die mit ihrem Kommando verbundenen ausserdienstlichen Aufgaben.

Subalternoffiziere
Leutnant
Oberleutnant

Hauptleute
Hauptmann

Stabsoffiziere
Major
Oberstleutnant
Oberst

Höhere Stabsoffiziere
Brigadier
Divisionär
Korpskommandant

Oberbefehlshaber der Schweizer Armee
General

5-1-4 Höhere Kaderausbildung der Armee (HKA)

Die Höhere Kaderausbildung der Armee (HKA) ist die **Bildungsinstitution für das höhere Miliz- und das Berufskader.** Die HKA ist in vier Bereiche unterteilt: Zentralschule (ZS) in Luzern und Bern, Generalstabsschule (Gst S) in Kriens, Militärakademie* an der ETH Zürich (MILAK/ETH Zürich) in Birmensdorf und Zürich und Berufsunteroffiziersschule* (BUSA) in Herisau. Das Taktische Trainingszentrum (TTZ) in Kriens ist seit 1.1.2005 in die Gst S integriert.

* *Informationen zu MILAK ETHZ und BUSA siehe Kapitel «Berufspersonal» oder* **www.hka.ch**

5-1-41 Zentralschule

Die Zentralschule (ZS) vermittelt die allgemein gültigen Grundlagen für angehende Zugführer, Einheitskommandanten, Kommandanten von Truppenkörpern und Offiziere des Stabes der Stufe Truppenkörper (für Nachrichtenoffiziere, Adjutanten, Bereitschaftsoffiziere und Offiziere des Territorialdienstes auf Stufe Grosser Verband). Sowohl Offiziere des Heeres wie auch der Luftwaffe, der Logistikbasis der Armee sowie der Führungsunterstützungsbasis absolvieren die Lehrgänge der Zentralschule.

Zentraler Offizierslehrgang (Of LG): In der Armee werden **alle Offiziersanwärter** während vier Wochen gemeinsam ausgebildet. Der Offizierslehrgang versteht sich als Teil der Offiziersgrundausbildung und findet nach Absolvierung der in den Lehrverbänden (LVb) durchgeführten soldatischen Grundausbildung (Anteil RS) und der Offiziersanwärterschule (Of Anw S) statt. Nach dem Offizierslehrgang besuchen die Offiziersanwärter die Offiziersschule (OS). Mit einem praktischen Einsatz («Abverdienen») schliessen die LVb diese Grundausbildung ab. Der Of LG wird jährlich drei Mal durchgeführt. Insgesamt werden ca. 1100 Teilnehmer des Heeres, der Luftwaffe, der Logistikbasis der Armee sowie der Führungsunterstützungsbasis in Bern ausgebildet.

Führungslehrgang I (FLG I): Im Rahmen ihrer Grundausbildung absolvieren **die künftigen Einheitskommandanten** die ersten vier Wochen im FLG I in Bern. Die Teilnehmenden eignen sich während dieser Zeit das zur Führung einer Einheit notwendige Grundwissen an. Die ***Arbeitsprogramme umfassen:*** Führungs- und Befehlstechnik, Einsatzgrundsätze zu Raumsicherung und Verteidigung sowie zu den subsidiären Einsätzen zur Prävention und Bewältigung existenzieller Gefahren,

Ausbildungsführung, Controlling sowie die Vertiefung der Kenntnisse in Militärgeschichte, Sicherheitspolitik und Armee. Der Lehrgang legt somit auch die Grundlagen für die erfolgreiche Weiterführung der fach- und truppengattungsspezifischen Ausbildung in den verschiedenen LVb. Der FLG I wird drei Mal jährlich durchgeführt. Pro Jahr wird mit ungefähr 150 Teilnehmenden gerechnet. Der Teilnehmerkreis umfasst alle Anwärter auf ein Einheitskommando des Heeres wie auch der Luftwaffe, der Logistikbasis der Armee sowie der Führungsunterstützungsbasis.

Stabslehrgang I (SLG I): Im SLG I wird den **Stabsmitarbeitenden Stufe Truppenkörper** (Bataillon/Abteilung) das Rüstzeug in den Bereichen Stabsarbeit, Teamarbeit sowie konzeptionellem Denken mitgegeben. Die fachtechnischen Fähigkeiten werden als bekannt vorausgesetzt. Zuerst absolvieren die Stabsmitarbeitenden in der Regel einen ein-, zwei- oder dreiwöchigen Technischen Lehrgang (TLG) in ihren Fachgebieten. Anschliessend ist in der ZS der SLG I (Dauer Modul 1 und Modul 2 je zwei Wochen) zu absolvieren.
Der SLG I wird in der Zentralschule in Luzern durchgeführt. Im zweiten Teil Modul wird gemeinsam mit dem FLG II die Zusammenarbeit in den Stäben geschult.

Führungslehrgang II (FLG II): **Angehende Bataillons- bzw. Abteilungskommandanten** und S3 (Chef Einsatz) erhalten im FLG II die AGA und im LVb die entsprechende truppengattungsspezifische Ausbildung zur Führung und Ausbildung eines Bataillons/einer Abteilung. Zuerst sind in der ZS sechs Wochen FLG II zu besuchen. Anschliessend wird beim LVb ein zweiwöchiger TLG absolviert.
Der FLG II wird in zwei Modulen durchgeführt: Das 1. Modul umfasst vier Wochen, welche auf zwei mal zwei Wochen gesplittet werden können. Das 2. Modul dauert zwei Wochen. Der bestandene FLG II ist auch Voraussetzung für die Zulassung zum Generalstabslehrgang I (GLG I).

Spezialistenausbildung:
Technische Lehrgänge A für Adjutanten (TLG A Adj)
In den Technischen Lehrgängen A für Adjutanten werden die entsprechenden Offiziere (S1) der Stufe Truppenkörper auf ihre Aufgabe als «rechte Hand des Kommandanten», als Personalchefs und Chefs der Kanzlei vorbereitet.
Technische Lehrgänge B für Adjutanten/G1 (TLG B Adj/G1)
In den Technischen Lehrgängen B für Adjutanten werden die entsprechenden Offiziere auf ihre Aufgabe als Adjutant oder Chef Personelles (G1) im Stab des Grossen Verbandes (Br oder Ter Reg) vorbereitet.

Technische Lehrgänge A für Nachrichtenoffiziere (TLG A Nof)
In den Technischen Lehrgängen A für Nachrichtenoffiziere werden die entsprechenden Offiziere (S2) der Truppenkörper auf ihre Tätigkeit vorbereitet.
Technische Lehrgänge B für Nachrichtenoffiziere (TLG B Nof)
In den Technischen Lehrgängen B für Nachrichtenoffiziere werden die leitenden Nachrichtenoffiziere, die Chefs Nachrichten Auswertung und weitere in den Nachrichtenzentren der Grossen Verbände, also der Territorialregionen und der Brigaden, eingesetzte Nachrichtenoffiziere ausgebildet.
Technische Lehrgänge für Bereitschaftsoffiziere (TLG A Ber Of)
In den Technischen Lehrgängen A für Bereitschaftsoffiziere werden die entsprechenden Offiziere der Truppenkörper auf ihre Aufgabe vorbereitet.
Technische Lehrgänge für Bereitschaftsoffiziere (TLG B Ber Of)
In den Technischen Lehrgängen B für Bereitschaftsoffiziere werden die entsprechenden Offiziere der Stäbe der Grossen Verbände (Chefs Bereitschaft und Ber Of) auf ihre Aufgabe vorbereitet.
Technische Lehrgänge Territorialdienst (TLG Ter D)
In den Technischen Lehrgängen Territorialdienst werden die Offiziere des Ter D der Stäbe der Grossen Verbände (inkl Kantonale Territoriale Verbindungsstäbe) auf ihre Aufgabe vorbereitet.
Technische Lehrgänge Logistikoffiziere (TLG Log Of)
In den Technischen Lehrgängen für Logistikoffiziere werden die entsprechenden Offiziere (S4) der Truppenkörper auf ihre Aufgabe vorbereitet.
Technische Lehrgänge A für Kommunikationsoffiziere (TLG A Komm)
In den Technischen Lehrgängen A für Kommunikationsoffiziere werden die Presse- und Informationsoffiziere (PIO) der Truppenkörper auf ihre Aufgabe vorbereitet.
Technische Lehrgänge B für Kommunikationsoffiziere (TLG B Komm)
In den Technischen Lehrgängen A für Kommunikationsoffiziere werden die Chefs Kommunikation, die Chefs Medien sowie die Internet- und Journalistenoffiziere der Grossen Verbände auf ihre Aufgabe vorbereitet.

Das Kommando Management-, Informations- und Kommunikationsausbildung (MIKA)
Per 1.1.2008 wurde das Zentrum für Informations- und Kommunikationsausbildung der Armee (ZIKA) der HKA unterstellt und unter dem Dach der Zentralschule mit dem Kommando Militärische Management Ausbildung zum neuen Kommando ZIKA/Militärische Managementausbildung zum MIKA zusammengeführt.
Grundidee des Kursangebotes TRANSFER ist es, Lehrinhalte, welche in den Milizlehrgängen der HKA ausgebildet werden, einem breiteren Pub-

likum zugänglich zu machen. So sollen neben Armee, VBS und Bundesverwaltung gezielt Führungskräfte und Mitarbeitende mit Kommunikationsaufgaben aus Blaulichtorganisationen, kantonalen und kommunalen Verwaltungen sowie aus der Wirtschaft angesprochen werden. Im Zentrum stehen dabei die militärische Führungs- und Stabstechnik sowie der Informations- und Kommunikationsbereich.

Das Kursangebot TRANSFER umfasst Kommunikationskurse, Kurse Militärisches Management sowie einen CAS (Certificate of advanced studies) Krisenkommunikation. Der professionelle Umgang mit Medien, Öffentlichkeit, Mitarbeitenden und weiteren Anspruchsgruppen ist eine wesentliche Voraussetzung für die erfolgreiche Bewältigung von Krisensituationen. In diesem Sinne ist die HKA stolz, in enger Zusammenarbeit mit dem Institut für angewandte Medienwissenschaften (IAM) an der Zürcher Hochschule für angewandte Wissenschaften (ZHAW) einen CAS Krisenkommunikation anbieten zu können. Wer die Ausbildung erfolgreich besteht, erhält dafür 15 ETCS-Punkte gutgeschrieben.

www.hka.ch

5-1-42 Generalstabsschule

Die ***Generalstabsschule (Gst S)*** vermittelt in den Grundausbildungslehrgängen für ausgewählte Offiziere der Armee das generalstäbliche Handwerk, die Einsatzplanung eines Einsatzverbandes Stufe Brigade/Ter Region und vertiefte militärische Kenntnisse. In den Weiterausbildungslehrgängen lernt der Teilnehmer die Führung der Führungsgrundgebiete (FGG) sowie die Führung eines Stabes in der Einsatzplanung. In den Stabslehrgängen II werden Stabsoffiziere auf Ebene Br/Ter Reg befähigt, ihren fachspezifischen Beitrag im Aktionsplanungsprozess beizusteuern.

Auf dem Führungssimulator (Fhr Sim), welcher Bestandteil der Gst S ist, werden Kommandanten und Stäbe der Ter Reg, der Einsatzbrigaden und der Bataillone erfolgreich in der Aktionsführung trainiert. Mit dem Fhr Sim werden ebenfalls die Teilnehmer der Lehrgänge der Höheren Kaderausbildung in der Aktionsführung intensiv ausgebildet und trainiert. Im Bereich der Internationalen Ausbildung werden zeitlich und inhaltlich massgeschneiderte Ausbildungsblöcke (Internationale Stabsarbeit, Internationale Sicherheitskooperation, Führungsausbildung im internationalen Rahmen und einzelne PfP-Kurse) zu Gunsten des militärischen Berufspersonals und der Milizkader angeboten.

Generalstabslehrgang I – III

Voraussetzung sind die erfolgreiche Absolvierung des FLG II und das Bestehen eines anforderungsreichen Auswahlverfahrens. Die Anzahl Teilnehmer ist limitiert. In drei mal vier Wochen erhält der angehende Generalstabsoffizier in den FGG 2 bis FGG 7 eine umfassende generalstäbliche Ausbildung. Im Zentrum der drei Lehrgänge steht der Aktionsplanungsprozess in Verteidigungs- und Raumsicherungsoperationen. Ein Schwergewicht liegt in der Beurteilung der Lage und der Konzeptentwicklung aller Waffengattungen in allen Führungsgrundgebieten.

Ausbildung zum Generalstabsoffizier (Gst Of)

Ausbildungsdauer: Vier bis sechs Jahre im Wechsel mit Stabskursen.
Ziel: Abgestuftes Einsatzgenügen in den verschiedenen Gst Of-Funktionen (Erarbeiten von Entscheidgrundlagen/Umsetzung des Entschlusses im Einsatz).
FLG II: Ist Voraussetzung für die Zulassung zum GLG I.

GLG GA I HKA Gst S	4 Wochen
GLG GA I HKA Gst S	4 Wochen
GLG GA II HKA Gst S	2 x 2 Wochen
GLG GA III HKA Gst S	4 Wochen
GLG R HKA Gst S	1 Woche
GLG IV WA C FGG HKA Gst S	3 Wochen
GLG V WA SC HKA Gst S	3 Wochen

Legende:

GA	Grundausbildung
R	Refresherkurs, eine Woche alle drei Jahre obligatorisch
WA	Weiterausbildung zum Chef Führungsgrundgebiet (C FGG) bzw. Stabschef (SC)

Generalstabslehrgang IV – V

Angehende Chefs von FGG werden im GLG IV und angehende Stabschefs im GLG V je in einem dreiwöchigen Lehrgang auf ihre zukünftige Tätigkeit vorbereitet. Im Rahmen von Stabsübungen werden sie im Führen der FGG und des Stabes angeleitet beübt. Ein Schwergewicht liegt dabei in der Kernkompetenz Verteidigung, der Raumsicherung und der Variantenprüfung auf dem Führungssimulator.

Generalstabslehrgang Refresher
Ziel des Refresher sind das Auffrischen der generalstäblichen Kenntnisse und Anwenden von neuen Stabsarbeitsprozessen. Dieser Lehrgang steht allen Generalstabsoffizieren nach Abschluss der Grundausbildung offen.

Stabslehrgang II Teil 1 und Teil 2
Im Stabslehrgang II wird dem Stabsmitarbeiter auf Stufe Brigade/Ter Region das Denken und funktionsbezogene Planen auf der operativen und oberen taktischen Ebene mitgegeben. Die fachtechnischen Fähigkeiten werden als bekannt vorausgesetzt. Dazu absolvieren die Stabsmitarbeiter vorgängig einen TLG in ihrem Spezialgebiet.
Der erste Teil dauert zwei Wochen und ist der Grundausbildung Stabsarbeit in Einsatzverbänden gewidmet.
Der zweite Teil dauert drei Wochen und wird zusammen mit dem GLG IV und V geführt. Im Rahmen von Stabsübungen begleiten die Stabsmitarbeiter in ihrem FGG den Aktionsplanungsprozess, bringen ihr Spezialwissen ein und tragen zu der Entwicklung von eigenen Möglichkeiten bei. Sie werden dabei bis und mit der Befehlsredaktion in die Stabsarbeit mit eingebunden.

Internationale Lehrgänge
Das Kommando befasst sich mit der Schulung von Kadern für internationale Einsätze, mit Fragen der Interoperabilität sowie internationalen Ausbildungsprogrammen.
Die Ausbildungsblöcke werden zeitlich und inhaltlich massgeschneidert zu Gunsten des militärischen Berufspersonals und der Milizkader angeboten.

5-1-43 Kaderlaufbahn

In den Jahren der militärischen Weiterbildung ist kein Truppendienst mehr erforderlich. Die Weiterausbildungslehrgänge können in der Regel ***auf mehrere Jahre verteilt*** werden. So wird die jährliche Dienstzeit für militärische Kader in der Regel auf weniger als 30 Tage beschränkt. Mit einem qualitativ hoch stehenden und attraktiven Ausbildungsangebot, mit der Zertifizierung einzelner Teile der militärischen Führungsausbildung sowie einem laufenden Weiterentwickeln der Lehrgänge bietet die Kaderausbildung in der Armee eine gute Weiterbildungsmöglichkeit im ***Führungsbereich.*** Die militärische Kaderausbildung nimmt Rücksicht auf die grossen Belastungen am zivilen Arbeitsplatz, in der zivilen Ausbildung und auf die Familie. Dank der Neugestaltung der militärischen Führungsausbildung wird der «return on investment» deutlich verbessert und somit die Akzeptanz in der Wirtschaft erhöht.

Führungsstufe	Führungsebene	Aufgaben	Verantwortlicher	Zu schulende Führungsebene	Ausführende Stelle	Interaktion der Führungsebene
Politisch-strategisch *vgl. Kapitel Sicherheitspolitik*	•Bundesversammlung •Parl. Kommissionen •Bundesrat •Si A BR •Stab Si A	•Staatspolitische Ziele (Bundesverfassung) •Nationale Interessen •Sicherheitspolitik	**Bundesrat**		**Bundes-kanzlei**	
Militär-strategisch	***Oberste Führung*** •Chef der Armee •Oberbefehlshaber •Stab CdA / OBA	Festlegung der militärstrategischen Ziele sowie der benötigten Ressourcen **Doktrin-Entwicklung**	**Chef der Armee**		**Mil strat und**	
Operativ	***Obere Führung*** •Chef FST A •Kdt Teilstreitkräfte •Chef LBA •Chef FUB •Kdt Operation XX	•Umsetzung der militär-strategischen Ziele in operative Planung •Operationsführung •Steuerung Grundbereitschaft •Permanente Lagekontrolle	**Führungs-stab der Armee**		**Operative Schulung**	
Taktisch	***Mittlere Führung*** •Kdt Ensatzverband (Ter Reg/Task Force) ***Untere Führung*** •Kdt Einsatzverband (Bat/Abt bis Task Force) •Kdt Einheit •Zfhr	**Doktrin-Entwicklung** Erstellen der •Grundbereitschaft •Einsatzbereitschaft •Führung des Einsatzes der verbundenen Mittel	**Direkt-unterstellte des Chefs der Armee**		**nächst höhere Führungs – Ebene**	

Stab Operative Schulung: Führungsstufen der Schulung

▶ Seite 426

5-1-5 Operative und militärstrategische Schulung

Der Stabschef Operative Schulung (SCOS) zeichnet verantwortlich für die Entwicklung von Szenarien, für die Schulung der militärstrategischen (mil-strat) und operativen (op) Ebene in der Krisenbewältigung, für die Weiterbildung der Höheren Stabsoffiziere (Generalität) sowie für die Durchführung von Armee-(Stabs-)Übungen. Weitere Aufgabenfelder betreffen die Beitragsleistung für Übungen auf strategischer und höherer taktischer Stufe, für die mil-strat Führungszelle, die Doktrinentwicklung und die Beratung des Chefs der Armee (CdA). *(s. 425)*

5-1-6 Zertifizierung

Zertifizierung, hier definiert als das Überprüfen, ob eine bestimmte Handlungskompetenz vorhanden ist, die auch im Zivilen ***gleichwertig*** anerkannt wird, wird in der Schweizer Armee seit einiger Zeit durchgeführt. Bis heute können Angehörige der Armee ***verschiedene Zertifikate*** erwerben. Einige ***Beispiele:***
- ein in der Schweizer Armee erworbener Schiffsführerausweis berechtigt auch zum Führen eines zivilen Motorbootes;
- der Ausweis zum Führen eines militärischen Lastwagens gilt auch im Zivilen;
- in der Schweizer Armee erworbene Sprengausweise berechtigen, auch im Zivilen Sprengarbeiten durchzuführen;
- die RS als Hufschmied ist obligatorischer Bestandteil der Lehre als ziviler Hufschmied;
- die Praktischen Dienste von künftigen Ärzten und Veterinären werden als Praktikum für die Dissertation angerechnet.

5-1-61 Zertifizierte Führungsausbildung der unteren Milizkader (FUM)

Das Führen von Menschen ist und bleibt ein anspruchsvolles Thema im zivilen wie im militärischen Umfeld. In der Armee ist die menschenorientierte Führung keineswegs eine Erfindung der Moderne. Neu ist jedoch, dass in den Kaderschulen eine einheitliche, systematische, modulartig aufgebaute Leadership-Ausbildung angeboten wird, die auch zivil anerkannt ist. Die Stärke der Armee liegt darin, dass das Gelernte in echten, komplexen Führungssituationen gleich effizient angewendet und erfolgreich umgesetzt werden kann.

Oft ist die menschliche Belastung, physisch wie psychisch, im Militärdienst weit höher als im zivilen Umfeld, eine Herausforderung für Kader aller Stufen. Warum soll die in Kaderschulen erworbene Ausbildung nicht auch im zivilen Bereich Anerkennung finden? Diese Frage stellten sich auch Politiker und verschiedene Ausbildungsinstitutionen. Daraus entstand in enger Zusammenarbeit zwischen Wirtschaft und Militär die Schweizerische Vereinigung für Führungsausbildung (SVF), die das Ausbildungsmodell (12 Module) entwickelte.
Die Armee bildet ihre Kader in den Bereichen Selbstkenntnis, persönliche Arbeitstechnik, Kommunikation und Information, Konfliktmanagement, Führung der Gruppe und Führungstechnik aus. Diese Ausbildung entspricht dem militärischen Grundbedürfnis und ist fester Bestandteil der Kaderausbildung. Die militärische Abschlussprüfung folgt auf die vorgängigen Zwischenprüfungen. Kader, die in den Leadership-Modulen eine sehr gute Note erreichen, sind berechtigt, gegen Ende des Militärdienstes die Modulbescheinigungsprüfung nach SVF-Standard zu absolvieren. Bei erfolgreichem Abschluss aller fünf Leadership-Prüfungen wird das Leadership-Zertifikat SVF ausgehändigt und bildet einen Teil der Grundlage zur eidg. Prüfung zur/zum Führungsfachfrau/mann.
Damit wird die im Militärdienst erworbene Kernkompetenz einer militärischen Führungsperson auch im Zivilen anerkannt, und der zum militärischen Vorgesetzten Ausgebildete erarbeitet sich wichtige Erfolgsfaktoren für die berufliche Karriere.

5-1-62 Zertifizierte Sanitätsausbildung

Den Angehörigen der Armee werden folgende ***Stufen der sanitätsdienstlichen Ausbildung vermittelt:***

1. Alle Rekruten erlernen während der Allgemeinen Grundausbildung (AGA) die Grundlagen der Ersten Hilfe.
2. Die speziell für die Funktion als Einheitssanitäter bei den Truppengattungen ***Infanterie, Panzer, Artillerie und Genie*** rekrutierten Angehörigen der Armee werden auf das ***Niveau 2*** im Laienrettungswesen ausgebildet. Ihre Aufgabe ist es, die Patienten vor Ort zu stabilisieren und der nächsten Stufe des Sanitätsdienstes zuzuführen (Sanitätshilfsstelle oder Spital).
3. Die Rekruten der Sanitätstruppen erhalten, je nach Funktion, eine Ausbildung bis zum ***Niveau 3*** des Laienrettungswesens. Rekruten der Spitalschule (mit Funktion Spitalsoldat im Pflege-, Aufnahme- und administrativen Dienst) haben die Möglichkeit den Ausweis als Pflegehelfer SRK (Schweizerisches Rotes Kreuz) zu erwerben und somit in der ganzen Schweiz eine solche Tätigkeit auszuüben.

Die Ausbildung wird unter dem Patronat des Schweizerischen Roten Kreuzes (SRK) zusammen mit andern Partnern wie dem Bundesamt für Strassen (ASTRA), dem Schweizerischen Samariterbund (SSB), der Schweizerischen Lebensrettungsgesellschaft (SLRG), der Schweizerischen Medizinischen Rettungskommission (SMEDREC) und der SUVA durchgeführt. Die Regeln zur Zertifizierung der Ausbildung im Laienrettungswesen folgen den internationalen Standards des ***Basic Life Supports BLS.***

5-1-7 Wiederholungskurse (WK)

Nach seiner RS wird der Angehörige der Armee im Rahmen seiner Einteilungseinheit zu jährlichen WK einberufen. Die WK dauern für alle Truppengattungen 19 Tage. Der **Kadervorkurs** (KVK) von drei Tagen wird in der Regel von Mittwoch bis Freitag durchgeführt.
Sechs WK für Truppen mit 21 Wochen Grundausbildung und sieben WK für Truppen mit 18 Wochen Grundausbildung sind vor dem Hintergrund der festgelegten Armeegrösse das Optimum zwischen ausbildungsbedingter Notwendigkeit und gesellschaftspolitischer Realisierbarkeit.
Soldaten, die ihre sechs bzw. sieben WK geleistet haben, verbleiben nicht im WK-Verband, sondern werden in die ***Reserve*** umgeteilt.

Mit Verbandsschulung und -übungen auf Gegenseitigkeit wird die ***Stufe verstärkte Einheit*** trainiert. Mit der Verbandsschulung und -übungen bis auf Stufe Brigade wird die Grundbereitschaft überprüft. Dieses Training stellt die notwendige Führungserfahrung, insbesondere der Miliz, sicher. Die sichere Anwendung von Waffen und Geräten, die Beherrschung von Einsatzverfahren und Entwicklung des dazu notwendigen Verantwortungsgefühls verlangen regelmässige Wiederholungen. Aber auch die Einführung von neuen Systemen und die Umsetzung von Neuerungen verlangen aus Ausbildungsgründen entsprechende Wiederholung.
Formationen, die eine neue Organisation oder neues Material erhalten, werden nach Möglichkeit im Rahmen der WK ***umgeschult.*** Falls notwendig, können zusätzliche Dienstleistungen in Umschulungskursen angeordnet werden.
Die Entlastung und Unterstützung der Milizkader durch ***Berufs- und Zeitkader*** aus den Lehrverbänden (LVb) ist eine entscheidende Voraussetzung für die Miliztauglichkeit der Schweizer Armee. Zur bedürfnisgerechten Zusammenarbeit zwischen WK-Verbänden und den LVb wird deshalb zwischen ***vier WK-Typen*** unterschieden.
- ***WK-Typ A:*** Die Führungs- und Ausbildungsverantwortung liegt bei den ***Einsatzbrigaden*** (Pz Br, Inf Br und Geb Inf Br). Die ***LVb*** können ***Aus-***

bildungsvorgaben, insbesondere für die Einführung von Waffen und Geräten, definieren. Gleichzeitig ***unterstützen*** sie die WK-Truppen, insbesondere durch Kaderausbildung, aber auch durch Direktausbildung der Truppe sowie durch Beratung und Zurverfügungstellung von Ausbildungs- und Übungsunterlagen.

- ***WK-Typ B:*** Die Führungs- und Ausbildungsverantwortung liegt bei den ***LVb.*** Damit sollen für die Einführung von neuem Material günstige organisatorische Voraussetzungen geschaffen werden. Zudem sollen eine einheitliche Ausbildung, eine optimale Synergiennutzung beim Einsatz der Ausbildungsressourcen und kurze Wege beim ***Know-how-Transfer*** erreicht werden.
- ***WK-Typ C:*** Hier steht die ***VBA*** auf Stufe Brigade und Bataillon/Abteilung im Vordergrund. Dabei ist auch die Benutzung von Ausbildungsplätzen im Ausland denkbar. Die Führungs- und Ausbildungsverantwortung liegt vollumfänglich bei den ***Einsatzbrigaden.*** Eine Ausbildungsunterstützung durch die LVb ist nicht vorgesehen.
- ***WK-Typ D:*** Zur Abdeckung der ***logistischen Bedürfnisse*** der Einsatzbrigaden sind für Logistiktruppen massgeschneiderte WK-Modelle notwendig. Die Führungs- und Ausbildungsverantwortung trägt dabei in der Regel die ***Logistikbrigade 1.***

5-1-8 Durchdiener

Durchdiener sind Milizsoldaten, die freiwillig ihre gesamte Ausbildungsdienstpflicht an einem Stück erfüllen. Das Durchdiener-Modell ist eine moderne, attraktive Alternative zum WK-Modell. Es schafft erprobte Mehrwerte für alle Seiten und kann von männlichen und weiblichen AdA anlässlich der Rekrutierung gewählt werden. Durchdiener-Soldaten leisten 300 Tage, Unteroffiziere 430 Tage, Hauptfeldweibel und Fouriere 500 Tage, Subalternoffiziere 600 Tage Dienst an einem Stück. Danach werden sie für zehn Jahre in die Reserve eingeteilt und müssen keine jährlichen Wiederholungskurse absolvieren. Durchdiener stehen somit ab erfülltem 20. Altersjahr dem beruflichen und familiären Leben uneingeschränkt zur Verfügung.
Durchdiener haben sich ab der Einführung der neuen Armee als unverzichtbares Milizelement der ersten Stunde bewährt. Das 2004 von Grund auf neu entwickelte Konzept gilt als sehr effizientes Dienstleistungsmodell zur Gewährleistung der Bereitschaft der Schweizer Armee.

Durchdienen in fast allen Truppengattungen: Gegenwärtig werden Durchdiener in rund 40 Funktionen rekrutiert: bei der Infanterie bzw. der Militärischen Sicherheit (Infanterie Bereitschaftskompanien), den Genie- und Rettungstruppen (Katastrophenhilfe Bereitschaftsverband), den Logistiktruppen (insbesondere Verkehrs- und Transporttruppen sowie Mobile Logistik Bereitschaftskompanien), den Sanitätstruppen, der Strategischen Funkaufklärung, den Flieger- und Fliegerabwehrtruppen sowie der Führungsunterstützung Luftwaffe.

Ausbildung: Die Grundausbildung erhalten Durchdiener in den Rekrutenschulen der einzelnen Truppengattungen. Im Ausbildungsdienst Durchdiener folgt eine einsatzorientierte Schulung, um anschliessend subsidiäre Aufträge zur Prävention und Bewältigung existenzieller Gefahren zu übernehmen, beispielsweise wichtige Schutz-, Bewachungs- und Unterstützungsaufgaben für militärische wie zivile Partner sowie Einsätze in der Katastrophenhilfe. Durchdiener sind innert weniger Stunden einsatzbereit.

Mehrwerte für die Armee, Bund und Kantone: Die Wirtschaftlichkeit der Durchdiener ist im Vergleich zu WK-Soldaten in Bezug auf die Leistungsausschöpfung wie auch auf die Kosten markant höher. Dank des zusammenhängenden Dienstes wird ein maximaler Ausbildungsstand erreicht. Die Kantone schätzen Durchdiener wegen ihrer wertvollen Einsätze zu Gunsten der Bevölkerung. Allseits anerkannt sind die hohe Kompetenz, Flexibilität und Motivation.

Mehrwerte für Durchdiener-Soldaten und -Kader sowie für die Wirtschaft: Die grössten Chancen, als Durchdiener rekrutiert zu werden, haben junge Leute mit einem Lehrabschluss, mit Berufskenntnissen aus dem Baugewerbe, der Sanität, Informatik, dem kaufmännischen Bereich und aus dem Gastgewerbe sowie Maturanden und Studenten. Mit dem Durchdienen verbessern sie ihre Berufschancen, denn aus ihrem Militärdienst können sie wertvolle und intensive Praxiserfahrungen vorweisen, die sie in 300 Tagen, für Kader in bis zu 600 Tagen, unter nicht alltäglichen Bedingungen und Belastungen gesammelt haben. Jedem Durchdiener wird am Schluss des Dienstes ein Arbeitszeugnis überreicht, das seine Leistung attestiert und sein berufliches Fortkommen fördern soll.
Nebst der Zertifizierung einzelner Module der Führungsausbildung können in gewissen Truppengattungen Ausweise erworben werden, die auch zivil anerkannt sind (Führerausweise, Fachausweise). Beispiele: Der SRK-Pflegehelfer-Ausweis und die anschliessende Praxis in einer Krankenabteilung erhöhen die Chance, eine Festanstellung in einem zivilen

Spital zu finden. Bei der militärischen Sicherheit kann die Ausbildung zum Sicherheitsexperten mit eidgenössisch anerkannter Zertifizierung abgeschlossen werden. Bei den Logistiktruppen kann der Führerausweis für schwere zivile Motorfahrzeuge erworben werden. Die Truppenköche erarbeiten sich die fachliche Qualität und Praxis für die Kollektivgastronomie. Der Küchenchef erhält das Zertifikat «Eidgenössischer Lehrmeisterkurs». Der Hubschrauber-Mechaniker kann sein Wissen bei zivilen Helikoptern einsetzen.
Die Freiheit von länger dauernden militärischen Verpflichtungen, der besondere Leistungsausweis sowie die Fach- und gegebenenfalls die Führungskompetenz des Durchdieners begründen das Interesse der Wirtschaft an Absolventen dieses Dienstleistungsmodells.

www.durchdiener.ch

5-1-9 Ausbildungsunterstützung

5-1-91 Ausbildungsmethodik

Die kurzen Dienstleistungen unserer Milizarmee zwingen alle Armeekader, die zur Verfügung stehende Ausbildungszeit möglichst effizient zu nutzen. Daher wird in Schulen und Kursen bei der Aus- oder Weiterbildung von Berufsmilitärs, Zeitmilitärs und Milizkadern ein grosses Augenmerk auf die Aneignung und Umsetzung von adäquaten Ausbildungsmethoden gerichtet.

5-1-92 E-Learning

Computer**u**nterstützte **A**usbildung (CUA) ist seit über 15 Jahren ein wichtiges Element, um komplexe Lerninhalte offline anschaulich zu vermitteln. Mit der systematischen und flächendeckenden Einführung und Umsetzung von E-Learning in der Schweizer Armee werden die Lerninhalte webbasiert (online) jedem Lernenden zur Verfügung gestellt.
Mithilfe des Learning-Management-Systems (LMS) ist es dem Lernenden möglich, seinen Lernplan zu sichten und in individuell bestimmbarem Tempo orts- und zeitunabhängig zu lernen. Das LMS speichert nach jeder Online-Lernsequenz den Lernfortschritt und -erfolg.
E-Learning ist immer Teil des funktionsbezogenen Ausbildungskonzeptes, trägt so zu einer effizienten und qualitativ hochstehenden Ausbildung bei und wird in Kombination mit der Simulation, Theorie und Ausbildung am Echtsystem («blended-learning») vor und während des Einsatzes eingesetzt.

Die zentrale Medienproduktionsstelle

Zentrum elektronische Medien ZEM – die zentrale Medienproduktionsstelle des Departementbereichs Verteidigung für Produkte und Dienstleistungen im Bereich der Ausbildung und Kommunikation.

PRODUKTE – DIENSTLEISTUNGEN – BERATUNG

Audiovisuelle Medien
Wir produzieren emotionale und wirkungsvolle Videofilme für die unterschiedlichsten Bedürfnisse
- Informations- und Ausbildungsvideos
- Reportagen und Dokumentationen
- Studio- und Liveproduktionen

Interaktive Medien
Unsere vielseitige Produktepalette umfasst
- interaktive Lernprogramme mit methodisch-didaktischem Mehrwert zu unterschiedlichsten Themen – Web und CD
- Fragengenerator – Erstellen von Übungen, Tests und Prüfungen ohne Programmierkenntnisse
- Multimedia-Browser – professionelle Präsentation und Dokumentation von Tagungen und Workshops
- DVD-Programmierung – Menügestaltung und Navigation von DVD-Videofilmen

Foto
Wir erstellen – im Studio und Location – professionelle, aussagestarke Fotoaufnahmen für die Bereiche
- Ausbildung – Reglemente Bedienungsanleitungen/E-Learning/Referate
- Information – Prospekte/Broschüren/Web-Auftritte/Plakate/Periodika
- Dokumentation – Architektur/Sachaufnahmen/Handbücher/Passbilder/subsidiäre Einsätze
- Repräsentation – Gruppenaufnahmen/Reportagen bei Staatsbesuchen/Ausstellungen/Präsentationen

Printmedien
Gestalten von professionellen und grafisch prägnanten Druckvorlagen für die Printprodukte der Ausbildung und der Kommunikation
- Broschüren, Flyer, Leporello, Plakate, Zeitschriften, etc.
- Militärische Vorschriften
- Erscheinungskonzepte, Screen-Designs, Bildbearbeitungen, etc.

Mediathek
Als umfassendes visuelles Gedächtnis des ZEM ist die Mediathek zuständig für
- Mediendatenbank – mit Fotos/Videos/Interaktiven Lernprogrammen/Printprodukten
- Medienagentur – Anfragen betreffend Bild- und Videoarchiv
- Verleih und Vertrieb von Datenträgern
- Medientransfer

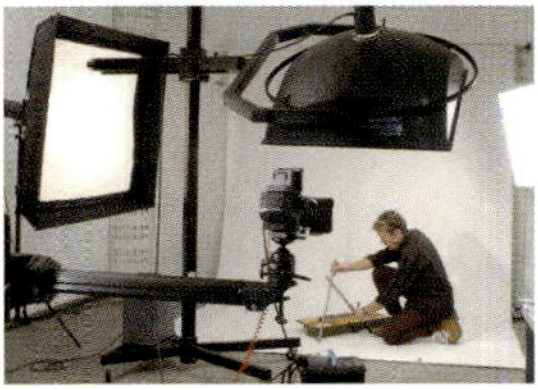

KONTAKT

Verteidigung
Logistikbasis der Armee
Zentrum elektronische Medien ZEM
Stauffacherstrasse 65 Geb 14
3003 Bern

Tel 031 324 55 00
Fax 031 324 24 78
Mail: zem.info@vtg.admin.ch

E-Learning: www.lms.vbs.admin.ch
Medienverleih: www.armee.ch/medienkatalog
Bilder & Multimedia: www.mediathek.admin.ch

In der ganzen Schweiz sind auf den Waffenplätzen ***zirka 100 Räume für informatikgestützte Ausbildung (RIGA)*** mit insgesamt über 1800 Lernstationen verfügbar; dazu kommen zusätzliche 2600 mobile E-Learning-Stationen, welche zum grössten Teil den Schulen fest abgegeben worden sind. Mehr als 1000 Lernprogramme decken ein breites Spektrum an Ausbildungsinhalten ab.

www.lmsvbs.admin.ch

5-1-93 Waffensimulatoren

Heute kommen überall dort Simulatoren zur Anwendung, wo die ***Kosten*** der Ausbildung mit dem Echtgerät sehr hoch sind oder die ***Umweltbelastung*** stark reduziert werden kann. Die technisch hochstehenden Anlagen gewährleisten zudem eine effiziente Ausbildung. Mit den Simulatoren können Themen und Handlungen geschult werden, die auf dem Echtgerät gar nicht oder nur teilweise ausgebildet werden können. Beispielsweise kann mit einem Schiesssimulator für Panzer auf alle möglichen Zieltypen, jede mögliche Entfernung, mit variierenden Geschwindigkeiten, in jedem Geländetyp, bei Tag oder Nacht sowie bei jeder Witterung geschossen werden.
Die Waffen- und Gerätesimulatoren werden u.a. benutzt, um das Grundhandling zu schulen. Das sehr wichtige Zusammenspiel der ganzen Besatzung kann damit ebenfalls trainiert werden. Auf diesen Simulatoren wird ***bis auf Stufe Zug oder Einheit*** trainiert.

5-1-94 Gefechtssimulatoren

Bei den Gefechts- oder Livesimulatoren handelt es sich um Laserschusssimulatoren. Anstelle des echten Schusses wird dieser mit Hilfe eines Lasers simuliert. Diese Simulatoren werden auf das Echtgerät aufgebaut. Hier wird nicht nur die Schiessausbildung, sondern auch der gefechtstechnisch richtige Einsatz von Waffen und Kampffahrzeugen geübt.
Die Gefechtssimulatoren können in unserem Übungsgelände im Kampf auf Gegenseitigkeit ***bis auf Stufe verstärkte Kompanie*** eingesetzt werden.

5-1-95 Taktiksimulatoren

Auf den Taktiksimulatoren werden Bataillons-/Abteilungskommandanten, Bataillons-/Abteilungsstäbe, Einheitskommandanten und Zugführer im ***Gefecht der verbundenen Waffen*** geschult.

Beispielsweise ermöglicht es der ***Elektronische Taktiksimulator für Mechanisierte Verbände (ELTAM),*** in einem virtuellen Gelände von 900 km^2 Fläche zwei mechanisierte Bataillone im gegenseitig freien Gefecht zu schulen. Die Übungen werden nicht fest vorgegeben. Ihr Ablauf ergibt sich wie in der Realität aus dem Verhalten der beiden beübten Verbände.

5-1-10 Ausbildungszusammenarbeit mit dem Ausland

Die Ausbildungszusammenarbeit mit dem Ausland erfolgt auf bilateraler und multilateraler Ebene. Schweizerische Berufsmilitärs nehmen an ausländischen Lehrgängen teil; im Gegenzug besuchen ausländische Offiziere und Unteroffiziere Lehrgänge der Schweizer Armee. Die Verbandsausbildung auf Stufe Bataillon/Abteilung oder Brigade lässt sich auf Schweizer Übungsplätzen nicht durchführen. Anzustreben sind Vereinbarungen mit anderen Staaten, um Zugang zu ausländischen Übungsplätzen zu erreichen. Im Gegenzug kann die Benützung von Anlagen der Schweizer Armee angeboten werden, vor allem der Simulatoren.
Besonders die Luftwaffe bedarf der Zusammenarbeit mit ausländischen Partnern. Nur so kann sie an ihren Waffensystemen effizient und einsatzorientiert ausgebildet werden. Für Interoperabilität und Kooperation ist gemeinsames Training entscheidend.

5-1-101 Partnerschaft für den Frieden

Die Partnerschaft für den Frieden (PfP) wurde 1994 von der NATO mit dem Ziel gegründet, Frieden und Stabilität in ganz Europa zu verbreiten. Mit der PfP offerierte die NATO allen interessierten Staaten des euro-atlantischen Raums ein Forum zur sicherheitspolitischen Zusammenarbeit. Die Schweiz nimmt seit 1996 an der PfP teil.
Die Schweizer Armee ist durch die Teilnahme an der PfP einerseits bestrebt, ihre Stärken in der Kooperation nach aussen zur Geltung zu bringen, anderseits ihre Schwächen durch die gezielte Nutzung der Kooperationsangebote zu vermindern oder zu beheben. Es liegt im Interesse der Schweizer Armee, den Eigenbedarf an Chancen und Möglichkeiten der Kooperation mit der Nordatlantischen Vertragsorganisation (NATO) und den Partnern für alle Armee-Aufträge auszuschöpfen.
Die ***militärischen Interessen*** der Schweizer Armee umfassen neben Synergien in Ausbildung und Rüstung u.a. die systematische Erweiterung des Kenntnis- und Erfahrungsstandes auf folgenden Gebieten:

- Entwicklung und Beurteilung der Bedrohungslage;
- Entwicklung der Strategien und Doktrinen der NATO und ihrer Partner;
- Entwicklung der militärischen Standardisierungs- und Interoperabilisierungsprozesse;
- Entwicklung der Führungs- und Kommandostrukturen sowie entsprechender Planungs- und Einsatzprozesse.

Die Schweiz kann als Partnerstaat aus einem reichhaltigen Angebot von Kursen, Konferenzen, Seminaren, Fachgesprächen und Übungen auswählen. Insgesamt nahmen im Jahr 2008 Vertreter von Armee- und Verwaltungsstellen an rund 250 Anlässen teil. Die Schweizer Armee bietet im Rahmen der PfP selber 24 Kurse an, davon werden einige mehrfach durchgeführt. 2008 nahmen rund 350 ausländische Teilnehmer daran teil.

Die modernen Bedrohungen und Gefahren bedingen eine fortwährende Transformation der Streitkräfte, was einer der zentralen Zusammenarbeitsbereiche im Rahmen der PfP ist. Zur Wahrung der eigenen Handlungsfreiheit, und um die Zusammenarbeitsfähigkeit mit Armeen anderer Staaten zu erhalten, ist es wichtig, dass auch die Schweiz an diesem Transformationsprozess teilhat.

5-1-102 Teilnahme an NATO/PfP-Stabsübungen

Die Teilnahme an PfP-Übungen ermöglicht es schweizerischen Offizieren, mit dem Planungs- und Führungsprozedere der NATO vertraut zu werden. Die auf verschiedene Thematiken fokussierten Übungen bringen der Schweizer Armee fachspezifische Synergien und fördern die Zusammenarbeitsfähigkeit. Die Schweiz nahm schon mehrmals an taktisch/operativen Übungen und Interoperabilitäts-Workshops zur Prüfung von Übermittlungs- und Führungssystemen im Rahmen von PfP teil.

Die ***Zielsetzung*** der schweizerischen Beteiligung lässt sich wie folgt umschreiben:
- Verbesserung der internationalen Zusammenarbeitsfähigkeit von Schweizer Offizieren in der Planung und Führung von Operationen;
- Zertifizierung von Stabsoffizieren, damit sie bei Bedarf in bestimmten Funktionen in internationalen Stäben eingesetzt werden können;
- Erweiterung des Beziehungsnetzes zu Dienststellen und Persönlichkeiten im NATO-PfP-Netzwerk.

Aufgrund der ***beträchtlichen zeitlichen Belastung*** (Teilnahme an Vorbereitungskursen bzw. vorbereitenden Konferenzen) und der ***fachlichen***

Anforderungen handelt es sich beim Gros der Teilnehmenden um Berufsoffiziere bzw. VBS-Angestellte. Geeignete und verfügbare Milizoffiziere können als Fachspezialisten teilnehmen, sofern sie den Einsatz mit ihrer zivilen Tätigkeit in Einklang bringen können.

5-1-11 Militärische Ausbildung und Umweltschutz

Damit die Schweizer Armee ihre Aufgaben erfüllen kann, müssen die Angehörigen der Armee in Friedenszeiten auf den Waffen-, Schiess-, Flug- und Übungsplätzen effizient ausgebildet werden können. Diese Ausbildung beansprucht Boden, produziert Abfälle, macht Lärm und emittiert Luftschadstoffe. Das Eidg. Departement für Verteidigung, Bevölkerungsschutz und Sport (VBS) und die Armee sind sich ihrer ***ökologischen Verantwortung*** bewusst. Heute gibt es im VBS ***Umweltstellen*** in allen Departementsbereichen. Das VBS-Leitbild «Raumordnung und Umwelt» weckt Verständnis für nachhaltiges Denken und Handeln bei allen Aktivitäten des VBS.

Über 140 Umweltbeauftragte, auch in den zivilen Bereichen Bevölkerungsschutz und Sport, sorgen dafür, dass u.a. folgende ***Grundsätze des VBS-Umweltleitbildes*** umgesetzt werden:
- Eine zielorientierte und effiziente ***Aus- und Weiterbildung*** ist für die Auftragserfüllung von zentraler Bedeutung. Sie berücksichtigt dabei die Belange der Natur und Umwelt und sorgt für die zweckmässige Schulung und Information.
- Waffen-, Schiess-, Flug- und Übungsplätze werden so weit als möglich ***umweltverträglich*** betrieben.
- Bei der Planung und Durchführung von Übungen wird der ***Materialverbrauch,*** insbesondere von Munition und Betriebsstoffen, auf das für die Zielerreichung notwendige Mass ausgerichtet.
- ***Positive Auswirkungen*** der Truppentätigkeit auf Natur und Landschaft werden speziell gefördert, unvermeidbare Schäden nach Möglichkeit behoben. Rückstände werden gesammelt und sachgerecht entsorgt.
- Die ***notwendigen Grundlagen*** bezüglich Natur und Umwelt werden der Truppe zur Verfügung gestellt.

Nebst den Umweltstellen in der Verwaltung und den Betrieben des VBS wird auch die ***Truppe*** bezüglich Umweltschutz sensibilisiert und ausgebildet. Im ABC-Zentrum Spiez werden ***ABC-Schutzoffiziere zu Umweltbeauftragten (UWB) der Armee*** ausgebildet. Diese haben als ***Führungsgehilfen und Berater von Kommandanten*** auch die Aufgabe, ihr Umweltschutzwissen jedem Angehörigen der Armee weiterzugeben. Weitere Ausbildungsmodule richten sich an Offiziersaspiranten, künftige Einheitskommandanten, UWB von Schulen sowie an das militärische Personal. Es geht um die allgemeine ***Sensibilisierung für Umweltanliegen*** sowie um umweltschonende Lösungen armeespezifischer Probleme.

Immer mehr werden Teile der militärischen Ausbildung auf ***Simulatoren*** ausgeführt (der Flugsimulator auf dem Flugplatz Payerne wird zum Teil mit Sonnenenergie betrieben). Damit reduziert sich der Grad der Emissionen für die Zivilbevölkerung, aber auch die direkte Belastung für die Umwelt. Für Führer von Armeefahrzeugen wurde in den letzten Jahren das Angebot an Fachkursen für ***Gefahrgut-Spezialisten*** ausgebaut. Ferner hat die Armee ihren ***Treibstoffverbrauch*** bei den Fahrzeugen – wie auch bei den Flugzeugen – u.a. dank zielgerichteter Ausbildung im Bereich ***umweltbewusstes Fahren*** senken können.

Ein Teil der militärischen Ausbildung findet auf Übungsgebieten in besonders schönen Gegenden der Schweiz statt. Mit dem ***Programm «Natur, Landschaft, Armee» (NLA)*** prüft das VBS nach einheitlichem Raster, welche schützenswerten Lebensräume, Arten und Landschaftsmerkmale auf seinen Arealen vorkommen, und stimmt seine Tätigkeiten bestmöglich darauf ab. Dabei werden auch weitere Nutzungsinteressen geprüft. Zur Sensibilisierung der Truppe werden zudem auf etlichen Armee-Ausbildungsplätzen ***Broschüren über die ökologische Vielfalt*** verteilt.

Der Bereich Umwelt ist ein integrierender Bestandteil aller wichtigen Kern- und Supportprozesse des VBS. Das VBS und die Armee wollen aber mehr als nur die gesetzlichen Umweltauflagen erfüllen; sie wollen ***aktiven Umweltschutz*** betreiben. Mit dem umfassenden ***Raumordnungs- und Umweltmanagementsystem (RUMS)*** wird seit einigen Jahren sichergestellt, dass Umweltaspekte systematisch in die ***Entscheidungsprozesse*** auf allen Ebenen einbezogen werden. Es legt den Rahmen für die Umweltmassnahmen fest und erlaubt, die Umweltleistungen des Departements und der Armee zu bewerten, zu kontrollieren, kontinuierlich zu verbessern und zu kommunizieren.

Die ***Umweltpolitik des VBS und der Schweizer Armee*** verpflichtet die militärischen Ausbilder zu ***verantwortungsvollem und vorsorglichem Handeln.*** Sie schafft aber auch den Freiraum für das eigenverantwortliche Handeln jedes Angehörigen der Armee sowie jedes Mitarbeitenden des Departements. Die Waffenplätze Herisau-Gossau, Frauenfeld, Chamblon, Wangen a. A.-Wiedlisbach und Thun sowie das Zeughausareal Brugg und das Areal Magletsch des Waffenplatzes Mels sind von der Stiftung «Natur & Wirtschaft» mit dem Zertifikat ***«Naturpark der Schweizer Wirtschaft»*** ausgezeichnet worden. Voraussetzung für das Zertifikat ist ein jahrelanges umfassendes Engagement für naturnahe Gestaltung der Betriebsflächen.

www.armee.ch > Mein Militärdienst > Allgemeines zum Militärdienst > **Umweltschutzausbildung der Armee**

Jungschützen-Kurs

Pontonier-Training

5-2 Vordienstliche Ausbildung und ausserdienstliche Tätigkeit

Die vordienstliche Ausbildung und die ausserdienstliche Tätigkeit orientieren sich an den Bedürfnissen der Armee. Beide Bereiche fördern die Leistungsfähigkeit künftiger oder aktiver Angehöriger der Armee in ihrer militärischen Funktion.

5-2-1 Vordienstliche Ausbildung

Sie ist freiwillig und bezweckt, die Jugendlichen fach- und militärtechnisch auf die Rekrutierung vorzubereiten. Einige Ausbildungen dienen als grundsätzliche Vorbereitung auf die Rekrutenschule, andere sind für ausgewählte Funktionen zwingende Voraussetzung. Wer sich nicht frühzeitig mit den vordienstlichen Kursangeboten befasst, verspielt eventuell die Chance zur Einteilung in der angestrebten Funktion.

5-2-11 Vordienstliche Kurse

Auskunft über die verschiedenen Kurse und die Durchführungsorte erteilen u.a. der Sektionschef oder das Kreiskommando. Es werden folgende ***Kurse*** angeboten:

- **Jungschützenkurse 300 m**
  Jungschützenkurse finden in den anerkannten Schiessvereinen in den Gemeinden statt. Der Bund unterstützt die vordienstliche Schiessausbildung der 17- bis 19-jährigen Schweizer. Die Schweizer Armee kann Schiessanlässe für Jugendliche mit Waffen und Kaufmunition ab dem zehnten Altersjahr unterstützen.
  Das ***Arbeitsprogramm*** der Jungschützenkurse umfasst Waffenkenntnis, Parkdienst, Schiesslehre und Standblattführung. Geschossen wird mit dem Sturmgewehr 90 auf 300 m Entfernung auf die kombinierte Scheibe A und kombinierte Feldscheibe B. Die Programme sind – je nach Fortschritt des einzelnen Teilnehmenden – unterschiedlich. Die Jungschützen haben sich in Tests auch über ihr theoretisches Wissen auszuweisen.

Höhepunkt des Kurses ist das *Wettschiessen*, das aus 15 Schüssen auf die kombinierte Scheibe A besteht.
Der Bund stellt den Schiessvereinen für die Durchführung der Jungschützenkurse eine Anzahl Sturmgewehre, Gratismunition und Gehörschutzgeräte zur Verfügung. Jedem Jungschützen, der einen Jungschützenkurs bestanden hat, werden die Resultate im ***Militärischen Leistungsausweis*** eingetragen. Gute Jungschützen werden mit dem ***Jungschützenabzeichen*** ausgezeichnet.

– **SPHAIR – die Plattform für künftige Anwärter als Militärpiloten und Fallschirmaufklärer**
Gemäss Luftfahrtgesetz, Artikel 103a, hat der Bund den Auftrag, die Aus- und Weiterbildung von Anwärtern, welche als Militärpiloten, Berufspiloten, Fluglehrer oder Fallschirmaufklärer in Frage kommen, zu unterstützen.

Seit Anfang 2004 ist die Luftwaffe der Schweizer Armee für die Berufseignungsabklärung verantwortlich und stellt dazu die Internetplattform SPHAIR zur Verfügung. Ziel ist es, den fliegerischen Nachwuchs in der Schweiz sicherzustellen und Jugendliche auch für andere aviatische Berufe oder als Fallschirmaufklärer zu gewinnen.
Mit dem modernen internetbasierten Auswahlverfahren spricht SPHAIR alle 17- bis 21-jährigen Schweizerinnen und Schweizer für eine kurze und intensive Abklärungsdauer an. SPHAIR bietet die Gelegenheit zur umfassenden Berufseignungsabklärung im Hinblick auf die Militärpilotenausbildung. Der erfolgreiche Abschluss von SPHAIR ist eine der Voraussetzungen zur Laufbahn als Militärpilot.
Die mehrstufige Eignungsabklärung mit Leistungs- und Wissenstest sowie eine zweiwöchige fliegerische Ausbildung gewähren Einblick in den Beruf des Militärpiloten.
Die Kurse werden von Experten der zivilen Luftfahrt und der Luftwaffe durchgeführt. Diese begleiten und beraten die Teilnehmerinnen und Teilnehmer im Hinblick auf die Pilotenausbildung und informieren über weitere Berufe in der Aviatik, wie z.B. Flugverkehrsleiterin oder Flugverkehrsleiter.

– Die SPHAIR-**Fallschirmausbildung** soll der Luftwaffe den Nachwuchs im Bereich Fallschirmaufklärer sichern. Dabei handelt es sich um eine Spezialeinheit der Luftwaffe, zu deren Aufgaben die Beschaffung von Nachrichten im Interessensgebiet gehört. Die Eignung als Fallschirmaufklärer wird im obligatorischen SPHAIR-Fallschirmkurs abgeklärt. In dieser zweiwöchigen vordienstlichen Ausbildung werden die ersten Sprünge ausgeführt.

Die Kurse sind nicht gratis. Einen Teil der Kosten für die vordienstlichen Kurse übernimmt der Bund. Fallschirme werden zur Verfügung gestellt. Teile der Ausrüstung (Helm, Sprungbrille und Kombi), Theoriematerial und einen Anteil für Unterkunft und Verpflegung müssen die Kursteilnehmer übernehmen: ca. CHF 750.– für Kurs 1 und CHF 500.– für Kurs 2.
Die Eignungsabklärung durch SPHAIR dauert nur wenige Monate.
Informationen und Anmeldung: **www.sphair.ch**

Weiter sind im Angebot:

- **Militärmusikkurse**
- **Pontonierkurse**
- **Jungmotorfahrerkurse**
- **Funkaufklärerkurse**
- **Fachkurs für angehende Hufschmiede**
- **Vorkurs für angehende Train- bzw. Veterinärrekruten.**

5-2-12 Jugend- und Sportkurse

Die im Rahmen von Jugend und Sport (J+S) besuchten Kurse und bestandenen Prüfungen tragen u.a. dazu bei, die körperliche Leistungsfähigkeit im Hinblick auf den Militärdienst zu fördern.

5-2-13 Eignungsprüfung

Die angehenden Motorfahrer (Lastwagenfahrer), Panzersoldaten, Schützenpanzer Besatzer/Schützenpanzerfahrer, Kanonier/Panzerhaubitzefahrer, Panzerjägersoldat/Radschützenpanzerfahrer, Panzersappeur/Brückenpanzerfahrer, Baumaschinenfahrer und Verkehrssoldaten haben nach der Rekrutierung eine Eignungsprüfung zu bestehen.
Das Prüfungsergebnis entscheidet über die definitive Zuteilung.
Auch künftige Truppenhandwerker, d.h. Motormechaniker und Panzermechaniker, müssen eine Eignungsprüfung bestehen.

5-2-14 Fachprüfungen

Angehende Rekruten, die vorgesehen sind als Schlagzeuger, Tambour, Trompeter oder Hufschmied, haben Fachprüfungen zu bestehen. Diese finden ***nach der Rekrutierung*** statt.

www.rekrutierung.ch > Vordienstliche Ausbildung

5-2-15 Vordienstliche Ausbildungskurse

Kurse	Zweck	Kursorte	Kursdauer	Anzahl Kurse	Alter	Auskunft und Anmeldung	Anmeldetermin
Jungschützenkurse 300 m	Ausbildung am Sturmgewehr	Schiessvereine der Gemeinde	In der Regel Februar bis April	1	15–19	Anerkannter Schiessverein der Gemeinde	Gemäss örtlichen Publikationen
Militärmusikkurse	Heranbildung von Jungtambouren sowie Kurse für Blasinstrumente und Schlagzeuge	Im Kompetenzzentrum Militärmusik in Aarau	Tambouren: pro. Jahr 1 Kurstag; Blasinstrumente und Schlagzeug: pro Jahr 1 bis 2 Kurse à ca 3 Std.		ab 16	Kompetenzzentrum Militärmusik Kaserne, 5000 Aarau Tel. 062 834 72 80 info@militaermusik.ch	Jederzeit
Pontonierkurse	Ausbildung Nachwuchs-Pontoniere: Wasserfahren, Weidling, Übersetzboot; Sport	Bei den 70 Pontonier- und Wasserfahrvereinen	Frühjahr bis Herbst; Winter: Sport	1–5	15–19	Lehrverband Genie/Rettung Vor- und ausserdienstliche Tätigkeit Zeughaus Solothurn Luzernerstrasse 19, 4500 Solothurn www.genie-rettung.ch	Jederzeit
Jungmotorfahrerkurse	Geeignete und motivierte Jugendliche auf die Aufgabe als Motorfahrer vorbereiten.	Wird von Fall zu Fall festgelegt	Kurs 1: drei Tage Kurs 2: vier Tage	1–2	ab 17	Lehrverband Logistik Kompetenzzentrum Fahrausbildung Armee Kaserne / AKLA 3609 Thun www.jungmotorfahrer.ch	
Funkerkurse	Morse-Ausbildung; Selektion der künftigen Funkaufklärer	Werden von Fall zu Fall festgelegt	offen	3	17–19	ILT Schule Dorfstrasse 43 8620 Wetzikon www.ilt.ch	Jederzeit

Kurse	Zweck	Kursorte	Kursdauer	Anzahl Kurse	Alter	Auskunft und Anmeldung	Anmeldetermin
Schmiedekurse	Vorbereitung auf Hufschmiede-Rekrutenschule	Sand-Schönbühl bei Bern	Januar/Februar 3 Wochen	1	19, nach der Rekrutierung	Kdo Komp Zen Vet D u A Tiere Kaserne Sand 3000 Bern 22	Anfang November
Vorkurs für angehende Train- bzw. Veterinärrekruten	Überblick über Tätigkeit und Anforderungen vermitteln	Sand-Schönbühl bei Bern	Mai/August 2 Mal jährlich 2 Tage	1	18	Kdo Komp Zen Vet D und Armeetiere Kaserne Sand-Schönbühl 3000 Bern 22 Tel. 031 850 00 20	
SPHAIR für Militärpiloten	Selektion in Motorflugkursen für künftige Militärpiloten	Bei 11 Flugschulen der Schweiz (Kandidat kann Kursort selber wählen)	2 Wochen	1	17 20	Aero Club der Schweiz Abteilung SPHAIR Lidostrasse 5 6006 Luzern www.sphair.ch Tel. 041 375 01 06	Zwischen 17 und 20 Jahren
SPHAIR für Fallschirmaufklärer	Selektion im Fallschirmspringen für künftige Fallschirmaufklärer	Bei 6 Sprungschulen der Schweiz (Kandidat kann Kursort selber wählen)	2 Wochen	2		Aero-Club der Schweiz Abteilung SPHAIR Lidostrasse 5 6006 Luzern www.sphair.ch Tel. 041 375 01 06	Zwischen 16 und 19 Jahren

5-2-2 Ausserdienstliche Tätigkeit[1]

Die ausserdienstliche Kurs- und Wettkampftätigkeit soll die körperliche und die militärische Leistungsfähigkeit sowie die Kameradschaft der Angehörigen der Armee fördern.
Sie *umfasst:*
- die Armeemeisterschaften (Sommer/Winter);
- den Armeewettkampf im Schiessen;
- die freiwilligen Militärsportkurse (Sommer/Winter);
- die freiwilligen Gebirgskurse (Sommer/Winter);
- die Militärwettkämpfe an kantonalen Schützenfesten;
- die Trainingskurse der Schweizer Armee zur Förderung des Nachwuchses und Selektionierung der Teilnehmenden an internationalen Wettkämpfen des «Conseil International du Sport Militaire» (CISM);
- die internationalen militärsportlichen Grossanlässe (Patrouille des Glaciers, Swiss Raid Commando, Swiss Tank Challenge, Swiss Air Force Competition).

5-2-21 Ausserdienstliche Tätigkeiten in den militärischen Gesellschaften und Dachverbänden

In über 36 Verbänden, die gesamthaft mehr als 400 Lokalsektionen umfassen und weit über 200 000 Mitglieder zählen, wird jahraus, jahrein eine grosse Arbeit freiwillig und ehrenamtlich geleistet, deren Früchte der Truppe zugute kommen. Die ***ausserdienstliche Ausbildung richtet sich nach den Schwergewichten der Ausbildung in der Schweizer Armee*** und ***umfasst folgende Bereiche:*** allgemeine militärische Ausbildung und Führungsausbildung, Fachausbildung und Fachwettkämpfe, sicherheits- und militärpolitische Informationen, Militärsport

Sofern die freiwillige ausserdienstliche Ausbildung ***bewilligt*** worden ist, unterstützt und fördert sie die Schweizer Armee durch:
- Abgabe des notwendigen Armeematerials und der Ordonnanzmunition;
- Zurverfügungstellung der militärischen Infrastruktur, von Fachpersonal, Militärmotorfahrzeugen und Pferden
- Gewährung von finanziellen Entschädigungen.

[1] Verordnung über die ausserdienstliche Tätigkeit in den militärischen Gesellschaften und Dachverbänden (VATV, SR **512.30**) und Verordnung des VBS über die ausserdienstliche Tätigkeit in den militärischen Gesellschaften und Dachverbänden (VATV-VBS, SR **512.301**).

Die Angehörigen der Armee und ehemalige Armeeangehörige, die an bewilligten ausserdienstlichen Anlässen teilnehmen, sind ***militärversichert.*** Für die ausserdienstliche Tätigkeit kann zum Teil das Tragen der ***Uniform*** bewilligt und die Halbtaxe für Transporte gewährt werden; hierzu ist ein Gesuch erforderlich *(siehe dazu das Kapitel 4-3 «Ausrüstung, Uniform und militärische Abzeichen»)*. Hingegen haben die militärischen Gesellschaften und Dachverbände sowie deren Mitglieder ***kein Anrecht auf Portofreiheit.***

Sind in der ausserdienstlichen Ausbildung und im Militärsport Kontakte mit dem ***Ausland*** vorgesehen, gelten diese als Verkehr in militärischen Angelegenheiten mit ausländischen Personen und Instanzen. Dieser Verkehr darf nicht direkt mit ausländischen Kommando- oder Behördestellen (auch nicht mit den Verteidigungsattachés der betreffenden Länder in der Schweiz) geführt, sondern muss ausschliesslich über das ***Militärprotokoll*** des Bereichs Internationale Beziehungen Verteidigung abgewickelt werden. Die Teilnahme an ausserdienstlichen militärischen Veranstaltungen (Übungen, Besuchen, Exkursionen usw.) im Ausland und die Einladung von Ausländern zu ausserdienstlichen militärischen Veranstaltungen in der Schweiz bedürfen der Bewilligung des Militärprotokolls.

5-2-22 Schiesswesen ausser Dienst

Das Schiesswesen ausser Dienst hat den Erfordernissen der Schweizer Armee zu genügen und erfüllt folgende ***Zwecke:***

- Es entlastet die Schiessausbildung an der persönlichen Waffe in den militärischen Schulen und Kursen;
- es erhält die Schiessfertigkeit und fördert das Präzisionsschiessen der Angehörigen der Armee ausser Dienst;
- es fördert die Weiterbildung der Schützen in besonderen Ausbildungskursen;
- es überprüft die Funktionstüchtigkeit der persönlichen Waffe;
- es fördert das freiwillige Schiessen.

Es umfasst die Erfüllung der ausserdienstlichen Schiesspflicht *(siehe dazu auch 6-3-131 «Schiesspflicht» im Kapitel «Pflichten der Angehörigen der Armee»)* und die Durchführung von ausserdienstlichen Ausbildungskursen und freiwilligen Schiessübungen mit Ordonnanzwaffen und Ordonnanzmunition.

Als Ausbildungs- und Aufsichtsorgane stehen die eidg. Schiessoffiziere und die kantonalen Schiesskommissionen zur Verfügung. Der Schweizer Schiesssportverband überwacht die Durchführung der freiwilligen Schiessanlässe. Die Durchführung der obligatorischen und der freiwilligen ausserdienstlichen Schiessübungen wird den anerkannten Schiessvereinen übertragen. Anerkannte Schiessvereine sind ***verpflichtet,*** die Angehörigen der Armee zum Schiessen der Bundesübungen kostenfrei teilnehmen zu lassen.

Die Schiessvereine haben beim ***Obligatorischen Programm*** für jeden teilnehmenden Angehörigen der Armee sowie für jeden Absolventen eines Jungschützenkurses ***Anspruch auf Bundesleistungen.***

Bezüglich der Programme soll das ausserdienstliche Schiesswesen den Erfordernissen der Schweizer Armee angepasst sein und damit zur Entlastung der Arbeitsprogramme der militärischen Schulen und Kurse beitragen.

Als ***Bundesübungen*** werden bezeichnet:

- das obligatorische Programm 25, 50 und 300 m;
- das Feldschiessen 25, 50 und 300 m.

5-2-23 Militärsport auf nationaler Ebene

Die militärsportliche Ausbildung ausser Dienst bezweckt die Förderung der körperlichen Leistungsfähigkeit der Angehörigen der Armee. Im Vordergrund stehen dabei neben Einzelwettkämpfen die Mannschaftswettkämpfe. Es werden folgende ***Wettkämpfe und Kurse*** durchgeführt:

- die Armeemeisterschaften (Sommer/Winter);
- der Armeewettkampf im Schiessen;
- die freiwilligen Militärsportkurse (Sommer/Winter);
- die freiwilligen Gebirgskurse (Sommer/Winter);
- die Militärwettkämpfe an kantonalen Schützenfesten;
- die Trainingskurse der Schweizer Armee zur Förderung des Nachwuchses und Selektionierung der Teilnehmenden an internationalen Wettkämpfen des CISM;
- die internationalen militärsportlichen Grossanlässe (Patrouille des Glaciers, Swiss Raid Commando, Swiss Tank Challenge, Swiss Air Force Competition).

Alle diese Wettkämpfe und Kurse werden auf ***freiwilliger Basis*** durchgeführt. Die Teilnahme an ***Wettkämpfen*** ist ***unbesoldet*** und wird ***nicht*** an die Ausbildungsdienstpflicht angerechnet. Die Teilnehmenden tragen die Uniform. Die Teilnahme an den ***Kursen*** ist ***besoldet,*** wird jedoch nur Teilnehmenden, die als Klassenlehrer tätig sind oder im Kursstab eine Kaderfunktion ausüben, an die Ausbildungsdienstpflicht angerechnet.

Im Jahre 1998 wurde in Andermatt der erste ***Armeesportstützpunkt*** eingeweiht. Auch zivilen Sportverbänden steht diese Infrastruktur auf Anfrage zur Verfügung.

5-2-24 Militärsport auf internationaler Ebene

Die Schweiz ist seit 1968 Mitglied des CISM. Im Rahmen dieses an die 131 Mitgliederstaaten umfassenden internationalen Militärsportverbandes werden jährlich in verschiedenen Sportarten Militärweltmeisterschaften ausgetragen. Die Schweiz ist im CISM sehr aktiv, werden doch jährlich Regionalturniere und Vergleichswettkämpfe mit grosser internationaler Beteiligung durchgeführt. Die Schweiz führt grundsätzlich alle zwei Jahre eine Militärweltmeisterschaft durch.

5-2-25 Einsatz militärischer Mittel für zivile und ausserdienstliche Tätigkeiten sowie für Sportveranstaltungen

Die Truppenhilfe, die leihweise Abgabe von Armeematerial und der Einsatz von Lufttransportmitteln zu Gunsten Dritter (Ziviler) werden in einer Verordnung geregelt:
SR 510.212 Verordnung vom 8. Dezember 1997 über den Einsatz militärischer Mittel für zivile und ausserdienstliche Tätigkeiten (VEMZ)
www.admin.ch/ch/d/sr/c510_212.html

Die Gesuche sind grundsätzlich ***zwei Jahre vor dem Anlass*** über die entsprechende Territorialregion an den Führungsstab der Armee einzureichen. Alle Voraussetzugen, die im Artikel 2 VEMZ vorgeschrieben sind, müssen erfüllt sein.
Bedingungen: Die Truppe darf nur für zivile und ausserdienstliche ***Tätigkeiten von nationaler und internationaler Bedeutung*** im öffentlichen Interesse eingesetzt werden. Voraussetzung ist, dass die Gesuchsteller (Behörden, Organisationen, Vereine usw.) ihre Aufgaben mit eigenen Mitteln ***nachweislich*** nicht bewältigen können. Zudem muss die Truppe aufgrund ihrer Ausbildung und Ausrüstung geeignet sein, die ihr übertragene Arbeit zu erfüllen. Die Ausbildungsprogramme von Schulen und Kursen dürfen nicht eingeschränkt und für die Truppe muss ein ***Trainingseffekt*** erreicht werden. Die Einsatzfähigkeit der Truppe darf nicht beeinträchtigt werden. Die Truppe wird nicht für Aufgaben eingesetzt, die Polizeigewalt voraussetzen. Schliesslich wird ein Truppeneinsatz nur dann angeordnet, wenn zivile Unternehmen dadurch in der Regel ***nicht konkurrenziert*** werden. Der Einsatz der Truppe ist ***grundsätzlich unentgeltlich.*** Zusätzliches Armeematerial (Geräte, Aggregate, Fahrzeuge, Luftfahrzeuge usw.) für zivile Tätigkeiten wird in Rechnung gestellt.[2] Auch hat der Gesuchsteller in

[2] Verordnung des VBS vom 9. Dezember 1998 über die Gebühren für Dienstleistungen (Gebührentarif VBS, SR **510.461**).

der Regel die Kosten für Verpflegung, Unterkunft und Transport zu übernehmen. Zusätzliches Armeematerial für ***ausserdienstliche Veranstaltungen*** hingegen wird üblicherweise ***kostenlos*** ausgeliehen. Das Generalsekretariat VBS entscheidet über Ausnahmen von der Kostenbeteiligung.

www.armee.ch/vemz

Internationaler militärsportlicher Anlass: die Patrouille des Glaciers

FOKUS 6: Die Patrouille des Glaciers

Die Patrouille des Glaciers (PDG) der Schweizer Armee ist ein in seiner Länge und in seiner hochalpinen Höhenlage sowie im anspruchsvollen Profil der Streckenführung einzigartiger Gebirgslauf. Sie ist ein international ausgeschriebener militärischer Wettlauf, der auch ausländischen militärischen und zivilen Patrouillen offensteht, Damen wie Herren. Die PDG findet alle zwei Jahre statt.

Die Teilnehmerinnen und Teilnehmer können zwischen zwei Strecken wählen:

- Strecke A: **Zermatt–Verbier** (Länge: 53 km, Höhenunterschied +3994 m/ –4090 m, 110 Leistungskilometer)
- Strecke B: **Arolla–Verbier** (Länge 26 km, Höhenunterschied +1881 m/ –2341 m, 53 Leistungskilometer)

Die Strecken sind in einer Etappe zurückzulegen. Die Teilnahme an der PDG erfordert neben sehr guten Hochgebirgskenntnissen, die zur Meisterung unberechenbarer Lagen selbst unter äusserst schwierigen Umweltverhältnissen befähigen, auch eine konsequente und disziplinierte Vorbereitung, eine hohe mentale Belastbarkeit sowie einen ausgesprochenen Teamgeist.

Die Patrouille des Glaciers ermöglicht es der Schweizer Armee, ihr technisches und führungsmässiges Know-how unter extremen Bedingungen unter Beweis zu stellen. Der Anlass demonstriert die Leistungsfähigkeit der Truppe in der Durchführung solch komplexer Operationen in schwierigstem Gelände und unter zum Teil heiklen Wetterbedingungen, durchgeführt mit militärischen Mitteln und Milizruppen, in enger Zusammenarbeit mit zivilen Partnern.

www.pdg.ch

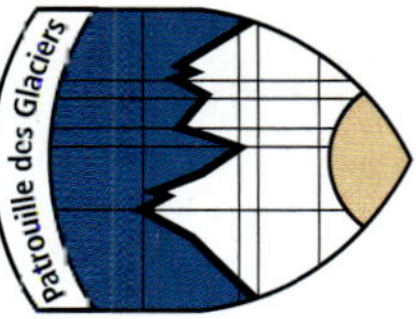
Patrouille des Glaciers

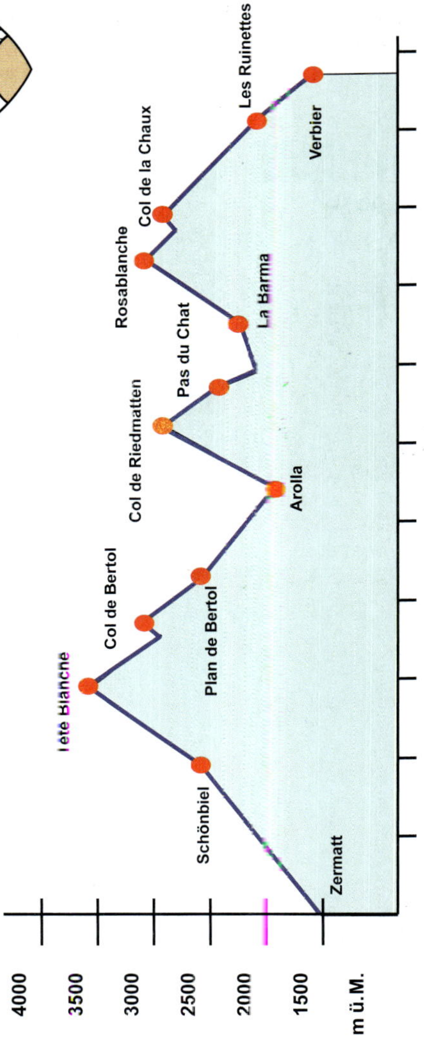
Zermatt
Schönbiel
Tete Blanche
Col de Bertol
Plan de Bertol
Arolla
Col de Riedmatten
Pas du Chat
La Barma
Rosablanche
Col de la Chaux
Les Ruinettes
Verbier
4000
3500
3000
2500
2000
1500
m ü. M.
km
5
10
15
20
25
30
35
40
45
50
55

Milizarmee: zivile Kompetenz für die Auftragserfüllung

Block 6 Milizarmee

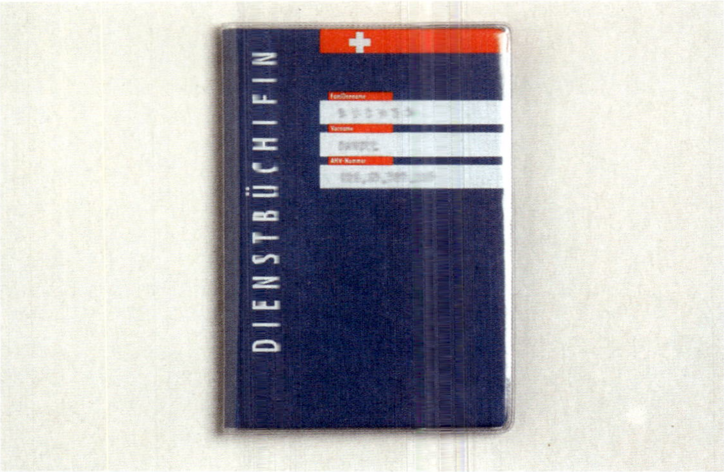

Dienstbüchlein

Einrücken

6-1 Wehr- und Militärdienstpflicht

Die Bundesverfassung verpflichtet jeden Schweizer Bürger, Militärdienst zu leisten (allgemeine Wehrpflicht). Die Rekrutierung entscheidet über die individuelle Diensttauglichkeit und damit über die Form der Pflichtausübung.

6-1-1 Allgemeine Bestimmungen

6-1-11 Grundsatz

Artikel 59 der ***Bundesverfassung*** bestimmt: «Jeder Schweizer ist verpflichtet, Militärdienst zu leisten. Das Gesetz sieht einen zivilen Ersatzdienst vor.» (Abs. 1) und: «Für Schweizerinnen ist der Militärdienst freiwillig.» (Abs. 2).
Die Wehrpflicht ist eine persönliche Pflicht des Schweizer Bürgers; sie wird durch seine Tauglichkeit für den Militärdienst bestimmt. Bei der Rekrutierung wird daher festgestellt, ob ein Stellungspflichtiger ***diensttauglich*** oder ***dienstuntauglich*** ist. Wer weder Militärdienst noch Ersatzdienst leistet, schuldet eine Abgabe. Der zivile Ersatzdienst und die Abgabepflicht werden in besonderen Bundesgesetzen geregelt.
Die Wehrpflicht umfasst: Stellungspflicht, Militärdienstpflicht, Zivildienstpflicht, Ersatzpflicht, Meldepflicht.

Die Wehrpflicht beginnt mit der Aufnahme in die Militärkontrolle am Anfang des Jahres, in dem die Wehrpflichtigen das 18. Altersjahr vollenden, und dauert bis zur Entlassung. Die Entlassung erfolgt, entsprechend dem militärischen Status der Wehrpflichtigen, frühestens am Ende des Jahres, in dem das 30. Altersjahr vollendet wird (für Angehörige mit Mannschaftsgraden und einen Teil der Unteroffiziere sowie die Nichteingeteilten) und spätestens am Ende des Jahres, in dem das 50. Altersjahr vollendet wird (für Spezialisten und Stabsoffiziere).

6-1-12 Militärdienst der Schweizerin

Die Schweizerin kann sich freiwillig zum Militärdienst melden. Wird ihre Anmeldung angenommen, so wird sie stellungspflichtig und muss, wie die männlichen Stellungspflichtigen, am Orientierungstag und an der Rekrutierung teilnehmen. Sie hat die gleichen Rechte und Pflichten wie die militärdienstpflichtigen Schweizer.

6-1-13 Auslandschweizer

Der Grundsatz der allgemeinen Wehrpflicht gilt auch für die Auslandschweizer, bedeutet aber für sie nicht genau dasselbe wie für die Schweizer im Inland. Der Bundesrat hat der besonderen Lage der Auslandschweizer Rechnung getragen und die Wehrpflicht sowie die sonstigen militärischen Pflichten im Militärgesetz (MG) vom 3. Februar 1995[1] gesondert geregelt. Die Auslandschweizer sind in Friedenszeiten von der Rekrutierung und der Militärdienstpflicht befreit. Der Bundesrat kann Ausnahmen vorsehen, insbesondere für Auslandschweizer in den Nachbarstaaten. Die Auslandschweizer können freiwillig die Rekrutierung bestehen und Ausbildungsdienste leisten. Die zuständigen schweizerischen Vertretungen fordern junge Auslandschweizer im 18. Altersjahr auf, sich zu immatrikulieren. Sie erhalten in der Regel kein Dienstbüchlein, sondern ein Wehrpflichtblatt, das sie über ihre militärischen Pflichten, insbesondere bei einer Wohnsitznahme in der Schweiz, orientiert. Die Rekrutierung findet grundsätzlich im 19. Altersjahr statt. In begründeten Ausnahmefällen kann ein Gesuch um vorzeitige Rekrutierung eingereicht werden. Jedes Jahr absolvieren junge Auslandschweizer aus der ganzen Welt freiwillig die RS. Allerdings kann nicht jeder Auslandschweizer, der dies will, zur RS aufgeboten werden. Erste Voraussetzung dafür ist nämlich, dass er nicht auch Bürger seines Wohnsitzstaates ist. Aufgeboten werden können Doppelbürger hingegen dann, wenn sie nicht in ihrer zweiten Heimat, sondern in einem Drittstaat wohnen. Weiter wird vorausgesetzt, dass der künftige Rekrut eine der schweizerischen Landessprachen genügend beherrscht. Auslandschweizer, die freiwillig die RS absolvieren wollen, melden sich beim Führungsstab der Armee, Personelles der Armee (Führungsgrundgebiet/FGG 1), oder bei der zuständigen schweizerischen Vertretung. Die Rekrutierung erfolgt ausschliesslich in der Schweiz.

Kehrt ein Auslandschweizer in die Schweiz zurück, gilt die Wehrpflicht wieder und der Betroffene wird entsprechend seinem Alter und seiner Tauglichkeit zu deren weiterer Erfüllung herangezogen. Eine Ausnahme

[1] SR **510.10**

ist vorgesehen für Militärdienstpflichtige, die sich länger als sechs Jahre ununterbrochen im Ausland aufgehalten haben und von der Schweizer Armee nicht mehr benötigt werden. Sie werden nur noch auf Gesuch hin eingeteilt; andernfalls unterstehen sie den Bestimmungen über die Wehrpflichtersatzabgabe. Auslandschweizer, die sich für mehr als drei Monate in der Schweiz aufzuhalten gedenken, müssen sich grundsätzlich innert 14 Tagen nach der Einreise in die Schweiz beim Sektionschef bzw. Kreiskommando anmelden. Schweizer Bürger werden bis zum Ende des Kalenderjahres, in dem sie das 25. Altersjahr vollenden, rekrutiert. Wer diensttauglich erklärt wird, hat anschliessend die RS sowie die weiteren gesetzlich vorgeschriebenen Militärdienste zu leisten. Wer bereits rekrutiert ist, wird noch bis zum Ende des Kalenderjahres, in welchem er sein 26. Altersjahr vollendet, zur RS aufgeboten. Wer altershalber nicht mehr rekrutiert wird oder die RS nicht mehr bestehen muss, ist nicht mehr militärdienstpflichtig; er hat dann die Wehrpflichtersatzabgabe zu bezahlen und untersteht zudem den Bestimmungen des Zivilschutzes.
Auslandschweizer, die sich nach vorangegangenem ununterbrochenem Aufenthalt im Ausland von mindestens 12 Monaten nicht länger als drei Monate in der Schweiz aufhalten, sind von der militärischen Anmeldepflicht befreit. Ein bewilligter Auslandurlaub behält seine Gültigkeit.
Der Bundesrat regelt weitere Einzelheiten, insbesondere die Pflichten ausser Dienst sowie die Verwendung im Landesverteidigungsdienst.

6-1-14 Doppelbürger

Schweizer, die das Bürgerrecht eines anderen Staates besitzen und dort ihre militärischen Pflichten erfüllt oder Ersatzleistungen erbracht haben, sind in der Schweiz nicht militärdienstpflichtig. Der Bundesrat kann Ausnahmen vorsehen. Vorbehalten bleiben die Meldepflicht und die Ersatzpflicht. Der Bundesrat kann mit anderen Staaten Vereinbarungen über die gegenseitige Anerkennung der Erfüllung der Militärdienstpflicht von Doppelbürgern abschliessen. Solche Abkommen bestehen mit Argentinien, Frankreich, Italien, Kolumbien, Österreich und den USA. Für Schweizer, die auch Bürger dieser Staaten sind, bestehen daher keine Probleme. Probleme können dagegen für Doppelbürger entstehen, die in der Schweiz Militärdienst geleistet haben, wenn der zweite Heimatstaat bei der Rückkehr diesen Militärdienst nicht anerkennt und den Doppelbürger trotz bestandenem schweizerischem Militärdienst auch noch zur Leistung von Militärdienst verpflichten will. Doppelbürgern, deren zweiter Heimatstaat mit der Schweiz kein Abkommen abgeschlossen hat und die in der Schweiz eine Ausbildung absolvieren wollen, wird deshalb empfohlen, sich vorgängig bei den zuständigen ausländischen Militärbe-

hörden zu erkundigen. Auskünfte über den Militärdienst von Doppelbürgern erteilt auch der Führungsstab der Armee, Personelles der Armee (FGG 1), Rodtmattstr. 110, 3003 Bern.
Doppelbürger mit Wohnsitz oder Aufenthaltsort in der Schweiz haben ihre militärischen Pflichten in der Schweiz zu erfüllen. Für schweizerisch-ausländische Doppelbürger besteht die Möglichkeit der straflosen Erfüllung der Wehrpflicht im anderen Heimatstaat nur unter der Voraussetzung, dass sie sich im anderen Staat niedergelassen haben. Die Ausreise in den anderen Staat zum alleinigen Zweck der Militärdienstleistung führt zu einer militärstrafrechtlichen Verfolgung in der Schweiz.

6-1-2 Stellungspflicht

Jeder männliche Schweizer wird im Jahr, in dem er das 18. Altersjahr zurücklegt, stellungspflichtig. In welcher Form, ob und wo die persönliche Dienstpflicht erfüllt werden soll, wird bei der Rekrutierung entschieden.
Wer Ende des Jahres, in dem er das 25. Altersjahr erreicht hat, nicht rekrutiert ist, ist nicht mehr militärdienstpflichtig. Er hat die Wehrpflichtersatzabgabe zu bezahlen und untersteht den Bestimmungen des Zivilschutzes.

6-1-3 Rekrutierung

6-1-31 Voraussetzungen

Gemäss Bundesverfassung ist jeder Schweizer verpflichtet, Militärdienst zu leisten. Frauen können in der Schweizer Armee freiwillig in allen Funktionen, nach Bestehen von Tauglichkeitsprüfungen, eingesetzt werden. Zu Beginn jeder militärischen Laufbahn steht die Rekrutierung, die für die Armee und den Zivilschutz gemeinsam durchgeführt wird.
Der ***Information*** als Teil der Armeekommunikation wird ein hoher Wert beigemessen, kann doch davon ausgegangen werden, dass gute Information wesentlich dazu beiträgt, die richtige Person am richtigen Platz zu haben und Stellungspflichtige mit Kaderpotenzial frühzeitig zu motivieren.

Bund und Kantone teilen sich die Kompetenzen der Rekrutierung: Die Kantone führen die schriftliche ***Vororientierung*** der Stellungspflichtigen und der jungen Frauen im 16. Lebensjahr durch. Sie erfassen die Kontrolldaten der Stellungspflichtigen in der ***Militärkontrolle*** und bieten sie im 18. Lebensjahr zum ***Orientierungstag*** auf. Die Frauen werden dazu eingeladen.

An diesem Tag wird u.a. über die rechtlichen Grundlagen der Armee und ihre Aufträge, den Bevölkerungs- und Zivilschutz, den Zivildienst und den waffenlosen Militärdienst aus Gewissensgründen orientiert. Fragen zum Sozialdienst der Armee werden beantwortet, Informationen über Kaderlaufbahnen gegeben und Rekrutierungstermine koordiniert. Am Orientierungstag erhalten die Stellungspflichtigen ihr Dienstbüchlein (DB).

6-1-32 Rekrutierungszonen

Die Schweiz ist in ***6 Rekrutierungszonen*** aufgeteilt. In jeder Zone ist ein ***Rekrutierungszentrum*** eingerichtet: Zone 1 (f) Lausanne VD, Zone 2 (d) Sumiswald BE, Zone 3 (i) Monte Ceneri TI, Zone 4 (d) Windisch AG, Zone 5 (d) Rüti ZH und Zone 6 (d) Mels SG.

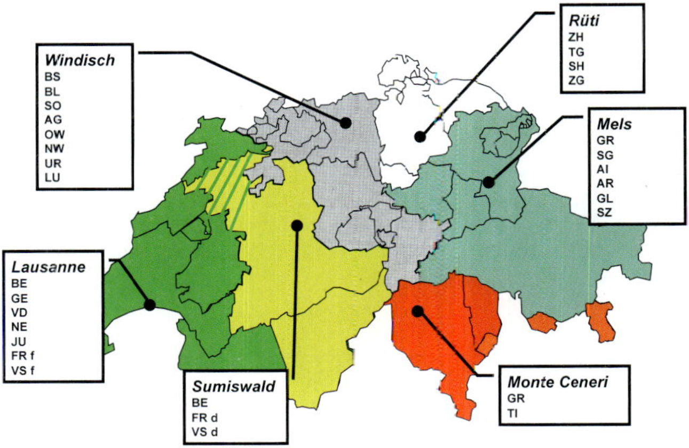

Die Zuteilung der Kantone an die Rekrutierungszentren

Frauen in der Armee

Für Schweizerinnen ist der Militärdienst freiwillig. So steht es in der Bundesverfassung. Frauen können als Angehörige der Armee ihre zivilen Fähigkeiten nutzen und erweitern. Davon profitieren immer mehr Frauen.

Rund die Hälfte der dienstleistenden Frauen entscheidet sich für eine Kaderlaufbahn. So ist es heute keine Seltenheit mehr, dass weibliche Kader Gruppen, Züge, Einheiten oder selbst ein Bataillon führen. Die Gleichstellung und die Gleichberechtigung von Mann und Frau ist somit in der Schweizer Armee gelebte Realität.

Den Frauen stehen in der Schweizer Armee ***alle Funktionen offen.*** Voraussetzung ist selbstverständlich das erfolgreiche Bestehen der Rekrutierung und das Erfüllen der körperlichen Leistungsnormen, die für die gewünschte Funktion verlangt werden. Bei der Funktionszuteilung werden einerseits die Wünsche der Kandidatinnen und andererseits die Bedürfnisse der Schweizer Armee berücksichtigt.

Für die ***Rekrutierung*** können sich junge Frauen ab dem 18. Altersjahr melden. Die Rekrutenschule muss bis und mit abgeschlossenem 26. Altersjahr absolviert sein. Anschliessend leisten die weiblichen Angehörigen der Armee die gleichen Ausbildungsdienste wie die männlichen Kameraden. Die ***Ausbildung*** ist für Männer und Frauen identisch. Dazu werden die Frauen auch mit der gleichen ***persönlichen Waffe*** ausgerüstet wie der Mann in der gleichen Funktion. Auch an den Waffen der Einheit wird die Frau vollumfänglich ausgebildet.

Mit der erfolgreich abgeschlossenen Rekrutierung verpflichten sich die weiblichen Angehörigen der Armee zur Erfüllung der Dienstpflicht gemäss geltender Gesetzgebung. Schwangerschaft und ***Mutterpflichten*** entbinden nicht von der Dienstpflicht, sind aber zwingende Dienstverschiebungsgründe.

www.fda.ch

6-1-33 Ablauf der Rekrutierung

Die ***Rekrutierung*** dauert bis zu 3 Tagen und wird an die Ausbildungsdienstpflicht angerechnet. Die Rekrutierung beginnt in der Regel am Dienstag, 09.00 Uhr, und endet am Donnerstag um zirka 16.00 Uhr. Für Stellungspflichtige mit längerer, erschwerter Anreise besteht die Möglichkeit, am Vortag (Montag) einzurücken und nach der Rekrutierung erst am Freitag entlassen zu werden. Die Rekrutierungstage werden besoldet und die Arbeitstage dem Arbeitgeber nach den Bestimmungen der ***Erwerbsersatzordnung*** erstattet.

Neben der gründlichen ***medizinischen Untersuchung*** und der ***Überprüfung der körperlichen Leistungsfähigkeit*** werden auch ***Persönlichkeit und Psyche*** getestet. Der sozialen Kompetenz wird der angemessene Stellenwert eingeräumt. Mit einer führungsdiagnostischen Beurteilung (Stichworte: Kontakt- und Teamfähigkeit, Führungsmotivation, Sensitivität, Lehrfähigkeit, emotionale Stabilität und Leistungsmotivation) werden erste Anhaltswerte für eine allfällige Verwendung des Kandidaten als Kaderanwärter gewonnen. Im Rahmen von ***psychiatrischen Untersuchungen*** werden vor allem die psychische Gesundheit, Angstfreiheit, Stressresistenz und das Selbstbewusstsein abgeklärt. Die zunehmende Mechanisierung und Computerisierung der Armee bedingen, dass auch das ***intellektuelle Potenzial*** seriös abgeklärt werden muss. ***Für spezielle Funktionen*** (z.B. Fahren von Lastwagen/Panzern) werden weitere Eignungs- und Fachprüfungen durchgeführt. Wer für sensitive Funktionen vorgesehen ist, muss sich, nachdem er dazu eingewilligt hat, zusätzlich einer ***Personensicherheitsprüfung*** unterziehen.

6-1-34 Prüfung der körperlichen Leistungsfähigkeit

Die ***Prüfung der körperlichen Leistungsfähigkeit*** steht unter der Leitung von Experten des Bundesamtes für Sport (BASPO).
Disziplinen, Wertungstabellen und Auszeichnungsmodalitäten sind unter www.rekrutierung.ch ***nachlesbar.***

6-1-35 Eidg. Jugend- und Rekrutenbefragung (ch-x)

Die ***Eidg. Jugend- und Rekrutenbefragung*** ist seit 1. Januar 2004 Bestandteil der Rekrutierung, wird aber im Leistungsprofil des Einzelnen nicht berücksichtigt *(siehe dazu auch «Eidg. Jugend- und Rekrutenbefragung» im Kapitel «Besondere Organisationen, Formationen und Dienste»).*

6-1-36 Zuteilung und Zuweisung

Wer im Hinblick auf eine gewünschte Funktion entsprechende Ausbildungskurse im Rahmen der ***vordienstlichen Ausbildung*** *(siehe dazu auch Kapitel «Ausserdienstliche Tätigkeit» und die Angaben im Kapitel «Truppengattungen»)* besucht hat, sollte alle Ausweise und Dokumente zur Rekrutierung mitbringen.

Für die ***Zuteilung*** wird das ***Leistungsprofil*** (physisches, psychisches, intellektuelles und berufliches Potenzial) mit den ***Anforderungsprofilen*** verglichen. Dabei wird auch festgestellt, ob der Dienst als Durchdiener geleistet werden kann. Die ***Zuweisung in die Lehrverbände*** erfolgt über eine Feinzuteilung auf der Basis der Einsatzfunktion. Die Funktion der künftigen Angehörigen der Armee, der Ort, an dem sie ausgebildet werden, und der Termin des Ausbildungsstarts sind die wesentlichen Faktoren. Um eine hohe Zuverlässigkeit der an der Rekrutierung erhobenen Daten zu gewährleisten, ist der Zeitabstand zwischen Rekrutierung und RS-Beginn auf minimal drei und maximal zwölf Monate festgelegt worden, wobei bereits am Orientierungstag der Zeitpunkt der Rekrutierung und damit auch der Zeitraum der RS festgelegt wird.

Die Tauglichen werden ***drei verschiedenen Gefässen*** zugeteilt: ***Armee, Zivilschutz und Zivildienst***. Für die Stellungspflichtigen besteht jedoch keine Wahlfreiheit. Der Zivilschutz, dem pro Jahr bis zu 6000 Stellungspflichtige zugeführt werden, entwickelt eigene Tauglichkeitsbegriffe. Die Abklärungen der Zulassung zum Zivildienst werden von den Organen des zivilen Ersatzdienstes während der Rekrutierungstage vorgenommen.

6-1-37 Früherfassung von künftigen Kadern

Die ***Früherfassung von künftigen Kadern*** findet neu nach dem Zweistufenprinzip statt: Während der Rekrutierung durchlaufen alle die erste Stufe der Kaderbeurteilung als mögliche Unteroffiziersanwärter. Nach den bisherigen Erfahrungen erhalten rund 45% der Rekrutierten das Prädikat «Kadereignung vorhanden». Innerhalb dieses Prädikates gibt es eine Benotung, damit die Selektion zum Unteroffizier in der RS auf gefestigten Grundlagen durchgeführt werden kann. In der Allgemeinen Grundausbildung (AGA) findet die zweite Beurteilung aller Kaderanwärter statt. Verhalten und Reaktion im Einsatz entscheiden über die weitere Verwendung des Anwärters. Bei positivem Bescheid tritt dieser direkt nach der AGA in die Unteroffiziersschule, die höhere Unteroffiziersschule oder, je nach Eignung und Interesse, in die Offiziersschule über.

6-1-38 Spitzensportler

Athleten mit einer ***hohen, internationalen Zielsetzung*** erhalten die Chance, als Sportsoldaten selektioniert zu werden. Dabei spielen folgende ***Kriterien*** eine Rolle:
- momentanes Leistungsniveau;
- langfristiges Ziel und langfristiges Entwicklungspotenzial;
- ganzheitliche Karriereplanung;
- Unterstützung durch den Verband.

Pro Lehrgang können ***40 Athleten*** aufgenommen werden. Für die Spitzensportler dauert die RS ***18 Wochen.*** Pro Jahr sind ***zwei RS-Termine*** vorgesehen:
- 1. RS: von Anfang November bis Anfang März;
- 2. RS: von Mitte März bis Mitte Juli.

Die RS besteht aus zwei Teilen:
- Die ***ersten fünf Wochen*** absolvieren die Athleten in ***Lyss*** mit dem Schwergewicht der militärischen Grundausbildung. Daneben wird ihnen ein tägliches Training ermöglicht.
- Anschliessend findet der ***Wechsel nach Magglingen*** in den RS-Sportler-Lehrgang statt. Während 13 Wochen werden die jungen Spitzensportler zu ***Militärsportleitern (MSL)*** ausgebildet und erhalten die Möglichkeit, täglich Sportart-spezifisch zu trainieren.

Die entsprechende ***Betreuung*** erhält dadurch eine grosse Bedeutung. Es ist wichtig, dass die Verbände ***Gruppen*** bilden und ihre Athleten nur noch in einem Zwei- oder gar Drei-Jahres-Rhythmus in die RS schicken. Zudem ist es notwendig, dass Athleten und Verbände eine ***langfristige Karriereplanung*** vornehmen.
Nach Beendigung der RS werden die Athleten in einen besonderen ***Sportstab*** eingeteilt. Die anschliessenden Wiederholungskurse (WK) werden von den Athleten als Militärische Sportleiter (MSL) in einer Schule oder in einer Einheit absolviert; sie sind dort für den Sport verantwortlich. Dies ermöglicht, ein Sportart-spezifisches Training durchführen zu können.
In Sportarten des ***«Conseil International du Sport Militaire» (CISM)*** ist es möglich, die WK als CISM-Soldat zu erfüllen.
Falls ein Athlet sich für eine Teilnahme an ***Weltmeisterschaften*** vorbereitet, kann auf Antrag ein langfristig geplantes Trainingslager eines Sportverbandes an die ***Militärdienstpflicht angerechnet*** werden. ▶

6-1-39 Tauglichkeit

Im Jahre 2007 wurden insgesamt 38 182 (Vorjahr 37 377) Stellungspflichtige beurteilt, darunter 127 (Vorjahr 256) Frauen. 25 321 wurden tauglich erklärt, das entspricht einem ***Tauglichkeitsgrad*** von 66,32% (64,57%). Davon

– wurden 200 (155) Taugliche als ***schiessuntauglich*** befunden;

– gingen 113 (116) Gesuche für einen ***Dienst ohne Waffen*** ein.

Von den militärisch untauglich erklärten Stellungspflichtigen wurden 6113 (6133) für den Schutzdienst tauglich erklärt.

Die körperliche Leistungsfähigkeit der Rekrutierten war erfreulich, erreichten doch ***über 70%*** die Noten gut, sehr gut bis hervorragend.

> ***Tauglichkeit***
> ***Diensttauglich*** ist aus medizinischer Sicht, wer körperlich, geistig und psychisch den Anforderungen des Militär- beziehungsweise Schutzdienstes genügt und bei der Erfüllung dieser Anforderungen weder die eigene Gesundheit noch diejenige Dritter gefährdet.
> ***Dienstfähig*** ist aus medizinischer Sicht, wer in der Lage ist, den bevorstehenden Dienst zu leisten.

www.rekrutierung.ch

6-1-4 Militärdienstpflicht

6-1-41 Grundsätze

Wer rekrutiert ist und militärdiensttauglich erklärt wurde, wird militärdienstpflichtig.

Die ***Militärdienstpflicht umfasst:*** Pflicht ausser Dienst, Ausbildungsdienst, Friedensförderungsdienst (aufgrund freiwilliger Anmeldung), Assistenzdienst, Aktivdienst.

Die Angehörigen der Armee können verpflichtet werden, einen bestimmten ***Grad*** zu bekleiden und ein ***Kommando*** oder eine ***Funktion*** zu übernehmen. Sie haben den entsprechenden Dienst zu leisten und die damit verbundenen ausserdienstlichen Aufgaben zu erfüllen. Die ***Einteilung*** und die ***Zuteilung*** eines Angehörigen der Armee können jederzeit geändert werden. Die ***Militärdiensttauglichkeit*** kann jederzeit neu beurteilt werden. Militärdienstuntaugliche leisten keinen Militärdienst.

6-1-42 Altersgrenzen für die Militärdienstpflicht

Die Militärdienstpflicht beginnt mit der Rekrutenschule und dauert:

- für ***Angehörige der Mannschaft und Unteroffiziere,*** mit Ausnahme der höheren Unteroffiziere: bis zum Ende des Jahres, in dem sie das 30. Altersjahr vollenden, oder, wenn sie ihre Ausbildungsdienstpflicht bis dahin nicht vollständig erfüllt haben, längstens bis zum Ende des Jahres, in dem sie das 34. Altersjahr vollenden;
- für ***höhere Unteroffiziere:*** längstens bis zum Ende des Jahres, in dem sie das 36. Altersjahr vollenden;
- für ***Subalternoffiziere:*** längstens bis zum Ende des Jahres, in dem sie das 36. Altersjahr vollenden, bei Bedarf längstens bis zum Ende des Jahres, in dem sie das 40. Altersjahr vollenden;
- für ***höhere Unteroffiziere,*** die ***in Stäben*** eingeteilt sind, und für ***Hauptleute:*** längstens bis zum Ende des Jahres, in dem sie das 42. Altersjahr vollenden;
- für ***Stabsoffiziere und höhere Stabsoffiziere:*** längstens bis zum Ende des Jahres, in dem sie das 50. Altersjahr vollenden.

Angehörige der Armee, die als ***Spezialisten*** durch ihre berufliche Tätigkeit oder wegen besonderer Kenntnisse für die Schweizer Armee oder für andere Bereiche der nationalen Sicherheitskooperation unentbehrliche Leistungen erbringen und militärisch entsprechend eingeteilt sind, sind im Rahmen der Höchstgrenzen der Ausbildungsdienstpflicht ihres Grades bis zum Ende des Jahres militärdienstpflichtig, in dem sie das 50. Altersjahr vollenden.

Als Spezialisten gelten Angehörige der Armee mit ***besonderen Kenntnissen,*** vor allem in den Bereichen ***Sicherheit und Technik,*** oder mit einer ***besonderen, lange dauernden zivilen Ausbildung (Fachhochschulen, Hochschulen).***

Die Altersgrenze für die Militärdienstpflicht kann für Spezialisten, höhere Unteroffiziere und Offiziere bei Bedarf mit ihrem Einverständnis zusätzlich verlängert werden.

Die ***Bundesversammlung*** kann die Altersgrenzen hinauf- oder herabsetzen, und der ***Bundesrat*** bestimmt die Altersgrenze für die Militärdienstpflicht für das ***militärische Personal.***

Maximale Anzahl Tage Ausbildungsdienst

Grade	*Anzahl Tage*
Mannschaft (Soldat, Gefreiter, Obergefreiter)	260
Korporal Gruppenführer/Chef seines Fachbereichs	260
Wachtmeister (Gruppenführer)	400
Oberwachtmeister (Zugführer-Stellvertreter)	430
Feldweibel (Tech/System Uof)	450
Fourier (Einheitsfourier)	500
Hauptfeldweibel (Einheitsfeldweibel)	500
Adjutantunteroffizier (Logistik-Zugführer)	620
Stabsajdutant (Stabsmitarbeiter Bat/Abt Kdt)	630
Hauptadjutant (Stabsmitarbeiter Brigade Kdt)	730
Chefadjutant (Stabsmitarbeiter Ter Reg Kdt)	770
Subalternoffiziere (Leutnant/Oberleutnant)	600

Besonderes

- Die Ausbildungsdienstpflicht der ***Hauptleute und Stabsoffiziere*** (Major, Oberstleutnant, Oberst) richtet sich nach der sogenannten Verweildauer (Dauer der Führung eines Kommandos oder der Ausübung einer Funktion).
- ***Fachoffiziere und Spezialisten*** der Grade Hauptmann bis Oberst leisten in Fortbildungsdiensten der Truppe höchstens 300 Tage Ausbildungsdienst.
- Angehörige der Armee dürfen im Rahmen von Fortbildungsdiensten der Truppe zu ***höchstens 60 Tagen Ausbildungsdienst*** innerhalb von zwei aufeinanderfolgenden Jahre aufgeboten werden. Die Dienste können auch tageweise geleistet werden.

6-1-43 Waffenloser Militärdienst

Stellungspflichtige und Militärdienstpflichtige, die den bewaffneten Militärdienst mit ihrem Gewissen nicht vereinbaren können, reichen beim ***Kreiskommando des Wohnortkantons*** ein schriftliches Gesuch um Zulassung zum waffenlosen Militärdienst ein (Verordnung vom 10. April 2002 über die Rekrutierung (VREK) und die Verordnung des VBS vom 16. April 2002 über die Rekrutierung (VREK-VBS)). Das Gesuch ist vom Stellungspflichtigen ***spätestens einen Monat vor den Rekrutierungstagen,*** vom Militärdienstpflichtigen ***spätestens drei Monate vor der nächsten Militärdienstleistung*** einzureichen. Die Gesuchsteller müssen im Gesuch ausdrücklich erklären, waffenlosen Militärdienst leisten zu wollen. Sie legen ihre persönlichen Gründe dar, welche sie zu ihrem Gewissensentscheid gegen den bewaffneten Militärdienst geführt haben.

Dem ***Gesuch*** sind folgende Unterlagen beizulegen: ein ausführlicher Lebenslauf; ein aktueller Auszug aus dem zentralen Strafregister; das DB; Berichte, in denen Vertreter staatlicher oder kirchlicher Instanzen und religiöser Gemeinschaften oder andere Personen, die sie persönlich kennen, die Haltung des Gesuchstellers darlegen und aus ihrer Sicht würdigen. Gesuchsteller, die bereits Militärdienst geleistet haben, legen zusätzlich einen Führungsbericht des Kommandanten bei, unter dem sie den letzten Dienst geleistet haben.

Das Gesuch wird durch eine ***Bewilligungsinstanz*** entschieden, die sich wie folgt zusammensetzt: Kommandant des Rekrutierungszentrums oder sein Stellvertreter; ein Kreiskommandant oder dessen Stellvertreter; ein Arzt. Die Bewilligungsinstanz hört die Gesuchsteller an. Sie kann zusätzliche Auskünfte, Unterlagen und Berichte einholen. Der Gesuchsteller muss vor der Bewilligungsinstanz persönlich erscheinen. Das Bewilligungs- und das allfällige Beschwerdeverfahren vor dem VBS sind kostenlos. Gegen den Entscheid der Bewilligungsinstanz kann innert 30 Tagen ***Beschwerde*** an das VBS eingereicht werden. Das VBS setzt eine ***Fachkommission*** zur Behandlung der Beschwerde ein.

Während des fristgerecht eingeleiteten Verfahrens leistet der Gesuchsteller den Militärdienst ohne Waffe und ist von der ausserdienstlichen Schiesspflicht dispensiert (siehe dazu auch Art. 19 VREK).

6-1-44 Dienstbefreiung

Die Mitglieder der Bundesversammlung sind während der Dauer der Sessionen und der Sitzungen der Kommissionen und Fraktionen der eidg. Räte ***vom Ausbildungsdienst und vom Assistenzdienst befreit***. Sie müssen nur Ausbildungsdienst für einen höheren Grad oder eine neue Funktion nachholen.

Für die Dauer ihres Amtes oder ihrer Anstellung werden ferner ***von der Militärdienstpflicht befreit***:

- die Mitglieder des Bundesrates, der Bundeskanzler und die Vizekanzler;
- Geistliche, die nicht der Armeeseelsorge angehören;
- das unentbehrliche Personal für die Sicherstellung des Betriebes von sanitätsdienstlichen Einrichtungen des Gesundheitswesens (diese wie die folgenden Militärdienstpflichtigen erst, wenn sie die RS bestanden haben);
- hauptberufliche Angehörige von Rettungsdiensten, die von der Schweizer Armee nicht zwingend für eigene Rettungsdienste benötigt werden;

- Direktoren, Direktorinnen und Aufsichtspersonal von Anstalten, Gefängnissen oder Heimen, in denen Untersuchungshaft, Strafen oder Massnahmen vollzogen werden;
- hauptberufliche Angehörige von organisierten Polizeidiensten, die von der Schweizer Armee nicht zwingend für polizeiliche Aufgaben benötigt werden;
- Angehörige des Grenzwachtkorps;
- das Personal der Postdienste, der staatlichen und vom Bund konzessionierten Transportunternehmen sowie der Verwaltung, das in ausserordentlichen Lagen für die nationale Sicherheitskooperation unentbehrlich ist;
- hauptberufliche Angehörige von staatlich anerkannten Feuerwehren und Wehrdiensten.

Das VBS kann in begründeten Ausnahmefällen weitere hauptberufliche Angehörige von öffentlichen und privaten Institutionen und Diensten, die lebensnotwendige oder für die Nothilfe oder die Bewältigung von Katastrophen unentbehrliche Dienstleistungen erbringen, befreien, soweit sie für die entsprechenden Aufgaben in der Armee nicht zwingend benötigt werden. Angehörige der Armee können bei Bedarf dem Zivilschutz, den zivilen Führungsorganen der nationalen Sicherheitskooperation oder den Stützpunkt-Feuerwehren als Vorgesetzte oder Spezialisten zur Verfügung gestellt werden, soweit die Bedürfnisse der Armee dies zulassen. Während der Dauer dieser Verwendung sind sie von der Militärdienstpflicht befreit. Eine Dienstbefreiung ist grundsätzlich erst nach Vollendung der Rekrutenschule möglich und erfolgt, mit Ausnahme der Bundesräte, nur auf Gesuch.

6-1-45 Dienstverschiebung

Dienstverschiebungen können aus militärischen Gründen von den zuständigen Behörden ***angeordnet*** oder auf Gesuch der Militärdienstpflichtigen aus persönlichen Gründen ***bewilligt*** werden. Eine Anordnung aus militärischen Gründen ist insbesondere gegeben:

- zur Deckung des Bedarfs an ***Spezialisten*** und ***Kadern*** in Ausbildungsdiensten der Formationen;
- wenn mehrere Dienstleistungen zeitlich ganz oder teilweise zusammenfallen und bei teilweiser Leistung nicht als bestanden gelten können;
- wenn in einem Kalender- oder Studienjahr bereits eine Verpflichtung zur Leistung von mehr als 26 Diensttagen besteht;
- bei fehlenden Ausbildungsplätzen in Grundausbildungsdiensten.

Die Militärdienstpflichtigen, deren Ausbildungsdienst der Formationen im öffentlichen militärischen Aufgebot aufgeführt ist, erhalten 20 Wochen vor Beginn der Dienstleistung eine Dienstanzeige. ***Gesuche*** um Dienstverschiebung müssen von den Militärdienstpflichtigen spätestens

14 Wochen vor Beginn der Dienstleistung in schriftlicher Form eingereicht werden, soweit der Grund der Verschiebung zu diesem Zeitpunkt schon bekannt ist. Die Gesuche müssen ***begründet*** und mit den nötigen ***Beweismitteln*** versehen werden. Der ***Marschbefehl*** wird dem Gesuch um Dienstverschiebung *nicht beigelegt;* er behält seine Gültigkeit. Das Gesuch muss ausserdem enthalten: die Unterschrift des Gesuchstellers und, falls der Angehörige der Armee mit der Erfüllung seiner Ausbildungsdienstpflicht mit mehr als drei Wiederholungskursen im Rückstand ist, den Zeitraum, in dem der Gesuchsteller den Dienst leisten kann.

Gesuche um Dienstverschiebung, die nicht innerhalb der Frist von 14 Wochen vor Dienstbeginn eingereicht werden, dürfen nur bei Vorliegen eines nicht im Voraus planbaren zwingenden Grundes bewilligt werden. Über Gesuche, die erst in den letzten zwei Wochen vor Beginn des Dienstes behandelt werden können, entscheidet die zuständige Behörde nach Rücksprache mit dem direkt vorgesetzten Kommandanten des Angehörigen der Armee.

Die Pflicht zum Einrücken bleibt für den Gesuchsteller bestehen, solange die Dienstverschiebung nicht bewilligt ist. Die ***Gesuche*** sind zu richten:

- von ***Stellungspflichtigen*** für die Rekrutierung an das Kreiskommando des Wohnorts;
- von ***Rekruten, Angehörigen der Armee mit Mannschaftsgraden, Unteroffizieren und Subalternoffizieren*** (ohne Subalternoffiziere und höhere Unteroffiziere, die in Stäben, oder Subalternoffiziere, die ad interim auf einer Hauptmannsfunktion eingeteilt sind) für Grundausbildungsdienste: an die Militärbehörde des Wohnortkantons;
- von ***Hauptleuten*** (inkl. Subalternoffiziere und höhere Unteroffiziere, die in Stäben, oder Subalternoffiziere, die ad interim auf einer Hauptmannsfunktion eingeteilt sind) sowie ***Stabsoffizieren*** für Grundausbildungsdienste: auf dem Dienstweg an den Führungsstab der Armee;
- von ***Angehörigen der Armee mit Mannschaftsgraden*** für Ausbildungsdienste der Formationen: an die Militärbehörde des Wohnortkantons;
- von ***Unteroffizieren*** (ohne höhere Unteroffiziere, die in Stäben eingeteilt sind), ***Spezialisten und Angehörigen der Armee in Schlüsselfunktionen sowie Subalternoffizieren*** (ohne Subalternoffiziere, die ad interim auf einer Hauptmannsfunktion eingeteilt sind) für Ausbildungsdienste der Formationen: an die Militärbehörde des Wohnortkantons;
- von ***Hauptleuten*** (inkl. Subalternoffiziere und höhere Unteroffiziere, die in Stäben, oder Subalternoffiziere, die ad interim auf einer Hauptmannsfunktion eingeteilt sind) sowie ***Stabsoffizieren*** für Ausbildungsdienste der Formationen: auf dem Dienstweg an den Führungsstab der Armee.

www.armee.ch > Mein Militärdienst > Dienstleistende > **Dienstverschiebung**

6-1-46 Nachholen nicht bestandener Ausbildungsdienste

Haben Militärdienstpflichtige ***Ausbildungsdienste*** wegen fehlender anrechenbarer Tage nicht bestanden, so müssen sie die Ausbildungsdienste in der ganzen Dauer bzw. bis zur Erfüllung der Ausbildungsdienstleistungspflicht nachholen.

Bei ***Grundausbildungsdiensten*** wird die verpasste Ausbildungsperiode innerhalb von zwei Jahren nachgeholt.

Ausbildungsdienste der Formationen werden mit der Einteilungsformation nachgeholt. ***Vorbehalten bleibt:***

- ein zusätzliches Aufgebot von 19 Tagen bei Vorliegen eines militärischen Bedürfnisses sowie
- ein zusätzliches Aufgebot von 19 Tagen für Angehörige der Armee, die mit der Erfüllung ihrer Ausbildungsdienstpflicht mit mehr als drei WK im Rückstand sind.

Ein Diensttag gilt als anrechenbar, wenn der Militärdienstpflichtige ***mindestens fünf Stunden*** oder ***während mindestens der Hälfte der Arbeitszeit*** Tätigkeiten bei der Truppe verrichtet hat. Diensttage, an denen wegen Krankheit oder Unfalls keine Arbeit verrichtet werden konnte, werden angerechnet; vorbehalten bleibt die vorzeitige Entlassung aus ärztlichen Gründen. Erfolgt die Entlassung am Einrückungstag, so wird dieser Diensttag angerechnet.

6-1-47 Ausschluss

Wer infolge Verurteilung durch ein Strafgericht wegen Verbrechens oder Vergehens für die Armee untragbar geworden ist, kann von der Militärdienstleistung ausgeschlossen werden.

Bei einwandfreier Lebensführung kann die ausgeschlossene Person auf Gesuch hin wieder zur Militärdienstleistung zugelassen werden. Die zuständige Behörde kann für die Wiederzulassung polizeiliche Führungsberichte über die betroffene Person einholen.

6-1-5 Militärdienstverweigerung

Artikel 81 des Militärstrafgesetzes (MStG) vom 13. Juni 1927[2] regelt den Straftatbestand der Militärdienstverweigerung und Desertion wie folgt:

1 Mit Freiheitsstrafe bis zu 18 Monaten oder Geldstrafe wird bestraft, wer in der Absicht, den Militärdienst zu verweigern:

a. nicht am Orientierungstag oder an der Rekrutierung teilnimmt;
b. eine Militärdienstleistung, zu der er aufgeboten ist, nicht antritt;

---
[2] SR **321.0**

c. seine Truppe oder Dienststelle ohne Erlaubnis verlässt;
d. nach einer rechtmässigen Abwesenheit nicht zurückkehrt; oder
e. nach Antritt der Militärdienstleistung einem an ihn gerichteten Befehl in Dienstsachen nicht gehorcht.

1bis Für eine strafbare Handlung nach Absatz 1 ist eine Geldstrafe oder eine gemeinnützige Arbeit bei gleichzeitigem Ausschluss aus der Armee nach Artikel 49 ausgeschlossen.

2 Im Aktivdienst ist die Strafe Freiheitsstrafe oder Geldstrafe.

3 Wer als Angehöriger einer religiösen Gemeinschaft aus religiösen Gründen den Militärdienst verweigert und kein Gesuch um Zulassung zum Zivildienst stellt, wird schuldig erklärt und zu einer Arbeitsleistung im öffentlichen Interesse verpflichtet, deren Dauer sich in der Regel nach Artikel 8 des Zivildienstgesetzes (ZDG) vom 6. Oktober 1995[3] richtet. Die Arbeitsleistung wird im Rahmen und nach den Vorschriften des Zivildienstes vollzogen. Der Richter kann den Täter aus der Schweizer Armee ausschliessen.

4 Wer glaubhaft darlegt, dass er den Ausbildungsdienst für einen höheren Grad mit seinem Gewissen nicht vereinbaren kann, aber bereit ist, im bisherigen Grad Militärdienst zu leisten, wird zu einer Arbeitsleistung im öffentlichen Interesse verpflichtet. Sie dauert in der Regel 1,1 Mal so lange wie der verweigerte Ausbildungsdienst zur Erreichung des höheren Grades und wird im Rahmen und nach den Vorschriften des Zivildienstes vollzogen.

5 Der Bundesrat erlässt die für den Vollzug der Arbeitsleistung nach den Absätzen 3 und 4 erforderlichen ergänzenden Bestimmungen.

6 Der Täter bleibt unter Vorbehalt von Artikel 84 (Missachten eines Aufgebotes zum Militärdienst) straflos, wenn er:
a. zum Zivildienst zugelassen wird;
b. dem waffenlosen Dienst zugewiesen wird;
c. dienstuntauglich erklärt wird und die Dienstuntauglichkeit bereits im Zeitpunkt der Tat bestanden hat.

Der im MStG vorgesehene Arbeitsdienst wird durch die Vollzugsstelle für den Zivildienst vollzogen. Die Arbeitsdienstleistenden sind den Zivildienstleistenden gleichgestellt.

www.admin.ch/ch/d/sr/321_0/a81.html

[3] SR **824.0**

Die Zahl der jährlichen Dienstverweigerer

Jahr	Verweigerer von Beförderungsdiensten	Übrige Dienstverweigerer	Total
1996	15	81	96
1997	13	28	41
1998	8	44	52
1999	22	39	61
2000	36	74	110
2001	19	45	64
2002	45	55	100
2003	26	48	74
2004	28	53	81
2005	7	40	47
2006	3	49	52
2007	2	49	51

6-1-6 Zivildienstverweigerung

Über den Zivildienst orientiert detailliert das ***Kapitel 6-5*** «Zivildienst». Über die ***Zivildienstverweigerung*** legt Artikel 72 ZDG Folgendes fest:

1 Wer in der Absicht, den Zivildienst zu verweigern, eine Zivildienstleistung, zu der er aufgeboten ist, nicht antritt, seinen Einsatzbetrieb ohne Erlaubnis verlässt oder nach einer rechtmässigen Abwesenheit nicht zu ihm zurückkehrt, wird mit Freiheitsstrafe bis zu 18 Monaten oder Geldstrafe bestraft.

2 Wer eine ausserordentliche Zivildienstleistung verweigert, wird mit Freiheitsstrafe oder Geldstrafe bestraft.

3 Der Richter kann die fehlbare Person aus dem Zivildienst ausschliessen.

www.zivi.admin.ch

6-1-7 Wehrpflichtersatzabgabe

Wer die Wehrpflicht nicht durch Militär- oder Zivildienst erfüllt, untersteht der Ersatzpflicht. Er hat die Wehrpflichtersatzabgabe zu leisten. Diese ist ***keine Steuer,*** sondern eine Ersatzleistung, die der Bürger schuldet, der seine Wehrpflicht – aus welchen Gründen auch immer – nicht im vollen gesetzlichen Umfang durch persönliche Dienstleistung erfüllt. Sie ist nicht in der Fiskalhoheit, sondern in der Wehrhoheit begründet. Erhoben wird die Wehrpflichtersatzabgabe unter Aufsicht des Bundes von den

Kantonen nach dem Bundesgesetz vom 12. Juni 1959 über die Wehrpflichtersatzabgabe (WPEG; SR 661)[4].

Ersatzpflichtig sind die Wehrpflichtigen mit Wohnsitz im In- oder Ausland, die im Ersatzjahr, das dem Kalenderjahr entspricht,
- während mehr als 6 Monaten nicht in einer Formation der Armee eingeteilt sind und nicht der Zivildienstpflicht unterstehen;
- als Dienstpflichtige ihren Militär- oder Zivildienst nicht leisten.

Nicht ersatzpflichtig ist, wer seine Dienstpflicht im Ersatzjahr tatsächlich erfüllt hat, obwohl er nicht während des ganzen Jahres als Dienstpflichtiger eingeteilt war.

Von der Ersatzpflicht ist befreit, wer im Ersatzjahr:
- wegen erheblicher körperlicher oder geistiger Behinderung ein taxpflichtiges Einkommen erzielt, das nach nochmaligem Abzug von Versicherungsleistungen sowie von behinderungsbedingten Lebenshaltungskosten sein betreibungsrechtliches Existenzminimum um nicht mehr als 100% übersteigt;
- wegen einer erheblichen Behinderung als dienstuntauglich gilt sowie eine Rente oder eine Hilflosenentschädigung der Eidg. Invalidenversicherung oder der Unfallversicherung bezieht;
- wegen einer erheblichen Behinderung als dienstuntauglich gilt und keine Hilflosenentschädigung bezieht, aber dennoch eine der zwei mindestens erforderlichen Voraussetzungen für eine Hilflosenentschädigung erfüllt;
- dienstuntauglich erklärt oder vom Dienst dispensiert worden ist, weil seine Gesundheit durch den Militär- oder Zivildienst geschädigt wurde;
- als Mitglied der Bundesversammlung wegen Teilnahme an deren Sitzungen seinen Militär- oder Zivildienst nicht leisten konnte, zum militärischen Personal gehört oder nach der Militär- oder Zivildienstgesetzgebung von der persönlichen Dienstleistung befreit ist;
- das Altersjahr vollendet hat, bis zu welchem die Militärdienstpflicht für Angehörige der Mannschaft und Unteroffiziere, mit Ausnahme der höheren Unteroffiziere, dauert;
- das Schweizer Bürgerrecht erworben oder verloren hat.

Von der Ersatzpflicht ist ferner befreit, wer im Ersatzjahr als Angehöriger eines im Kriegsbetrieb stehenden Betriebes während mindestens 30 Tagen dem Militärstrafrecht unterstellt ist.

---

[4] SR **661**

Von der Ersatzpflicht ist auch befreit, wer die gesamte Dienstpflicht nach der Militär- oder Zivildienstgesetzgebung erfüllt hat. Diese Befreiung gilt nicht für Jahre aktiven Dienstes.

Von der Ersatzpflicht ist der Auslandschweizer befreit, der im Ersatzjahr wenigstens sechs Monate lang im Ausland Wohnsitz hat, sofern er:

- bei Beginn des Ersatzjahres seit mehr als drei Jahren ununterbrochen im Ausland wohnt; das bedeutet, dass im Ausland geborene und im Ausland lebende wehrpflichtige Schweizer grundsätzlich keine Wehrpflichtersatzabgabe leisten müssen;
- im Ersatzjahr Militär- oder Zivildienst in seinem ausländischen Wohnsitzstaat zu leisten oder eine der Wehrpflichtersatzabgabe entsprechende Abgabe zu zahlen hat;
- im Ersatzjahr als Bürger seines ausländischen Wohnsitzstaates der Armee oder dem Zivildienst dieses Staates zur Verfügung steht, nachdem er dort die ordentlichen Dienste geleistet hat.

War der Wehrpflichtige schon früher im Ausland wohnhaft, so werden die früheren Auslandaufenthalte auf die Frist von drei Jahren angerechnet, sofern die Aufenthalte jeweils mindestens zwölf zusammenhängende Kalendermonate gedauert haben.
Ausgenommen von der Befreiung sind wehrpflichtige Schweizer, die im Ausland wohnen, sich jedoch militärisch oder zivildienstlich in der Schweiz anzumelden und ihre dienstlichen Obliegenheiten zu erfüllen haben (Grenzgänger).

Die ***Ersatzabgabe*** wird nach der Gesetzgebung über die direkte Bundessteuer auf dem gesamten Reineinkommen erhoben, das der Ersatzpflichtige im In- und Ausland erzielt.
Vom Reineinkommen werden ***abgezogen:***

- 5500 Franken für Ersatzpflichtige, die in rechtlich und tatsächlich ungetrennter Ehe leben, sowie für verwitwete, gerichtlich oder tatsächlich getrennt lebende, geschiedene und ledige Ersatzpflichtige, die mit Kindern oder unterstützungsbedürftigen Personen im gleichen Haushalt zusammenleben und deren Unterhalt zur Hauptsache bestreiten;
- die Sozialabzüge nach den für das Ersatzjahr geltenden Bestimmungen für die direkte Bundessteuer;
- die steuerbaren Leistungen, die der Ersatzpflichtige von der Militärversicherung, der Invalidenversicherung, der Schweizerischen Unfallversicherungsanstalt oder von einer anderen öffentlichrechtlichen oder privatrechtlichen Unfall-, Kranken- oder Invalidenversicherung erhält;

– die invaliditätsbedingten Kosten der Lebenshaltung, sofern der Ersatzpflichtige dafür von keiner öffentlichrechtlichen oder privatrechtlichen Versicherung Leistungen erhält.

Massgebend sind die Verhältnisse des Ersatzpflichtigen in der Veranlagungsperiode der Steuer, nach deren Grundlagen die Ersatzabgabe veranlagt wird. Wird die Ersatzabgabe aufgrund einer besonderen Ersatzabgabeerklärung veranlagt, so sind die Verhältnisse des Ersatzpflichtigen am Ende des Ersatzjahres massgebend.

Die ***Ersatzabgabe*** beträgt 3 Franken je 100 Franken des taxpflichtigen Einkommens, mindestens aber 200 Franken.

Für ersatzpflichtige Behinderte, die nach Artikel 4 Absatz 1 Buchstabe a WPEG nicht von der Ersatzpflicht befreit sind, wird die Ersatzabgabe um die Hälfte herabgesetzt.

Wer im Ersatzjahr als Militärdienstpflichtiger nicht mehr als die Hälfte, mindestens aber drei Tage seines Militärdienstes und als Zivildienstpflichtiger weniger als 30, mindestens aber fünf anrechenbare Diensttage geleistet hat, schuldet die halbe Ersatzabgabe.

Die Ersatzabgabe wird entsprechend der Gesamtzahl der Diensttage ermässigt, die der Ersatzpflichtige bis zum Ende des Ersatzjahres bestanden hat; diese Ermässigung beträgt einen Zehntel für 50 bis 99 Militärdiensttage (75–149 Zivildiensttage) und einen weiteren Zehntel für je 50 weitere Militärdiensttage (75 Zivildiensttage) oder Bruchteile davon.

Die Ersatzabgabe wird jährlich ***veranlagt:*** bei im Inland wohnhaften Ersatzpflichtigen; bei Wehrpflichtigen, die im Ausland wohnen, sich jedoch militärisch oder zivildienstlich in der Schweiz anzumelden und ihre dienstlichen Obliegenheiten zu erfüllen haben. Veranlagungsjahr ist in der Regel das auf das Ersatzjahr folgende Kalenderjahr.

Die Ersatzabgabe von Wehrpflichtigen, die ins Ausland verreisen wollen, wird vor Antritt des Auslandurlaubes provisorisch bezogen.

Die Ersatzabgabe von Wehrpflichtigen, die im Ausland Wohnsitz haben, wird bei der Rückkehr in die Schweiz veranlagt.

Wer den Militärdienst, der im Ersatzjahr hätte geleistet werden müssen, nachholt, hat Anspruch auf ***Rückerstattung.*** Wer den Zivildienst nachholt, den er im Ersatzjahr hätte leisten müssen, hat ebenfalls Anspruch auf Rückerstattung der entsprechenden Ersatzabgabe, nachdem er sämtliche ordentlichen Einsätze geleistet hat.

Zivilschutzdienst wird bei der Wehrpflichtersatzabgabe berücksichtigt, d.h., geleistete Schutzdiensttage im Ersatzjahr führen zu einer Herabsetzung der Ersatzabgabe. Die Ermässigung beträgt 4% für jeden im Ersatzjahr geleisteten Schutzdiensttag.

Auf 1.1.2010 wird eine Gesetzesrevision wirksam:

www.estv.admin.ch/d/estv/wpe.htm

6-1-8 Militärisches Kontrollwesen[5]

Das militärische Kontrollwesen dient der Erfassung der Stellungspflichtigen vor der Rekrutierung, der Kontrolle der Erfüllung der Militärdienstpflicht und des Zivildienstes sowie der Wehrpflichtersatzabgabe, der Planung, Bewirtschaftung und Kontrolle der personellen Bestände sowie dem Verstorbenen- und Vermisstendienst der Schweizer Armee.
Die Stellungspflichtigen werden von den Kreiskommandanten erfasst. Diese beschaffen die notwendigen Daten bei den Gemeinden (Einwohnerkontrollen) und bei den Stellungspflichtigen.

Das Kontrollwesen wird mit dem Mittel eines Datenverarbeitungssystems ***(Personal-Informations-System der Armee, PISA)*** geführt. Die Verwaltungseinheiten des Bundes und der Kantone sowie die Kommandanten, welche Daten für das militärische Kontrollwesen bearbeiten müssen, können an das PISA angeschlossen werden.
PISA enthält Daten über die Person, so weit sie für die Kontrolle notwendig sind, über die Rekrutierung, die Ausbildung und den Einsatz in der Armee, die von den Militärdienstpflichtigen freiwillig gemachten Angaben über militärisch bedeutsame zivile Fähigkeiten und Kenntnisse sowie Daten für den Verstorbenen- und Vermisstendienst der Armee.
Daten über die im PISA erfassten Personen dürfen den Verwaltungeinheiten der Militärversicherung, der Bundesstatistik, des Erwerbsersatzes, des Zivilschutzes, des Zivildienstes und des Strassenverkehrs sowie Dritten bekannt gegeben werden, soweit dies in einem Gesetz vorgesehen ist oder wenn die betroffene Person im Einzelfall einwilligt. Der Bundesrat regelt den Schutz der betroffenen Personen sowie Inhalt, Ausgestaltung und Handhabung des militärischen Kontrollwesens.

Dienstbüchlein (DB): Es wird jedem in der Schweiz wohnenden Schweizer Bürger am Orientierungstag abgegeben und dient als Ausweis über die Erfüllung der Wehrpflicht und der Militärdienstpflicht.
Dieses dient als Ausweis über die Erfüllung der Wehrpflicht und der Militärdienstpflicht und enthält die für den Inhaber wichtigsten Angaben darüber. Es darf nur für dienstliche Zwecke ausgehändigt und verwendet werden. Die Einsichtnahme und die Datenbekanntgabe sind ebenfalls nur zu dienstlichen Zwecken gestattet. Die Verwendung als zivile Ausweisschrift oder zu anderen Zwecken ist untersagt. Die Zuständigkeit für Eintragungen im DB ist rechtlich geregelt. Unbefugte dürfen keine Ein-

[5] Siehe die Verordnungen (Revision auf den 1. Januar 2005) über das militärische Kontrollwesen (VmK; SR **511.22**)

tragungen vornehmen oder bestehende Eintragungen abändern oder löschen. Das DB ist vom Inhaber aufzubewahren bis zur Entlassung aus der Wehrpflicht oder der Militärdienstpflicht.

Meldepflicht: Meldepflichtig ist jeder Schweizer Bürger sowie Personen, die sich freiwillig zum Militärdienst melden, die in der Schweiz wohnen, von der Abgabe des DB an bis zur Entlassung aus der Wehrpflicht oder der Militärdienstpflicht. Einzelheiten sind im Kapitel «Pflichten der Angehörigen der Armee» aufgeführt.

Korpskontrolle: Die eidgenössische Verwaltungseinheit, der nach der Armeeorganisation eine Formation oder ein Stab Bundesrat zur Kontrollführung zugewiesen ist, führt die Korpskontrolle. Diese enthält neben den Personalien und den militärischen Daten auch Angaben über die militärische Ausbildung, den Einsatz und die Dienstleistungen.

SUISSE

6-2 Rechte der Angehörigen der Armee, Ansprüche und Vergünstigungen

Die Angehörigen der Schweizer Armee haben im Militärdienst grundsätzlich dieselben verfassungsmässigen und gesetzlichen Rechte wie ausserhalb des Diensts. Die Erfüllung des militärischen Auftrags kann jedoch zur Folge haben, dass einzelne Rechte vorübergehend eingeschränkt werden müssen. Das Dienstreglement (DR) der Schweizer Armee als Grundlage für dieses Kapitel informiert deshalb detailliert über Rechte und Ansprüche.

6-2-1 Grund- und Freiheitsrechte (DR Ziffer 93)

Den Angehörigen der Armee stehen die verfassungsmässigen und gesetzlichen Rechte auch im Militärdienst zu. Das gilt insbesondere für den Schutz der Persönlichkeit, die Glaubens- und Gewissensfreiheit, das Recht auf freie Meinungsäusserung und die Ausübung politischer Rechte. Die Grund- und Freiheitsrechte erfahren im Militärdienst aber Einschränkungen. Diese Einschränkungen dürfen nur so weit gehen, wie die Erfüllung des Auftrages der Schweizer Armee, der Truppe und des einzelnen Angehörigen der Armee es verlangt.

6-2-2 Schutz der Persönlichkeit und der Privatsphäre (DR Ziffer 94)

Die Angehörigen der Armee haben auch im Militärdienst Anspruch auf Achtung ihrer Persönlichkeit und auf grösstmögliche Wahrung ihrer Privatsphäre. Personaldaten über Angehörige der Armee dürfen nur bearbeitet werden, so weit es die Militärgesetzgebung vorsieht. Die Angehörigen der Armee sind grundsätzlich berechtigt, in die sie betreffenden Daten Einsicht zu nehmen. Die Angehörigen der Armee haben Anspruch auf vertrauliche Behandlung der Personendaten, die im Perso-

nal-Informations-System der Armee, im Dienstbüchlein oder in anderen militärischen Akten geführt werden. Insbesondere besteht das Recht auf vertrauliche Behandlung von Daten, die aus Urteilen und Verfügungen von zivilen oder militärischen Gerichten, Verwaltungsbehörden oder Kommandostellen stammen. Die Angehörigen der Armee haben Anspruch darauf, dass das Postgeheimnis gewahrt wird und dass Ärzte und ihre Mitarbeiter sowie Seelsorger ihr Berufsgeheimnis wahren. Sie haben Anspruch darauf, dass das Personal der sozialen und psychologischen Beratungsdienste über persönliche Daten Verschwiegenheit wahrt.
Die persönlichen Behältnisse und Gepäckstücke der Angehörigen der Armee werden respektiert. In begründeten Fällen können jedoch Kontrollen durchgeführt werden, nach Möglichkeit in Anwesenheit des Betroffenen.

6-2-3 Glaubens- und Gewissensfreiheit (DR Ziffer 95)

Die Freiheit des Glaubens und des Gewissens ist gewährleistet. Ihre Ausübung entbindet jedoch nicht von den dienstlichen Pflichten und sie darf den Dienstbetrieb nicht beeinträchtigen. Angehörige der Armee dürfen andere Angehörige der Armee oder Dritte nicht in ihren Auffassungen und ihrem Glauben verletzen. Sie dürfen den weltanschaulichen oder religiösen Frieden nicht stören.

6-2-4 Freiheit der Meinungsäusserung, Ausübung der politischen Rechte, politische Betätigung (DR Ziffer 96)

Die Angehörigen der Armee können auch im Militärdienst ihre Meinungen frei äussern. Das gilt auch für Meinungen zum Dienst und zur Schweizer Armee. Die Meinungsäusserungen dürfen aber die Erfüllung der Aufträge, den Gehorsam gegenüber den Vorgesetzten, die Disziplin, den Zusammenhalt der Truppe und den geordneten Dienstbetrieb nicht beeinträchtigen.
Im Militärdienst stehende Angehörige der Armee üben ihr Stimm- und Wahlrecht durch vorzeitige oder briefliche Stimmabgabe aus, sofern dies möglich ist.
Den Angehörigen der Armee ist es während der Arbeits- und Ruhezeit, im Gemeinschaftsbereich und wenn sie die Uniform tragen verboten, politische Versammlungen, Kundgebungen oder Propaganda irgendwelcher

Art zu organisieren oder daran teilzunehmen sowie Unterschriften für Wahlvorschläge, Volksinitiativen, Referenden und Petitionen zu sammeln. An politischen Veranstaltungen, die von Behörden durchgeführt werden, darf die Uniform getragen werden.

6-2-5 Ausübung öffentlicher Ämter (DR Ziffer 97)

Angehörige der Armee, die ein öffentliches Amt bekleiden, erhalten für die Teilnahme an Sitzungen und für die Vornahme von Amtshandlungen Urlaub, wenn es der Dienst gestattet. Mitglieder kantonaler Parlamente und Regierungen haben im Ausbildungsdienst für die Teilnahme an Ratssitzungen grundsätzlich Anspruch auf Urlaub.
Die Mitglieder der Bundesversammlung sind während der Dauer der Sessionen und der Sitzungen der Kommissionen und Fraktionen der eidg. Räte vom Ausbildungsdienst und vom Assistenzdienst befreit *(siehe dazu auch «Dienstbefreiung» des Kapitels «Wehr- und Militärdienstpflicht»)*.

6-2-6 Recht auf Information (DR Ziffer 98)

Die Angehörigen der Armee haben Anspruch auf regelmässige Information betreffend Fragen von allgemeinem Interesse zur Schweizer Armee, Landesverteidigung und Sicherheitspolitik; zum Ablauf des Dienstes und des Dienstbetriebs; zu Ausbildungszielen und Ausbildungsergebnissen; zu besonderen Ereignissen in der Truppe sowie zu ihrer dienstlichen Verwendung. Der Umfang der Information wird von den dienstlichen Geheimhaltungspflichten und den Pflichten zum Schutz der Persönlichkeit begrenzt (Verschwiegenheitspflicht, Berufsgeheimnisse, Datenschutz).

6-2-7 Anregungen zum Dienst (DR Ziffer 99)

Die Angehörigen der Armee haben das Recht, ihren Vorgesetzten Anregungen zum Dienst zu unterbreiten. Diese können zum Beispiel die Ausbildung, den Dienstbetrieb, das Material oder die Waffen betreffen. Sie können sich auch auf Stimmungen in der Truppe beziehen.
Der Vorgesetzte orientiert den betreffenden Angehörigen der Armee darüber, wie er diese Anregung behandeln will, und über das Ergebnis. Er leitet Anregungen, die seine Zuständigkeit überschreiten, auf dem Dienstweg weiter.

Gegen Extremismus in der Armee

Die Schweizer Armee ist als Milizarmee ein Spiegel der Gesellschaft. In ihr können deshalb auch Einzelfälle extremistischer Geisteshaltungen auftreten. Wie im zivilen Bereich werden auch in der Armee Extreme nach rechtsstaatlichen Grundsätzen behandelt. Mit Ausnahme des Rassendiskriminierungsartikels im Militärstrafgesetz gibt es im ganzen Militärrecht keine besonderen Bestimmungen betreffend Extremismus. Gegen extremistische Angehörige der Armee können in der Regel nur dann Massnahmen ergriffen werden, wenn sie straffällig werden, wenn Strafuntersuchungen gegen sie im Gange sind oder wenn sie während Militärdienstleistungen strafbare Handlungen begehen.

Wenn es im Militärdienst zu Diskriminierung, Rassismus oder Extremismus kommt, dann stehen alle Angehörigen der Armee in der Pflicht: **«Hinsehen, nicht wegschauen».**
In Sachen Extremismus gilt in der Schweizer Armee deshalb die Nulltoleranz. Seit 2002 koordiniert die Fachstelle Extremismus der Armee die Bemühungen zur Verminderung von Extremismus in der Armee und dient als Meldestelle für extremistische Vorfälle.

www.armee.ch/extremismus

6-2-8 Beratung und Betreuung (DR Ziffer 100)

Angehörige der Armee, die Hilfe benötigen, werden seelsorgerisch, medizinisch, psychologisch und sozial beraten und betreut. Der Sozialdienst der Armee bietet insbesondere bei persönlichen und finanziellen Problemen Unterstützung an.
Wer wegen seines Militärdienstes in persönliche, berufliche, familiäre oder materielle Schwierigkeiten gerät, kann sich direkt an seinen Kommandanten, den Truppenarzt, den Armeeseelsorger oder den Sozialdienst der Armee wenden. Der Sozialdienst bietet Beratung und Betreuung an. Zur Vermeidung oder Linderung von finanziellen Schwierigkeiten kann er einen Zuschuss aus Mitteln der Stiftung «Schweizerische Nationalspende für unsere Soldaten und ihre Familien» der Stiftung «Sozialfonds Verteidigung und Bevölkerungsschutz» oder einer anderen Stiftung mit gleichem Zweck gewähren. Der Sozialdienst der Armee kann durch Vermittlung des Kommandanten, der Verbindungsperson für soziale Fragen (in allen Rekruten- und Kaderschulen) oder direkt beansprucht werden.

Das Gesuch wird vertraulich behandelt.
Gesuche der Angehörigen der Armee sind zu richten an: Sozialdienst der Armee, Rodtmattstr. 110, 3003 Bern, ***Telefon 0800 855 844 für die ganze Schweiz***.
Der Sozialdienst hilft auch Militärpatienten sowie ***Hinterbliebenen*** von im Dienst oder an den Folgen eines im Dienst erlittenen Leidens oder Unfalles verstorbenen Angehörigen der Armee. ***Angehörige von Dienstleistenden*** können sich für Beratung und Hilfe ebenfalls direkt an den Sozialdienst der Armee wenden.
Der Sozialdienst der Armee kann Angehörigen der Armee bei Bedarf kostenlos ***Leibwäsche*** vermitteln; die Auslieferung erfolgt durch Cevi Militär Service, Zürich. Es braucht dafür die Empfehlung eines Sozialberaters der Armee. Wer während des Militärdienstes keine andere Möglichkeit für die Besorgung der persönlichen Wäsche hat, kann kostenlos die Soldatenwäscherei in Anspruch nehmen. Der ersten Sendung, mit der von der Feldpost genehmigten Wäschebox, ist eine Kopie des persönlichen Marschbefehls beizulegen. Die Adresse lautet: Soldatenwäscherei/Lessive du soldat, Postfach, 3110 Münsingen.

Der Sozialdienst der Armee 2007

Anrufe auf Tel. Nr. **0800 855 844**	5700
Unterstützungen finanziell	1500 (921 Rekruten, 251 WK, Rest: andere) = 2,5 Mio. CHF *

*Dieses Geld stammt von Militärischen Hilfswerken (Stiftungen zu Gunsten der Angehörigen der Armee).

Betreute Militärpatienten und Hinterbliebene	150
Anzahl Mitarbeitende Sozialdienst	7

www.armee.ch > Mein Militärdienst > Allgemeines zum Militärdienst > **Sozialdienst der Armee**

6-2-9 Recht auf Sold, Unterkunft und Verpflegung sowie auf besondere Leistungen (DR Ziffer 101)

Die Angehörigen der Armee haben im Militärdienst Anspruch auf Sold, Unterkunft und Verpflegung.

6-2-91 Sold

Der *Gradsold* beträgt pro Tag:

Rekrut	4.—	Leutnant	12.—
Soldat	5.—	Oberleutnant	13.—
Gefreiter	6.—	Hauptmann	16.—
Obergefreiter	6.50	Major	18.—
Korporal	7.—	Oberstleutnant	20.—
Wachtmeister	8.—	Oberst	23.—
Oberwachtmeister	8.50	Brigadier	25.—
Feldweibel	9.—	Divisionär	27.—
Fourier, Hauptfeldweibel	9.50	Korpskommandant	30.—
Adjutantunteroffizier	10.—		
Stabsadjutant	1[illegible].—		
Hauptadjutant, Chefadjutant	1[illegible]0		

Die *Soldzulage* beträgt pro Tag:
- 5 Franken in Unteroffiziersschulen, in Küchenchefehrgängen und Lehrgängen für höhere Unteroffiziere und Ausbildungslehrgängen zum Oberwachtmeister;
- 10 Franken in Technischen Lehrgängen für technische Feldweibel, Ausbildungslehrgängen zum Logistikzugführer, Offizierslehrgängen und Offiziersschulen bis am Freitag der 12. Woche sowie in Praktika als Unteroffiziere;
- 20 Franken in Kadervorkursen zu Praktika, und Praktika als höhere Unteroffiziere;
- 25 Franken in Offiziersschulen inkl. den dazugehörigen Praktika ab der 13. Woche;
- 40 Franken in Praktischen Diensten als Korporal, Wachtmeister, Feldweibel, Fourier und Hauptfeldweibel;
- 50 Franken in Praktischen Diensten als Leutnant;

– 80 Franken in Grundausbildungsdiensten als höherer Unteroffizier oder Subalternoffizier zum Einheitskommandanten oder Führungsgehilfen Stufe Truppenkörper.

Die **Flugzulage** beträgt 8 Franken pro Tag.

6-2-92 Militärversicherung, Krankenkassen

Bei Krankheit und Unfällen, die während der Dienstzeit verursacht werden, haben die Angehörigen der Armee Anspruch auf die Leistungen der Militärversicherung. Sie sind vom Einrückungstag bis und mit Entlassungstag militärversichert (Ausnahmen siehe «Ausgang, Urlaub» im vorliegenden Kapitel).

Zeitlich und betragsmässig unbegrenzt versichert sind die Kosten der ambulanten Behandlung (Arztbesuche, Medikamente usw.) sowie der Behandlung in der allgemeinen Abteilung von Spitälern. Wer den Spitalaufenthalt in der privaten oder halbprivaten Abteilung wünscht, muss die Deckung der Kostendifferenz selber sicherstellen.

Bei Arbeitsunfähigkeit besteht der Anspruch auf ein Taggeld, das 95% des entgehenden Verdienstes entspricht. Volljährige Versicherte, die sich in Aus- und Weiterbildung befinden, erhalten ein Mindesttaggeld von zurzeit Fr. 67.95.[1]

Während einer Unterstellung unter die Militärversicherung von mehr als 60 aufeinander folgenden Tagen entfällt die Versicherungspflicht gemäss Bundesgesetz über die Krankenversicherung. Bei rechtzeitiger Meldung an den Versicherer verzichtet dieser ab Dienstbeginn auf die Erhebung der Prämien für die Grundversicherung. Nach der Dienstleistung müssen zu wenig bezahlte Prämien nachbezahlt werden. Zu viel bezahlte Prämien werden an später fällige Prämien angerechnet oder zurückerstattet.

6-2-93 Militärische Portofreiheit

Auf der Grundlage der am 1. Januar 2000 in Kraft getretenen Verordnung vom 26. November 1999[2] über die militärische Portofreiheit regelt der Postbefehl, der neben jedem militärischen Brief- und Paketeinwurf angeschlagen wird, die Berechtigung und den Leistungsumfang der militärischen Portofreiheit sowie die Formvorschriften für portofreie Sendungen. ***Im Dienst stehende (besoldete) Angehörige der Armee*** haben Anrecht auf die militärische Portofreiheit für ein- und abgehende persönliche und mi-

[1] Der höchste gesetzlich versicherte Verdienst pro Jahr beträgt Fr. 130 534.– (gültig ab 1.1.2003).

[2] SR **513.316.2**

litärdienstliche Sendungen. Der Umfang beschränkt sich auf uneingeschriebene Briefe, Postkarten und Pakete bis 5 kg im Inland (max. 5 Sendungen pro Empfänger und Aufgabe).
Als persönlich gelten Sendungen, die persönliche Angelegenheiten des Angehörigen der Armee betreffen oder zu seinem privaten Gebrauch bestimmt sind und durch die Abwesenheit infolge des Militärdienstes hervorgerufen werden. Sendungen, mit denen der Absender oder Empfänger einen Erwerb bezweckt, oder solche, die der Angehörige der Armee als Mitglied von Behörden, Vereinen oder politischen Parteien verschickt, unterliegen den ordentlichen Preisen der Post.

Nicht im Dienst stehende Angehörige der Armee können uneingeschriebene militärdienstliche Sendungen im Inland bis 5 kg portofrei versenden (z.B. An- und Abmeldungen an Sektionschefs/Kreiskommandos, Gesuche um Urlaub, Dienstverschiebungen usw. an Kommandostellen und Militärverwaltungen).
Als militärdienstlich gelten Sendungen, die vom Angehörigen der Armee im ausschliesslichen Interesse des Dienstes oder einer freiwilligen ausserdienstlichen militärischen Ausbildung (gemäss militärischem Aufgebotstableau) an Kommandostellen oder Militärverwaltungen gerichtet sind. Sendungen von militärischen Vereinen und Gesellschaften und an diese müssen immer frankiert werden, auch wenn sie militärische Tagungen und Wettkämpfe betreffen.
Kommandostellen der Armee geniessen für abgehende militärdienstliche Sendungen Portofreiheit. Expresspostsendungen, Promopost, Zeitungen, Postanweisungen sowie Sendungen, die Geld einbringende Veranstaltungen betreffen, sind taxpflichtig.
Die ***militärischen Verwaltungsstellen*** (wie z.B. Logistikbasis der Armee, Kreiskommando) hingegen haben kein Anrecht auf die militärische Portofreiheit.

Formvorschriften
Militärsendungen, für welche die portofreie Beförderung beansprucht wird, unterliegen folgenden Formvorschriften:
- Sendungen von Angehörigen der Armee im Dienst sind in einen Militärbrief- oder Paketeinwurf zu legen und müssen mit einem Truppen- oder Feldpoststempel versehen werden.
- Sendungen an Angehörige der Armee im Dienst müssen eine korrekte Militäradresse mit der ***Militärleitzahl*** enthalten.

Beispiel:	Kpl Hans Meier	(Grad, Vorname, Name)
	Inf Stabskp 56	(Stab/Einheit oder Schule/Kurs, wo der Dienst geleistet wird)
	Militär 65113	(Vermerk «Militär», Militärleitzahl)

Die Kasernenadresse darf nur verwendet werden, wenn dies vom Kommando befohlen wurde.

Die korrekte Militäradresse wird vordienstlich durch das Kommando mitgeteilt und ist zudem auf dem Marschbefehl aufgeführt.

- Sendungen von Angehörigen der Armee ausser Dienst sowie von Kommandostellen müssen auf der Adressseite den militärischen Absender (Grad, Vorname, Name; Einteilung/Funktion und evtl. Strasse, PLZ Ort) sowie links oben den Vermerk «MILITÄRSACHE» tragen.

Die militärische Portofreiheit ist auf das Gebiet der Schweiz beschränkt. Für Einsätze im Ausland wird sie im Einzelfall speziell geregelt. Das ***Büro Schweiz,*** Telefon 031 381 25 25, gibt Auskunft über Standorte und Telefonnummern von Truppen im Dienst und die Militärleitzahlen.
Info: Feldpostdirektion, Schanzenstrasse 4, 3030 Bern,
www.feldpost.ch

6-2-94 Transportermässigungen

Die Transportkosten für das Einrücken zum Dienst und die Entlassung, für Dienstreisen, im Ausgang, bei einem Urlaub sowie für alle Transporte von Truppen, Fahrzeugen, Tieren, Material und Waren für den Bedarf der Schweizer Armee trägt der Bund. Der Marschbefehl – als Billett – wird bei sämtlichen Reisen mit der Uniform zum ***Generalabonnement.*** Damit sind die ***Marschbefehle*** nicht nur als Fahrausweis für freie Fahrt mit den öffentlichen Verkehrsmitteln (SBB und Privatbahnen, Postautos, andere Buslinien, Schiffe sowie Trams und Busse der Schweizer Städte) zum Einrückungs- und ab dem Entlassungsort, sondern während seiner Geltungsdauer zu allen übrigen Fahrten gültig. Die «Gratis»-Reisen mit dem Marschbefehl haben grundsätzlich in Uniform (ausnahmsweise mit Bewilligung für Reise in Zivil) zu erfolgen. Für Fahrten bei einem Urlaub durch das Centovalli und bei Angehörigen der Armee mit Wohnsitz im Ausland ist zusätzlich ein «Urlaubspass für persönlichen Urlaub» auszustellen; die Reise erfolgt in Zivil.
Die ***Uniform*** alleine gilt nicht als Ausweis für den Bezug von Militärbilletten (halber Preis). Ist auf Grund besonderer Rahmenbedingungen (z.B. bei bewilligten ausserdienstlichen Anlässen) die Anspruchsberechtigung auf Fahrten zum halben Preis gegeben, so ist, wenn kein Marschbefehl vorliegt, mit oder ohne Uniform zwingend eine von der Organisationsstelle ausgestellte «Ausweiskarte für eine/mehrere Fahrten in Zivil» (Form. 7.12/17, blau) vorzuweisen. Schweizer Angehörige der Armee, die im Auftrag internationaler Organisationen reisen, können über autorisierte Ausgabestellen Ausweise für eine Fahrt in Zivil zum halben Preis beziehen. Bei Fehlen des

Marschbefehls oder bei sonstigen Reisen in Zivil ohne entsprechende Ausweise hat der Angehörige der Armee den vollen Fahrpreis zu bezahlen. Bei Reisen zu Lasten des Bundes haben Offiziere und höhere Unteroffiziere Anrecht auf die Benützung der 1. Wagenklasse; alle übrigen Angehörigen der Armee auf die Benützung der 2. Klasse. Die Klassenbezeichnung muss auf dem Marschbefehl aufgeführt sein.
Offiziere und höhere Unteroffiziere haben Anspruch auf ***Gratistransport von persönlichen Effekten*** (mit Ausnahme von Schreibmaschinen, Laptops und Sturmgewehren). Fallschirmaufklärer können ihre Fallschirme, Radfahrer ihre Fahrräder und Trainsoldaten ihre Spezialausrüstung ebenfalls gratis transportieren lassen.

6-2-10 Ausgang, Urlaub

Es besteht kein grundsätzlicher Anspruch auf ***Ausgang*** während des Militärdienstes. In Rekrutenschulen (RS) wird normalerweise an 1 bis 2 Abenden in der Woche gearbeitet. In den Ausbildungsdiensten der Formationen ist die zeitliche Belastung der Angehörigen der Armee sehr oft noch grösser, sodass hier der Ausgang seltener ist. An den arbeitsfreien Abenden sind die Angehörigen der Truppe nach dem ***Hauptverlesen*** frei, wobei die Ausgangszeit in der allgemeinen Tagesordnung oder im Tagesbefehl festgelegt und bekannt gegeben wird. Im Ausgang kann sich die Truppe innerhalb des vom Ortskommandanten (häufig der Einheitskommandant) bestimmten ***Ausgangsrayons*** frei bewegen. Im Ausgang wird die Uniform getragen; Ausnahmen bedürfen der Bewilligung des Kommandanten. Wenn besondere Gründe vorliegen (erhöhte Bereitschaft, Übermüdung der Truppe, frühe Tagwache am folgenden Tag usw.), kann der Truppenkommandant den Ausgang zeitlich und örtlich beschränken oder der Truppe Ruhe befehlen.

Bei den Urlauben ist zu unterscheiden:
Der ***allgemeine Urlaub*** ist die angeordnete, mehr als einen Tag dauernde Freizeit für den Grossteil der Absolventen eines Ausbildungsdienstes. In der Regel werden die Formationen am Samstagmorgen in den Wochenendurlaub entlassen und rücken am Sonntagabend wieder ein. Angehörige einer Formation können während des allgemeinen Urlaubs zu besonderen Aufgaben (z.B. Wachtdienst) kommandiert werden. Während oder zwischen Grundausbildungsdiensten (z.B. über Weihnachten/Neujahr) können ***längere allgemeine Urlaube*** angeordnet werden. Sie werden aber nicht an die Ausbildungsdienstpflicht angerechnet; es besteht jedoch Anrecht auf Sold und Erwerbsersatz.

Der ***persönliche Urlaub*** ist die vom zuständigen Kommandanten auf ***persönliches Gesuch*** hin gewährte Freizeit. Es besteht kein grundsätzlicher Anspruch auf persönlichen Urlaub. Einem Gesuch wird nur entsprochen, wenn zwingende Gründe vorliegen und es der Dienst erlaubt. Urlaubsgesuche müssen vordienstlich eingereicht werden. In dringenden Fällen (z.B. bei einem Todesfall in der Familie) kann auch während des Dienstes beim Kommandanten um Urlaub nachgesucht werden.
Wer einen persönlichen Urlaub antritt, meldet sich beim unmittelbaren Vorgesetzten oder beim Wachtkommandanten ab und nach dem Urlaub wieder zurück.
Für Urlaube gelten besondere ***Rechtsverhältnisse:*** Es wird unterschieden zwischen ***Reisetagen*** und ***Urlaubstagen***. Als Reisetage gelten der Tag der Hinreise in den Urlaub und der Tag der Rückreise zur Truppe. Beispiel: Ein fünftägiger Urlaub besteht aus zwei Reisetagen und drei eigentlichen Urlaubstagen. Für persönliche Urlaube ***bis zu vier Tagen*** gilt: Reise- und Urlaubstage sind rechtlich gleichgestellt. Für persönliche Urlaube von ***mehr als vier Tagen*** gilt: Reisetage und Urlaubstage sind rechtlich nicht gleichgestellt. Die ***Militärversicherung*** ist im Urlaub wirksam, wenn der Beurlaubte keiner Erwerbstätigkeit nachgeht. Bei einer Erwerbstätigkeit mit obligatorischer Versicherung nach Unfallversicherungsgesetz ruht sie. Ob der Beurlaubte Uniform oder Zivilkleider trägt, ist für die Deckung durch die Militärversicherung unerheblich.
Im Urlaub dürfen Angehörige der Armee ein ***privates Motorfahrzeug*** führen. Für die Fahrt mit einem privaten Motorfahrzeug in den Urlaub gibt es keine Vergütung.
Besondere Vorschriften bestehen für ***Auslandurlaub:*** Meldepflichtige, die sich länger als zwölf Monate ununterbrochen im Ausland aufhalten wollen und sich auch zivilrechtlich bei der Gemeinde abmelden, müssen einen militärischen Auslandurlaub beantragen. Das Gesuch ist möglichst frühzeitig – in der Regel zwei Monate vor der Abreise – einzureichen. Der Auslandurlaub wird erteilt, wenn die Meldepflichtigen die militärischen Pflichten erfüllt haben, die sich zum Zeitpunkt der Ausreise aus der Schweiz ergeben (Militärdienst, Schiesspflicht, Wehrpflichtersatz usw.). Einzelheiten, insbesondere in Bezug auf die Meldepflicht in der Schweiz und im Ausland, werden durch das zuständige Kreiskommando geregelt. Das DB bleibt in jedem Fall beim Kreiskommando, das den Auslandurlaub erteilt hat, hinterlegt.
Wer sich nicht länger als zwölf Monate im Ausland aufhält, benötigt keinen Auslandurlaub. Die Betroffenen bleiben uneingeschränkt wehrpflichtig. Sie sorgen für Verbindung mit dem Sektionschef bzw. Kreiskommando, indem sie ihm die vorübergehende Adresse melden oder Drittpersonen beauftragen, die Verbindung aufrechtzuerhalten. Fällt eine Militärdienst-

leistung in die Zeit des Auslandaufenthaltes ist rechtzeitig ein ***Dienstverschiebungsgesuch*** einzureichen. Schiesspflichtige reichen im gegebenen Fall zusätzlich ein Gesuch um Dispensation von der Schiesspflicht ein.

6-2-11 Rechtsschutz

6-2-111 Persönliche Unterredung (DR Ziffer 102)

Ist ein Angehöriger der Armee der Überzeugung, es sei ihm Unrecht getan worden, so soll er vorerst versuchen, die Angelegenheit in einer persönlichen Unterredung mit ihrem Urheber zu bereinigen.

6-2-112 Persönliche Aussprache mit dem Kommandanten (DR Ziffer 103)

Kommt die persönliche Unterredung nicht zustande oder führt sie nicht zu einem befriedigenden Ergebnis, so kann der Angehörige der Armee die Angelegenheit in einer persönlichen Aussprache seinem Kommandanten vortragen.
Der Angehörige der Armee wendet sich an seinen unmittelbar vorgesetzten Kommandanten. Ist dieser der Urheber der Angelegenheit, so wendet sich der Angehörige der Armee an den nächsthöheren Vorgesetzten.
Der Kommandant gewährt die persönliche Aussprache so rasch wie möglich. Wenn nötig nimmt er weitere Abklärungen vor. Er teilt dem Angehörigen der Armee mit, wie er die Angelegenheit beurteilt und wie er weiter vorgehen will.

6-2-113 Dienstbeschwerde (DR Ziffer 104)

Die Angehörigen der Armee können ***schriftlich*** Dienstbeschwerde erheben, wenn sie der Überzeugung sind, ein militärischer Vorgesetzter, ein anderer Angehöriger der Armee oder eine Militärbehörde habe ihnen Unrecht getan. Schriftliche Dienstbeschwerde ist auch möglich gegen Anordnungen der militärischen Vorgesetzten sowie gegen folgende Anordnungen eidgenössischer oder kantonaler Militärbehörden:
- Entscheide im Rahmen der Rekrutierung;
- vorzeitige Entlassung aus Schulen und Kursen;
- Mutationen (Einteilung, Neueinteilung, Versetzung, Funktionsübertragung);
- Anrechnung von Dienstleistungen an die Ausbildungsdienstpflicht;
- Qualifikationen und Entscheide im Rahmen von Beförderungsverfahren;
- Ernennung zum Fachoffizier und Entzug der Offiziersfunktion;

- Verfügungen über die Verlängerung der Militärdienstpflicht;
- Verwendung im Bevölkerungsschutz, in den zivilen Führungsorganen oder in anderen Bereichen der nationalen Sicherheitskooperation;
- Abgabe und Entzug des militärischen Führerausweises;
- Einstellung im Flug- oder Sprungdienst, mit Ausnahme der Einstellung aus charakterlichen Gründen;
- Verleihung und Entzug von militärischen Auszeichnungen;
- ausserdienstliche Aufträge mit unmittelbarem Bezug zum Truppendienst;
- ausserdienstlicher Vollzug von Disziplinarstrafen.

Die gesetzlichen Vorschriften finden sich in den Artikeln 36 und 37 des Militärgesetzes (MG) vom 3. Februar 1995[3].

Eine Dienstbeschwerde ist unzulässig gegen Aufgebote sowie gegen Entscheide über Dienstverschiebungen, Dienstvorausleistungen, freiwillige Dienstleistungen und Dispensationen. Gegen solche Entscheide kann bei der anordnenden Stelle ein ***Wiedererwägungsgesuch*** gestellt werden.

Über ***Beschwerdeinstanz, Fristen, Wirkung der Dienstbeschwerde, Verfahren und Anfechtung des Beschwerdeentscheides*** orientiert detailliert das Dienstreglement.

6-2-12 Besondere Rechtsansprüche während des Dienstes

Rechtsstillstand

Für den Angehörigen der Armee im Militärdienst besteht Rechtsstillstand. Während der Dauer des Dienstes sind Betreibungen gegen einen Angehörigen der Armee oder gegen Personen, deren gesetzlicher Vertreter er ist, ausgeschlossen. Begonnene bürgerliche Strafverfahren ruhen. Eigentum oder Leistungen des Staates (Ausrüstung, Sold usw.) können nicht Gegenstand einer Zwangsvollstreckung sein.

Kündigungsschutz[4]

Während des Militärdienstes darf das Arbeitsverhältnis vom Arbeitgeber nicht gekündigt werden. Während einer Sperrfrist von vier Wochen vor Beginn des Militärdienstes und vier Wochen nach Beendigung des Militärdienstes darf ebenfalls nicht gekündigt werden. Eine Kündigung ausserhalb dieser Sperrfrist ist zulässig, doch hat der Empfänger der Kündigung Anrecht auf eine Entschädigung, wenn das Arbeitsverhältnis

[3] SR **510.10**

[4] Siehe dazu auch das Merkblatt des Staatssekretariats für Wirtschaft (seco) über den Schutz des Arbeitsverhältnisses bei Militärdienst, Zivilschutzdienst und Zivildienst (Stand: 1.1.2000).

wegen des Militärdienstes gekündigt wurde. Diese darf den Betrag nicht übersteigen, der dem Lohn von sechs Monaten entspricht.

6-2-13 Seelsorge, Gottesdienst, Bestattung, Testament

Die Angehörigen der Armee haben das Recht auf ***seelsorgerische Betreuung***. Sie können sich direkt an die Armeeseelsorger wenden. Die seelsorgerische Betreuung obliegt den evangelisch-reformierten und römisch-katholischen Armeeseelsorgern. Auch die Angehörigen anderer Konfessionen und Religionen können sich an die Armeeseelsorger wenden, wenn die Verhältnisse keine Betreuung durch einen eigenen Seelsorger gestatten. Die Armeeseelsorger üben ihre seelsorgerische Tätigkeit ohne Einmischung der Truppenvorgesetzten aus.
An kirchlichen Feiertagen oder an deren Vortag hält die Truppe in der Regel eigene Gottesdienste, die von den Armeeseelsorgern durchgeführt werden – entweder gemeinsam oder nach Konfessionen getrennt. Wenn an diesen Tagen kein Truppengottesdienst stattfindet, ist Gelegenheit zum Besuch eines zivilen Gottesdienstes zu geben, sofern es der Dienstbetrieb zulässt. Die Truppe kann auch während der Woche Gottesdienste durchführen, vor allem bei Dienstleistungen ohne Dienstsonntage.
Armeeangehörige, die im Dienst verstorben sind, werden ***militärisch bestattet***, wenn dies ihrem letzten Willen entspricht. Wo dieser nicht festgestellt werden kann, entscheiden die Angehörigen, deren Wünsche für die Gestaltung der militärischen Bestattung berücksichtigt werden müssen. Für Kriegszeiten gelten besondere Vorschriften.
Wer infolge von Kriegsereignissen oder anderen ausserordentlichen Umständen verhindert ist, ein ordentliches Testament zu errichten, hat das Recht, ein ***Nottestament*** (Soldatentestament) zu errichten. Dabei gelten die massgebenden Artikel des Schweizerischen Zivilgesetzbuches: Das Nottestament wird mündlich vor zwei Zeugen errichtet. Verwandte in gerader Linie, Geschwister und deren Ehegatten sowie der Ehegatte des Erblassers können nicht als Zeugen mitwirken. Die Zeugen, ihre Verwandten in gerader Linie und ihre Geschwister sowie die Ehegatten aller dieser Personen dürfen in der Verfügung nicht bedacht werden. Die Zeugen legen das Nottestament schriftlich und unterschrieben umgehend bei einer Gerichtsbehörde nieder oder übergeben es einem Offizier mit mindestens Hauptmannsgrad. Wird es nachträglich möglich, ein ordentliches Testament zu errichten, verliert das Nottestament seine Gültigkeit 14 Tage nach diesem Zeitpunkt. Die Kommandanten orientieren die Angehörigen der Armee rechtzeitig über die einschlägigen Bestimmungen.

www.armee.ch > Dokumentation > **Dienstreglement**

6-3 Pflichten der Angehörigen der Armee

Die für alle Angehörigen der Schweizer Armee gültigen Pflichten – an erster Stelle die Wehrpflicht *(s. Kap 6-1)* **– stellen das völkerrechtlich und organisatorisch korrekte Funktionieren unserer Armee sicher. Grundlage für dieses Kapitel ist das Dienstreglement (DR) der Schweizer Armee.**

6-3-1 Grundpflicht (DR Ziffer 77)

Die Angehörigen der Armee haben die Pflicht, der Schweizerischen Eidgenossenschaft zu dienen und deren Verfassung zu achten. Sie haben die Pflicht, ihre Aufgaben nach besten Kräften zu erfüllen und mit den anderen Angehörigen der Armee in Kameradschaft zusammenzuarbeiten. Sie sind verpflichtet, die dienstlich notwendigen Risiken und Gefahren auf sich zu nehmen. Im Aktivdienst bekräftigen die Angehörigen der Armee diese Grundpflicht mit dem Eid oder dem Gelübde.
Jeder Angehörige der Armee hat die Pflicht, die Menschenwürde zu achten.

6-3-2 Pflichten nach Kriegsvölkerrecht (DR Ziffer 78)

Die Angehörigen der Armee müssen die Vorschriften des Kriegsvölkerrechts befolgen. Grundgedanke des Kriegsvölkerrechts ist es, Opfer, Wehrlose und Unbeteiligte sowie anerkannte Kulturgüter zu schützen und die kriegerische Gewaltanwendung zu begrenzen. Es darf nur angegriffen oder zerstört werden, was mit der Verfolgung von militärischen Zielen in unmittelbarem Zusammenhang steht. Angriff und Zerstörung dürfen nicht weiter gehen, als dies für die Erfüllung des Auftrags notwendig ist.
Unser Land hat stets eine seiner Hauptaufgaben darin gesehen, durch den Ausbau von Regeln über das Verhalten bei bewaffneten Konflikten das Los der Kämpfenden und der Zivilbevölkerung zu mildern. Wir müssen

daher alles daran setzen, die uns selbst und den Gegner betreffenden Normen des Kriegsvölkerrechts einzuhalten. Sollte sich ein Gegner nicht an diese internationalen Regeln halten, ist es allein Sache des Bundesrates, über die zweckmässigen Massnahmen (zum Beispiel allfällige Repressalien) zu befinden und dem Armeekommando entsprechende Weisungen zu erteilen. Die Angehörigen der Armee sind keinesfalls befugt, in dieser Hinsicht eigenmächtig zu handeln.

Es ist insbesondere ***verboten,*** folgende Personen anzugreifen: unbeteiligte Zivilpersonen; verwundete und kranke Gegner, die ausser Gefecht sind; Gegner, die sich ergeben, sowie Kriegsgefangene; gegnerisches Sanitäts- und Seelsorgepersonal; Gegner, die sich aus beschädigten Luftfahrzeugen retten; Unterhändler, die sich als solche zu erkennen geben.
Die Angehörigen der Armee müssen sich durch das Tragen der Uniform als Soldaten zu erkennen geben.

6-3-3 Pflichten der Vorgesetzten (DR Ziffer 79)

Die Vorgesetzten haben die Pflicht, ihre Unterstellten zu führen. Sie planen, treffen Entscheidungen, erteilen Aufträge und überwachen deren Erfüllung. Sie tragen die Verantwortung für ihre Führungsaufgaben. Sie setzen sich für das Wohl ihrer Unterstellten ein. Sie erteilen keine Befehle, die darauf abzielen, die Menschenwürde zu verletzen.

6-3-4 Gehorsam (DR Ziffer 80)

Die Angehörigen der Armee sind ihren Vorgesetzten und anderen Befehlsbefugten in Dienstsachen zu Gehorsam verpflichtet. Sie müssen deren Befehle nach besten Kräften vollständig, gewissenhaft und zeitgerecht ausführen.
Unterstellte führen einen Befehl nicht aus, wenn sie erkennen, dass dieser eine Tat verlangt, die nach Gesetz oder Kriegsvölkerrecht strafbar ist. Wirken sie trotzdem wissentlich an einer solchen Tat mit, so werden sie zur Rechenschaft gezogen.

6-3-5 Befolgung von Dienstvorschriften (DR Ziffer 81)

Die Angehörigen der Armee beachten und befolgen die für sie geltenden Reglemente und Dienstvorschriften.

6-3-6 Kameradschaft (DR Ziffer 82)

Die Angehörigen der Armee arbeiten kameradschaftlich zusammen. Sie respektieren gegenseitig Persönlichkeit und Eigentum und stehen einander in Not und Gefahr bei. Die ***Kameradschaftspflicht*** besteht unabhängig vom militärischen Grad, von politischer oder religiöser Überzeugung, von Alter, Geschlecht, Sprache, Herkunft und Hautfarbe.

6-3-7 Verschwiegenheit im Umgang mit persönlichen Daten (DR Ziffer 84)

Wer aufgrund seiner Funktion oder seines Einsatzes Kenntnisse über persönliche Angelegenheiten anderer Personen erlangt, ist zu Verschwiegenheit verpflichtet. Er darf von diesen Kenntnissen nur Gebrauch oder Mitteilung machen, soweit es für den Auftrag unentbehrlich ist, wenn gesetzliche Auskunftspflichten bestehen oder wenn die betroffene Person eingewilligt hat.
Seelsorger, Ärzte und deren Mitarbeitenden sowie Angehörige der Militärjustiz sind zur ***Wahrung des Berufsgeheimnisses*** verpflichtet. Auch das Personal der sozialen und psychologischen Beratungsdienste der Armee und die Militärrichter unterstehen der Pflicht zur Verschwiegenheit. Das Post- und Telekommunikationsgeheimnis ist zu achten[1].

6-3-8 Wahrung dienstlicher Geheimnisse (DR Ziffer 84)[2]

Wissen ist Macht.
Mehr denn je wird auch heute versucht, auf legalem wie illegalem Weg an sensitive Informationen zu gelangen. Im Fokus stehen dabei nicht nur zivile, sondern immer noch auch militärische Informationen. Mit einem professionellen Verhalten können diese Informationen geschützt werden. Informationsschutz ist eine Frage der Disziplin.

Konkret heisst das:
Dienstliche Informationen, die klassifiziert sind, dürfen nicht an Unberechtigte weitergegeben werden.
Der Begriff «Informationen» umfasst Daten (Schrift, Bild, Ton, elektronische Aufzeichnungen) sowie mündliche Äusserungen.

---

[1] Siehe auch die Weisungen vom 31. Mai 2000 über die Organisation des Datenschutzes im Eidg. Departement für Verteidigung, Bevölkerungsschutz und Sport und in der Armee.
[2] Siehe auch die Merkpunkte Informationsschutz, gültig ab 1. Januar 2001 (Form 52.61).

Es gelten drei Klassifizierungsstufen:

INTERN
Informationen, die dem Amts-, Berufs-, Geschäfts-, Fabrikations- oder Dienstgeheimnis (Armee) unterliegen und einen erhöhten Informationsschutz benötigen.
VERTRAULICH
Informationen, deren Kenntnisnahme durch Unberechtigte den Landesinteressen Schaden zufügen kann.
GEHEIM
Informationen, deren Kenntnisnahme durch Unberechtigte den Landesinteressen einen schweren Schaden zufügen kann.

Die Verhaltensregeln:
SCHWEIGEN
Auskünfte und Informationen ausschliesslich an Berechtigte nach dem Grundsatz «Kenntnis nur wenn unbedingt nötig»;
EINSCHLIESSEN
Schutzwürdige militärische Dokumente unter Verschluss halten;
TARNEN
Informationen sind dann zu tarnen, wenn Schweigen und Einschliessen nicht möglich sind oder nicht ausreichen.

Auskunft zum Verhalten gibt
- im Dienst: jeder Kommandant
- ausser Dienst: Informations- und Objektsicherheit IOS, Papiermühlestrasse 20, 3003 Bern, Tel. 031 323 38 48 oder ios@vtg.admin.ch

6-3-9 Verpflichtung zum Grad oder zur Funktion (DR Ziffer 85)

Die Armee benötigt zur Erfüllung ihres Auftrags eine ausreichende Zahl geeigneter Unteroffiziere und Offiziere. Deshalb können Angehörige der Armee zu einem bestimmten Grad oder einer Funktion verpflichtet werden. Sie müssen die entsprechenden Dienste leisten und die mit Grad oder Funktion verbundenen ausserdienstlichen Aufgaben erfüllen.
Unteroffiziere und Angehörige der Mannschaft mit besonderen Fachkenntnissen können bei Bedarf mit entsprechenden Offiziersfunktionen betraut werden ***(Fachoffizier)***. Sie leisten die diesen Funktionen entsprechenden Dienste, wobei Ausbildungsdienste für einen höheren Grad oder eine neue Funktion nicht geleistet werden müssen.

6-3-10 Sorgfaltspflicht gegenüber Ausrüstung und Material (DR Ziffer 86)

Die persönliche Ausrüstung und das zusätzlich anvertraute Material sind ***Eigentum des Bundes.***
Die Angehörigen der Armee müssen mit der persönlichen Ausrüstung, d.h. mit Waffe, Munition, Bekleidung und Gepäck, mit dem Korps- und dem übrigen Armeematerial sowie den Einrichtungen sorgfältig und sachgemäss umgehen. Die Angehörigen der Armee müssen während der ganzen Dauer ihrer Militärdienstpflicht die persönliche Ausrüstung und das zusätzlich anvertraute Material sicher aufbewahren und vor Verlust, Beschädigung und Zerstörung schützen. Die Ausrüstung muss in gutem Zustand gehalten werden. Vorschriftswidrige Änderungen von Ausrüstungsgegenständen sind untersagt. Die persönliche Waffe jedes AdA muss sicher aufbewahrt werden.

Die nach Hause abgegebene Taschenmunition wird seit Oktober 2007 eingezogen.
Info: 0800 400 001 oder **www.armee.ch/taschenmunition**

6-3-11 Haftung für Schäden (DR Ziffer 87)

Die Haftung für Schäden richtet sich nach den gesetzlichen Bestimmungen.
Wer durch grobfahrlässige oder vorsätzliche Verletzung seiner Dienstpflichten dem Bund einen Schaden zufügt, muss für den Schaden aufkommen.
Der Angehörige der Armee haftet für Verlust und Beschädigung seiner persönlichen Ausrüstung und des Materials, das ihm im Dienst anvertraut wird. Von dieser Haftung kann er sich nur befreien, wenn er nachweist, dass er den Schaden nicht durch vorsätzliche oder grobfahrlässige Verletzung seiner Dienstpflicht verursacht hat.
Die Formationen haften für Verlust und Beschädigung des ihnen übergebenen Materials, wenn der einzelne Verantwortliche nicht festgestellt werden kann. Für die Deckung solcher Schäden kann ein Soldabzug vorgenommen werden. Die Formation haftet nicht, wenn sie nachweist, dass keiner ihrer Angehörigen den Schaden verschuldet hat.
Wenn ein Angehöriger der Armee bei einer dienstlichen Tätigkeit einem Dritten widerrechtlich Schaden zufügt, haftet der Bund für den Schaden. Der Geschädigte kann den Angehörigen der Armee nicht direkt belangen.

Der Bund kann aber auf den Angehörigen der Armee zurückgreifen, wenn dieser den Schaden vorsätzlich oder grobfahrlässig verursacht hat. Die Angehörigen der Armee müssen Schäden an ihrem persönlichen Eigentum grundsätzlich selbst tragen. Entsteht der Schaden jedoch durch einen dienstlichen Unfall oder unmittelbar durch die Ausführung eines Befehls, richtet der Bund eine angemessene Entschädigung aus.

6-3-12 Pflichten im Bereich von Gesundheit und Krankheit (DR Ziffer 88)

Ansteckende Krankheiten oder gesundheitliche Beeinträchtigungen, die im Dienst zu Schädigungen der eigenen Gesundheit oder zur Schädigung Dritter führen können, sind dem zuständigen Truppenarzt zu melden. Beim Einrücken hat die Meldung anlässlich der sanitarischen Eintrittsmusterung zu erfolgen.
Die Angehörigen der Armee müssen sich allen zumutbaren medizinischen Untersuchungen und Massnahmen unterziehen. Sie müssen die vom Bundesrat angeordneten Schutzimpfungen und andere Massnahmen zur Vorbeugung oder Bekämpfung von übertragbaren oder bösartigen Krankheiten vornehmen lassen. Rekruten können sich auf freiwilliger Basis gegen Hirnhautentzündung (Meningitis), hervorgerufen durch Meningokokken des Typs C, impfen lassen.
Wer sich vorsätzlich dienstuntauglich oder dienstunfähig macht, wird nach den Vorschriften des Militärstrafgesetzes bestraft.

6-3-13 Pflichten ausser Dienst (DR Ziffer 89)

6-3-131 Schiesspflicht

Schiesspflichtige Subalternoffiziere, Unteroffiziere und Angehörige der Mannschaft erfüllen bis zum Ende des Jahres vor der Entlassung aus der Militärdienstpflicht, längstens jedoch bis zum Ende des Jahres, in dem sie das 34. Altersjahr vollenden, ***jährlich*** eine obligatorische Schiessübung.
Die schiesspflichtigen Subalternoffiziere können das ***Obligatorische Programm*** mit dem ***Sturmgewehr*** auf die Distanz ***300 m*** oder mit der ***Pistole*** auf die Distanz ***25 m*** schiessen.
Sie erfüllen die Schiesspflicht bei einem ***Schiessverein***. Mitzubringen sind das Dienstbüchlein, der ***Militärische Leistungsausweis*** bzw. das ***Schiessbüchlein,*** die ***persönliche Waffe,*** das ***Gehörschutzgerät*** und das ***Putzzeug*** sowie die Aufforderung zur Erfüllung der Schiesspflicht.

Schiesspflichtige, die das Obligatorische Programm nicht oder nicht vorschriftsgemäss in einem Schiessverein geschossen haben, werden zur Erfüllung der Schiesspflicht durch amtliche Bekanntmachung der Kantone zu einem ***Nachschiesskurs*** in Zivilkleidung aufgeboten.
Schiesspflichtige, welche die Bedingungen des Obligatorischen Programms nicht erfüllen, werden von der kantonalen Militärbehörde des Wohnkantons mit persönlichem Marschbefehl zu einem Kurs für ***Verbliebene*** aufgeboten. Dieser Kurs wird in Zivil bestanden und an die Ausbildungsdienstpflicht angerechnet.
Von der Schiesspflicht ***sind dispensiert:***

- Schiesspflichtige, die im betreffenden Jahr mindestens 45 Tage besoldeten Militärdienst leisten;
- Schiesspflichtige, die vor dem 1. August einen Auslandurlaub erhalten haben, sowie Militärdienstpflichtige, die aus dem Ausland zurückkehren und erst nach dem 31. Juli wieder mit der persönlichen Waffe ausgerüstet werden;
- Schiesspflichtige, deren persönliche Waffe vorsorglich abgenommen wurde und die diese nicht vor dem 1. August zurückerhalten;
- Militärdienstpflichtige, die wieder in der Armee eingeteilt werden und mit der persönlichen Waffe erst nach dem 31. Juli wieder ausgerüstet worden sind;
- die von einer medizinischen Untersuchungskommission (UC) Dispensierten, sofern die Dispensation nach dem 31. Juli abläuft;
- die von der Militärbehörde des Wohnortkantons wegen Freiheitsentzug oder Krankheit Dispensierten, sofern die Dispensation nach dem 31. Juli abläuft;
- Schiesspflichtige, die wegen Dienstverweigerung in Strafuntersuchung oder im Strafvollzug stehen.
- Schiesspflichtige, die ein Gesuch um waffenlosen Militärdienst eingereicht haben, bis über das Gesuch rechtskräftig entschieden ist;
- Schiesspflichtige, die ein Gesuch um Zulassung zu Zivildienst eingereicht haben, bis über das Gesuch rechtskräftig entschieden ist.

6-3-132 Meldepflicht

Jede Änderung der folgenden Angaben muss – entsprechend den Weisungen auf Seite 2 des Dienstbüchleins (DB) – den nachgenannten Stellen gemeldet werden:

▶

Ereignis	Empfänger	Form	Termin
A. Wechsel von Wohnort oder Wohnadresse	Sektionschef bzw. Kreiskommando (bisheriger und neuer)	schriftlich, mit DB	innerhalb von 14 Tagen
B. Änderung des ausgeübten Berufs	Sektionschef bzw. Kreiskommando	schriftlich, mit DB	innerhalb von 14 Tagen
C. Namensänderung	Sektionschef bzw. Kreiskommando	schriftlich, mit DB	innerhalb von 14 Tagen
D. Nichtantreten eines Auslandurlaubs innerhalb eines Monats oder vorzeitige Rückkehr in die Schweiz	Kreiskommando	schriftlich	sofort
E. Verlust des DB oder des Militärischen Leistungsausweises bzw. des Schiessbüchleins	Sektionschef bzw. Kreiskommando	mündlich oder schriftlich	innerhalb von 14 Tagen

6-3-14 Vorbereitungsarbeiten für den Dienst und Entlassungsarbeiten (DR Ziffer 90)

Angehörige des Kaders sind verpflichtet, die vom Kommandanten verlangten Dienstvorbereitungen zu leisten. Sie müssen ihre Aufgaben von Dienstbeginn an erfüllen können. Die Kommandanten können Angehörige der Truppe vor dem Einrücken oder nach der Entlassung zu Arbeiten aufbieten, die zur Vorbereitung oder zum Abschluss des Dienstes nötig sind. Angehörige der Armee müssen ihrem Kommandanten auf Verlangen auch ausser Dienst in fachtechnischen oder administrativen Angelegenheiten des eigenen Verbandes behilflich sein.

Das militärische Aufgebot

Gesetzliche Grundlagen

a. Bundesgesetz über die Armee und die Militärverwaltung (Militärgesetz, MG; SR 510.10) vom 3. Februar 1995 (Stand am 11. November 2003);
b. Verordnung über die Militärdienstpflicht (MDV, SR 512.21) vom 19. November 2003 (Stand am 22. Dezember 2003).

Aufgebot und Ankündigung von Diensten
Die Aufgebotsinformation der Armee wird spätestens Ende September des Vorjahres in allen politischen Gemeinden angeschlagen und in den Medien sowie im Internet unter **www.armee.ch/wk** veröffentlicht.

Marschbefehl und Uniform = Generalabonnement
Der Marschbefehl berechtigt zur unentgeltlichen Beförderung mit allen Transportunternehmungen des öffentlichen Verkehrs. Dies gilt vom Einrückungs- bis zum Entlassungsdatum sowohl für allgemeinen und persönlichen Urlaub als auch für den Ausgang. Dies unter der Bedingung, dass die Angehörigen der Armee uniformiert sind oder eine Bewilligung für eine Fahrt in Zivil vorweisen können.

Nachholen nicht bestandener Ausbildungsdienste
Haben Militärdienstpflichtige Ausbildungsdienste wegen fehlender anrechenbarer Tage nicht bestanden, so müssen sie die Ausbildungsdienste in der ganzen Dauer bzw. bis zur Erfüllung der Gesamtdienstleistungspflicht nachholen *(siehe dazu auch Kapitel «Wehr- und Militärdienstpflicht»)*.

Auskunft
Über Dienstleistungsdaten und Dienstleistungspflicht erteilt die Militärbehörde des Wohnortkantons Auskunft.

6-3-15 Einrücken allgemein

Fitness, Training
Die Angehörigen der Armee müssen sich ausser Dienst so bereithalten, dass sie einem Aufgebot Folge leisten können. Der Militärdienst erfordert körperliche Leistungsfähigkeit. Deshalb wird von den Angehörigen der Armee erwartet, dass sie beim Einrücken möglichst fit sind. Ein regelmässiges Training dient zudem der Gesundheit.

Ausrüstung und Bekleidung
Die Angehörigen der Armee sind für die Vollständigkeit und die Einsatzbereitschaft ihrer Ausrüstung verantwortlich und haben diese anhand des Dienstbüchleins (DB) zu kontrollieren. Sie müssen korrekt gekleidet zum Dienst erscheinen. Dienstanzug und Ausgangsanzug sind vor dem Dienst auf Passform und Zustand zu kontrollieren. Schadhafte oder nicht

mehr passende Uniformteile müssen vordienstlich im nächsten Logistik-Center (Zeughaus) umgetauscht werden. Das gilt auch für defekte Ausrüstungsgegenstände.

Packung für das Einrücken
Die Packung für das Einrücken ist gemäss Kapitel 4-3 des Reglements 51.9 «Bekleidung und Packungen» zu erstellen.

Dienst- und Notfalladresse
Vor dem Einrücken sollte den Angehörigen die ***Dienstadresse*** mit der Militärleitzahl (auf dem Marschbefehl vermerkt) bekannt gegeben werden. Die Angehörigen sollten wissen, dass Angehörige der Armee im Dienst im Notfall über das ***Büro Schweiz,*** Telefon 031 381 25 25, erreichbar sind. Auch ist es ratsam, eine Ansprechadresse ***(Notfalladresse)*** der Angehörigen auf sich zu tragen und im Dienst abzugeben.

Eigenverantwortung und Haftung
Die Einrückungspflichtigen sind für ihre persönliche Ausrüstung verantwortlich und haften für Verlust und Beschädigung. Sie dürfen daher ihre persönliche Ausrüstung nie unbewacht stehen lassen (Bahnhöfe, Restaurants, öffentliche Verkehrsmittel). Besonders diebstahlgefährdet ist die persönliche Waffe.

6-3-151 Einrücken zu Einsatzdiensten

Die Mobilmachung hat für eine Milizarmee eine besondere Bedeutung. Sie ist ein Teil des Erstellens der Einsatzbereitschaft.
Die Angehörigen der Armee können zu Assistenz- oder Aktivdienst aufgeboten werden.

Aufgebotsmittel	**Aufgebotsarten**	
	Assistenzdienst für	Aktivdienst für
	subsidiäre Einsätze zur Prävention und Bewältigung existenzieller Gefahren	Raumsicherung und Verteidigung
Marschbefehl	X	X
Technische Mittel	X	
Verantwortung	Führungsstab der Armee (FST A)	

Ein Aufgebot mit Marschbefehl kann ***zusätzlich*** mit folgenden Mitteln verbreitet werden: Printmedien, TV und Radio (inkl. Teletext); evtl. mit Internet. ***Ein einmal ausgelöstes Aufgebot zum Einsatzdienst wird nie rückgängig gemacht.***

Einrückungspflicht
Bei einem Aufgebot zum Aktivdienst sind grundsätzlich alle Angehörigen eines aufgebotenen Verbandes einrückungspflichtig. Bewilligte Verschiebungen von Ausbildungsdiensten und die von einem Truppenarzt in Friedenszeiten verfügten Dispensationen sind aufgehoben.

Ausnahmen von der Einrückungspflicht beim Aufgebot zum Aktivdienst
Es rücken nicht ein: Angehörige der Armee mit einer rechtskräftigen Dispensation vom Aktivdienst; ärztlich Dispensierte (Entscheid einer Untersuchungskommission); im Ausland wohnende und gemeldete Schweizer, sofern sie sich im Ausland befinden.

Für das ***Verhalten beim Einrücken*** gilt:
- Wer krank oder verletzt, aber reisefähig ist, rückt trotzdem ein.
- Wer infolge Krankheit oder Unfall nicht reisefähig ist, sendet unverzüglich ein Arztzeugnis zusammen mit dem DB an seinen Kommandanten (Feldpostadresse gemäss Marschbefehl). Bei knappen Zeitverhältnissen ist eine telefonische Meldung angezeigt.
- Weitere Angaben sind der Broschüre 51.002/I (Brevier) zu entnehmen.

6-3-152 Einrücken zu Ausbildungsdiensten

Dienstanzeigen und Aufgebote zu Ausbildungsdiensten
Über die Dienstleistungsdaten der Einteilungsformationen orientiert verbindlich ab Ende September des jeweils vorangehenden Jahres das militärische Aufgebotstableau (Plakat, Medien; *siehe auch 6-4*). Diese Information gilt als Aufgebot und verpflichtet, den Militärdienst in die zivile Tätigkeit einzuplanen und den Arbeitgeber zu orientieren. Zusätzlich wird dem Armeeangehörigen rund 20 Wochen vor dem WK eine Dienstanzeige mit einer Kopie für den Arbeitgeber zugestellt.
Als persönliches Aufgebot erhält der Einrückungspflichtige bis spätestens sechs Wochen vor der Dienstleistung einen ***Marschbefehl.***
Wer 14 Tage vor Beginn seines Dienstes noch keinen persönlichen Marschbefehl erhalten hat, meldet dies seinem Kommandanten oder der Stelle, die ihm die Dienstanzeige zugestellt hat.

Anzug
Im Normalfall rücken die Einrückungspflichtigen im Dienstanzug ein.

Einrückungsreise
Der Marschbefehl dient während der ganzen Dienstzeit, also auch während des Urlaubs, als eigentliches Generalabonnement für die kostenlose Benützung öffentlicher Transportmittel *(siehe dazu auch das Kapitel «Rechte der Angehörigen der Armee, Ansprüche und Vergünstigungen»).*
Auf das Einrücken mit Privatfahrzeugen sollte nach Möglichkeit verzichtet werden. Wer mit dem Privatfahrzeug einrückt, hat keinerlei Anspruch auf Vergütung. Der Bund haftet nicht für Einbruch, Diebstahl oder Beschädigungen an den Privatfahrzeugen. Einrückungs- und Entlassungsort sind nicht immer identisch. Auch fehlen am Einrückungsort oft Parkplätze. Allfällige Gebühren für die Benützung eines Parkplatzes muss der Einrückende selbst bezahlen.

Einrücken bei Krankheit
Wer infolge Krankheit oder Unfalls nicht reisefähig ist und deshalb nicht einrücken kann, muss dies seinem Kommandanten umgehend schriftlich melden. Der Meldung müssen das DB und ein Arztzeugnis beigelegt werden, das die Reiseunfähigkeit bestätigt. Bei knappen Zeitverhältnissen ist eine zusätzliche telefonische Vormeldung angezeigt.
Wer krank oder verletzt, aber trotzdem reisefähig ist, muss einrücken.

Einrücken am Vortag
Wer mit öffentlichen Verkehrsmitteln wegen zu grosser Entfernung nicht rechtzeitig am Einrückungsort eintreffen würde, kann am Vortag einrücken. In diesem Fall ist dem Kommandanten rechtzeitig eine entsprechende Meldung zu erstatten. Er sorgt dann am Einrückungsort für Unterkunft und Verpflegung, welche für den Einrückenden unentgeltlich sind. Allerdings werden für diesen Tag weder Sold noch Erwerbsausfallentschädigungen ausbezahlt; er wird auch nicht an die Ausbildungsdienstpflicht angerechnet.

6-3-153 Gesuche

Gesuche müssen rechtzeitig ***schriftlich*** gestellt werden. Beizulegen sind Bestätigungen. Gesuche werden schriftlich beantwortet. Für Urlaubsgesuche ist wenn möglich das dafür vorgesehene Formular zu verwenden. Ein Gesuch wird nur bewilligt, wenn zwingende Gründe vorgebracht werden und wenn es der Dienst erlaubt.

6-3-16 Straffolgen

Angehörige der Armee, die ihre Pflichten nicht erfüllen, machen sich strafbar. Zur Rechenschaft gezogen wird insbesondere, wer einen Befehl oder eine Vorschrift missachtet oder den militärischen Betrieb mutwillig stört. Gemeinsame Gehorsamsverweigerung wird besonders streng bestraft. Wer davon Kenntnis erhält, dass Angehörige der Armee den Gehorsam verweigern oder zu verweigern beabsichtigen, ist verpflichtet, dies dem zuständigen Vorgesetzten zu melden.

www.armee.ch > Dokumentation > **Dienstreglement**

Die Disziplinarstrafgewalt für im Dienst begangene Disziplinarfehler steht dem vorgesetzten Truppenkommandanten zu

Der Schutzbereich des Militärstrafrechts beschränkt sich auf die Schweizer Armee mit ihren Einrichtungen und auf die Landessicherheit

6-4 Militärstrafrecht

Der Schutzbereich des Militärstrafrechts beschränkt sich auf die Schweizer Armee mit ihren Einrichtungen und auf die Landessicherheit. Militärgerichte beurteilen als Fachgerichte strafbares Verhalten von Angehörigen der Armee. Um die gesetzlich festgelegte Unabhängigkeit der Militärjustiz zu gewährleisten, untersteht diese weder dem Chef der Armee noch dem Chef des Departements VBS.

6-4-1 Geschichte

Bereits im 14. Jahrhundert, als sich die alte Eidgenossenschaft mit fremden Heeren mass, erkannten Volk und Obrigkeit, dass eine straffe Kriegsordnung und ein knappes militärisches Strafverfahren unerlässlich sind, um die «Mannszucht» im Feld zu erhalten. Die älteste eidgenössische Kriegsordnung stammt denn auch aus dem Jahre 1393: der Sempacher Brief.
Später stand nicht mehr die «Mannszucht», sondern das «eigene Recht» im Vordergrund. Im 17. Jahrhundert gab es daher eine besondere Strafordnung für die sogenannten Reisläufer, d.h. die Truppen in fremden Diensten. Sie unterstanden nicht der Strafgewalt des Kriegsherrn, sondern derjenigen ihrer eigenen Hauptleute, also nicht fremden, sondern eigenen Richtern und eigenem Recht. So bestimmte schon Artikel VIII des Beibriefs zum Militärbündnis der Eidgenossen mit Ludwig XIV. von 1663: «... und soll die Justizien verwaltet werden durch die Richter der Nation und keinen anderen.» Mit einer Achtung gebietenden Festigkeit setzte sich die Tagsatzung immer wieder für dieses Prinzip ein, wenn sich fremde Gerichte oder Befehlshaber die Strafgerichtsbarkeit über schweizerische Söldnertruppen anmassen wollten.

Auch im 19. Jahrhundert wollte man keine «fremden Richter». Neben den eidgenössischen gab es zunächst noch kantonale Truppen, die der Strafgewalt ihrer eigenen kantonalen Kriegsgerichte unterstanden. Im Zuge der Zentralisation des Heerwesens in der Bundesverfassung von 1874 folgte aber nach mehreren Entwürfen am 28. Juni 1889 das Bundesgesetz über die Militärstrafgerichtsordnung; es brachte die Vereinheitlichung aller kantonalen Truppenrechte zu einem eidgenössischen Heeresrecht.
Insbesondere während der Zeit des Ersten Weltkriegs zeigte sich, dass ein modernes materielles Strafrecht noch fehlte. Die bisherige Gerichtspraxis war spärlich und uneinheitlich. Es folgte das Militärstrafgesetz (MStG) vom 13. Juni 1927[1], das noch heute – mehrmals teilrevidiert – neben dem zivilen Strafgesetzbuch von 1937 Gültigkeit hat. Dazu verfügt die Militärjustiz seit 1979 über eine eidgenössische Militärstrafprozessordnung. Damit ist sichergestellt, dass die Angehörigen der Armee nach wie vor von ihren eigenen Fachgerichten beurteilt werden.

6-4-2 Grundsätze

Mehrstufigkeit des MStG: Das MStG geht von der Deliktsbegehung in Friedenszeiten aus. Sein Geltungsbereich umfasst – neben gewissen anderen Personenkreisen – grundsätzlich alle Dienstpflichtigen während ihres Militärdienstes und in Bezug auf ihre ausserdienstlichen Pflichten.
Sobald aber dem Staat und seiner Armee vermehrte Gefahr droht, erweitert sich der sachliche und persönliche Geltungsbereich des Gesetzes. So werden z.B. Angehörige von Betrieben, welche für die Versorgung des Landes wichtig sind, dem MStG unterstellt. Ebenso werden in Aktivdienst- und in Kriegszeiten weitere Handlungen strafbar und bestehende Strafandrohungen erhöht.

Militärstrafrecht und ziviles Strafrecht: Der Schutzbereich des Militärstrafrechts beschränkt sich auf die Schweizer Armee mit ihren Einrichtungen und auf die Landessicherheit. Im Normenkatalog fehlen deshalb die typisch zivilen Delikte, wie z.B. Verbrechen und Vergehen gegen die Familie, gegen die Amts- und Berufspflicht sowie Schuldbetreibungs- und Konkursdelikte. Begeht ein Angehöriger der Armee während seines Dienstes ein solches Delikt, bleibt er sowohl dem zivilen Strafgesetz als auch dem zivilen Richter unterworfen.

[1] SR **321.0**

6-4-3 Militärstrafverfahren

Gerichtsstand: Zivile kantonale Gerichte sind nach dem Territorialitätsprinzip zuständig für diejenigen Fälle, die sich in ihrem Gerichtskreis abgespielt haben. Dies hat zur Folge, dass sich Angeklagte aus anderen Regionen unter Umständen vor anderssprachigen Gerichten verantworten müssen. Hier liegt eine der Stärken des Militärstrafprozesses, der als ordentlichen Gerichtsstand jenen der Truppenzugehörigkeit kennt, unabhängig davon, wo sich ein Delikt ereignet hat. Leistet jedoch ausnahmsweise ein Angehöriger der Armee in einer für ihn fremdsprachigen Einheit Dienst, kann der Oberauditor diesen einem anderssprachigen Gericht zuweisen.

Einleitung des Verfahrens: Wird eine Person einer strafbaren Handlung verdächtigt und fällt eine disziplinarische Erledigung ausser Betracht, so ist die ***Voruntersuchung*** anzuordnen. Sie hat den Zweck festzustellen, ob eine strafbare Handlung vorliegt. Es sind alle Umstände der Tat abzuklären, die für das richterliche Urteil oder für die Einstellung des Verfahrens von Bedeutung sein können.
Sind einzelne Voraussetzungen einer Voruntersuchung nicht erfüllt, so wird eine ***vorläufige Beweisaufnahme*** angeordnet. Dies gilt vor allem, wenn:

- Beweismittel beschafft oder ergänzt werden müssen, insbesondere bei unbekannter Täterschaft und ungeklärtem oder verwickeltem Sachverhalt;
- Ungewissheit darüber besteht, ob eine strafbare Handlung disziplinarisch oder militärgerichtlich zu erledigen sei.

Bei Tötung, erheblicher Verletzung von Militär- oder Zivilpersonen sowie bei schweren Sachschäden ist eine vorläufige Beweisaufnahme auch ohne Vorliegen einer strafbaren Handlung anzuordnen.
Das Militärstrafverfahren wird durch einen Befehl des Truppenkörper- oder Kurskommandanten – bei ausserdienstlichen Delikten und Völkerrechtsverletzungen durch den ***Oberauditor*** – in Gang gesetzt. Sollte sich ein Kommandant weigern, ein gerichtliches Verfahren einzuleiten, wo ein solches nach Auffassung des militärischen Untersuchungsrichters am Platze ist, kann der Oberauditor an Stelle des Kommandanten den Untersuchungsbefehl erteilen.

Obligatorische Verteidigung: Im Militärstrafprozess ist die Verteidigung in der Voruntersuchung zugelassen, in der Hauptverhandlung ist sie obligatorisch. Häufig lassen sich Angeklagte einen amtlichen Verteidiger vom Gericht zuweisen. Diese gehören nicht zur Militärjustiz. Jeder

Rechtsanwalt, der zur Ausübung des Anwaltsberufes in der Schweiz zugelassen ist, kann ein solches Mandat übernehmen. Als Besonderheit des militärischen Prozessrechtes gilt zudem, dass eine amtliche Verteidigung für den Angeklagten – unabhängig vom Vorliegen einer Prozessarmut – unentgeltlich ist.

Unmittelbarkeitsprinzip: Die Akten der vom Untersuchungsrichter geführten Voruntersuchung sind den Richtern – mit Ausnahme des Gerichtspräsidenten, der als einer von fünf Richtern amtet und die Hauptverhandlung vorbereitet hat – nicht bekannt. Diese urteilen vielmehr nach ihrer im Laufe der Verhandlung gewonnenen Überzeugung. Damit ist sichergestellt, dass in der Hauptverhandlung ein vollständiges Beweisverfahren durchgeführt wird.

Strafmandatverfahren: Fälle von geringerer Tragweite (Freiheitsstrafe von höchstens einem Monat und/oder Busse bis zu 1000 Franken), bei denen der Sachverhalt nicht bestritten ist, können vom Auditor (Ankläger) mit Strafmandat erledigt werden. Es ist dies die schriftliche Eröffnung eines kurz begründeten Urteils ohne Durchführung einer Hauptverhandlung. Der Verurteilte oder der Oberauditor können jedoch die Durchführung des ordentlichen Verfahrens verlangen.

Rechtsmittel: Jeder Fall kann mit Appellation an ein Militärappellationsgericht weitergezogen werden. Als oberste richterliche Instanz amtet schliesslich das Militärkassationsgericht, das gutgeheissene Beschwerden zur Neubeurteilung an die Vorinstanz zurückweist.
Ergänzend steht gegen Haftverfügungen eine Beschwerde an den Präsidenten des Militärgerichts offen, gegen andere Verfügungen und Amtshandlungen der Untersuchungsrichter eine solche an den Oberauditor.
Gegen Massnahmen der Gerichte, die keine eigentlichen Urteile darstellen, z.B. ein Entschädigungsentscheid, steht schliesslich eine Rekursmöglichkeit an das Militärkassationsgericht offen.

Kollegialgerichte: Alle Militärgerichte amten als Kollegialgerichte in Fünferbesetzung: Neben dem Präsidenten, der Justizoffizier ist, gehören ihnen je zwei Offiziere und zwei Unteroffiziere/Soldaten aus der dem Gericht zugeteilten Truppe an.

Fachgerichte: Bei vielen von den Militärgerichten zu beurteilenden Fällen spielen die besonderen Umstände des Dienstes eine Rolle. Da den Gerichten neben dem Justizoffizier als Präsidenten, dessen Truppenerfahrung in der Regel schon einige Zeit zurückliegt, immer mindestens vier

Richter angehören, die aktiv im Truppendienst stehen, besteht Gewähr dafür, dass ein Angeklagter von Personen beurteilt wird, welche die besonderen Verhältnisse des Dienstes kennen. Die Militärgerichte sind in diesem Sinne Fachgerichte.

6-4-4 Organisation der Militärjustiz

Die Organisation der Militärjustiz entspricht unserem ***Milizsystem.*** Die Angehörigen der Militärjustiz absolvieren eine normale militärische Ausbildung bei irgendeiner Waffengattung und werden erst nach ein bis drei Wiederholungskursen und erfolgreichem Abschluss des ***juristischen Hochschulstudiums*** in die Militärjustiz umgeteilt. Dort leisten sie – nach funktionsspezifischer Ausbildung – ihren Militärdienst im Rahmen der Dienstpflicht ihres Grades bis zum 50. Altersjahr.

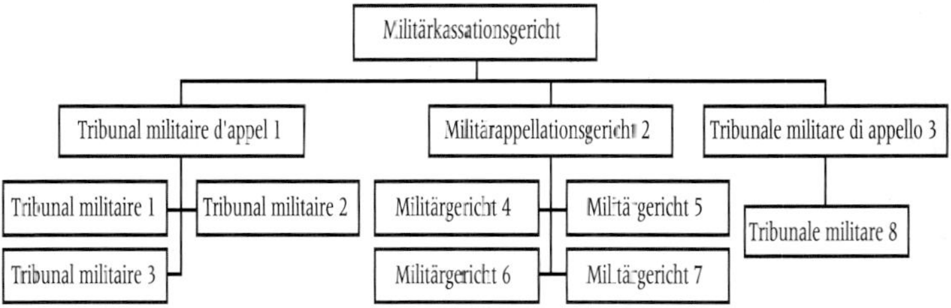

Der ***Oberauditor*** steht an der Spitze der Militärjustiz. Nebst der Wahrnehmung der ihm zustehenden ***prozessualen Rechte*** trägt er die Verantwortung für eine ***gesetzeskonforme*** Einleitung und Überwachung von militärischen Strafverfahren, für die ***Aus- und Weiterbildung*** der Angehörigen der Militärjustiz sowie für eine ordnungsgemässe und effiziente Erledigung der ***administrativen Aufgaben.***
Acht erstinstanzliche ***Militärgerichte, drei Militärappellationsgerichte*** und das – auf gleicher Stufe wie das Bundesgericht stehende – ***Militärkassationsgericht*** nehmen die Rechtsprechung wahr.
Alle Gerichte werden von einem Justizoffizier, in der Regel einem Oberst, geleitet; die Auditoren (Ankläger) bekleiden den Rang eines Majors/Oberstleutnants, die Untersuchungsrichter sind Hauptleute/Majore, die Gerichtsschreiber Hauptleute, Subaltern- oder Fachoffiziere.

6-4-5 Verletzungen des humanitären Völkerrechts

Mit der Unterzeichnung der Genfer Abkommen vom 12. August 1949 und weiterer internationaler Übereinkommen hat sich die Schweiz verpflichtet, die gesetzlichen Grundlagen für die Strafverfolgung schwerer Verletzungen des humanitären Völkerrechts zu schaffen. Dies erfolgte mit der ***Revision*** vom 5. Oktober 1967 des MStG. Demnach sind – wenn der Täter Schweizer ist oder sich ein ausländischer Täter in der Schweiz befindet – solche Verbrechen in der Schweiz zu verfolgen und zu bestrafen, und zwar unabhängig davon, wo die Tat begangen wurde und ob der Täter Militär- oder Zivilperson ist. Die Strafverfolgung obliegt den Organen der Militärjustiz.
Dennoch kommt es zu den ersten Strafverfahren wegen mutmasslicher Verletzung des Kriegsvölkerrechts in Ex-Jugoslawien und Ruanda erst 2½ Jahrzehnte nach dieser Revision.
Diese ***Aufgabe*** der Militärjustiz unterscheidet sich stark von ordentlichen Strafverfolgungen in der Schweiz: Die Beweisführung beschränkt sich der besonderen Umstände wegen praktisch ausschliesslich auf ***Zeugeneinvernahmen;*** eine allgemein schwierige Aufgabe, insbesondere wenn die Zeugen verängstigt oder traumatisiert sind und in Gerichtsverhandlungen besonders geschützt werden müssen.
Durch spezielle Ausbildung gemachte Erfahrungen und enge Zusammenarbeit mit nationalen und internationalen Fachorganen sind die militärischen Strafverfolgungsbehörden heute in der Lage, umfassende Voruntersuchungen gegen mögliche ***Kriegsverbrecher*** kompetent durchzuführen und Angeklagte sachkundigen Gerichten zu überweisen. Die Militärgerichte übernehmen damit die gleiche Aufgabe – und erfüllen sie ebenso gut – wie die UNO-Tribunale in Arusha, Den Haag und Sierre Leone.

6-4-6 Disziplinarstrafordnung

Auf den 1. März 2004 ist das revidierte MStG (Totalrevision der Disziplinarstrafordnung) in Kraft getreten. Seither ist das Disziplinarstrafrecht einheitlich auf Gesetzesstufe im MStG geregelt und wurde an die Rechtsprechung des Militärkassationsgerichtes und des Europäischen Gerichtshofes für Menschenrechte (EGMR) angepasst. Die Disziplinarstrafordnung ist verfassungskonform.

6-4-61 Voraussetzungen der disziplinarischen Bestrafung

Wer dem Militärstrafrecht untersteht, ist auch der Disziplinarstrafordnung unterstellt. Namentlich unterstehen ihr: die Angehörigen der Armee während des Militärdienstes, auch wenn er in Zivilkleidern geleistet wird; während des Urlaubs für leichte Fälle von bestimmten strafbaren Handlungen, wenn diese mit dem Dienst der Truppe in Zusammenhang stehen; die Stellungspflichtigen während des Orientierungstags und während der Rekrutierung; Schweizer und Schweizerinnen während der ganzen Dauer ihres militärischen Auslandeinsatzes. Ausser Dienst begangene Disziplinarfehler fallen grundsätzlich auch unter die Disziplinarstrafordnung.
Im Aktivdienst und in Kriegszeiten können der Disziplinarstrafordnung weitere Personen unterstellt werden.
Einen ***Disziplinarfehler*** begeht, wer seinen dienstlichen Pflichten zuwiderhandelt oder den Dienstbetrieb stört, öffentliches Ärgernis erregt, Grundregeln des Anstands verletzt oder groben Unfug treibt; dem Disziplinarfehler gleichgestellt sind leichte Fälle von Straftatbeständen, für die das MStG die Möglichkeit der disziplinarischen Bestrafung vorsieht: z.B. für leichte Fälle von Ungehorsam oder leichte Fälle der Nichtbefolgung von Dienstvorschriften. Eine ***disziplinarische Bestrafung*** erfolgt zudem bei leichten Fällen von Widerhandlungen gegen die Strassenverkehrsvorschriften, sofern sie mit dem Dienst der Truppe oder mit einer anderen nach dem MStG strafbaren Handlung in Zusammenhang stehen.
Disziplinarisch bestraft wird auch, wer während der Dienstzeit unbefugt geringfügige Mengen von ***Betäubungsmitteln*** im Sinne von Artikel 1 des Betäubungsmittelgesetzes (BetmG) vom 3. Oktober 1951[2] vorsätzlich konsumiert oder besitzt oder zum eigenen Konsum eine Widerhandlung gegen Artikel 19 BetmG begeht. Dieser Konsum stellt aber grundsätzlich keinen Entlassungsgrund dar. Schwere Verstösse gegen das BetmG werden durch die zivilen Straforgane verfolgt. Stellt der Truppenarzt fest, dass ein Angehöriger der Armee ***drogenabhängig*** ist, ist allerdings die Diensttauglichkeit zu überprüfen. Die Anordnung einer vorläufigen Beweisaufnahme oder einer Voruntersuchung durch den militärischen Untersuchungsrichter ist nur dann möglich, wenn einem Angehörigen der Armee neben einem Verstoss gegen das BetmG auch ein nach dem MStG strafbares Verhalten (z.B. Verursachen eines Verkehrsunfalls) vorgeworfen wird. Seit Juli 2000 gilt nach Weisung des Kommandanten Heer für die militärischen Motorfahrzeugführer ein absolutes Drogenverbot. Nach dem Einrücken unterschreiben die Fahrer eine entsprechende Erklärung. Zuwiderhandlungen werden nebst der strafrechtlichen Verfolgung zusätzlich mit einem tem-

[2] SR **812.12**

porären Fahrverbot von drei Wochen bis hin zum Entzug der militärischen Fahrberechtigung geahndet. Der Grundsatz «Nulltoleranz für alle Drogen», der für alle Angehörigen der Armee gilt, wurde im «Suchtmittelbehelf vom 1. Januar 2003» vom Kommandanten Heer bekräftigt.
Strafbar ist nur, wer schuldhaft handelt, sei es vorsätzlich oder fahrlässig. Der Inhaber der Disziplinarstrafgewalt verfügt eine Disziplinarstrafe, wenn er Ermahnung und Belehrung des Fehlbaren nicht für ausreichend erachtet; Art und Mass der Strafe sind nach dem Verschulden zu bestimmen. Zwölf Monate nach der Begehung eines Disziplinarfehlers kann der Fehlbare nicht mehr bestraft werden. Die Verjährung kann nicht unterbrochen werden; sie ruht während einer vorläufigen Beweisaufnahme, einer Voruntersuchung oder eines Verfahrens vor Gericht. Zwölf Monate nach ihrer rechtskräftigen Verfügung können Disziplinarstrafen nicht mehr vollzogen werden.
Wenn Zweifel darüber bestehen, ob nur ein Disziplinarfehler vorliegt, aber auch bei unbekannter Täterschaft, hat der unmittelbar vorgesetzte Kommandant der übergeordneten Kommandostelle, dem Schul- oder Kurskommandanten Meldung zu erstatten, und es ist durch diesen eine ***vorläufige Beweisaufnahme*** zu befehlen. Bis zum Eintreffen des Untersuchungsrichters sind die Tatspuren sicherzustellen, die Beweise zu sichern, der Tatbestand aufzunehmen, die Flucht des Verdächtigen – nötigenfalls durch vorläufige Festnahme – zu verhindern und die getroffenen Massnahmen in einem Protokoll festzuhalten.

6-4-62 Disziplinarstrafen

Verweis: Er soll bei geringfügigen Disziplinarfehlern angewandt werden, wenn er das Ehrgefühl des Fehlbaren zu treffen vermag und so den Zweck der Bestrafung erfüllt. Bei der Eröffnung wird er ausdrücklich als Strafe bezeichnet.

Ausgangssperre: Mit ihr wird dem Fehlbaren verboten, den vom Kommandanten bezeichneten Unterkunftsbereich zu verlassen. Sie kann nur während des besoldeten Militärdienstes ausgesprochen und vollzogen werden. Sie wird – unabhängig von der Anzahl vorgesehener Ausgänge in diesem Zeitraum – für eine Dauer von drei bis höchstens 15 Tagen verfügt; der allgemeine Urlaub wird von ihr nicht betroffen.

Disziplinarbusse: Sie kann für alle Disziplinarfehler ausgesprochen werden und beträgt höchstens 500 Franken für im Dienst begangene Disziplinarfehler, höchstens 1000 Franken für ausserhalb des Dienstes begangene. Disziplinarbussen sind innert einer Frist von zwei Monaten ab

Rechtskraft zu begleichen und fallen an die Bundeskasse oder den Wohnsitzkanton. Sie werden bei Nichtbezahlung in Arrest umgewandelt, wobei 100 Franken einem Tag Arrest gleichgesetzt werden.

Arrest: Er dauert mindestens einen, längstens zehn Tage und wird in Einzelhaft vollzogen. Der Arrestant leistet keinen Dienst.
Verschärfung im Strafvollzug, andere Strafen oder die gleichzeitige Verfügung verschiedener Arten von Disziplinarstrafen sind nicht zulässig. Auch Kollektivstrafen und die mehrmalige disziplinarische Bestrafung der gleichen Tat sind unstatthaft.
Mehrere Disziplinarfehler werden mit einer einzigen Gesamtstrafe geahndet.
Ausgangssperren, Disziplinarbussen und Arreststrafen werden mit Eintritt der Rechtskraft der Disziplinarstrafverfügung vollstreckbar. Ist der Bestrafte am sofortigen Strafantritt interessiert, kann er auf das Einlegen eines Rechtsmittels (unwiderruflich) verzichten *(siehe «Rechtsmittel»)*; Rechtsmittel haben aufschiebende Wirkung, die Disziplinarbeschwerde bei einer Ausgangssperre (nur) auf Anordnung der Beschwerdeinstanz.
Kann eine Arreststrafe vor der Entlassung der Truppe nicht vollständig verbüsst werden, vollzieht die Militärbehörde des Wohnsitzkantons den verbleibenden Teil. Bei ausserdienstlich zu vollziehenden Arreststrafen ist der Vollzug in Halbgefangenschaft möglich; der Arrestant setzt dabei seine Arbeit oder Ausbildung fort und verbringt die Ruhe- und Freizeit am Vollzugsort.
Die ***Arrestlokale*** sollen die von der Umwelt abgesonderte Verwahrung des Arrestanten erlauben, müssen aber zwingend den gesundheitspolizeilichen Anforderungen entsprechen. Kader verbüssen die Strafe soweit möglich in Räumen, die von den Arrestlokalen der Truppe getrennt sind. Der Vollzug von Arreststrafen in Strafanstalten oder Untersuchungsgefängnissen ist nur zulässig, wenn eine eindeutige Trennung zwischen Arrestvollzug und Strafvollzug gewährleistet ist.
Arrestanten müssen täglich Gelegenheit zur Körperpflege erhalten und vom zweiten Tag an für eine Stunde täglich abgesondert ins Freie geführt werden. Es werden ihnen eine Zeitung pro Tag, Schreibmaterial, religiöse Schriften und militärische Dienstvorschriften überlassen; die zuständige Stelle kann weitere Literatur zulassen. Vor Strafantritt sind dem Arrestanten die entbehrlichen Gegenstände gegen Quittung abzunehmen; er darf in der Regel keine Besuche empfangen. Versand und Empfang von Briefpost ist zulässig. Der unmittelbar vorgesetzte Kommandant sorgt für die Betreuung des Arrestanten und bestimmt einen für den Vollzug der Arreststrafe verantwortlichen Offizier oder Unteroffizier.

6-4-63 Zuständigkeit

Die Disziplinarstrafgewalt für im Dienst begangene Disziplinarfehler steht dem vorgesetzten Truppenkommandanten zu: gegenüber allen Angehörigen seiner Formationen; gegenüber direkt unterstellten Truppenkommandanten; gegenüber Angehörigen einer anderen Formation, die ihm vorübergehend unterstellt sind; gegenüber anderen Personen, die unter seine Befehlsgewalt gestellt sind.
Die strafende Stelle entscheidet unabhängig. Dem unmittelbar vorgesetzten Kommandanten kann aber von seinem Vorgesetzten die Durchführung eines Disziplinarstrafverfahrens befohlen werden. Haben an einer disziplinwidrigen Handlung Angehörige verschiedener Einheiten teilgenommen, nehmen die beteiligten Kommandanten miteinander Verbindung auf.

6-4-64 Strafbefugnisse

Dem Einheitskommandanten stehen als Disziplinarstrafen der Verweis, die Ausgangssperre, die Disziplinarbusse (bis 500 Franken) und Arrest bis zu fünf Tagen zur Verfügung; die ihm übergeordneten Kommandostellen können neben Verweis, Ausgangssperre und Disziplinarbusse (bis 500 Franken) Arreststrafen bis zur Höchstdauer von zehn Tagen verhängen. Militärbehörden können mit Verweis, Disziplinarbusse (bis 1000 Franken) und Arrest bis zu zehn Tagen strafen. Der Bundesrat regelt weitere besondere Strafbefugnisse, u.a. jene in der Reserve, in Rekruten- und Kaderschulen sowie im Friedensförderungsdienst.

6-4-65 Disziplinarstrafverfahren

Vorgesetzte, Ranghöhere sowie militärische Polizei- oder Kontrollorgane können Personen, die sie bei einem Disziplinarfehler ertappen, zur Feststellung der Personalien und des Sachverhalts anhalten und nötigenfalls der nächsten Truppe oder der Polizei übergeben. Vorgesetzte aller Stufen und zivile sowie militärische Polizeiorgane können eine Person vorläufig festnehmen, wenn sich aufgrund der Umstände ergibt, dass die Voraussetzungen zur Anordnung von Untersuchungshaft (Fluchtgefahr usw.) vorliegen; die vorläufige Festnahme darf vom Zeitpunkt der Anhaltung an gerechnet 24 Stunden nicht überschreiten.
Der Kommandant oder ein von ihm beauftragter Offizier stellt in einer gründlichen ***Untersuchung*** möglichst rasch den Sachverhalt fest. Er sammelt Beweise und klärt die für die Strafzumessung wesentlichen Umstände ab. Der unmittelbar vorgesetzte Kommandant hört in jedem Fall den Beschul-

digten an. Über die Einvernahme wird ein Protokoll erstellt, das der Beschuldigte einsehen kann; der Beschuldigte kann sich nicht vertreten lassen.
Übersteigt die vorgesehene Disziplinarstrafe die Strafbefugnis des unmittelbar vorgesetzten Kommandanten, stellt dieser ***auf dem Dienstweg*** der zuständigen Stelle einen Strafantrag. Diese hört den Beschuldigten persönlich an, wenn sie es für nötig erachtet oder dieser es begehrt, und veranlasst nötigenfalls weitere Erhebungen. Sie kann dem Strafantrag entsprechen oder – nach Rücksprache mit dem Antragsteller – im Rahmen ihrer Befugnisse eine andere Strafe verfügen oder von einer Bestrafung absehen.
Der strafende Kommandant erlässt eine ***schriftliche Disziplinarstrafverfügung***, die alle wesentlichen Angaben (Personalien, Sachverhalt, Entlastungsgründe, Umstände für die Strafzumessung, Strafe, Beschwerderecht usw.) enthält und dem Bestraften abgegeben und gleichzeitig mündlich eröffnet und nötigenfalls erläutert wird. Der Kommandant orientiert in der Regel seine Truppe über einen Straffall innerhalb der Einheit.
Die Kommandanten führen über die ihrer Disziplinarstrafgewalt unmittelbar unterstehenden Personen eine ***Strafkontrolle***. Über Einträge in der Strafkontrolle darf nur den militärischen Vorgesetzten des Bestraften und – auf begründetes Begehren hin – den Militärbehörden und den Organen der militärischen und bürgerlichen Strafjustiz Auskunft erteilt werden, sofern die Disziplinarstrafe nicht mehr als fünf Jahre zurückliegt. Das Disziplinarstrafverfahren (ohne Entscheid von Rechtsmittelinstanzen) ist kostenlos.

6-4-66 Rechtsmittel

Eine Disziplinarstrafverfügung kann vom Bestraften mit einer ***Disziplinarbeschwerde*** angefochten werden. Diese ist innert 24 Stunden nach Eröffnung der Strafverfügung schriftlich beim unmittelbar vorgesetzten Kommandanten einzureichen, der sie an die Beschwerdeinstanz – den Vorgesetzten des strafenden Kommandanten – weiterleitet. Die Beschwerdefrist beträgt fünf Tage, wenn die Strafverfügung erst nach der Entlassung oder weniger als 24 Stunden vor der Entlassung des Bestraften eröffnet wird. Die Disziplinarbeschwerde hemmt den Vollzug der Strafe bei Verweis, Disziplinarbusse und Arrest; die Disziplinarbeschwerde gegen eine Ausgangssperre hat auf Anordnung der Beschwerdeinstanz aufschiebende Wirkung. Der Beschuldigte kann sich nicht vertreten lassen.
Über die Disziplinarbeschwerde ist möglichst rasch, in der Regel innert drei Tagen nach ihrer Einreichung, zu entscheiden. Durch den Beschwerdeentscheid darf die angefochtene Strafe nicht verschärft werden; er kann an Stelle von Arrest auf Ausgangssperre, Verweis oder Disziplinarbusse, an Stelle einer Busse auf Ausgangssperre oder Verweis und an Stelle einer Ausgangssperre auf Verweis lauten. Der Beschwerdeentscheid wird

sodann den Beteiligten unter Angabe der Gründe schriftlich und mit dem Hinweis auf das Recht zur Disziplinargerichtsbeschwerde eröffnet. Das Disziplinarbeschwerdeverfahren ist kostenlos. Lautet der Beschwerdeentscheid auf Verweis, Ausgangssperre oder eine Disziplinarbusse von weniger als 300 Franken, ist er endgültig. Lautet er auf Arrest oder eine Busse mit einem Betrag von 300 Franken oder mehr, kann er vom Bestraften mit einer ***Disziplinargerichtsbeschwerde*** angefochten werden. Über diese entscheidet ein Ausschuss des zuständigen Militärappellationsgerichts. Die Disziplinargerichtsbeschwerde ist schriftlich beim unmittelbar vorgesetzten Kommandanten des Bestraften einzureichen, der sie an den Präsidenten des Militärappellationsgerichts weiterleitet. Die Frist beträgt drei Tage nach Eröffnung des Beschwerdeentscheids, zehn Tage, wenn der Beschwerdeentscheid erst nach der Entlassung oder weniger als drei Tage vor der Entlassung des Bestraften eröffnet wird. Die Disziplinargerichtsbeschwerde hemmt den Vollzug der Strafe. Das Verfahren vor dem Militärappellationsgericht richtet sich nach den Vorschriften des Militärstrafprozesses. Der Entscheid über die Disziplinargerichtsbeschwerde darf die in der ursprünglichen Strafverfügung festgesetzte Strafe nicht verschärfen, er ist endgültig. Bei der Berechnung der mehrtägigen Fristen für die Einreichung der Disziplinarbeschwerde und der Disziplinargerichtsbeschwerde wird der Tag, an dem die Frist zu laufen beginnt, nicht mitgezählt. Ist der letzte Tag einer Frist ein Samstag, ein Sonntag oder ein anerkannter Feiertag, so endet sie am nächsten Werktag. Die Frist gilt nur dann als eingehalten, wenn die Beschwerdeschrift spätestens am letzten Tag beim unmittelbar vorgesetzten Kommandanten des Bestraften eingereicht oder zu dessen Handen der schweizerischen Post übergeben worden ist. Unterliegt der Beschwerdeführer vor Gericht, hat er in der Regel die Verfahrenskosten zu tragen. Wegen Einreichung einer Disziplinarbeschwerde oder einer Disziplinargerichtsbeschwerde darf keine Strafe verhängt werden.

Dokumentation Militärjustiz: www.oa.admin.ch

Team …

… und Verantwortung

Zivildienst-Einsätze können handwerklich-technischer ...

... oder sozialer Art sein

6-5 Zivildienst

Zivildienst kann leisten, wer Militärdienst nicht mit seinem Gewissen vereinbaren kann. Zivildienst ist also eine besondere Form, um die allgemeine Wehrpflicht zu erfüllen. Zivildienstleistende sind für öffentliche oder gemeinnützige Institutionen tätig. Grundsätzlich dauert der Zivildienst 1,5 mal länger als der Militärdienst.

Der Zivildienst ist im Bundesgesetz über den zivilen Ersatzdienst (ZDG) verankert. Laut Bundesverfassung ist Zivildienst ein Ersatzdienst zum Militärdienst und keine frei wählbare Alternative.

Angehende Zivildienstleistende können ein Gesuch einreichen, sobald sie den Orientierungstag besucht haben. Zivildienst kann aber nur leisten, wer **an der Rekrutierung als militärdiensttauglich erklärt** wurde. Bereits Militärdienstpflichtige können jederzeit ein Gesuch um Zulassung zum Zivildienst einreichen. Seit Frühjahr 2009 ist nur noch eine schriftliche Erklärung ohne ausführliche Darlegung der Gewissensgründe erforderlich.

Frauen können ein Gesuch um Zulassung zum Zivildienst stellen, wenn sie zum Militärdienst zugelassen sind, und zwar ab dem Zeitpunkt der im Dienstbüchlein eingetragenen Einteilung.

6-5-1 Aufgaben und Dauer

Zivildienstpflichtige leisten Einsätze in öffentlichen Einrichtungen oder bei privaten Organisationen, sofern diese gemeinnützig tätig sind. Dazu gehören die Bereiche

- Gesundheitswesen (Spitäler, Pflegeheime);
- Sozialwesen (Institutionen für Kinder, Jugendliche, Behinderte);

- Kulturgütererhaltung (Heimatschutz, Denkmalpflege);
- Umwelt- und Naturschutz (z.B. Unterhalt von Trockenmauern, Feuchtwiesen oder Gewässern);
- Forstwesen und Landwirtschaft;
- Entwicklungszusammenarbeit (Auslandeinsätze);
- Katastrophenhilfe (Wiederaufbauarbeiten).

Zivildienstpflichtige Personen leisten alle verfügten Diensttage am Stück oder aufgeteilt in mehrere Einsätze. Der erste Einsatz findet spätestens im Kalenderjahr nach dem Zulassungsentscheid statt. Im Weiteren sind Anzahl und Dauer der Einsätze bis zum erfüllten 26. Altersjahr mit zwei Einschränkungen frei wählbar. Zivildienstpflichtige Personen müssen einen sogenannten «langen Einsatz» von maximal 180 Tagen leisten. Die Mindestdauer der übrigen Einsätze beträgt 26 Tage.

Die Zivildienstpflicht beginnt, sobald der Zulassungsentscheid rechtskräftig ist, und bleibt bis zum 34. Altersjahr bestehen. Wer mit der Vollendung des 30. Altersjahrs alle Einsätze geleistet hat, wird bereits dann entlassen.

6-5-2 Entschädigung/Erwerbsersatz/Wehrpflichtersatz

Einsatzbetriebe stellen Unterkunft und Verpflegung für zivildienstleistende Personen sicher beziehungsweise entrichten pro Diensttag eine finanzielle Entschädigung plus ein Taschengeld von 5 Franken pro Tag. Die Erwerbsausfallentschädigung (EO) wird wie bei Militärdienstleistenden ausgerichtet (Näheres dazu *siehe Merkblatt 6.01, «Erwerbsausfallentschädigungen»*, zu beziehen bei Ihrer AHV-Ausgleichskasse oder über **www.ahv-iv.info**). Wehrpflichtersatz muss bezahlen, wer nicht jährlich mindestens 26 Diensttage leistet.

6-5-3 Adressen der Vollzugsstellen für den Zivildienst

Zentralstelle Zivildienst
Uttigenstrasse 19, 3600 Thun
Tel. 033 228 19 99 info@zivi.admin.ch

BS, BL, SO, AG
Regionalzentrum Aarau
Zivildienst
Kasernenstrasse 28, 5000 Aarau
Tel. 062 832 63 77 aarau@zivi.admin.ch

SG, GL, GR
Regionalzentrum Landquart
Zivildienst
Bahnhofstrasse 1, 7302 Landquart
Tel: 081 300 06 70 landquart@zivi.admin.ch

VD, GE, NE, JU, FR (franz.), BE (franz.), VS (franz.)
Centre régional Lausanne
Service civil
Route Aloys-Fauquez 28, 1018 Lausanne
Tel. 021 643 75 30 lausanne@zivi.admin.ch

LU, ZG, OW, NW, SZ, UR
Regionalzentrum Luzern
Zivildienst
Alpenstrasse 6, Postfach 6583, 6000 Luzern 6
Tel. 041 939 25 50 luzern@zivi.admin.ch

TI, GR (ital.)
Centro regionale Rivera
Servizio civile
Via Cantonale, 6802 Rivera
Tel. 091 930 67 50 rivera@zivi.admin.ch

ZH, TG, SH, AI, AR
Regionalzentrum Rüti ZH
Zivildienst
Spitalstrasse 31, 8630 Rüti/ZH
Tel. 055 250 53 00 rueti@zivi.admin.ch

BE, FR, VS (deutschsprachig)
Regionalzentrum Sumiswald
Zivildienst
Spitalstrasse 20, 3454 Sumiswald
Tel. 034 432 36 99 sumiswald@zivi.admin.ch

www.zivi.admin.ch

Milizarmee: Bürger und Bürgerinnen in Uniform

Block 7 Anhänge

Früher: Zahlreiche Hindernisse und Befestigungen

Früher: «Bloodhound»-Fliegerabwehr-Lenkwaffen auf festen Stellungen

7-1 Armeereformen der modernen Schweiz

«Die Schweiz hat eine Armee. Diese ist grundsätzlich nach dem Milizprinzip organisiert.» Der Absatz 1 des Artikels 58 der Bundesverfassung stellt sicher, dass die Schweizer Armee immer direkt mit den politischen Veränderungsprozessen verbunden bleibt.

7-1-1 Schaffung des Schweizerischen Bundesheeres

Mit der Schaffung des Bundesstaates, der an die Stelle des bisherigen Staatenbundes getreten ist, wurden auch die Grundlagen für eine schweizerische Armee gelegt. Das Jahr ***1848*** ist das ***Geburtsjahr des eidgenössischen Heeres.*** In den rund 160 Jahren seines Bestehens hat dieses Heer eine lange und wechselvolle Entwicklung durchlaufen, die von dem aus verschiedenartigsten kantonalen Kontingenten zusammengesetzten Bürgermilizheer bis zur innerlich geschlossenen, modernen Armee unserer Tage führt. Die Bundesverfassung von 1848 legte die Grundlage zur Schaffung des Schweizerischen Bundesheeres. Die neue Verfassung tat sich aber schwer damit, die notwendige Zentralisierung konsequent durchzusetzen. Die militärischen Kompetenzen des Bundes wurden nach einigen Richtungen erweitert, wie beispielsweise mit der Schaffung einer eidgenössischen Zentralgewalt in Militärfragen und mit der Bundeskompetenz, die Organisation des Heeres zu regeln. Das Heer bestand aber weiterhin noch aus ***Kontingenten der Kantone.*** Die Ausbildung der Hauptwaffe, der Infanterie, verblieb, wenn auch unter Aufsicht des Bundes, bei den Kantonen.
Die Neuerungen der ***Militärorganisation von 1850*** beschränkten sich hauptsächlich auf das Gebiet der Ausbildung. Der Bund übernahm nun die gesamte Truppenausbildung, mit Ausnahme der Infanterie, sowie die Führungsausbildung.

7-1-2 Vermehrte Zentralisation des Militärwesens

Die gemachten Erfahrungen aus den kriegerischen Konflikten des Rheinfeldzuges 1856/57 sowie des Deutsch-Französischen Krieges 1870/71 trieben den Wunsch und die Notwendigkeit vermehrter Zentralisation des Militärwesens weiter voran. Die neu gefassten Militärartikel der Verfassungsrevision von 1874 folgten dem Ruf nach einer ***Zusammenfassung der militärischen Kompetenzen.*** Die Gesetzgebung über das Heereswesen wurde zur Bundessache erklärt, und die Bewaffnung der Armee oblag nun dem Bund. Weiter wurde die lückenlose Wehrpflicht verwirklicht.
Auf der Grundlage der revidierten Verfassung wurde am 13. November 1874 ein neues Bundesgesetz zur Militärorganisation der Schweizerischen Eidgenossenschaft erlassen. Die ***zwei bedeutsamsten Neuerungen*** lagen in der Zusammenfassung der gesamten militärischen Ausbildung zuhanden des Bundes sowie in einer detaillierteren Umschreibung des Verhältnisses zwischen politischer und militärischer Gewalt in Zeiten des aktiven Dienstes im Hinblick auf die Stellung des Generals. Aufgrund dieser Regelung wurde die Position des Oberbefehlshabers deutlich gestärkt. Zusätzlich wurde auch ein erster, wenn auch im Umfang noch bescheidener, ***sozialer Schutz des Wehrmanns gegen Krankheit und Unfall*** geschaffen.

7-1-3 Truppenordnung, Modernisierung der Bewaffnung und Ausrüstung

Die Militärorganisation von 1907 brachte u.a. die Verlängerung der Dienstzeit und eine Erhöhung der Militärausgaben. Der Bundesbeschluss vom 6. April 1911 legte die Organisation des Heeres neu fest. Erstmals wurde eine ***eigentliche Truppenordnung*** vorgelegt. Ab 1912 gab es drei Armeekorps und die Zahl der Divisionen wurde von acht auf sechs reduziert. Zudem wurden die Kommandanten der Armeekorps und der Divisionen zu berufsmässigen Kommandanten. Die gutgeheissene Rüstungsvorlage vom 16. Februar 1912 ermöglichte die dringend notwendige ***Modernisierung der Bewaffnung und Ausrüstung*** der schweizerischen Armee.
Mit diesen Massnahmen organisatorischer und rüstungstechnischer Art wurden ***kurz vor Ausbruch*** des Ersten Weltkriegs die ***militärischen Grundlagen*** geschaffen, die angesichts der drohenden Kriegsgefahr unerlässlich waren.
Während der Kriegsjahre konnte die Schweizer Armee dank ihrer ***massiven Besetzung der Grenzen*** den Forderungen nach nationalem Selbst-

schutz sowie ihrer neutralitätsrechtlichen Verpflichtung vollauf gerecht werden. Den beiden Hauptgefahren, entweder als Durchmarschgebiet oder als Ziel eines Präventivangriffs benützt zu werden, konnte entgegengetreten werden.
Zusätzlich musste die Armee ***kurz vor dem Ende des Krieges*** noch zur Erfüllung ihrer zweiten Aufgabe antreten: ***der Erhaltung von Ruhe und Ordnung im Landesinnern.***

7-1-4 Zeiten des Wandels

Nach Kriegsende wurde der Ruf «Nie wieder Krieg» laut. Diese Haltung des Schweizer Volkes hatte auch ihre Auswirkungen auf die Armee. Die Friedenssehnsucht und der Glaube an die Friedenssicherung durch Verträge riefen nach ***Abrüstung.*** Dies hatte zur Folge, dass selbst bescheidenste Ansprüche der Armee zurückgestellt oder zumindest bedeutende Abstriche gemacht werden mussten. In diese Zeit fällt auch die künstliche «Manipulation» der allgemeinen Wehrpflicht, ***indem aus Sparsamkeitsgründen die Tauglichkeitsziffern zum Militärdienst absichtlich tief gehalten wurden (55,8% Diensttauglichkeit).***
Eine erste bedeutsame Massnahme der Nachkriegszeit, welche die ausgewerteten Erfahrungen des Aktivdienstes 1914 bis 1918 auf dem Gebiet der Armeeorganisation beinhaltete, war die ***Truppenordnung vom 18. Dezember 1924.*** Diese wich in ihren Grundzügen nicht von der bisherigen Ordnung ab und brachte im Wesentlichen eine ***gesetzliche Verankerung*** der während der Kriegsjahre in der Armee geschaffenen Neuerungen wie den Ausbau der Gebirgsformationen, die vermehrte Eingliederung technischer Gruppen in die Formation der Armee sowie den rationelleren Einsatz der höheren Altersklassen, insbesondere der Landwehr. Schliesslich erfuhren auch die neuen Truppengattungen der Fliegertruppe und des Motorwagendienstes eine organisatorische Verankerung.
Ergänzungen von grösserer Tragweite erhielt die Truppenordnung durch die bundesrätlichen Erlasse vom 21. März 1927 bzw. 21. Dezember 1934 über die Organisation des Motorwagendienstes, vom 16. Januar 1933 über die Organisation des Militärflugdienstes und vom 1. Oktober 1936 über die Schaffung einer Abteilung für Flugwesen und Fliegerabwehr. Die ***Wehrkredite,*** die anfänglich nur sehr mühsam errungen werden konnten, begannen reichlicher zu fliessen, je deutlicher es sich zeigte, dass sich der Traum vom ewigen Frieden nicht verwirklichte und dass mit neuen kriegerischen Verwicklungen zwischen den unmittelbaren Nachbarn der Schweiz gerechnet werden musste. Dieser ***Wandel*** fand seinen

deutlichsten Ausdruck im Beschluss der ***Sozialdemokratischen Partei*** vom Jahr 1935, ihre im Kriegsjahr 1917 festgelegte militärkritische Haltung aufzugeben und sich ***zur Landesverteidigung zu bekennen.***

7-1-5 Verstärkung der Landesverteidigung

Unter der umsichtigen Leitung von Bundesrat Rudolf Minger setzten im Jahr 1933 grosse Anstrengungen zur ***Verstärkung der Landesverteidigung*** ein. Die zu Gunsten der Landesverteidigung gesprochenen Mittel dienten hauptsächlich dem Ausbau des Grenzschutzes und des noch in den Anfängen steckenden passiven Luftschutzes. Diesem ***materiellen Ausbau der Armee*** und der damit einhergehenden ***Komplizierung der ganzen militärischen Tätigkeit*** vermochten die hergebrachten Ausbildungszeiten der Armee nicht mehr zu genügen.
Ein vom Volk am 24. Februar 1934 angenommenes Bundesgesetz brachte ***beträchtliche Verlängerungen der Ausbildungszeiten:*** Die Rekrutenschulen (RS) dauerten nun bei der Infanterie, der Artillerie und den Genietruppen 90 Tage; bei der Kavallerie 104 Tage; bei der Flieger- und Motorwagentruppe 76 Tage und bei der Sanitäts-, Verpflegungs- und Traintruppe 62 Tage. Die Dauer der Wiederholungskurse (WK) wurden erst am 24. Juni 1938 von 2 auf 3 Wochen verlängert.
Am 7. Oktober 1936 erfolgte die Anpassung der Organisation des Heeres an die neuen Bedürfnisse der Landesverteidigung. Der Beschluss ***Truppenordnung 38*** war ein völlig neues Werk. Ihre Neuerungen bestanden vorerst in einer Gliederung der Armee in 3 Armeekorps (unter Vorbehalt der Aufstellung eines 4. Korps), 9 Divisionen und 3 selbstständigen Gebirgsbrigaden als Heereseinheiten. Neu war auch die Schaffung einer Grenzschutztruppe mit besonderen Grenzschutzformationen (Brigaden, Regimentern und Bataillonen), denen die Aufgabe der Sicherung der Landesgrenze gegen Überfälle obliegen sollte.
Die Truppenordnung 38 gab der Armee, wiederum kurz vor Kriegsausbruch, die ***organisatorische Gestalt,*** mit der sie in den aktiven Dienst eintreten konnte.
Ein letzter bedeutender Erlass vor dem Ausbruch des Zweiten Weltkrieges war das Bundesgesetz vom 22. Juni 1939 über die Abänderung der Militärorganisation, das die Organisation des Eidg. Militärdepartements und der Armeeleitung neu festlegte. Dieses Gesetz, das als bekannteste Neuerung den vielumstrittenen «Armeeinspektor» hätte einführen sollen, ist infolge der Kriegsereignisse nicht mehr in Kraft gesetzt worden.

7-1-6 Erfahrungen des Aktivdienstes

Die Anpassung der Militärgesetzgebung an die ***Erfahrungen des Aktivdienstes*** erfolgte mit zwei Novellen zum Bundesgesetz über die Militärorganisation.
Eine 1. Revision vom 12. Dezember 1947 brachte mit der ***Neuordnung der Armeeleitung*** vor allem den ***Verzicht auf den Armeeinspektor,*** dessen Befugnisse grösstenteils der ***Landesverteidigungskommission*** zugewiesen wurden.
Die 2. Revision vom 1. April 1949 teilte die Heeresklassen neu ein, brachte neue Vorschriften über die Ausbildung und schuf eine grundlegende Neufassung des Kapitels V der Militärorganisation über den aktiven Dienst.
Neu war im Herbst 1946 die ***Schaffung permanenter Militärkommissionen der beiden eidg. Räte.*** Der Beschluss der Bundesversammlung vom 17. Juni 1947 über die Truppenordnung brachte keine grundlegenden Neuerungen, sondern bedeutete im Wesentlichen eine Legalisierung der zahlreichen während des Krieges vorgenommenen Änderungen an der Truppenordnung 38.

7-1-7 Totalrevision der Heeresorganisation

Erst die ***Truppenordnung 51*** schuf dann aufgrund der Erfahrungen der Kriegsjahre und angesichts der umwälzenden Entwicklungen des Kriegswesens ***eine von Grund auf neue Heeresordnung.***
Ihre ***Neuerungen*** bestanden vor allem in einer Vereinheitlichung und Entlastung des ganzen Heergefüges von allem Ballast, insbesondere mittels einer Senkung der Sollbestände, die angesichts des Rückgangs der Personalbestände unumgänglich geworden war. Die Zahl der Divisionen blieb unverändert; die Leichten Brigaden wurden zu Heereseinheiten, während die Grenz-, Reduit- und Festungsbrigaden auf der bisherigen Brigadestufe blieben. Neu war die Schaffung der «feldgrauen Luftschutztruppe», die in Bataillone und selbstständige Einheiten gegliedert wurde.
Im Bereich der Truppenorganisation war der ***Truppenordnung 51*** nur die ***relativ kurze Lebensdauer*** von 10 Jahren beschieden. Schon bald nach Inkrafttreten machte es die mit Riesenschritten vorandrängende ***Kriegstechnik*** nötig, die Organisation von 1951 neu zu überarbeiten.
Mit dem Beschluss der Bundesversammlung vom 20. Dezember 1960 über die Organisation des Heeres, der ***Truppenordnung 61,*** wurde diese ***Totalrevision unserer Heeresorganisation*** verwirklicht. Die Grundlage der neuen Truppenordnung, deren wesentliche Ziele in der ***Steigerung von Feuerkraft und Beweglichkeit der Armee*** lagen, bildete die Einteilung

des Landes in ***vier grosse Kampfzonen,*** die mit verschiedenartigen Mitteln verteidigt werden sollten:

– der ***Grenzraum,*** der stärker als bisher mit Truppen ausgestattet wurde;
– die operativ wichtigste Zone des ***Mittellandes,*** in der mit den modernen Verbänden der Kampf mobil geführt werden sollte (die Neuschaffung von mechanisierten Divisionen diente vor allem diesem Einsatz);
– der ***Alpenraum,*** in dem unter einem einheitlichen Kommando alle der Gebirgsverteidigung dienenden Verbände zusammengefasst wurden;
– der ***Luftraum,*** in dem die wesentlichen Mittel zur Luftraumverteidigung zu einem zentral geleiteten Wirken vereinigt wurden.

Bei gleichbleibender Zahl der ***Armeekorps*** wurde die Zahl der ***Divisionen*** von neun auf zwölf erhöht, unter gleichzeitiger ***Aufhebung der Gebirgsbrigaden und der Leichten Brigaden.*** Zudem wurden ***vier Divisionstypen*** geschaffen: die Grenz-, Feld-, Gebirgs- und Mechanisierte Division. Neu waren auch die Schaffung besonderer ***Versorgungsgruppen,*** die Gestaltung des ***Territorialdienstes*** sowie der ***Stabsorganisation der Infanterieregimenter.***

Parallel zur Truppenordnung 61 wurde die Frage des ***Wehrpflichtalters*** neu geregelt. Das Wehrpflichtalter wurde von 60 auf 50 Jahre gesenkt, womit im Sinne einer Verjüngung auch die Heeresklassen herabgesetzt werden konnten, nämlich der Auszug auf 20 bis 32 Jahre, die Landwehr auf 33 bis 42 Jahre und der Landsturm auf 43 bis 50 Jahre. Die Truppenordnung 61 war ein rein ***organisatorischer Erlass;*** auf die ***Konzeptionsfrage*** erstattete der Bundesrat erst am 6. Juni 1966 der Bundesversammlung einen umfassenden Bericht. Dabei geben die Kernsätze des bundesrätlichen Konzeptionsberichts im Grunde die alte Leitidee der bewaffneten Neutralität wie folgt wieder: «Die schweizerische Armee soll dank ihrem Vorhandensein und ihrer anerkannten Bereitschaft dazu beitragen, einen Angriff auf das Land als nicht lohnend erscheinen zu lassen und dadurch die schweizerische Unabhängigkeit, wenn möglich ohne Krieg, zu wahren. Sollte ihr diese Verhinderung eines Krieges nicht gelingen und sollte die Schweiz in einen kriegerischen Konflikt hineingezogen werden, ist es Aufgabe der Armee, mit einem hartnäckigen, lange dauernden und für den Angreifer verlustreichen Widerstand möglichst umfangreichen Gebieten der Schweiz die Unabhängigkeit zu bewahren und möglichst grossen Teilen des Volkes das Überleben im Krieg sicherzustellen.»

Die Truppenordnung 61 erfuhr in der Folge verschiedene Anpassungen in Einzelfragen. Die wohl spektakulärste war die im Dezember 1972 von den eidg. Räten beschlossene ***Aufhebung der Kavallerie*** und die ***Umschulung*** derer Angehörigen zu ***Panzergrenadieren.***

Am 20. September 1976 wurde durch Verordnung die ***Katastrophenhilfe im Inland*** formal zur militärischen Aufgabe erklärt. Der Katastrophenhilfeeinsatz fand im Rahmen des Instruktionsdienstes statt. Am 2. Dezember

1985 wurde die genannte Verordnung durch den Zusatz ergänzt, dass auch ***Katastrophenhilfe im Ausland*** gestattet wurde.

7-1-8 Armee 95

Mit dem Ende des Kalten Krieges wurde die schweizerische Sicherheitspolitik mit dem ***Bericht 90 des Bundesrats grundsätzlich neu beurteilt.*** Das klassische Bedrohungsbild, geprägt vom Ost-West-Konflikt, wich einer differenzierteren Betrachtungsweise verschiedenartigster Bedrohungs- und Krisenszenarien.
Mit dem ***Armeeleitbild 95*** wurde der längerfristige Bezugsrahmen für die Armeeausgestaltung im Rahmen der Vorgaben des Berichts 90 fixiert. Auf der Grundlage des Berichts 90 und des Armeeleitbildes 95 wurde eine der wichtigsten Reformen des Wehrwesens seit Gründung des Bundesstaates in Angriff genommen: das Projekt ***Armee 95.***
Grundstein der Reform bildete die formale Totalrevision der Militärorganisation von 1907. Das neue ***Militärgesetz (MG) vom 3. Februar 1995*** präsentierte sich nun in klarer Systematik, moderner Sprache und mit gestrafftem Inhalt.
Bedeutende Neuerungen sind: die Festlegung der allgemeinen Rechtsstellung des Wehrpflichtigen, verbunden mit einer Senkung des Wehrpflichtalters (auf 42 Jahre) und des Sollbestandes der Armee, sowie die Änderung des Dienstleistungsrhythmus, die Neuregelung der Zuständigkeiten für die Regelung der Armeegliederung und der Verzicht auf Heeresklassen. Die hohe Zahl erlassener Verordnungen ist ***Ausdruck der grösstmöglichen Flexibilität des MG,*** die der Gesetzgeber durch den Erlass von Rahmenbestimmungen verbunden mit einer ***breiten Kompetenzübertragung an den Bundesrat*** zu erreichen suchte, um zeitgerecht auf neue Herausforderungen und Bedürfnisse reagieren zu können.

7-1-9 Armee XXI / Verteidigung XXI

Unter der Bezeichnung Schweizer ***Armee XXI*** ist ein tief greifender Umbau des schweizerischen Wehrwesens erfolgt.
Bestimmend für die Armeereform und deren Weiterentwicklung ist die Entwicklung der sicherheitspolitischen Lage. Auch wenn die Armee vor allem aufgrund sicherheitspolitischer Überlegungen reformiert wird, sind weitere Aspekte zu berücksichtigen: Die Armee wird auf den Wandel der Gesellschaft abgestimmt, und sie muss vor allem auch im Rahmen der immer weniger zur Verfügung stehenden finanziellen Mittel realisiert

werden sowie den demografischen Rahmenbedingungen entsprechen. Das Armeeleitbild zeigt, wie die Armee ihren im Bericht des Bundesrates an die Bundesversammlung über die Sicherheitspolitik der Schweiz (Sicherheitspolitischer Bericht ***SiPol B 2000***, 1999) näher definierten Auftrag erfüllen soll, und gibt die entsprechende Organisation vor. Gemäss SiPol B 2000 (VBS 1999) umfasst der Auftrag der Armee drei Grundaufgaben: 1) Beiträge zur Friedensförderung im internationalen Rahmen, 2) Die Raumsicherung und Verteidigung, 3) Subsidiäre Einsätze zur Prävention und Bewältigung existenzieller Gefahren. ***Vier Rahmenbedingungen*** sind in der Reform einzuhalten (Bundesrat 2001): 1) Die Bundesverfassung vom 18. April 1999, wonach die Schweiz eine ***Armee*** hat, welche grundsätzlich nach dem Milizprinzip organisiert ist. 2) Die Armee muss eine ***Milizarmee*** bleiben. 3) Die Schweiz hält an der dauernden und bewaffneten ***Neutralität*** als Instrument der Aussen- und Sicherheitspolitik fest, wobei die Mitwirkung in der OSZE, in der PfP sowie in der UNO unbedenklich ist, weil sie keine Beistandspflicht für den Kriegsfall enthält und auch keine entsprechende Vorwirkung entfaltet. 4) Die Armee ist auf ***Kooperation*** ausgerichtet, wobei sich Kooperation sowohl auf die Zusammenarbeit mit den anderen sicherheitspolitischen Bereichen der Schweiz als auch auf die Zusammenarbeit mit Streitkräften anderer Staaten bezieht.
Die Staatsleitungsreform, die Departementsreform VBS XXI, die Reform Armee XXI sowie die Entwicklungen im finanziellen, sozialen und technologischen Umfeld erfordern einschneidende organisatorische Massnahmen im Bereich der Armeeführung und der Armee-Betriebe. Das Projekt «Verteidigung XXI» sollte den Umbau der Armeeführung und der Teilstreitkräfte dergestalt sicherstellen, dass den zukünftigen Bedürfnissen der Departementsleitung sowie der Armee in optimaler Weise entsprochen werden kann, die Organisation kostenoptimiert ist und den politischen Rahmenbedingungen gebührend Rechnung getragen wird. Während das Projekt Armee XXI sich im Rahmen bekannter Ressourcen auf eine Leistungsoptimierung der Armee konzentrierte, entstanden durch die Sparziele des Bundes sowie den Bedarf an finanziellen Verschiebungen im Rahmen des Projektes Verteidigung XXI stärker aufbrechende Zielkonflikte. Ein Ressourcenstreit zwischen Betriebs- und Investitionsausgaben bedingt eine integrale und ganzheitliche Betrachtungsweise des gesamten Verteidigungsbereichs.

7-1-10 Entwicklungsschritt 2008/2011

Siehe Kapitel 1-2-8

Quellen

Kurz, Hans Rudolf, 100 Jahre Schweizer Armee. Thun 1978; Wetter, Ernst, Schweizer Militär Lexikon. Fakten, Zahlen, Daten 1985/86. Frauenfeld 2003; Wiegandt, Marius H. S., Der Einsatz der Armee unter Berücksichtigung der subsidiären Sicherungs- und Hilfseinsätze, der internationalen Armeeeinsätze sowie des militärischen Polizeirechts. Diss. Bern 1999; Stüssi-Lauterburg, Jürg, Eine Geschichte des Wandels, in: Armee 1995. Geschichte und Zukunft der Schweizer Armee. Genf 1995, S. 54–80.

Bericht 90 (90.061) des Bundesrats an die Bundesversammlung vom 1. Oktober 1990 über die Sicherheitspolitik der Schweiz «Schweizerische Sicherheitspolitik im Wandel».

Bericht (92.009) des Bundesrats an die Bundesversammlung vom 27. Januar 1992 über die Konzeption der Armee in den neunziger Jahren (Armeeleitbild 95).

Militärgesetz (MG) vom 3. Februar 1995 SR 510.10.

7-2 Kontakte

7-2-1 Wichtige Adressen

Organisationseinheit	Adresse	E-Mail
Chef der Armee/ Stab Chef der Armee	Bundeshaus Ost 3003 Bern	info@vtg.admin.ch
Kommunikation Verteidigung	Bundeshaus Ost 3003 Bern	info@vtg.admin.ch
Personelles der Armee	Rodtmattstrasse 110 3003 Bern	personelles.J1@ vtg.admin.ch
Frauen in der Armee	Rodtmattstrasse 110 3003 Bern	fda@vtg.admin.ch
Sozialdienst der Armee	Rodtmattstrasse 110 3003 Bern	sda.J1@vtg.admin.ch
Armeeseelsorge	Rodtmattstrasse 110 3003 Bern	armeeseelsorge.J1@ vtg.admin.ch
Militärischer Nachrichtendienst	Papiermühlestrasse 20 3003 Bern	sekretariat.J2@ vtg.admin.ch
Militärprotokoll	Monbijoustrasse 51a 3003 Bern	protokoll@ vtg.admin.ch
Internationale Beziehungen Verteidigung	Papiermühlestrasse 20 3003 Bern	ibv@vtg.admin.ch
Planungsstab der Armee	Schermenwaldstrasse 13 3063 Ittigen	info.psta@ vtg.admin.ch
Führungsstab der Armee	Papiermühlestrasse 20 3003 Bern	info.fsta@ vtg.admin.ch
Heer	Papiermühlestrasse 14 3003 Bern	heeresstab@ vtg.admin.ch
Luftwaffe	Papiermühlestrasse 20 3003 Bern	info.lw@ vtg.admin.ch

Höhere Kaderausbildung der Armee	Murmattweg 6 6000 Luzern 30	hka.info@ vtg.admin.ch
Logistikbasis der Armee, Koordinationszentrum	Viktoriastrasse 85 3003 Bern	lba.lkz@vtg.admin.ch
Führungsunterstützungs-basis	Stauffacherstrasse 65 3003 Bern	info.fub@ vtg.admin.ch

7-2-2 Nützliche Links

www.armee.ch
Alles über die Schweizer Armee

www.armee.ch/wk
Sämtliche Aufgebotsdaten

www.rekrutierung.ch
Infos zur Rekrutierung

www.durchdiener.ch
Infos zum Dienst an einem Stück

www.fum.ch
Infos zur zivilen Anerkennung der Führungsausbildung

www.studiumundarmee.ch
Infos zur Koordination von Studium und Militärdienst

www.zukunftmitsicherheit.ch
Infos zur Berufs- und Zeitmilitär-Kaderausbildung

www.raueninderarmee.ch
Infos zu den Frauen in der Armee

www.militaermusik.ch
Kompetenzzentrum Militärmusik

www.armeewettkaempfe.ch
Sport in der Armee

www.sphair.ch
Ausbildungsplattform der Luftwaffe

www.vbs.ch
Alles über das Departement für Verteidigung Bevölkerungsschutz und Sport VBS

Sachwortregister

A

B

C

D

E

F

G

H

M

S

T

U

V

W

Z

Notizen

Notizen

Notizen

Notizen

Notizen

Notizen

Notizen

Notizen

Notizen